KB056370

# 항일과 친일의 재일코리안운동

이 저서는 2016년 대한민국 교육부와 한국학중앙연구원(한국학진흥사업단)의 한국학총서사업의 지원을 받아 수행된 연구임(AKS-2016-KSS-1230011)

재일코리안100년사 - 한민족으로서의 생활과 문화 05

# 항일과 친일의 재일코리안운동

초판 1쇄 발행 2021년 12월 31일

지은이 | 정혜경
펴낸이 | 윤관백
펴낸곳 | 도서출판 선인

등 록 | 제5-77호(1998.11.4)
주 소 | 서울시 마포구 마포대로 4다길 4 곶마루 B/D 1층
전 화 | 02) 718-6252 / 6257
팩 스 | 02) 718-6253
E-mail | sunin72@chol.com

정가 40,000원

ISBN 979-11-6068-667-8 94900
ISBN 979-11-6068-662-3 (세트)

· 잘못된 책은 바꿔 드립니다.
· www.suninbook.com

한국학 총서 재일코리안100년사 – 한민족으로서의 생활과 문화 05

# 항일과 친일의 재일코리안운동

정혜경 저

도서출판 선인

## ▌발간사 ▌

청암대학교 재일코리안연구소가 2016년 12월부터 수행한 한국학중앙연구원 한국학총서사업 '재일코리안100년사－한민족으로서의 생활과 문화'가 드디어 총 8권의 연구총서 시리즈로 결실을 맺게 되었습니다. 먼저 이 학술 프로젝트에 참여해 주신 국내외 연구원들께 심심한 감사의 말씀을 드립니다.

이 학술 프로젝트는 재일코리안의 생활과 문화를 입체적으로 고찰함으로써 재외한인 연구의 새로운 패러다임을 제시하는 것에 목적을 두고 시작되었습니다. 구체적으로는 기존의 정치, 경제, 외교사 중심의 연구를 넘어 문화와 일상 속의 100년이 넘는 재일코리안의 모습을 총체적으로 규명하고자 하였습니다. 특히 전문가들의 비교연구를 통해 새로운 재외동포 연구의 모델을 모색하여, 이민사와 일상사 연구를 보다 심화시킬 수 있도록 노력하였습니다. 동시에 대중학술서라는 총서의 취지에 맞게 전문성에 기초한 대중성을 적극 결합하여 연구의 보편화와 사회적 확산도 염두에 두고 진행되었습니다.

이러한 연구 목적을 달성하기 위해 재일코리안 100년의 생활과 문화의 일상을 시기, 영역, 주제별로 8개 영역으로 나누어 완결성을 목표로 하여 연관성과 독자성을 갖는 연구 성과를 도출하고자 하였습니다. 간단히 각 권의 연구내용을 소개하자면 다음과 같습니다.

총서 1권 『재일코리안의 문화예술과 위상－기억을 위한 소묘』에서는 재일코리안의 문화예술 활동을 미술, 음악, 연극, 영화, 무용, 체육 등의 분야로 나누어 조망하고 재일코리안의 문화예술 활동의 의의와 가치, 역할과 위상에 대한 시사점을 제공하고 있습니다.

총서 2권 『재일코리안의 이주와 정주－코리아타운의 기억과 지평』에서는 100년이 넘는 재일코리안의 이주사에 기초한 이주와 정주, 코리아타운의 형성과 변천, 과거와 현재의 변화 등을 종합적으로 조명하고 있습니다.

총서 3권 『재일문학이 그린 재일코리안』에서는 재일코리안 문학 연구의 추세와 동향에 대한 총괄과 함께 재일코리안의 생활과 문화의 궤적을 문학 담론을 통해 통시적으로 분석하고 있습니다.

총서 4권 『갈등과 화합의 재일코리안 단체의 역사－조직의 변화를 중심으로』에서는 재일코리안의 단체를 중심으로 갈등과 화합의 역사를 구성하고, 조직을 중심으로 한 재일코리안의 정치적 본질에 접근하고자 시도하고 있습니다.

총서 5권 『항일과 친일의 재일코리안운동』에서는 1945년 광복 이전 재일코리안의 일상을 통해 재일코리안운동의 역사를 조명하고 항일이나 친일만으로는 규정할 수 없는 재일코리안의 생동감 있는 역사와 문화의 중요성을 제시하고 있습니다.

총서 6권 『차별과 싸우는 재일코리안』에서는 일본 사회의 차별적 구조 속에 지금도 존재하는 재일코리안의 대항적 양태를 시기별 사회 변동과 연결하여 살펴보고, 재일코리안이 전개한 반차별 운동의 흐름과 의의를 재조명하고 있습니다.

총서 7권 『재일코리안 기업의 성장과 모국 기여활동』에서는 재일코리안 사회의 근간을 형성하고 있는 경제와 모국 기여라는 두 가지 측면의 현실적인 문제를 짚어보고 재일코리안 사회의 과거와 미래를 전망하고 있습니다.

총서 8권『재일한인 민족교육의 역사와 현재—민족교육을 지키기 위한 노력과 한계 그리고 과제』에서는 재일코리안의 민족교육의 흐름을 조망하고 현재 직면한 재일코리안의 교육문제에 대한 진단과 현실적 대안을 제시하고 있습니다.

이렇게 발간된 우리의 연구 성과가 재일코리안의 생활과 문화, 역사와 운동, 경제와 교육 등 재일코리안 전반에 대한 재평가와 재조명은 물론 연구 지평의 확장에도 크게 기여할 것임을 믿어 의심치 않습니다. 아무쪼록 이 연구총서 시리즈가 재일코리안의 과거와 현재를 조망하고 나아가 발전적인 미래를 모색하는 계기가 되기를 기대합니다. 다시 한 번 이번 학술 프로젝트에 참여해 주신 연구원들의 노고에 깊이 감사드립니다. 아울러 이 학술 프로젝트에 많은 관심과 격려, 그리고 조언을 주신 교내외 여러 선생님들께도 감사를 드립니다. 앞으로도 청암대학교 재일코리안연구소가 소기의 목표를 달성할 수 있도록 많은 관심과 아낌없는 격려를 부탁드립니다. 마지막으로 어려운 여건 속에서도 항상 재일코리안연구소의 많은 간행물을 출판해 주시는 도서출판 선인 윤관백 사장님과 편집진 여러분에게도 감사드립니다.

청암대학교 재일코리안연구소장 김인덕

**▎저자 서문 ▎**

# 운명적인 ‘재일’과 만남

4년간 직장 생활을 하다가 1991년에 대학원에 들어가 확정한 연구주제는 ‘재일동포’였다. 처음부터 ‘재일’을 할 생각은 아니었다. 어머니의 인생 경험과 관련한 연구여서 더 그랬을지 모른다. 너무 익숙한 연구주제를 하면 안 된다는 자체 검열도 한몫을 했다. 어머니는 일본에서 출생해 15세까지 학교를 다니다가 1944년 말에 공습을 피해 조선에 왔다. 어머니 입장에서 보면, 고향으로 돌아왔다기보다는 ‘새로운 땅에 왔다’는 표현이 적절했을 것이다.

그래서 일본인 지주 문제를 연구할 생각이었는데 대학원(한국정신문화연구원 한국학대학원) 기숙사에서 일명 박경식 자료집을 구하면서 ‘재일’과 만났다. ‘재일’과 만남은 피할 수 없는 운명이었다.

박경식 자료집을 계기로 평소에 느꼈던 어머니의 민족적 정체성에 대한 궁금증이 증폭되었다. “어머니(어릴 때 집에서 ‘엄마’라는 호칭은 금지)는 일본 사람이에요 한국 사람이에요?” 서너 살 때 조심스럽게 질문한 적이 여러 번이다. 그때마다 “한국 사람이지” “그런데 왜 동네 아이들이 일본 여자라고 놀려요?” “몰라서 그렇지. 일본에서 태어난 한국 사람이야” “일본에서 태어났는데 어떻게 한국 사람인가요” “옛날부터 일본에 한국 사람이 살았어”

그러나 수긍은 되지 않았다. 속으로는 늘 ‘그런데 왜 어머니의 발음은 저렇게 이상할까. 왜 우리 집에는 일본 책만 있을까’ 하는 의문점을 가지고 있었다.

게다가 자료집을 통해 본 재일의 모습은 어머니가 회상하던 내용과 전혀 달랐다. 다를 수밖에 없었다. 유년 시절 어머니의 생활 환경은 일반적인 재일 한인의 모습과 달랐기 때문이다. 많은 재일 한인들이 오사카나 후쿠오카, 도쿄 부근의 조선부락이라는 밀집지역에 거주하며 노동자의 삶을 이어갔다. 그러나 어머니는 군마현에서 비단공장을 운영하던 부친 덕분에 일본인 거주지에서 '공주님'처럼 살았다. 학교에서도 차별받은 적은 없었다. 부근에 조선부락이 있어서 할머니를 모시고 자주 놀러 갔으나 친근감보다는 이질감이 컸다고 했다. 비좁고 지저분한 환경도 불편했고 소란스러워서 할머니에게 집에 가자고 조르기 바빴다고 한다. 어머니가 회상한 일본 생활에서 노동자의 애환은 들을 수 없었기에, 자료를 통해 본 열악한 노동실태는 충격적이었다. 어머니는 나중에 내 박사논문을 읽은 후 "내가 일본에서 태어나 15세까지 살았는데도 몰랐던 것을 네 논문을 통해 알게 되었다"고 했다.

어머니의 편향된 '재일관'을 타파한 이는 박경식(1922~1998)이다. 1992년 봄, 처음 선생님을 뵙고, 서점에서 저서 『조선인 강제연행의 기록』(1965년)을 만났다. 선생님은 그저 한국의 대학원생이 당시 연구의 불모지인 '재일'을 공부한다는 것만으로 기꺼이 귀한 자료를 내주셨고, 석사논문을 사사해주셨다. 현재 한국의 역사부정론자들이 '조총련계 빨갱이'로 평가절하하려 하지만 선생은 그저 편향된 빨갱이 학자가 아니었다. 청년 시절 사비를 털어 일본 패전 후 고서점가에 쏟아져나온 자료를 구해 방대한 자료집을 냈고, 전국의 현장을 누비며 각지의 역사 활동가들을 결집했다.

'재일'을 연구주제로 삼은 후 재일은 일제말기 강제동원 연구의 토대가 되었다. 강제동원 연구는 재일사학자 박경식 선생과 '재일'의 경험을 가진 지도교수(박성수. 1932~2016)의 큰 그림에 따라 자연스럽게 하게 되었다. 두 분께 입은 학은(學恩)은 말로 표현할 수 없다.

박사과정 수료를 목전에 둔 1996년, 석사 때부터 지도를 받아온 교수로부터 퇴출당해 공부를 그만두어야 하는 상황을 맞았다. 이 과정에서 대학원위원회 결정에 따라 배정받은 새 지도교수가 바로 박성수 선생님이었다.

1996년 지도교수 변경 후 긴장된 마음으로 박사논문 초고를 들고 갔다. 직장생활을 하느라 석사과정을 4년 늦게 입학한지라 박사학위를 빨리 받을 생각에 부지런히 논문 초고를 작성해두었다. 그런데 목차를 보신 선생님이 "'재일'을 하면 당연히 강제연행을 해야지!"라고 하시는 것이 아닌가. 이미 작성한 논문 초고는 '1910~1937년간 오사카지역 재일조선인 노동운동사연구'였다. 여기에 강제동원을 포함한다면 새로운 주제를 연구해야 하는 셈이다. 절박한 마음에 "1910~1937년간만 해도 주제가 크고 분량도 많아서 강제연행은 졸업 후에 하겠다"고 말씀드렸더니 흔쾌히 허락하셨다. 가벼운 마음으로 방을 나섰는데, 그때는 미처 선생님의 큰 그림을 알지 못했다. '졸업 후에 하겠다는 약속'을 지키도록 해주셨기 때문이다. 곧바로 시작된 선생님의 길잡이 덕분에 역사학 연구자로서 그리고 구술사가로서 중요한 삶을 살게 되었다.

개인적으로 '재일'의 특징은 역동성이라 생각한다. 식민지 본국에서 수백 명, 또는 수천 명의 한인이 모여 '식민지 해방'과 '조선총독폭압정치 철폐'를 외치는 모습은 자료에서 현현하다. 가난해도 당당할 수 있는 삶의 터전(조선부락), 그리고 김천해와 김문준 등 지도자가 있기에 민족운동사에서 빛나는 성과이다. 그러나 식민지 시기 재일코리안사회에는 이와 함께 일제를 위해 그리고 개인의 출세와 영달을 위해 동포를 착취했던 이들도 공존했다.

『항일과 친일의 재일코리안운동』은 그 빛과 그림자, 그리고 묵묵히 생존을 위해 고군분투하며 재일코리안운동의 토대가 되었던 민중을 담고자 했다. '재일'의 형성에서 광복에 이르는 시기의 '재일'의 역사를 다양한 측면에서 보고자 했다.

『항일과 친일의 재일코리안운동』은 순천 청암대 연구단이 기획한 한국학 연구총서 중 하나이다. 모교인 한국학중앙연구원이 출간하는 연구총서에 이름을 올리게 되어 더 의미 있다고 생각한다. 운중동의 캠퍼스와 기숙사에서 인생의 가장 큰 자산을 쌓은 곳이다. 책의 제목과 목차 등은 연구책임자(김인덕)가 작성한 계획서 내용을 토대로 수정했다. 김인덕 교수 덕분에 1999년 박사학위논문을 포함해 지금까지 발표한 개인적인 연구 성과를 총정리하면서 학문적인 자기성찰을 할 수 있었다. 구술사와 역사문화콘텐츠, 강제동원의 연구 성과, 그리고 10년 이상 이어가고 있는 현장조사의 경험도 담을 수 있었다. 선행연구 성과를 꼼꼼히 반영하는 일도 게을리하지 않았다. 역사학은 물론, 사회학, 문학, 교육학 등 다양한 분야의 연구 성과를 섭렵할 수 있었던 점도 귀중한 경험이 되었다.

이같이 『항일과 친일의 재일코리안운동』에 다양한 학문 분야의 연구 성과를 접하고 반영하면서 전후 최악의 상황이라는 한일관계를 고민하게 된다. 양국 시민사회가 서로를 이해하는 기회가 오히려 줄어들고 있는 상황에서 미래는 밝을 수 없다. 책의 끝부분에 고민도 나누었다.

너무도 꼼꼼히 오류를 잡아주며 엉성한 원고에 생명력을 넣어주신 도서출판 선인의 편집부에도 깊은 감사의 인사를 드린다.

박경식 선생은 '시무(時務)'를 천명으로 알고 평생을 살아오셨다. '재일'에게 '재일의 역사'를 연구한다는 것을 시대의 사명이라 여기셨다. 감히 범접할 수 없으나 스승의 뜻을 되새기며 학자적 양심과 진정성을 잃지 않는 연구자로 살아가고 싶다.

2021년 12월

정혜경

## 목 차

# 머리말

아시아태평양전쟁(1931~1945) 패전 이전 일본은 '제국 일본'을 경영했다. 메이지(明治) 유신 이후 홋카이도(北海道)와 류쿠(琉球, 오키나와), 남사할린(樺太) 등을 점령해 영토를 확장하고 타이완(臺灣)과 조선 등 식민지를 확보하며 제국주의 대열에 동참했다. 제1차 세계대전기에는 중부태평양을 점유해 '남양군도'라 칭했고, 만주사변과 중일전쟁을 일으켜 중국 만주와 관내 지역을 침략했으며 아시아와 태평양지역을 제국의 영역으로 삼았으나 패배를 껴안았다.[1] 일본의 패전으로 참혹했던 제2차 세계대전도 끝이 났다.

일본은 메이지 유신 후 근대국민국가 체제를 갖추고 제국을 꿈꾸며 침략전쟁에 나섰다. 영국과 프랑스의 식민지배정책을 연구하고, 세계제국 연표를 만드는 등 관심은 기울였고 서양과 한패가 되어 '침략하는 나

1) 일본 학계에서는 1931년 만주사변 이후를 포함한 15년 전쟁을 '광의의 아시아태평양 전쟁'으로, 1941년 12월 태평양전쟁 이후를 '협의의 아시아태평양전쟁'이라 구분하고, 태평양전쟁 이후 시기를 아시아태평양전쟁으로 약칭하기도 한다. 요시다 유타카 지음, 최혜주 옮김, 『아시아 · 태평양전쟁』, 어문학사, 2013, 12쪽.

라'의 반열에 서고자 했다. 그러나 '품격 있는 제국의 대열'에 동참할 역량을 갖추지 못하고 저열한 '제국' 수준에 머물렀다.

전시 중 일본이 제국으로서 자격을 갖추지 못한 사례는 많다. 대일본제국 원수이자 군 통수권자였던 쇼와(昭和) 천황은 공습의 피해에 고통당하는 자국민을 외면했고, 1945년 7월에는 무한한 충성과 옥쇄(玉碎)를 강요했던 60만 관동군을 소련에 넘기려 했다. 그 후 60만 관동군(한인 1만 명 포함)은 소련의 포로가 되어 강제노동에 내몰렸다. '천황이 버린 군대'였다.

이러한 사례는 아시아태평양전쟁 이전에도 있었다. 식민지민에 대한 민족차별의 일상화, 억압과 배제를 통한 지배로 일관했다. 이에 대해 식민지 조선의 대응은 적극적이었다. 일본은 35년간 조선을 식민통치하는 동안 거센 저항을 피할 수 없었다. 의병과 의열단과 같은 직접적인 투쟁도 있었으나 언론과 결사, 문화 활동을 통한 지속적인 저항도 있었다.

한인의 저항에 대한 당국의 대응은 다각적이었다. 조선총독부가 직접 나서서 한인 유력자들을 회유하거나 조선에 거주하는 일본인 사회의 자치운동을 이용하기도 했다. '항일'의 이면에는 거칠게 '친일'이라 부르는 식민체제 협력자들도 있었으나 양쪽 어디에도 속하지 않고 방관했던 이들도 있었다. 일명 '회색인'이다. 대다수는 생존에 급급해야 했던 민중들이었다. 영화 '암살'은 다양한 한인들의 모습을 보여주었다. 이러한 모습은 식민지 조선의 영역에서만 있었던 것은 아니었다. 다수의 한인이 거주했던 중국 만주나 노령, 일본에서 볼 수 있었던 보편적인 현상이었다.

이 책을 통해 '재일'의 형성에서 1945년 광복 이전 재일코리안의 일상을 통해 다양했던 재일코리안운동의 역사를 살펴보고자 한다. 일본은 한인들에게 비교적 열린 공간이었고, 다양한 사상과 조류가 결집하는 곳이기도 했다. 조선에서 엄두를 내지 못한 집회와 결사의 자유가 있었던 곳이었다. 유학생과 노동자가 단체 속에서 공존하고, 한일노동자가 연대하는 삶이 있었다. 또한 재일코리안 사회는 일본 공안 당국에서도 항일과 융화(친일), 기타(회색) 단체를 명확하게 구분하기 어려운 공동체를 유지한 곳이었다. '조선부락'을 터전으로 견고한 조선 민족의 아이덴티티는 사상과 운동 방략이 아닌, 일상에 토대를 둔 것이었다. 이 시기 재일코리안은 항일이나 친일로 규정할 수 없는 다양하고도 생동감 있는 역사와 문화를 만든 주인공들이다. 이들이 초석을 둔 재일코리안의 역사와 문화는 지금도 생명력을 유지하며 거친 헤이트스피치의 파고 속에서 인권의 중요성을 깨닫게 해주고 있다. 그러한 점에서 '재일'의 존재 그 자체를 토대로 한 재일코리안운동사는 해방 후 재일코리안의 역사와 문화를 이해하는데 기초 작업이 될 것이다.

식민지 시기 재일코리안 역사를 풍부하게 이해하기 위해서는 당국의 공식기록(공문서류)과 비공식기록(신문, 잡지, 서간, 평전, 회고록, 구술기록 등)를 다양하게 활용할 필요가 있다. 그러나 비문헌기록(구술기록, 영상자료, 사진과 포스터 등 圖上기록, 웹사이트)를 풍부하게 활용하기는 쉽지 않다. 당시 생산된 비문헌기록의 구성이 다양하지 않고, 도상기록도 제한적이기 때문이다. 구술기록의 경우에도 일제 말기 경험자를 제외하면, 접하기 쉽지 않다. 이러한 어려움은 있으나 가능한 비공식기록을 적극 활용하고, 사진과 신문 및 잡지 기사 등을 통해 독자들의 이해를 돕고자 한다.

장별로 주요 내용을 살펴보면 다음과 같다. 제1장에는 한인이 도일해 일본 사회와 일본사람 속에서 삶을 시작하는 과정을 담았다. 도일한 재일코리안은 처음으로 일본 사회를 접하며 조선에서 경험하기 힘든 집회와 결사의 자유를 느낄 수 있었고 학업의 기회도 가질 수 있었다.

제2장에는 유학생들의 독립운동, 노동자 단체를 비롯한 각종 단체의

활동 모습을 담았다. 특히 관동지진 한인 학살과 니가타 나카쓰가와 노동자 학살사건 등을 통해 노동자들이 조직화의 필요성을 절감하고 식민지 구조적 모순을 인식해가는 과정에 주목했다. 이 과정을 통해 재일코리안은 유학생과 노동자가 단체 속에서 공존하고, 한일노동자가 연대하는 삶을 경험할 수 있었다.

제3장은 교육과 대중운동, 재일코리안의 삶의 근거지인 조선부락 등 재일코리안 사회의 역동적 모습을 가장 잘 보여준 장이다. 조선부락을 터전으로 견고한 조선 민족의 아이덴티티가 일상에 토대를 둔 것이었기에 지속할 수 있었음을 알 수 있었다. 그러나 한편으로는 당국의 교육정책과 오랜 정주 생활을 통해 일본어를 일상어로 사용하며 정체성에 혼란을 경험하는 재일코리안 사회의 다양성도 볼 수 있었다. 또한 협화회와 교풍회, 흥생회라는 강력한 통제정책 속에서 자구책을 마련해야 했던 재일코리안 사회의 고민과 대응 모습도 제시했다.

마지막 제4장에서는 통제와 탄압으로 일관한 당국의 대응양상과 아시아태평양전쟁을 맞아 전선과 군수공장, 지하 작업장으로 동원된 한인의 실태를 살펴보았다. 특히 100만 명에 달하는 이입노무자의 동원으로 급속히 팽창한 재일코리안 사회에서 기주한인과 이입노무자의 관계성에 주목했다. 아울러 아시아태평양전쟁유적을 시민사회가 활용할 수 있는 방안도 제시했다.

# 제 1 장

## 여러 사람이 일본에 가다

# 제1장
# 여러 사람이 일본에 가다

## 1. 도일 : 도항과 밀항

한인의 도일은 크게 세 시기로 나눌 수 있다. 첫 번째는 조선의 개항이고, 두 번째는 1910년 한일강제병합이다. 강제병합에 따른 국권 상실로 한인의 법적 지위가 달라졌기 때문이다. 세 번째는 일본이 국가총동원체제기에 들어간 후 일본으로 강제동원을 본격화한 1939년(조선인 노무자 내지이주에 관한 건)이다.

한인 도일정책은 1910년부터 1939년간에도 일본의 경제 상황, 당국의 정책 수립에 따라 여러 차례 변화했다. 그러나 한인의 도일이 합법적인 테두리에서만 이루어진 것은 아니었다. 값싸고 질 좋은 노동력이 필요한 기업의 요구는 당국의 정책 방향을 넘어 자연스럽게 비합법적 방법을 넘나들었다.

〈표 1〉 일본 거주 한인 현황 (단위:명)[1)]

| 연도 | 거주 한인수 | | | 연도 | 거주 한인수 | | |
|---|---|---|---|---|---|---|---|
| | (1) | (2) | (3) | | (1) | (2) | (3) |
| 1882 | 4 | | | 1924 | 118,152 | 168,002 | 172,130 |
| 1895 | 12 | 12 | | 1925 | 129,870 | 187,102 | 214,657 |
| 1896 | 19 | | | 1926 | 143,798 | 207,853 | 247,358 |
| 1898 | 71 | | | 1927 | 165,286 | 246,515 | 308,685 |
| 1900 | 196 | | | 1928 | 238,102 | 341,737 | 358,121 |
| 1905 | 303 | 303 | | 1929 | 275,206 | 387,901 | 398,920 |
| 1907 | 459 | 459 | | 1930 | 298,091 | 419,009 | 419,009 |
| 1909 | 790 | 790 | | 1931 | 311,247 | 437,519 | 427,275 |
| 1911 | 2,527 | | 5,728 | 1932 | 390,543 | 504,176 | 433,692 |
| 1912 | 3,171 | | 7,796 | 1933 | 456,217 | 573,896 | 500,637 |
| 1913 | 3,635 | 3,952 | 10,394 | 1934 | 537,695 | 689,651 | 559,080 |
| 1914 | 3,542 | 4,176 | 12,961 | 1935 | 625,678 | 720,818 | 615,869 |
| 1915 | 3,917 | 5,064 | 15,106 | 1936 | 690,501 | 780,528 | 657,497 |
| 1916 | 5,624 | 7,225 | 17,972 | 1937 | 735,689 | 822,214 | 693,138 |
| 1917 | 14,502 | 17,463 | 22,218 | 1938 | 799,878 | 881,347 | 796,927 |
| 1918 | 22,411 | 27,340 | 34,082 | 1939 | 961,591 | 1,030,394 | 980,700 |
| 1919 | 26,605 | 35,995 | 37,732 | 1940 | 1,190,444 | 1,241,315 | 1,241,315 |
| 1920 | 30,189 | 40,755 | 40,755 | 1941 | 1,469,230 | 1,469,230 | 1,484,025 |
| 1921 | 38,651 | 48,774 | 62,404 | 1942 | 1,625,054 | 1,625,054 | 1,778,480 |
| 1922 | 59,722 | 82,693 | 90,741 | 1943 | 1,882,456 | 1,768,180 | 1,946,047 |
| 1923 | 80,415 | 112,051 | 136,557 | 1944 | 1,936,843 | 1,911,307 | 2,139,143 |

(1) 『日本帝國統計年鑑』, 해당연도
(2) 朴在一, 『在日朝鮮人に關する綜合調査研究』, 新紀元社, 1957, 23~29쪽
(3) 田村紀之, 「內務省警保局調査に依る朝鮮人人口(1)」, 『經濟と經濟學』 46, 1981, 58쪽

1) 정혜경, 『일제시대 재일조선인민족운동연구』, 국학자료원, 2001, 48쪽.

### 1) 1910년 이전의 한인 도일

일본의 공식 통계(일본제국통감연감)에는 1885년에 한인 거주 통계가 최초로 등장했다. 1885년에 1명, 1895년 12명, 1898년 71명, 1905년 303명을 넘어 1909년에는 790명을 기록했다.

그러나 강철(姜徹)이 편찬한 『재일조선인사연표』와 국사편찬위원회가 발간한 『재일동포사 연표－일본』에서 출발점은 1880년 6월 5일 '지석영(池錫永)이 종두 제조법 습득을 위해 수신사 김홍집(金弘集)을 따라 도쿄 도착'이다. 1880년은 조선이 건재한 시기였고, 지석영의 도일은 조선 정부의 공식 행위였다. 1882년 2월에는 한인 230명이 광업 습득을 위해 고베(神戶) 소재 광산에 입산했으나 유학의 성격이었다. 모두 외국인 자격의 합법적 도일이었다.

이 시기 한인의 도일을 활성화한 배경은 두 가지다. 첫 번째는 정기항로 개설이었다. 1876년에 부산과 일본 규슈(九州) 나가사키(長崎) 간 정기항로를 시작으로 1880년 원산과 나가사키, 1883년 인천과 나가사키, 1890년 부산과 오사카(大阪), 1893년 인천 ~ 모지(門司) ~ 오사카, 1902년 원산 ~ 모지 ~ 오사카 간 정기항로를 개설했고, 1905년에는 부산 ~ 시모노세키 간 정기항로인 부관(釜關)연락선이 취항했다.

부관연락선은 부산에서 시모노세키를 오가는 여객선이다. 시모노세키[하관(下關)]의 한문 표기에서 '관(關)'과 부산의 '부(釜)'를 따서 지은 이름이다. 연락선은 대개 길고 넓은 갑판 위로 원통형 기둥이 높이 솟아 검은 석탄 연기를 뿜어내는 증기선이었다. 부관연락선의 개설은 한·일 간 인구 이동에서 의미가 컸다. 일본은 1901년 부산 ~ 경성 ~ 신의주를 잇는 철도를 완성했고, 고베와 시모노세키 간 철도 노선을 완성함으로써, 한·일 간 거리를 단축했다. 부관연락선 개설은 신의주 ~ 부산 간 한반

도 전역과 일본 규슈 ~ 간사이(關西) 간 교통망을 마련했다.[2)]

〈그림 1〉 1935년경 시모노세키항에 정박했던 부관연락선

쇼케이마루(昌慶丸)나 곤고마루(金剛丸) 등 여러 선박이 있었는데, 지상 3층에 지하 2층까지 총 5층짜리 연락선도 있었다. (在日韓人歷史資料館, 『在日韓人歷史資料館 圖錄』, 明石書房, 2008, 13쪽)

2) 金贊汀, 『關釜聯絡船』, 朝日新聞社, 1988, 5쪽.

〈그림 2〉 부산 수미르공원이 된 부관연락선 출발 항구 (2018.10 촬영)

〈그림 3〉 부관연락선의 종착지 일본 시모노세키항(2002.6. 촬영)

정기항로의 개설은 한인의 도일을 촉진한 배경이기도 하지만 한인의 도일을 활성화한 결과물이기도 했다. 이용자가 없는데 정기항로를 개설할 필요는 없기 때문이다. 그러나 아쉽게도 관련 연구 성과는 찾을 수 없다. 일본의 적극적인 조선통치 의지와 조선으로 향할 일본인을 위한 조치가 아니었을까 추측해본다. 의병이 들끓는 식민지 조선을 통치하기 위해서는 식민지 본국인 일본의 인력이 쉽게 조선 땅을 밟도록 할 필요성을 크게 느꼈을 것이다. 강제병합 직후부터 당국은 적극적으로 일자리를 구하지 못한 일본인과 기업을 상대로 '조선 진출 권유'를 했다. 당시 일본의 일간지는 연일 조선에 가면 얻을 수 있는 이득을 제시하는 당국의 논설을 실었다. 이들의 조선 진출에 정기항로는 필수 요건이었다.

두 번째 배경은 여권제도 개선이다. 도일을 위해서는 여권을 발급해야 하는데, 조선 관리가 한인에 대한 여권발급을 거부함에 따라 도일 노동이 결정된 한인의 도일이 불가능하게 되는 경우가 많았다. 이에 일본기업은 조선 측의 비협조로 한인 노동자 모집에 차질이 빚어진다는 문제제기를 그치지 않았다. 한인 노동자 모집과 관련한 이러한 문제는 1906년 해소되었다. 9월 15일부터 시행된 통감부령 제34호 「한국인외국여권규칙(韓國人外國旅券規則)」에 따라 한인의 여권 휴대를 면제했기 때문이다. 이 규칙은 1907년 4월 「외국여권규칙(外國旅券規則)」으로 개정했다.[3]

이같이 한인이 조선 후기에 도일하게 된 것은 개항 때문이었다. 1876년 8월 24일에 체결된 '병자수호조규(丙子修好條規) 부록' 제5관, '조선국 인민, 그 정부의 허가를 얻는다면 일본국에 오는 것도 방해받지 않는다'[4]는 내용에 따라 한인은 처음으로 외국인으로서 일본 거주의 법적인 근거를 얻었기 때문이다. 이 시기에는 주로 유학 목적이나 외교관으로서 일

3) 統監府, 『統監府法規提要』, 統監府 印刷局, 1910, 299쪽.

4) 統監府, 『統監府法規提要』, 統監府 印刷局, 1910, 228쪽.

본 체류 허가를 얻었다.

상업을 목적으로 한 체류 허가는 1881년 2월 22일 나가사키현이 일본 외무성에 보낸 서신에 대한 4월 1일자 외무경(외무성 대신)의 답신 기록이 최초이다. '조선인이 상업상의 목적으로 일본에 오는 경우, 조선 정부의 허가가 필요하지 않'으며, '조선인이 일본의 법률에 복종한다면, 유럽인이나 중국인에게 제한하고 있는 일본 내륙지방의 여행을 조선인에게 허용'하지만, '상업상 영업은 개항장에 한정'해야 한다는 내용이다.[5)]

1880년 일본 유학이 시작된 후 유학 사례는 여러 건 확인된다. 1895년 4월에 윤치오(尹致旿) 등 조선 정부가 파견한 유학생들은 도쿄에서 대조선인일본유학생친목회를 결성했고(1898년 해산), 같은 해 9월에는 유학생 신해영(申海永) 등이 설립한 제국청년회가 탄생(1903년 해산)하기도 했다. 이들 단체는 이후 이합집산하며 태극학회(1905년 9월)와 대한유학생구락부(1906년 1월)로 이어갔다. 1906년 목사 오기선(吳基善)이 도쿄에 교인 150명으로 교회(조선연합야소교회)를 창립한 점으로 볼 때, 유학생단체와 교회가 이들을 연결하는 매개체로서 역할을 담당한 것으로 보인다.[6)]

일본이 강제병합을 단행하기 이전 도일한인의 다수는 유학생이나 정치적 망명자, 상인, 외교 공관원 등이었다. 그러나 노동자의 도일 역사도 시작되었다. 한인 노동자 도일에 대해 1899년에 발효된 칙령 352호를 근거로 삼는 연구가 있다. 칙령 352호 제1조 「조약 또는 관행에 의해 거주의 자유를 갖지 않는 외국인의 거주 및 영업 등에 관한 건」에서 한인은 '관행에 의해 거주의 자유를 갖는 외국인'에 해당함에 따라 거주와 영업 행위가 가능해졌다는 주장이다.[7)] 그러나 이 칙령은 미 · 영 · 불 · 네덜란

5) 山脇啓造, 『近代日本と外國人勞動者』, 明石書店, 1994, 39~42쪽.

6) 구한말 유학생단체에 대해서는 김기주, 『한말 재일한국유학생의 민족운동』, 느티나무, 1993; 강영심 · 김도훈 · 정혜경, 『1910년대 국외항일운동2 - 중국 · 미주 · 일본』, 한국독립운동사편찬위원회 · 독립기념관 한국독립운동사연구소, 2008 참조.

드・러시아 등 조약 국민과 중국인을 대상으로 하는 칙령이었다. 『지쿠호탄광지(筑豊炭礦誌)』와 『모지신보(門司新報)』 기록을 통해 이보다 이전 시기에 한인 노동자의 취업이 가능했음을 알 수 있다.[8)]

〈표 2〉를 보면, 광업을 전수하기 위한 도일은 1882년에 있었다. 광산의 중요성을 인식한 조선 정부가 광산기술 전수를 위해 파견했기 때문이다. 1891년 니가타(新潟)현 사도(佐渡)광산학교에 입학한 조선인 3명은 일본어 통역을 대동하고 근대 광산학을 배웠다.[9)]

최초의 한인 노동자는 1891년 오사카 도요(東洋)방적 취업 사례인데, 취업 일시와 인원수 등을 확인할 수 없다. 내용을 알 수 있는 최초의 한인 노동자 사례는 1897년 7월 4일 규슈 사가(佐賀)현 소재 조자(長者) 탄광이다. 『모지신보』는 1기 도일한인 59명의 이름과 출신지, 입갱일수, 평균임금, 노무관리 등을 상세히 보도했다.

1875년부터 채굴을 시작한 조자 탄광은 1881년 100명의 갱부가 취업했다. 그 후 탄갱을 방치했다가 1890년대에 채굴을 재개해 1897년에는 400명 이상의 갱부를 고용할 정도의 탄광이 되었다. 탄광 규모의 성장과 함께 갱부 부족을 느낀 탄광주인 히가시시마 유이치(東島 猷一)는 1896년 나가사키현 지사와 상의해 중국인과 한인 노동자 고입을 결정했다. 한인이 조자 탄광에 가게 된 배경이다.[10)]

7) 金英達, 「在日朝鮮人社會の形成と1899年勅令第352號について」, 『在日朝鮮人史研究』 21, 1991, 88쪽.

8) 東定宣昌, 「明治期, 日本において最初の朝鮮人勞働者 : 佐賀縣長者炭坑の炭坑夫」, 『'韓國併合' 前の在日朝鮮人』, 明石書店, 1994, 133쪽.

9) 相川町史編纂委員會, 『佐渡相川の歷史－通史編, 近現代』, 1995, 233~241쪽.

10) 본래 조자 탄광은 사가(佐賀)현 소속이었으나 관할이 나가사키현으로 변경되었다.

〈표 2〉 1910년 이전 한인 노동자 도일 사례[11)]

| 일 시 | 장소 | 인원(명) | 목 적 |
|---|---|---|---|
| 1882.2 | 고베(神戶)현 소재 광산 | 230 | 광업전수 |
| 1891 | 오사카(大阪) 도요(東洋)방적 | - | 취업 |
| 1897.8~1898.2 | 나가사키(長崎)현 조자(長者)탄광 | 230 | 〃 |
| 1897 | 후쿠오카(福岡)현 소재 광산 | 29 | 〃 |
| 1898.1 | 후쿠오카현 가호군(嘉穗郡) 소재 탄광 | 370 | 〃 |
| 1898~1899 | 규슈(九州) 지역 석탄하역장 | - | 〃 |
| 1906~1910 | 가고시마(鹿兒島)현 철도건설공사 | 40 | 〃 |
| 1907.10 | 구마모토(熊本)현 철도건설공사 | 300 | 〃 |
| 1907 | 구마모토현 | 300 | 〃 |
| 1908 | 교토(京都)부 우지천(宇治川)댐 공사 | - | 〃 |
| 1908.1~8 | 구마모토현 히사츠(肥薩) 철도건설공사 | 500 | 〃 |
| 1908~1911 | 효고(兵庫)현 철도건설공사 | - | 〃 |
| 1909 | 교토부 수력발전소공사 | 55 | 〃 |

자료: 『미일신문』 1898.8.11; 『大阪朝日新聞』 滿鮮版, 1917년 5월 15일자; 『九州日日新聞』 1908년 4월 2일자; 新藤東洋男, 「朝鮮國勞動者の强制雇傭經過」, 『歷史評論』 187, 1966, 61~64쪽; 金英達, 「在日朝鮮人社會の形成と1899年勅令第352號について」, 『在日朝鮮人史研究』 21, 1991, 98쪽; 武田行雄, 「內地在住半島人と融和事業」, 『朝鮮』 277, 1938년 6월호; 「內地在住半島人問題」, 『社會政策時報』 213호, 1938, 103쪽; 東定宣昌, 「明治期, 日本において最初の朝鮮人勞働者 : 佐賀縣長者炭坑の炭坑夫」, 『經濟學研究』 57卷 3·4號, 1992, 304~306쪽; 河明生, 『韓人日本移民社會經濟史』, 明石書店, 1996, 69쪽

나가사키현 지사가 병자수호조규 부록 제5관을 근거로 '조선국 정부의 도일허가를 받을 수 있다'고 교시하자 회사 측은 고미네 겐사쿠(小峯 源作)라는 브로커를 통해 2년간 총 230명의 한인을 모집했다. 고미네는 모집 업무만이 아니라 '단속[取締]'이라는 노무관리 역할도 맡았다. 그는 당시 32세 정도였는데, 12세 때 조선에 건너가 대신 출신의 이재순(李載純) 집에서 7년간 식객으로 있으며 통역을 맡았고 청일전쟁 때 공을 세우고

11) 정혜경, 『일제시대 재일조선인민족운동연구』, 국학자료원, 2001, 46쪽, 〈표 1-1〉 수정.

돌아왔다고 알려져 있다.[12)]

한인이 조자 탄광에 온 후 1898년 1월과 2월에 후쿠오카(福岡)현 야마다(山田) 탄광(미쓰비시三菱 광업 소속)과 후루카와(古河)광업㈜ 소속 시모야마다(下山田) 탄광에 한인이 각각 370명과 29명이 취업했고, 9월 3일에는 미쓰이(三井) 미이케(三池) 광산 오무타(大牟田)갱 취업 한인 57명이 후쿠오카현 오무타시에 도착했다. 1898년에 후쿠오카현 미쓰이 다가와(田川) 탄광에서 한인 2명의 사망 기록이 있는 것으로 보아 다가와 탄광에도 취업한 것으로 보인다.

〈그림 4〉 미이케 탄광에 동원한 죄수들 형무소의 높은 벽(2020.2.16. 촬영)

〈그림 5〉 입구가 막힌 미이케 미야우라광(宮浦鑛) 갱구 (2020.2.16. 촬영)

〈표 2〉에서 보면, 1910년 이전에 도일한 한인은 직종에서 시기별 특징이 있다. 1800년대에는 주로 탄광이었으나, 1900년대에는 철도나 수력발전소 건설공사장이 다수였다. 직종의 확대에 따라 한인이 취업한 지역도 늘어났다. 1800년대가 탄광이 밀집한 규슈지역에 한정되었다면, 1900년대 이후에는 가고시마(鹿兒島), 구마모토(熊本), 효고(兵庫), 교토(京都) 등

12) 東定宣昌, 「明治期, 日本において最初の朝鮮人勞働者：佐賀縣長者炭坑の炭坑夫」, 『'韓國併合'前の在日朝鮮人』, 明石書店, 1994, 143~145쪽.

건설공사장이 있는 지역으로 확대되었다. 한인 노동자 증가와 함께 부당한 착취와 가혹행위, 부실한 노동 현장 상황도 발생했다.

멀리 바다를 건너 일본 탄광에 취업한 한인들은 상상 이상의 고초를 겪기도 했다. 1898년 후쿠오카현 다가와 탄광에서 발생한 한인 2명 사망 기록이 이를 증명한다. 이 사망 기록은 한인 최초의 사망 기록이지만 사망원인은 알 수 없다. 재일 르포작가 김찬정이 소개한 과거장(過去狀, 사찰의 사망기록)을 통해 한 줄의 기록만 알 수 있을 뿐이다.[13)]

다가와 탄광은 일본 3대 재벌의 하나인 미쓰이 광산 소속이다. 1898년에 한인이 입소한 미이케 탄광 오무타갱도 미쓰이 소속이다. 미쓰이가 운영한 미이케 탄광은 2015년 7월 세계 근대산업유산으로 등재되었다. 그러나 이곳은 1872년 개광 당시 죄수노동에서 출발한 곳이었고, 아시아태평양전쟁기에는 한인과 중국인 · 연합군 포로를 가혹하게 동원한 노역장이었다. 특히 미이케 탄광에서 시작한 죄수(수인)노동은 인근 다른 탄광에 확산해 당시 보편적인 탄광노동의 모습을 띠었다. 탄광 측은 현장에 감옥을 설치하고 발에 족쇄를 채운 상태에서 채탄에 투입했다. 그 후 갱부를 죄수에서 일반 노동자로 전환했으나 갱부에 대한 인식과 대우는 달라지지 않았다. 죄수 대신 투입한 갱부는 한인이나 일본 최하층민이었다. 갱부에 대한 인식과 처우는 이후 한인에게 그대로 적용되었다.

또한 『믹일신문』을 통해 당시 한인에 대한 불법적인 취업과 가혹한 착취 사례를 알 수 있다. 1898년 8월 11일자 기사는 잡보 2건인데, 모지항에 사는 배윤경, 최기호, 김성근, 현만수 등 37명이 연명으로 조선 외부(外府)에 낸 편지다. 2건의 잡보는 제목이 없이 '일본 북강현 문사항에 류하는 대한 사람'과 '대한 사람 370명이 구쥬 석탄광에 고용하더니'(현대

13) 金贊汀, 『關釜聯絡船』, 朝日新聞社, 1988, 6쪽.

문-인용자)로 시작하는데, 관련 기사이다.[14)]

첫 번째 기사는 "일본 북강(복강福岡의 오기, 후쿠오카)현 문ᄉᆞ항에 류ᄒᆞᄂᆞᆫ 대한 사ᄅᆞᆷ 빅윤경 최긔호 김셩근 현만슈 등 삼십칠인이 련명ᄒᆞ야 외부에 편지ᄒᆞ엿기로 그 쵸본을 엇어 대강 긔ᄌᆡ ᄒᆞ노라"는 단신이다. 두 번째 기사는 상세한 내용이다.

> "대한 사ᄅᆞᆷ 삼빅칠십명이 구쥬 셕탄광에 고용ᄒᆞ더니 일본 사ᄅᆞᆷ 소봉 복산 형졔가 셕탄광 쥬인 으로 더부러 약속 ᄒᆞ기를 이 삼빅칠십 명은 **대한 정부에셔도 아지 못ᄒᆞ니 죽도록 ᄎᆡ굴 력ᄉᆞ(채굴역사採掘役事)를 식이 드ᄅᆡ도 아모 일이 업다 ᄒᆞ고** ᄉᆞ면으로 엄방(嚴防) ᄒᆞ야 혹 도망치 도 못 ᄒᆞ게 ᄒᆞ며 고용 한지 팔구삭(8·9삭朔) 이나 되엿스되 **돈 일푼도 주지 아니 ᄒᆞ고 도로혀 부ᄎᆡ(부채)가 잇다 ᄒᆞ야** 구타 ᄒᆞᆷ이 돈견(豚犬) 보다 심 ᄒᆞ기로. 그 고용ᄒᆞ던 인원들이 죽기로 도망ᄒᆞ야 동경(東京)으로 오다가 혹 잡히여 가고 혹 즁도(중로中路)에셔 주려 죽ᄂᆞᆫ 이도 잇스며 혹 병 드러 죽을 디경(지경)이 되ᄂᆞᆫ 이도 잇더니.
>
> 명텬이 감우ᄒᆞ샤 대한 사ᄅᆞᆷ 김명원 씨가 일본 동경 ᄭᆞ지 갓다가 회국 ᄒᆞᄂᆞᆫ 길에 마관(下關의 오기, 시모노세키)항에셔 류ᄒᆞ다가 그 급ᄒᆞᆫ ᄉᆞ샹을 듯고 급히 문ᄉᆞ(門司 모지)항으로 가 셔 그 죽게 된 인원을 져져히 구원ᄒᆞ야 문ᄉᆞ항에 모집(募集)ᄒᆞ고 병든 이ᄂᆞᆫ 약을 써 구원ᄒᆞ야 십 여 명은 인쳔항ᄭᆞ지 회환ᄒᆞ엿스나 오히려 장긔현(나가사키현, 長崎)에 잇셔 죽게 된 인원이 이십여명이오 대촌항(나가사키현 소재 오무라大村)에 또 십칠명이 잇ᄂᆞᆫ지라 김씨가 그 ᄉᆞ상으로 동경에 잇ᄂᆞᆫ 리공ᄉᆞ 의게 편지ᄒᆞ여도 걱정 만 ᄒᆞ고 답쟝도 업스며 또 일본 외부싱에 명쇼 ᄒᆞ여도 보고 드를 ᄯᆞ람이라. 김씨가 구휼ᄒᆞᆯ ᄆᆞᄋᆞᆷ은 도뎌 ᄒᆞ나 식비와 션비(배삯)가 업셔 수다 ᄒᆞᆫ 인원을 다 보호ᄒᆞ야 회국(回國)ᄒᆞᆯ 수가 업기로 그 죽게 된 인원들이 다만 대한 졍부 쳐분만 기ᄃᆞ린다 ᄒᆞ엿스니 우리ᄂᆞᆫ 동포 ᄉᆞ랑ᄒᆞᄂᆞᆫ 마ᄋᆞᆷ에 엇지 측은치 아니 ᄒᆞ리오
>
> **일본은 ᄀᆡ명(開明)ᄒᆞᆫ 나라로 교린(交隣)ᄒᆞᄂᆞᆫ ᄉᆞ이에 그 고용ᄒᆞᄂᆞᆫ 사ᄅᆞᆷ들를 엇지 그러케 만모히 ᄃᆡ졉ᄒᆞ며 우리나라 졍부에셔도 당초에 그 사ᄅᆞᆷ 들의게**

14) 1991년 박맹수 교수 제공.

**일본가라ᄂᆞᆫ 공문은 업셧스나 져러케 죽게 되엿다는 사ᄅᆞᆷ들을 엇지 모론ᄂᆞᆫ체 ᄒᆞ고** 구급(救急) ᄒᆞ시ᄂᆞᆫ 도리가 업시리오 마ᄂᆞᆫ 우리 동포로 ᄂᆞᆷ의 나라에 가셔 그러 ᄒᆞᆫ 만모ᄅᆞᆯ 밧으며 그러ᄒᆞᆫ 곤경을 당ᄒᆞ엿다 ᄒᆞ니 듯기에 엇지 놀납지 아니 ᄒᆞ리오. 이후로ᄂᆞᆫ 무론 어ᄂᆞ 분이 어ᄂᆞ 나라 에 가셔 무삼 ᄉᆡᆼᄋᆡ가 잇던지 아모죠록 삼가 죠심 ᄒᆞ야 다시ᄂᆞᆫ 이런 슈치(수치)와 만모ᄅᆞᆯ 밧지 아니 ᄒᆞᆯ일일너라.”(굵은 표시와 한자, 현대문-인용자)

기사에 따르면, 노동브로커인 소봉복산 형제는 조선 정부도 모르는 비공식적인 방법으로 탄부를 모집해 후쿠오카현 가호(嘉穗)군에 있는 탄광에 넘기고 착취를 일삼았다. 탄광주는 임금을 주지 않고 부채가 있다는 이유로 착취했다. 기사에는 370명이 착취를 못 이겨 탈출을 감행하고 도쿄로 향하던 중 잡히기도 하고 중간에 굶어 죽기도 하는 등 참상이 생생하게 담겨 있다. 이들을 구원한 김명원이 일본 외부성과 조선 정부에도 각각 호소했으나 아무런 대답도 듣지 못했고 십여 명은 인천항을 통해 귀국하고 나머지는 식비와 뱃삯이 없어 목숨을 잃었다. '일본은 개명한 나라'라면서 어찌 '교린하는 나라의 동포를 이리 대접하며', '대한 정부는 죽게 된 사람을 모른 척 하느냐'는 한탄이 절절하다.

기사에서 언급한 브로커 소봉복산은 누구일까. 조자 탄광의 브로커인 고미네 겐사쿠(小峯 源作)의 성도 '소봉'이다. 우연이라고 보기 어렵다. 단정할 수 없으나 고미네에게 형이 2명 있다는 점을 볼 때, 형제일 가능성이 있다.[15] 만약 형제라면 고미네 집안은 나가사키현 조자 탄광과 후쿠오카현 탄광에서 브로커를 전담하며 착취에도 동참한 셈이다.

『미일신문』에서 소개한 한인을 착취한 탄광이 있는 후쿠오카현 가호군은 후쿠오카 최대 탄전인 지쿠호(筑豊) 탄전으로 미쓰비시를 비롯해

15) 東定宣昌, 「明治期, 日本において最初の朝鮮人勞働者 : 佐賀縣長者炭坑の炭坑夫」, 『'韓國併合'前の在日朝鮮人』, 明石書店, 1994, 172쪽 각주 38번.

일본 굴지의 기업이 탄광을 경영하고 있었다. 다가와 탄광에서 발생한 한인 사망 기록을 통해 이 지역의 노동환경을 짐작할 수 있다. 1909년에는 사가현 가이지마(貝島) 탄광에서 발생한 노동사고로 방국준(方國俊) 외 여러 명이 사망한 일도 있다.[16] 이러한 가혹행위에 대해 한인들의 저항도 강력해서 조자 탄광의 한인 탈주 사례 외에 1908년 1월 26일 가고시마현에서 한인 노동자 160명이 동맹파업을 일으키기도 했다.[17]

가장 적극적 저항은 조자 탄광에서 발생했다. 조자 탄광은 1897년 10월 12일 제1기로 취업한 갱부 김학봉(金鶴鳳)과 김천왕(金千王)이 입소 2개월 만에 탈주한 후 이듬해 9월 7일까지 한인들은 총 12회 탈주와 폭동을 거듭했다. 1989년 1월 22일(설날)에는 한꺼번에 폭동을 일으키고 탈주하는 사건이 발생하기도 했다. 이 과정에서 당시 노무관리 담당자였던 고미네가 한인들에게 폭행을 당해 20일 이상 치료를 받기도 했다. 한인의 피해도 컸다. 진압하던 일본인 중간관리자들이 휘두른 칼에 많은 한인이 창상을 입었다. 폭동을 진압하는 과정에서 한인 60여 명이 탈주하고 일부는 검거되었다. 체포된 관련자 15명은 1898년 4월 20일 사가지방재판소에서 열린 예심과 6월 7일 공판을 통해 5명이 각각 금고 4개월 15일과 1년 2개월, 2년 6개월 형에 처해졌다.

한인들의 탈주는 모지경찰서가 진압했으나 후쿠오카나 야마구치(山口)현, 심지어 멀리 교토에서 발각되기도 했다. 이러한 적극적인 탈주와 저항은 일본인 갱부나 지역사회와 격리, 모집 과정에서 발생한 기만, 갱부에 대한 폭력적 처우, 임금 배분의 불공정성 등 나야(納屋)제도의 문제점 때문이었다.[18]

---

16) 金英達, 「在日朝鮮人社會の形成と1899年勅令第352號について」, 『在日朝鮮人史研究』 21, 1991, 98~100쪽. 가이지마 탄광에 한인 입소 시기는 확인할 수 없다.

17) 『九州日日新聞』 1908년 1월 30일자.

조자 탄광의 노무관리 체계는 갱주 → 사무장, 사업장(事業長), 나야가시라(納屋頭, 취체. 중간관리자) → 도도리(頭取) → 갱부로 이어지는 운영체계였다. 그러므로 나야가시라였던 고미네는 여러 명의 한인 관리자(도도리)를 두었고, 한인 관리자들이 직접 갱부들을 관리(한인 관리자 1인당 선산부 3명, 후산부 2명씩)하고 있었다. 갱주가 직접 운영하던 직영사업장은 감독 → 숙련 갱부 → 선산부, 후산부로 이어지는 시스템이어서 숙련 갱부가 있었으나 나야가시라는 숙련 갱부를 두지 않고, 한인 관리자를 두는 방식으로 운영했다.[19)]

나야제도는 함바(飯場)제도와 함께 대표적인 일본 광산업계의 노무관리 제도다. 주로 석탄광산에서는 나야제도를, 금속광산에서는 함바제도를 적용했는데, 본질적 차이는 없다. 이들 제도의 특징은 노무계에 속한 나야가시라와 함바가시라(飯場頭)가 광부의 모집과 생활 관리, 채굴 및 채탄 등의 작업 청부, 임금의 일괄 관리를 담당한다는 점이다. 노무계 → 주선인(또는 세화방) → 나야가시라, 함바가시라(親方, 오야카타) → 히도쿠리(人繰り) → 갱부(子方, 고가타)로 이어지는 중층적 고용관계다. 나야가시라는 오야카타(親方)라고도 하는데, 노무공급청부업자로써 갱부인 고카타(子方)를 관리하는 중층적 고용관계이자 착취구조였다.

나야제도는 1888년 마쓰오카 코이치(松岡好一)가 르포 「다카시마(高島) 탄광의 참상」을 잡지 『일본인』에 실으면서 실태와 부작용이 알려졌다. 나야제도의 폐해는 당시 사회문제가 될 정도였으므로 제1차 세계대전 후 노

18) 東定宣昌, 「明治期, 日本において最初の朝鮮人勞働者 : 佐賀縣長者炭坑の炭坑夫」, 『'韓國併合'前の在日朝鮮人』, 明石書店, 1994, 160쪽, 164쪽, 166쪽. 이 논문은 신문기사에 근거해 1기 도일자 59명의 이름과 출신지는 물론 입갱일수와 평균 임금, 노동환경, 노무관리 등에 대해 상세히 분석했다.

19) 東定宣昌, 「明治期, 日本において最初の朝鮮人勞働者 : 佐賀縣長者炭坑の炭坑夫」, 『'韓國併合'前の在日朝鮮人』, 明石書店, 1994, 154쪽.

〈그림 6〉 하자마구미(間組)가 세운 구마모토현 히사쓰선 철도공사장 추도비
(2020.2.15. 촬영)

〈그림 7〉 뒷면에 1908년 3월 16일에 사망한 경기도 남양주군 출신 한인 노동자 최길남(33세)의 이름이 새겨져 있다. 일본에 있는 추도비 가운데 최초로 새겨진 한인 노동자의 이름이다.
(내용 제공 안해룡)

동조합의 철폐 운동으로 공식적으로는 사라졌다. 그러나 실제로는 1930년대까지 갱부들을 옥죄는 제도로 남았다. 가이지마 탄광에서는 1938년에 합숙소주인을 나야가시라나 함바가시라로 대체했다. 탄광과 광산에서는 여전히 중간지배자에 의한 관리체계가 이어져갔던 것이다.[20]

1870년대에 조일 간 정기항로는 개설했으나 1906년 여권 면제 이전에 한인의 도일은 조선 정부의 정식 허가가 있어야 했고, 도항 허가는 필수적이었다. 그러나 앞에 소개한 믹일신문 기사 사례는 허가를 받지 않은

20) 鮎川伸夫, 「戰間期の筑豊諸炭鑛における鑛夫統轄－納屋制度から直轄制度へ」, 『京都大學 經濟論叢 別冊－調査と研究』 12, 1997, 17쪽.

비공식 도항, 즉 밀항의 형식으로 추정된다. 탄광주가 브로커를 이용해 밀항의 방법으로 갱부들을 데려온 것이다. 현재 이 시기 밀항 현황에 대해서는 조일 양국 정부 당국의 자료를 확인할 수 없다.[21]

### 2) 1910년 한일강제병합 ~ 1938년 한인의 도일

1910년 강제병합한 후 일본은 조선을 타이완과 남사할린과 함께 외지로 설정해 제국 일본 체계에 포섭했다. 1909년, 강제병합을 앞두고 당국은 병합방침을 결정하면서 병합 이후 한인의 국적 문제를 검토했으나 1910년 8월 '조인'한 한국병합조약에서는 병합한다는 것만 명기했을 뿐, 주민의 국적 규정은 없었고, 법적 지위도 애매했다. 한인의 법적 지위는 의무상으로는 일본인이지만 권리에서는 일본인이 아닌 상태가 되었다.

어정쩡한 법적 지위는 1919년 3.1운동 발발 후 지역적(地域籍) 채택으로 일단락되었다. 지역적은 호적에 의한 구별 체계다. 지역적에 따라 내지와 외지를 구분하고 지역민을 각각의 법역(法域)에 따라 규정하는 방식이다. 이 구분법에 따라 한인은 '외지인 중에 조선에 본적을 가진 자'가 되었다. 이 구분은 내지에 본적을 가진 사람은 내지인, 외지에 본적을 가진 사람은 외지인으로 구분했다. 지역적은 일본인과 한인이 일본과 만주 등 제국 영역에 거주하면서 발생하는 문제를 해결해야 한다는 필요성에 따라 만들었다. 일본 내에서도 국적법상 '한인인 일본인'인 한인이 일본에 와서 '일본인인 일본인'이 되는 것을 방지할 조처가 시급하다는 문제 제기가 급증했기 때문이다.[22]

21) 밀항에 반대 의미로 사용할 경우에는 '도항'을, 그 외 공식 용어를 제외하고는 '도일'을 사용.
22) 이승일, 「일제시기 조선인의 일본국민화 연구－호적제도를 중심으로」, 『한국학논집』, 한양대학교 한국학연구소, 2000, 80쪽; 遠藤正敬, 『近代日本の植民地統治 における國籍と戸籍－滿洲, 朝鮮, 臺灣』, 明石書店, 2010, 124~137쪽.

〈표 1〉과 같이 1910년 강제병합 후 한인 도일은 증가했다. 1910년 이전에 수백 명 단위였던 한인은 수만 명 단위로 급증하자 당국도 체계적으로 대응에 나섰다. 조선총독부와 내무성이 중심이 되어 도일과 거주 상황을 관리하고 통제했다.

한인 도일 통제정책의 핵심 부서는 내무성이었다. 일본 내무성은 신사(神社)와 지방, 토목, 경찰, 위생, 사회행정 등 내정을 관장하는 존재다. 전신인 민부성(民部省) 업무에 대장성과 사법성, 공부성(工部省)으로부터 이관받은 권업·호적·우체(郵遞)·토목·지리(이상 대장성), 경보(警保)(사법성), 측량사무(공부성)를 추가하고 본격적인 업무 개시에 들어갔다.[23] '내무'란 내국사무(內國事務)의 약칭으로써 외무(外務)에 대한 국내 행정을 의미했다. 내무성은 1873년 11월 10일, '국가 안녕 인민 보호의 사무를 관리하는 기관'으로 설치해 1947년 12월 31일 폐지될 때까지 일본에서 중요한 역할을 담당했다.[24]

일본이 내무성의 역할을 확대한 이유는 메이지 헌법 공포 후 내무성과 외무성, 군부라는 일본 정부의 세 가지 중추 기관을 형성한 점과 무관하지 않다. 메이지 헌법에 따라 내무성이 현(縣) 정부와 경찰을 산하에 둠으로써 내각 내에서 강한 입지를 갖게 되었다. 내무성의 가장 중요한 업무는 경찰과 권업(勸業)이었다. 사회의 안녕질서를 위해 경찰업무를 장악해야 했고, 일자리를 관장하는 일도 소홀히 할 수 없었다. 실업자의 존재는 사회의 안녕질서를 해친다고 믿었기 때문이다. 국가와 사회의 안녕

23) 赤松俊秀 外, 『日本古文書學講座－近代編1』, 雄山閣, 1979, 133쪽.

24) 일제하 내무성이 담당한 업무는 전후 자치성(지방), 경찰청(경찰), 건설성(토목), 후생성(위생·사회), 노동성(노동), 문부성(종교·도서·박물관), 외무성(외국이민), 법무성(호적·국적·감옥), 통상산업성(권업), 농림수산성(권업·산림), 우정성(우체업무), 운수성(우체업무·기상·철도·항만), 대장성(지조개정·국유재산관리), 北海道개발청(北海道 척식) 등이 담당할 정도로 광범위했다.

질서를 위한 당국의 통제와 관리체제 아래에서 한인은 도일했다. 그러나 모두가 합법의 길을 택한 것은 아니었다.

"그날 저녁 나는 유씨와 약속한 시간에 약속한 장소로 나갔다. 희미한 달빛이 비치는 부산 다대포(多大浦)의 어느 바닷가였다. 파도치는 바닷가 바위 곁에는 백여 명의 장정들이 모여 있었다. 이들은 모두가 노동자 밀수업자인 유씨의 알선으로 밀선에 실려 일본으로 팔려가는 가난한 장정들이었다. 몸차림은 하나같이 남루하고 가진 것이라고는 보퉁이 하나 밖에 없었으며 때 묻은 바지저고리와 상투를 튼 머리 수건을 질끈 매고 있었다. 하지만 그들은 하나같이 발가락이 갈라진 일본식 신발인 소위 지카타비를 신고 있었다. 장정 한 사람의 몸값 선불조로 2,30원씩 주고 신발을 신겨준 것이다. 시간이 되자, 모든 노동자를 조그만 목선으로 윤선(輪船)에 옮겨 싣고 일본을 향해 출항하기 시작했다. 〈중략〉 이틀 만에 우리를 태운 윤선은 오사카 축항(築港)에 닿았다. 배멀미에 시달린 장정들은 핼쓱해진 몰골로 유씨가 인솔하는 데로 어느 허름한 판자집에 당도했다. 유씨가 경영하는 길비(吉備)공장지역 안에 있는 함바라는 것을 안 것은 이튿날 아침이 되어서였다."[25]

이후 일본에서 돗파(突破)라는 별명으로 활약했던 노동운동가 김태엽(金太燁)이 열세 살 어린 나이에 밀항해 오사카에 도착하는 장면이다. 부산 광복동에서 일본인 가게 점원으로 일하던 소년 김태엽은 1915년 노동소개업자에게 팔려 백여 명에 달하는 장정들과 함께 밀선에 올랐다.

1910년대 일본 정부의 밀항 관련 자료는 없다. 그러나 김태엽의 사례를 볼 때 밀항은 1910년대 한인들이 주로 이용했던 방법이었던 것으로 보인다. 이들이 밀항을 택한 이유는 공식적인 당국의 도일 통제 때문이 아니라 부관연락선을 타는데 필요한 조건을 갖추지 못했기 때문이었다.[26]

25) 金泰燁, 『抗日朝鮮人の證言』, 不二出版社, 1984, 39~40쪽.

26) 도일정책에 대해서는 金廣烈, 「戰間期における日本の朝鮮人渡日規制政策」, 『朝鮮史研究會論

〈그림 8〉 한복을 입고 오사카 축항에 상륙하는 한인
(재일한인역사자료관, 『재일한인역사자료관 도록－사진으로 보는 재일코리안 100년』, 2008, 15쪽)

당국의 공식적인 도일 통제는 1919년 3.1운동 이후부터 시작되었다. 주로 노동자의 도일 통제가 목적이었다. 조선총독부는 1919년 4월 15일, 경무총감령 제3호 '조선인 여행 단속에 관한 건'을 발표해 한인의 해외 도항을 엄격히 제안했다. 도항허가증 발급은 경찰기관의 몫이었다. 도항을 희망하는 한인은 반드시 거주지 관할 경찰기관으로부터 여행증명서를 발급받아 한반도 최종 출발지 경찰기관에 제시하도록 의무화했기 때문이다. 도항허가증이 비자를 대신한 셈이다. 여행증명제도는 조선 내 비판으로 1922년 12월 15일 총독부령 제153호에 의해 폐지했다.[27)]

文集』 35, 1997; 김광열, 『한인의 일본이주사 연구－1910~1940년대』, 논형, 2010 참조.

27) 여행증명제도에 대해서는 水野直樹, 「朝鮮總督府の內地渡航管理政策－1910年代の 勞働者募集取締」, 『在日朝鮮人史硏究』 22, 1992 참조.

여행증명제도를 폐지했다고 도항의 기회를 개방한 것은 아니었다. 당국의 선별적 도일 규제는 계속되었다. 1923년 9월 관동지진 한인 피살사건 직후에는 일본 내무성 경보국 요청에 따라 총독부 경무국은 도일을 제한(공무원, 학생, 상인은 제한에서 제외)하고, 노동희망자는 자격을 부여해 선별 허가했다. 1928년 경무국은 부산항에서 실시하던 도항 수속을 면사무소에 넘겨 경찰 주재소와 조사 후 도항허가증을 발부하는 방식으로 전환했다.[28]

이러한 선별적 규제는 1929년 8월 3일 일본 경보국장 통첩(조선인 노동자의 증명에 관한 건)[29] 이후 '일시귀선증명제도' 실시를 통해 강화되었다. 이 제도는 명분상으로는 일본에서 취업 중인 한인이 일시 귀향할 경우 '재도일의 편의'를 위해 마련한 제도로써 패전 때까지 잔존했다. 그러나 이 제도 실시를 기점으로 도일자의 본인 확인 절차가 엄격해져 도일이 어려워졌다. 부산 수상경찰서는 정기 연락선 출항 2시간 전부터 승선자가 소지한 호적초본과 재학증명서, 일시귀선증명서 등 각종 서류를 일일이 대조한 후 '도항전표'를 발행했다. 거주지 경찰이 발행한 증명과 일본 현지 경찰이 발행한 증명이 있어도 최종 출발항 관할 경찰(부산 수상 경찰서)의 증명이 없으면 승선할 수 없었다.

당국은 1930년 7월 일부 개정을 통해 일시귀선증명 대상을 '관공서 고용인, 회사 종업원'까지 확대했다. 개정으로 이 제도에서 제외된 70%는 일시 귀향 자체를 할 수 없었다. 일시 귀향 후 재도일할 수 없었던 한인의 수는 점점 늘어났다. 당국이 노린 제도의 효과가 나타난 셈이다.

일시귀선증명제도 실시 후 1932년 이봉창(李奉昌)·윤봉길(尹奉吉) 거사가 발생했다. 그러자 6월에 내무성이 경시청 특별고등과를 부로 승격

28) 內務省 警保局, 『社會運動の狀況』 1930년판, 1203쪽.
29) 朴慶植, 『在日朝鮮人關係資料集成』 제2권, 三一書房, 1975, 12쪽.

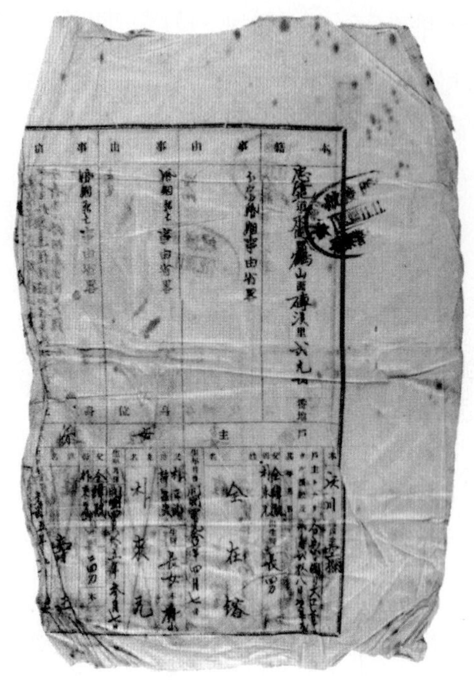

〈그림 9〉 경찰서가 발행한 도항증명서, 호적등본에 직인을 찍는 방식으로 발행
(재일한인역사자료관, 『재일한인역사자료관 도록』, 10쪽)

하고 일본 전국 주요 경찰서(150개)에 특고외사업무 전담 경무보를 신설 배치하면서 한인에 대한 도일 통제를 더욱 강화했다.

한인에 대한 도일 규제는 전시동원체제로 돌입한 후 1939년 7월 28일 내무성·후생성 차관 명의 통첩(조선인노무자 내지 이주에 관한 건)에 의해 석탄 증산을 목적으로 일본으로 '모집' 형태의 강제동원을 실시할 때, 도일 경험을 가진 한인들에게 '도항증을 얻을 수 있다'는 미끼로 작용하면서 일본지역 강제동원 수행에 적극적인 역할을 했다.[30]

30) 상세한 연구는 정혜경, 「총론 : 일본 제국의 틀에서 본 조선인 노무자 송출–동원된 지역별 노무동원의 성격」, 『일본제국과 조선인 노무자 공출–조선인 강제연행·강제노동연구

기존 연구 성과에서는 도일한인 증가 현황을 주로 도일 정책과 관련성에서 살펴보았다.[31] 그렇다면 관련성은 얼마나 될까. 당국의 도일정책에서 중요한 대상으로 삼은 직종은 노동자다. 도일한인의 직종 가운데 가장 높은 비중을 차지하고, 일본 노동시장과 경제계에 미치는 영향이 크기 때문이다. 그러나 1920년대 도일정책은 일본 거주 한인 증가 추이에 그다지 영향을 미치지 못했다. 1928년 5월, 총독부의 도일 제한조치 후인 11월 쇼와 천황 즉위식을 계기로 내무성에서는 총독부에 도일 제한을 요청했다. 그러나 내무성이 집계한 1928년의 연간 도일자수는 오히려 전년 대비 2만 8천 명이 증가한 것으로 나타났다. 그렇다면 1930년대는 어떠했는가.

〈표 3〉을 통해 도일 정책과 전년 대비 거주 한인 증가 간 관련성을 살펴보면, 1920년대 말 5만 명 내외에 달하던 증가 추세는 1929년 일시귀선증명제도 실시로 멈칫했다. 1930년 2만 명 증가로 조정되었고, 1930년 일시귀선증명제도 강화를 통해 1931~1932년에 증가한 수치는 수천 명 단위로 줄었다.

그러나 1933년 이후 다시 증가해 1920년대 수준으로 회복하고, 1938년에는 십만 명 단위로 급증했다. 1929년 일시귀선증명제도와 1934·1936년의 도일통제강화 조치를 통해 한인의 재도일을 규제하고 있었음에도 오히려 거주 한인이 늘어난 것이다. 통제는 강화했으나 한인이 늘어났다니 무슨 일인가. 당국의 도일정책이 큰 영향을 미치지 못했다는 의미가 된다.

Ⅱ』, 도서출판 선인, 2011 참조.

31) 대표적인 연구는 김광열, 『한인의 일본이주사 연구－1910~1940년대』(논형, 2010)가 있다.

〈표 3〉 1930년대 한인 밀항 검거와 한인 증가 현황

| 연도 | 밀항검거 건수[32] | 전년대비 한인증가수[33] | 전년도 수립한 도일 정책 | 주요 내용 |
|---|---|---|---|---|
| 1930 | 418건 | 20,089명[34] | 1929 일시귀선증명제도 실시 | 8.3. 적용대상자 : 광부 · 갱부 |
| 1931 | 783건 | 8,266명 | 1930 일시귀선증명제도 개정 | 7.17. 증명제도 적용대상자 확대 : 공장 광산 이외 고용인 |
| 1932 | 1,974건 | 6,417명 | - | - |
| 1933 | 1,808건 | 66,945명 | 1932 이봉창 의거, 윤봉길 의거 후 일본 임해경계 강화, 도항증명서 발급 강화 | 6.4. 내무성 경보국장, 조선총독부 경무국장 앞으로 통첩 : 내지 근해 어로 취로 조선인의 신분증명서에 관한 건<br>9.22. 조선총독부 경무국, 통첩 송부 : 일본 근해로 출어하는 선반승선 한인에게 거주지 경찰 교부 신분증명서 소지 의무 부여<br>10.1~11.16. 육군특별대연습 기간 중 도항증명서 발급 절차 강화 조치 |
| 1934 | 3,350건 | 58,443명 | - | - |
| 1935 | 1,781건 | 56,789명 | 1934.10 각의결정(조선인 이주대책 요목) | 일본 정부 차원에서 최초로 수립한 한일도일 및 일본 거주 한인 대상 정책 |
| 1936 | 1,887건 | 41,628명 | - | - |
| 1937 | 2,322건 | 35,641명 | 1936 조선총독부 경무국 '예규통첩' 발동 | 1936.5.30 경무국장 발동 : 도일제한규정에 노동자 단속과 밀항 브로커 단속 포함 |
| 1938 | 4,357건 | 103,789명 | - | - |

도일정책은 노동자 규제와 제한을 목적으로 했으므로 전체 현황보다 중요한 것은 직종별 현황이다. 상세한 주요 직종별 도일 · 귀환 현황은

32) 內務省 警保局, 『社會運動の狀況』, 해당 연도 통계.

33) 본서 〈표 1〉 田村紀之, 「內務省警保局調査に依る朝鮮人人口(1)」, 『經濟と經濟學』 46, 1981, 58쪽 통계 기준.

34) 당시 일본 거주 한인은 1927년 61,327명, 1928년 49,436명, 1929년 40,799명 등 수만 명 단위로 증가하고 있었다.

〈표 4〉와 같다. 〈표 4〉를 통해 도일한인 추이를 살펴보면, 첫째, 1931년과 1932년에는 전년 대비 도일자가 증가했고, 1933년에는 급증했다. 증가세는 1935년에 잠시 주춤했으나 다시 1936년부터 증가세에 들어섰다. 이 도일정책의 관련성을 살펴보면, 도일정책의 영향을 받은 시기는 1935년 정도에 불과한 것으로 파악된다.

한인의 주요 직종 분포별 도일과 귀환 추이를 보면, 학생의 도일은 꾸준히 증가하는데, 노동자 도일 추이는 다양함을 알 수 있다. 기타 직종(상업, 사무직, 관리 등)도 도일과 귀환의 차이가 노동자에 비해서는 크지 않은 편이다. 학생은 1938년을 제외하면 도일과 귀환에서 큰 차이를 볼 수 없는데, 노동자는 '도일과 귀환 간 차이 수치'에서 1930년과 1935~1937년에 감소 현상을 볼 수 있다.

두 번째로 〈표 4〉를 통해 귀환자의 추이를 보면, 1934년 이후 귀환자가 급증했으나 전년 대비 한인은 감소하지 않았다. 귀환 한인 실태는 1920년대에도 1922년(32,574명)을 제외하고는 89,745명(1923년), 112,471명(1925년), 117,452명(1928년) 등 십만 명 전후를 유지했다. 오히려 1931~1933년간 귀환자는 1920년대에 비해 감소한 셈이다.

이같이 다수가 조선으로 돌아갔으나 여전히 일본 거주 한인은 증가하고 있었다. 1934년부터 귀환자가 증가했으나 도일한인은 더욱 증가했기 때문이다. 그러므로 지속적인 일본 거주 한인 증가의 원인은 도일자의 증가에 있다. 도일과 귀환 한인 간 차이를 보면, 1932년 36,040명, 1934년 28,714명, 1938년 22,256명으로 매년 도일과 귀환 한인의 차이는 유지하고 있다.[35]

35) 1920년대 도일과 귀환 한인 간 차이 추이는 1922년 21,220명, 1925년 18,805명, 1927년 44,039명, 1929년 55,295명 등이다.

〈표 4〉 1930년대 한인의 도일 및 귀환자 현황[36] (단위 : 명)

| 연도 | 도일[37] | | | | 귀환 | | | | 도일과 귀환 간 차이 | | |
|---|---|---|---|---|---|---|---|---|---|---|---|
| | 학생 | 노동자 | 기타 | 소계 | 학생 | 노동자 | 기타 | 소계 | 학생 | 노동자 | 기타 |
| 1930 | 6,493 | 64,148 | 21,814 | **95,455** | 5,773 | 78,112 | 23,821 | **107,706** | 720 | -13,964 | 993 |
| 1931 | 6,079 | 65,908 | 30,117 | **102,104** | 5,990 | 56,791 | 20,870 | **83,651** | 89 | 9,117 | 9,247 |
| 1932 | 6,453 | 68,949 | 38,213 | **113,615** | 6,180 | 46,801 | 24,594 | **77,575** | 273 | 22,148 | 13,619 |
| 1933 | 7,530 | **91,179** | 54,590 | **153,299** | 6,959 | 52,179 | 29,982 | **89,120** | 571 | 39,000 | 24,608 |
| 1934 | 8,278 | **95,007** | 55,891 | **159,176** | 7,890 | 69,209 | 53,364 | **130,462** | 388 | 25,798 | 2,528 |
| 1935 | 9,498 | 57,779 | 41,362 | **108,639** | 9,264 | 61,712 | 35,141 | **106,117** | 234 | -3,933 | 6,221 |
| 1936 | 12,902 | 59,807 | 41,005 | **113,714** | 12,406 | 61,678 | 36.475 | **110,559** | 496 | -1,871 | 4,530 |
| 1937 | 17,391 | 60,997 | 43,494 | **121,882** | 17,549 | 62,918 | 40,281 | **120,748** | -158 | -1,921 | 3,213 |
| 1938 | 21,334 | **83,658** | 59,931 | **164,931** | 20,179 | 74,275 | 48,213 | **142,667** | 1,155 | 9,383 | 11,718 |

* 음영, 굵은 표시 : 인용자

그렇다면, 〈표 3〉의 거주 한인 증가와 〈표 4〉의 도일자수는 어떤 관련성이 있는가. 1929년에 107,244명으로 십만 명 단위의 도일노동자가 1930년에 64,148명으로 격감한 후 1933년(91,179명)에 급증하기 전까지 3년간 65,908명(1931년), 68,949명(1932년)을 유지했다. 그러나 1933년부터 급증해 도일정책 강화 후인 1934년에도 95,007명을 기록했다. 그 후 1935년부터 3년간 조정기를 거쳐 1938년에는 다시 증가세를 보였다.

이를 통해 노동자의 경우, 일시적으로 당국의 도일정책에 영향을 받았으나 전체적으로 보면 큰 영향을 받지 않았음을 알 수 있다. 특히 〈표 3〉의 전년 대비 한인 증가를 보면, 도일정책에 영향을 받았다고 볼 수 있는 시기는 1931~1932년간에 국한된다. 또한 〈표 3〉에서 1931년과 1932년에 거주 한인 증가가 가장 최소인데, 같은 시기 노동자 귀환 수(〈표 4〉)

36) 朝鮮總督府, 『朝鮮事情』; 『朝鮮治安狀況』; 『朝鮮警察概要』, 해당 연도(外村 大, 『在日朝鮮人社會の歷史學的研究』, 綠陰書房, 2004, 47쪽, 〈표 1-17〉 재인용 및 수정).

37) 밀항을 포함하지 않은 공식 도일자수에 대한 통계.

는 오히려 평균 이하였다. 도일정책의 관련성은 찾을 수 없다.

1931~1932년간 거주 한인 증가가 최소인 배경은 일본 경제공황에서 찾을 수 있다. 일본은 1920년에 일어난 반동공황을 시작으로 1923년과 1928·1929년에 각각 경제공황을 겪었다. 1920년대 연속적인 공황은 취약한 경제기반을 가진 일본에 큰 타격을 주었다. 1929년의 공황 후 값싼 한인 노동자를 선호하던 일본 노동시장은 일본인 노동력으로 대체해나갔다. 일본 노동계의 요구와 실업자 구제 정책을 위한 조치였다.[38)]

이에 대해 전체 일본 노동력의 1/5을 점하던 한인 노동자들은 강력한 노동운동으로 맞섰다. 경제공황의 여파는 일본 대외침략과 파시즘 가속화의 배경이 되었다. 일본 민중들은 군부의 만주침략을 경제난 해결책이라 여기고 환영했다. 그러므로 1930~1932년간 노동자 도일이 부진한 이유는 1929년 경제공황으로 일자리가 대폭 감소한 일본 노동시장 상황에서 찾는 것이 적절하다.

특히 〈표 3〉의 전년 대비 한인 거주자 추이에서 1933년 이후 꾸준한 증가와 1938년 급증 현상은 〈표 4〉의 도일·귀환 간 차이 결과와 다른 추이를 보였다. 〈표 4〉의 1935~1937년간 도일과 귀환 노동자 감소가 영향을 주지 못하는 것이다. 유학을 마치고 귀환하거나 일자리를 잃고 조선으로 돌아가는 한인도 적지 않았고, 특별고등경찰이 지목한 위험 한인의 추방도 계속되었다. 김태엽도 여러 차례 추방을 피해 탈출했으나 결국 추방을 피하지 못했다. 그런데 거주 한인 증가 추세는 그치지 않았다. 이같이 도일 정책과 거주 한인의 추방 등을 통해 거주 한인 규모를 통제하려는 당국의 의도는 실효를 거두기 어려웠다. 원인은 무엇일까. 비공식 도일 방법인 밀항일 것이다.

38) 1929년 공황으로 인해 발생한 실업자의 수는 대략 200만~250만 명으로 추산한다. 宮本憲一, 「世界恐慌」, 『日本資本主義發達史の基礎知識』, 有斐閣, 1975, 353쪽.

한반도의 인구 배출 요인의 중심에는 1932년과 1935년 한반도의 대가뭄(한발)이 자리하고 있었다. 특히 1932년 가뭄은 비교적 수리시설이 잘 갖추어진 경상·전라도 곡창지대에 가장 큰 타격을 주었다. 경남에서만 7만 명의 이재민이 발생할 정도였다. 1935년 가뭄은 3월~5월간 북부지방에, 6월~8월간 남부지방에 피해를 주었다. 피해는 전국적이었으나 충청도와 전라도의 피해가 가장 심했다. '30년 만의 가뭄'이라고 할 정도의 극심한 재해로 전남에서 발생한 이재농가가 10만 호였고 전북에서도 6만 7천 호에 달했다.[39] 가뭄의 여파는 1936년 춘궁기까지 이어졌다. 바로 1932년부터 증가한 밀항검거나 도일자의 지속적인 증가원인일 것이다.

당국의 도일 규제는 계속되는데, 고향을 떠나야 하는 한인은 늘어나는 상황에서 돌파구의 하나는 밀항이었다. 〈표 3〉에서 활용한 밀항검거수는 밀항수와 직접적인 관련성은 없지만 밀항의 경향성을 이해하는 데에는 도움이 된다. 밀항자의 직종은 주로 노동자가 될 것이다. 밀항검거수는 1932년 이후 1천 건을 넘을 정도로 증가한 후 줄곧 수천 건대를 유지했고, 같은 시기 거주 한인 증가도 5만 명 내외를 유지했다. 1937년 당국이 강력히 도일 통제를 한 후 오히려 1938년 밀항검거수가 전년 대비 두 배로 급증했음을 볼 수 있다. 이같이 1933년 도일정책을 강화한 후 1934년 거주 한인이 그다지 줄지 않았던 배경에는 밀항이 있었다.

39) 『동아일보』 1932년 11월 3일자; 1935년 8월 20일자; 9월 7일자; 11월 13일자.

## 2. 새로운 직종, 장사꾼

한인의 대부분은 도일 후 고향과 전혀 다른 경험 세계에 들어섰다. 유학생을 제외하면, 대부분 농민 출신이었으나 도일 후 농업종사자는 극소수였다. 대부분은 노동자의 삶을 살았다. 노동자는 1910년대 이후 최대 비중을 차지하는 재일 한인의 직종이 되었다. 비중은 낮지만 전문직이나 농업, 상업, 어업 종사자가 있었고 접객업과 예창기도 볼 수 있다. 특히 시기가 지남에 따라 노동자 비율은 감소하고 상업 종사자는 높아졌다.

조선일보에 게재한 명함 광고를 분석한 도노무라 마사루(外村 大) 연구에 의하면, 전국 1,178건의 재일 한인 사업주들은 금속기계 등 제조업과 판매업, 하숙업, 각종 상점(음식점 · 세탁소 등), 한방약국, 이용업, 보험대리점, 운수업, 변호사나 행정서사, 서비스업, 신문보급소 등 다양한 업종을 경영하는 자영업자였다.[40]

자영업은 한인공동체인 조선부락(朝鮮町)을 토대로 활성화되었다.[41] 1930년대 오사카 고바야시쵸(小林町) 조선부락에서 어린 시절을 보냈던 최석의(崔碩義, 1927년생)를 비롯해 조선부락 거주자들의 회상에 의하면, '조선부락의 길가에는 비록 규모는 보잘 것 없었지만 쌀집, 잡화점, 생선가게, 건어물점, 한복집, 이발소, 세탁소, 각종 음식점, 과자점, 금은방, 김치나 미역 등 소매업 가게, 한약방, 철공소, 목재소, 폐품처리장 등이 즐비'했다. 일본 상점에서만 구할 수 있는 것은 담배 정도였다.[42] 자영업자의 증가는 한인 노동자들의 직업 전환으로 이어졌다.

---

40) 外村 大,『在日朝鮮人社會の歷史學的研究』, 綠陰書房, 2004, 134쪽, 〈표 3-12〉.

41) 조선부락에 대해서는 제3장에서 상세히 언급.

42) 立教大學史學科 山田ゼミナール 編,『生きぬいた証に』, 綠陰書房, 1989, 267쪽; 崔碩義,「大阪, 小林町朝鮮部落の思い出」,『在日朝鮮人史研究』 20, 1990, 50~51쪽.

이 가운데 주목할 정도로 상승세를 보이는 직종은 상업이다. 앞에서 소개한 바와 같이 한인이 상업에 종사할 수 있었던 최초의 근거는, 1881년 외무성이 나가사키현에 보낸 답신이다. 비록 개항장으로 한정했으나 한인의 상업 활동이 가능했음을 의미한다. 이같이 한인의 도일 역사는 한인의 상업 역사와 불가분의 관계에 있다. 상업은 1920년대에는 미미했지만 1935년부터 10%를 넘는 비중을 차지했다.

1940년 상업 세부 직종 가운데 넝마주이가 8.29%에 차지하는 점은 특이한 현상이다. 이는 1930년대 중반 조선부락에 자리한 고물상(폐품처리장) 때문이었다. 넝마주이들이 가져오는 폐품은 한인들의 주요한 수입원이었다. 당시 조선부락에서 '수백 명이나 되는 하얀 옷을 입은 여성들이 등에 어린이를 업은 채 노천 고물상(폐품처리장)에 죽 늘어서서 소각 대상과 재활용 대상을 구분해 금속과 철선, 유리 등을 골라내는 모습은 장관'이었다.[43]

특히 상업 종사자 가운데 행상이 한인사회에 미치는 영향은 컸다. 단지 물품 판매에 그치지 않고 고국이나 외부의 소식을 전해주거나 도서대여점의 역할까지 담당했기 때문이다. 한인들은 행상을 통해 책을 사거나 빌릴 수 있었다. 행상은 춘향전, 심청전 등 고전은 물론, 이광수의 소설과 같이 신간 서적까지 조달해주었다. 한인 행상을 통해 구한 서적은 단지 오락물에 그치지 않았다. 한인들은 책을 대여해 돌려 읽거나 저녁이면 평상에 모여 누군가 대독해주는 내용을 들으며 자연스럽게 우리말과

---

43) 崔碩義, 「大阪, 小林町朝鮮部落の思い出」, 『在日朝鮮人史研究』 20, 1990, 49쪽.

44) 內務省 警保局, 『朝鮮人概況』, 해당 연도(外村 大, 『在日朝鮮人社會の歴史學的研究』, 綠陰書房, 2004, 83~85쪽, 〈표 2-13〉~〈표 2-17〉 재인용). 유업자 현황이므로 학생은 제외.

45) 1935년 노동자의 세부 직종을 달리 표기한 것은 1930년 일본노동자전국협의회 발족 이후 일본노동운동계가 산별 노동조합으로 전환되었기 때문이다.

46) 여성 노동자 포함.

〈표 5〉 재일 한인 직업 구성비[44] (단위 : %)

<table>
<tr><th colspan="2">직업</th><th>1920년</th><th>1925년</th><th>1930년</th><th colspan="2">1935년[45]</th><th colspan="2">1940년</th></tr>
<tr><td colspan="2">관공리 · 사무 · 전문직*</td><td>0.42</td><td>0.19</td><td>0.17</td><td>유식적 직업</td><td>0.35</td><td colspan="2">0.56</td></tr>
<tr><td colspan="2">농업</td><td>1.21</td><td>1.51</td><td>0.85</td><td colspan="2">1.07</td><td colspan="2">1.26</td></tr>
<tr><td colspan="2">어업</td><td>-</td><td>-</td><td>-</td><td colspan="2">0.10</td><td colspan="2">0.06</td></tr>
<tr><td rowspan="7">상업</td><td>각종 행상</td><td>0.01</td><td>-</td><td>-</td><td colspan="2">-</td><td>노점 · 행상</td><td>1.32</td></tr>
<tr><td>넝마주이</td><td>-</td><td>-</td><td>-</td><td colspan="2">-</td><td colspan="2">8.29</td></tr>
<tr><td>각종 상업</td><td>0.33</td><td>-</td><td>-</td><td colspan="2">-</td><td colspan="2">-</td></tr>
<tr><td>보통 상인</td><td>-</td><td>-</td><td>-</td><td colspan="2">1.49</td><td colspan="2">1.64</td></tr>
<tr><td>인삼 · 과자류 · 잡품</td><td>-</td><td>-</td><td>-</td><td colspan="2">2.32</td><td colspan="2">-</td></tr>
<tr><td>기타 잡업</td><td>-</td><td>-</td><td>-</td><td colspan="2">6.37</td><td colspan="2">-</td></tr>
<tr><td>소 계</td><td>0.34</td><td>1.68</td><td>5.70</td><td colspan="2">10.19</td><td colspan="2">11.26</td></tr>
<tr><td rowspan="8">노동자</td><td>토공*</td><td>16.66</td><td>-</td><td>-</td><td>토건</td><td>24.82</td><td colspan="2">23.58</td></tr>
<tr><td>탄광산 탄갱부*</td><td>22.09</td><td>9.67</td><td>5.38</td><td>광업</td><td>2.81</td><td colspan="2">12.73</td></tr>
<tr><td>각종 고용인*</td><td>3.40</td><td>6.71</td><td>5.88</td><td>섬유[46]</td><td>10.59</td><td colspan="2">6.74</td></tr>
<tr><td>각종 직공*</td><td>26.47</td><td>22.85</td><td>21.62</td><td>금속 · 기계</td><td>6.56</td><td colspan="2">7.77</td></tr>
<tr><td>일용직 · 인부*</td><td>20.54</td><td>52.67</td><td>58.35</td><td>화학</td><td>10.93</td><td colspan="2">7.87</td></tr>
<tr><td>운수 · 교통</td><td>-</td><td>0.55</td><td>0.55</td><td colspan="2">-</td><td colspan="2">-</td></tr>
<tr><td>수상(水上) 취업자</td><td>-</td><td>1.63</td><td>1.49</td><td colspan="2">-</td><td colspan="2">-</td></tr>
<tr><td>소 계</td><td>89.16</td><td>94.09</td><td>93.26</td><td colspan="2">82.82</td><td colspan="2">81.85</td></tr>
<tr><td colspan="2">요리점 및 하숙업*</td><td>0.13</td><td>0.77</td><td>-</td><td>접객업</td><td>1.62</td><td colspan="2">0.80</td></tr>
<tr><td colspan="2">토건청부</td><td>0.71</td><td>-</td><td>-</td><td colspan="2">-</td><td colspan="2">-</td></tr>
<tr><td colspan="2">예창기(藝娼妓)</td><td>-</td><td>0.14</td><td>0.02</td><td colspan="2">-</td><td colspan="2">-</td></tr>
<tr><td colspan="2">기타 유업자</td><td>8.03</td><td>1.62</td><td>-</td><td colspan="2">3.87</td><td colspan="2">4.18</td></tr>
</table>

* : 1935년 이후 유업자는 해당되지 않음

조선 문화를 공유할 수 있었다. “저녁이면 평상에 모여 행상인을 통해 구한 한글본 소설을 서로 돌려가며 읽기도 했다.”[47]

열 살 남짓한 소년이었던 최석의의 어린 시절 기억에 크게 남았던 존

47) 尹健次, 하종문 · 이애숙 옮김, 『일본－그 국가, 민족, 국민』, 일월서각, 1997, 259쪽.

재도 서적 행상이었다.

> "당시 한글로 쓰인 책을 파는 행상인이 있었습니다. 춘향전, 심청전, 홍길동전 등 모두 얇은 책이었습니다. 제게 춘향전은 대단히 호색문학이라 생각되지만 민중들에게는 대단히 인기가 있었다고 생각합니다."[48]

이 외 행상이 판매하는 물품은 일본 상점에서 구하기 어려운 '조선적인 것'이 대부분이었으므로 아이덴티티와 공동체 유지에 큰 영향을 미쳤다. 〈표 5〉에서 1920년과 1940년 외에는 행상에 대한 통계를 확인할 수 없다. 1930년대 한인의 정주화가 강화되면서 행상에 의존하던 물품은 조선부락 주변에 개설한 한인 상점을 통해 구할 수 있고 각지에 소비조합이 개설되어 고국과 직거래가 성행하면서 변화가 불가피했을 것으로 보인다. 행상의 일부가 노점상이나 자영업으로 전환되었을 가능성도 있다. 1940년 통계에서 행상이라는 직종은 노점과 함께 분류되었다.

행상이나 노점상은 큰 자본금 없이도 가능했으므로 한인들의 일본 정착에 긍정적 역할을 했다. 고학생 가운데에는 우유나 신문배달 외에 '떡'이나 '엿'장사 등 행상을 한 경험이 많다. 가가호호 방문하는 행상의 특성은 도일 초기 한인이 일본의 다양한 면과 만나는 경험이자 인식을 확장하는 계기가 되기도 했다. 1930년대에 정착한 한인 상점은 조선부락과 한인사회를 지탱하는 데 중요한 순환 구조 역할도 담당했다. 노동자였던 한인들이 상업이나 제조업으로 업종을 전환하면서 경제적 안정성을 유지할 수 있었고, 이를 통해 지속적이고 안정적인 한인 세계가 유지될 수 있었기 때문이다. 일본 사회운동이 침체하는 1930년대 중반에 오히려 한인들의 운동은 다양성과 지속성을 나타내는데, 그 토대는 한인사회의 경

48) 崔碩義, 「大阪, 小林町朝鮮部落の思い出」, 『在日朝鮮人史研究』 20, 1990, 50~52쪽.

제적 안정이었다. 지속적으로 학교 운영비와 조합출자금을 부담하고 고향에 재정적 지원을 할 수 있었기에 당국의 조선부락 해체 노력에도 한인공동체를 유지할 수 있었다.[49)]

이같이 한인들에게 상업은 한인들의 인식 확대와 한인사회에 경제적 토대를 마련해 한인 공동체 유지와 아이덴티티 공유에 적지 않은 영향을 미쳤다.

〈그림 10〉 1920년대 엿을 파는 고학생들

(재일한인역사자료관, 『재일한인역사자료관 도록』, 32쪽)

49) 상세한 내용은 제3장 제2절 참조.

## 3. 일본사람 만나기, 새로운 경험 세계

도일을 통해 한인들은 일본 사회와 본격적으로 대면했다. 일본인들과 생활은 새로운 문화와 경험의 시작이었다. 물론 조선에서도 일본인의 모습은 볼 수 있었고 일제 말기에 조선 거주 일본인은 약 71만 명에 달했다.[50] 이들은 각계각층에서 권력을 행사했으나 규모로 보면 한인 인구 2,500만 명의 3%에 미치지 못했다. 더구나 일본인 거주지는 도시 중심가였으므로 농촌에서 접할 기회는 드물었고 대도시 상점이나 관공서에서 볼 수 있었다. 그러나 일본에서 주류는 당연히 일본인이었다.

1915년, 김태엽이 그랬던 것처럼, 한인들은 도일 후 한인이 운영하는 하숙집이나 합숙소에서 일본 생활을 시작했다. 조선부락이라는 밀집 지역에서 강한 결합력을 드러내며 살았다. 그러나 일본 땅에서 한인이 일본인과 무관하게 생활할 수는 없었다. 현장에서 만나는 이들은 일본인이었다. 노동 현장에서 고용주는 주로 일본인이었다. 일본인 이웃을 둔 한인도 있었다. 가장 많은 한인이 거주한 지역에서도 한인 인구비율이 100%인 곳은 없었다. 이같이 한인들은 일본 땅에서 일본인과 같은 공간에 거주하고 '접촉'했으나 민족의 울타리를 넘어선 인간관계로 이어간 사례는 드물었다. 1930년대 통계에는 일본인과 한인 부부 가정도 있으나 한인이 다수 거주하는 지역에서도 부부 비율은 1~2%를 넘지 않았다.[51]

도일 초기 물정 모르는 일본 생활에서 또는 노동 현장에서 한인들에게 도움을 주었던 일본인도 있었다. 그러나 일본인과 '접촉'의 경험이 모두 긍정적인 것만은 아니었다. 어떤 사건을 계기로 한 '대립과 충돌'도

50) 1944년 5월 기준 조선 거주 일본인은 712,583명이다. 森田芳夫, 『朝鮮終戰の記錄』, 巖南堂書店, 1964, 2쪽.

51) 外村 大, 『在日朝鮮人社會の歷史學的硏究』, 綠陰書房, 2004, 170쪽.

포함되어 있었다. '대립과 충돌'은 각지에서 일어난 학살사건과 같이 한인의 목숨을 위험하게 만드는 일이었다. 한인들은 총독부가 내세운 선전과 다른 현실을 이해하기 어려웠다.

1910년 강제병합 후 일본이 표방한 조선통치 방식은 '일선동조론(日鮮同祖論)', '내지연장주의', '일시동인(一視同仁)', '일선동화(日鮮同化)'로 표현되는 동화주의였다. 총독부 당국은 한인이 일본의 '신민(臣民)'이 되었다는 점을 강조하고, 노력만 한다면 일본인과 동등한 권리를 행사할 수 있는 듯 선전했다. 그러나 도일 후 한인이 직면한 현실은 달랐다. 한인들이 접한 일본 사회와 일본인의 모습은 노동 착취와 민족차별을 일삼으며 한인을 타자화하는 주체였다. 왜 그럴까. 총독부 당국의 선전과 실상이 다른 이유는 무엇 때문일까. 식민통치 방식 때문이었다.

당국의 선전과 달리 조선은 법 운영을 통해 엄격히 내외지를 구분했고, 한인을 지역적(地域籍)에 따라 구별했다. 법 형식으로는 한인을 '제국신민(帝國臣民)'으로 여기면서도 법 운영에서는 호적에 의해 일본인과 구분했다. 1922년에 제정된 조선호적령에는 한반도에 거주하는 한인은 물론이고 일본에 거주하는 한인도 일본 호적에 입적하는 요건을 엄격히 해 일본인의 양자가 되거나 일본인 남성과 결혼한 경우를 제외하고는 조선 호적에 편입했다.

식민당국의 입장에서 보면 당연한 조치이기도 했다. 식민통치란 식민지인들을 직접이든 간접이든 본국의 통치대상으로 하면서도 본국의 시민과 달리 국민으로 대우하지 않는 대상이며 근본적인 차별을 전제로 하기 때문이다. 즉 당국의 정책은 한인에게 동등한 권리를 부여하고자 하는 것이 아니라 한인 스스로 자신을 한인으로 여기지 않도록 하려는 의도였다.

물론 한인들도 당국의 주장을 곧이곧대로 믿지는 않았다. 식민지민인 한인을 일본인과 동등하게 대우할 것이라고 기대하지 않았다. 그렇다고 극심한 '대립과 충돌'을 예상한 것은 아니었다. 도일 과정에서 아무 방비도 준비도 없는 상황에서 한인들은 모욕과 차별이라는 현실과 만났다.

> "내가 아홉 살 때 할머니하고 어머니하고 내 밑의 동생 둘을 데리고 부산에서 시모노세키까지 가는 관부연락선을 탔습니다. 배 맨 밑의 홀에, 배가 제일 흔들리는 곳에. … 조선 여자들이 많더라구요. 봇짐 짊어지고 남편 아들 찾아가는 여자들. 배가 밤새도록 요동을 치니까 다들 파김치가 될 거 아닙니까. … 내가 국민학교 1학년을 다녀서 일본말을 할 정도가 되니까 가족들을 인솔했습니다. 아버지 주소만 들고 이래 찾아가는데, 시모노세키 선착장에 내려서 길 가는 사람에게 주소 적힌 종이를 주면서 플랫폼을 물어보니까 길을 가르쳐주더라고요. 그런데 그 사람이 알려준 곳으로 가도 가도 허허벌판만 나오는 겁니다. 할머니는 지쳐있고, 어린 동생은 어머니가 업고 동생 하나는 내가 손을 잡고 걷고. 그러다가 원래 왔던 곳으로 다시 와 보니까 플랫폼이 바로 옆에 있는 겁니다. …
>
> 그런데 그 때 일본사람에 대한 증오를 느꼈습니다. 처음에 우리에게 거짓으로 길을 알려준 사람도 미웠지만 아직 그 일은 지워지지 않습니다. (기차 안에서) 할머니가 가다가 먹으려고 떡하고 엿을 만들었어요. 조선 사람들 인정이란 게 옆에 사람들 두고 그냥 못 먹잖아요. 할머니가 떡을 좀 옆에 사람에게 나눠주라고 해서 일본 여자에게 갖다 주니까 '더러운 조선인들'이라면서 내 손을 탁! 칩니다. 바닥에 음식이 널렸을 것 아닙니까. 나도 민망해서 주섬주섬 주었지. 참 그 때 내 가슴에, **아! 같은 민족인데, 같은 사람인데, 왜 저럴까 싶었습니다. 학교에서 내선일체를 배워 일본사람과 우리는 같은 민족이라고 생각했는데,** 이 일로 일본에 대한 감정이 악화됐습니다. 어린 내 인격, 우리 가족, 조선인의 인격을 모독한 것 아닙니까."(굵은 표시－인용자)[52]

논픽션 『신불산』의 주인공이기도 한 구연철의 구술 내용이다. 일본 남

52) https://brunch.co.kr/@dolphinhohoho/7

쪽 나가사키현 하시마(端島)에서 탄부로 일하던 아버지를 찾아가던 길에 소년은 당혹스러운 일을 겪었다. 일본에서 맞닥트린 일본사람들은 소년에게 차별과 멸시를 각인시켰다. 학교에서 '같은 민족'이라고 배운 것과 달리 일본사람들에게 한인은 '더러운 조선인'이거나 골탕 먹이고 싶은 대상이었다. 소년의 마음에는 증오심마저 생겼다.

당국의 선전과 달리 일본 사회에서 동화주의나 '일선동화'는 구호에 불과했다. 한인은 '일본의 신민'이 아니라 식민지민일 뿐이었다. 도일 후 한인들은 국내에 거주할 때보다 심한 민족차별을 실감하게 되었다. 3.1운동 직후, 일본 헌정회(憲政會) 정무조사위원회(政務調査委員會)가 지적한 3.1운동의 원인은 아홉 가지에 달하는 1910년대 총독 정치의 문제점인데, '재일조선인의 냉대'가 포함되어 있었다.[53]

당시 일본 사회가 한인을 부정적으로 인식한 가장 큰 원인은 식민지민이기 때문이다. 일본 사회는 한인을 일본인과 동등한 권리를 가진 주체로 인정할 수 없었다. 이러한 인식의 바탕에는 러일전쟁과 제1차 세계대전 이후 전승국이자 강대국이라는 자부심도 자리하고 있었다. 제1차 세계대전을 통해 채무국이었던 일본은 연합국의 채권국이 되었고, 중국에서 거점을 확대했으며, 독일령 '남양군도'를 차지했다. 그 결과 일본은 동아시아와 태평양으로 주도권을 확대해나갔고, 일본 사회의 자부심은 식민지 민중에 대한 멸시감으로 표출되었다.

노동시장의 문제점도 적지 않았다. 일본 노동자들은 이익을 최대화하려는 기업에게 대응하는 과정에서 한인을 공격의 대상으로 삼았다. 일본 기업주들은 노동 효과가 크고 값싼 노동력으로서 조선의 농촌인력을 주목했다. 1891년 공장 취업을 시작으로 한인 노동자의 일터는 탄광과 토

53) 『東京朝日新聞』 1919년 4월 23일자.

건, 고무 · 방적 · 제사(製絲)공장까지 넓어졌다. 기업주는 임금과 효과라는 점에서 한인 노동력에 만족했다. '임금 차이는 3배이지만 능률은 결코 차이가 나지 않는'다는 표현은 신문기사에 그치지 않았다.[54] 기업주들은 값싸고 성실한 한인 노동자를 선호했으나 일본 노동자들은 한인을 향한 적대감을 표출했다. 한정된 노동시장에서 새로운 노동력의 유입은 곧 일본인 노동자의 일자리를 위협한다는 인식으로 이어졌기 때문이다.

기업과 당국은 한인 노동자를 일본노동운동 세력을 약화하는 도구로 이용하고자 했다. 일본의 노동운동은 1897년 노동조합기성회 결성 때까지는 산발적이고 조직화하지 못했다. 1869년 이쿠노(生野) 은광의 자연발생적 폭동 후 1886년 제사 여공 파업의 승리를 기록했으나 노동조합을 결성하지 못했고 노동자계급도 성숙하지 못했다. 그러나 노동조합기성회 결성 후 직종별 노동조합 결성으로 이어졌고, 노동조합의 조직적 역할 아래 노동운동은 활기를 띠게 되었다. 일본 사회에 점차 확산하기 시작한 사회주의도 노동운동 성장에 일익을 담당했다. 이에 따라 노동자 파업 건수가 많아지고 참가 직종도 다양해졌으며, 조직적 · 지속적 양상을 보여주었다.

특히 일본 노동운동은 1917년을 기점으로 급격한 양적 성장을 이루었다. 1908년 13건에 822명이 참가한 파업이 1916년에는 108건에 8,413명, 1917년에는 398건 발생에 57,309명이 참가했고, 1919년에는 497건에 63,137명이 참가한 것으로 나타난다. 노동조합의 결성과 조합원의 규모도 이 시기 이후로 두드러진 증가율을 보였다. 1918년에 107개였던 노동조합은 1920년에 273개로 증가했다.[55]

일본 노동운동세력의 양적인 성장과 운동의 지속성은 일본 기업주와

54) 『信陽新聞』 1918년 7월 2일; 7월 19일자.

55) 勞動運動史編纂委員會, 『日本勞動運動史料』 10권, 1959, 440쪽.

당국에 위기의식을 불러왔다. 기업주와 당국은 외국인 노동자의 유입을 통해 노동운동세력을 압박하려 했다. 당시 일본노동운동세력은 조직화 대상을 외국인이 아닌 일본인으로 한정했으므로 당국은 외국인 노동자의 증가를 통해 일본노동운동 세력의 약화를 노렸다.

당시 한인 노동자가 일본인 노동자에 미치는 영향에 대한 일본 언론의 역할도 일본 노동자의 적의와 갈등을 조장했다. Edward W. Wagner는 일본 신문이 한인 노동자의 소박한 성질을 과장하고, 한인에 대한 적의를 양성했다고 지적했다.[56] 와그너가 제시한 신문의 논평 내용은 '일본인 노동자가 대거 직업과 식량을 요구하여 관청에 밀려드는 것은 불온하다. 한인 노동자가 현재 일본에 있지만 그들은 이런 행동을 하지 않는다. 그들은 저임금으로 일을 잘한다. 만약 일본인 노동자가 조선인처럼 저임금으로 일을 잘한다면 직업은 언제나 있을 것'이라는 내용이다. '일본인도 싼 임금에 말도 잘 듣는 조선인처럼 굴어라' 는 취지의 기사였다. 일본인 노동자의 권리를 줄이기 위해 한인 노동자를 활용한 것이다.

1910년대에는 한인 노동자의 도일이 일본 노동자에게 심각한 위협은 되지 않았다. 일본인들이 꺼렸던 하층 노동력이었기 때문이다. 그러나 몇 차례의 경제공황을 겪으면서 일본 노동자들이 하층 노동력을 주목하자 한인 노동자가 잠식한 하층 노동시장을 둘러싼 갈등은 피할 수 없게 되었다. 더구나 1920년대에 들어서 독자적인 노동조합을 중심으로 노동운동과 민족운동을 전개하는 한인들은 일본 노동운동을 약화하는 역할도 하지 않았다. 한인은 일본인 노동자는 물론이고 당국이나 기업주들에게도 배척 대상이 되었다.

일본 사회에서 한인 노동자에 대한 거부감이 늘어나는 반면에 한인의

56) Edward W. Wagner, 『日本における朝鮮小數民族』, 胡北社, 1975, 20~21쪽.

생활은 그다지 양호하지 않았다. 고국에 전해지는 소식은 '비참한 지경에 빠진 동포들' 이야기뿐이었다.

"생활 곤란으로 뜨거운 눈물을 뿌리고 정든 강토를 떠나 산 설고 물 설은 동경지방에 가서 피눈물과 비지땀을 흘리며 막버리로 푼푼이 버러 목숨을 이어가던 동경에 있는 이만여 명의 조선사람 노동자는 뜨거운 이 여름에 일자리를 잡지 못하여 비참한 지경에 빠졌다는데, 더욱이 본소 태평정(本所 太平町)과 주기매립지(洲崎埋立地)에 있는 조선노동자는 좁은 방에 삼십여 명이 들어 뜨거운 날에 먹을 것도 못 먹고 겨우 군고구마나 그러지 않으면 여럿이 5전식 모아 쌀을 사서 반찬 없이 맨밥을 먹는 등 직업 없고 밥 못 먹어 죽겠다는 얼굴은 차마 볼 수가 없다더라." 『동아일보』 1925년 6월 23일.

특파원발 기사 '재동경 2만의 동포－매일 5전으로 연명'에는 동포의 참담한 상황이 담겨 있다. 구직난도 심각하지만 어렵게 일거리를 얻어도 열악한 상황은 변함없었다. '죄수보다 못한 생활'이었다. '억지로 도망'하려 해도 목숨을 부지하려면 '괴로움에 울어야' 하는 생활에서 벗어나지 못했다.

"아침 세시부터 도로도 밀고 목도질도 하는데 잠깐만 어름거리면 몽둥이를 들고 섰다가 반쯤 죽이다시피 합니다. 노동하는 시간은 오전 세시반부터 오후 일곱시까지 열 다섯시간을 그대로 계속하고 일급은 일원 이십전으로부터 일원 사오십전인데 그중에 육십전은 밥값으로 삼십전은 술을 먹으나 안 먹으나 술값으로 一合 五六勺값으로 제하고 나머지 사오십전은 짚신값, 버선값, 의복값을 제하면 다 들어가고 맙니다. 술을 많이 먹던지 담배를 먹으면 빚을 지게 됩니다. 견딜 수가 없어 도망을 하려 하여도 십리가 뻔히 보이는 모래벌판에 육혈포를 허리에 찬 사람이 길 양쪽에서 파수를 보고 있으므로 억지로 도망하면 목숨이 없어집니다. 먹는 것은 오전 세시와 아홉시와 오후 두시와 여덟시에 네 번을 먹이는데 마치 진흙물 같은 된장국과 감옥밥보다 더한 것을 줍니다. 약 90명 내외가 있던 것이 병들어 죽기도 하고 매 맞아 죽은 자가 많고, 내 뒤에도 30명 내외가 남아 있는데 다 같이 괴로움에 울고 있습니다. 전혀 죄수보다 더한 생활이올시다"『조선일보』 1922년 12월 22일자(원문 그대로)

이같이 한인들은 일본 사회의 최하층 노동자로서 최악의 노동조건 아래에서 생활해야 했고, 불안정한 취업구조 아래에서 임금 차별을 감내해야 했다. 폭력 등 가혹행위로 대표되는 참담한 노동조건은 물론, 주택 상황도 열악했다. 이러한 현실은 농민 출신의 한인들이 이후 일본 사회에서 가장 투쟁적인 노동전사로 변모하거나 야간학교를 통해 다른 삶을 살게 되는 배경이 되었다.

도일 후 일본 사회는 생활의 터전이자 직장에서는 벽이었다. 특히 하숙집 생활을 하던 한인이 가정을 이루어 주택을 구하는 과정에서 거부하는 일본 사회를 실감하게 되었다. 한인이 느끼는 일본인과 일본 사회의 벽은 더 높았다.

벽만 있었던 것은 아니었다. 일본 사회와 일본인은 비빌 언덕이 되기도 했다. 열세 살 나이에 기비츠(吉備) 조선소 견습공 생활을 하며 "골통이 터지고 어깨뼈가 박살 날" 정도의 폭력을 벗어나기 위해 탈출을 꿈꾸는 김태엽을 도운 이는 일본인 숙련공 다카하시(高橋)였다. 다카하시는 김태엽에게 탈출을 권하고, 공장의 정문 감시가 소홀해지는 섣달그믐날 소년을 빼내 자기 집에 숨겨준 후 노동복과 여비를 주고 고베로 떠날 수 있게 해주었다.[57]

일본은 식민지 조선에 비하면 유연하고 열린 공간이었다. 일본에서 한인들은 다양한 사상 조류에 접하기도 하고, 새로운 가능성도 엿볼 수 있었다. 특히 초기 도일한인들이 이후 일본 노동운동에서 가장 실천적인

57) 金泰燁,『抗日朝鮮人の證言』, 不二出版社, 1984, 44~46쪽.

주체가 되거나 조선으로 돌아가 사회운동의 중심 역할을 하게 되는 과정에서 영향을 미친 이들은 일본 운동가와 사상가들이었다. 이들이 있었기에 1910년대에 김태엽은 소년 노동자에서 노동운동가로 성장할 수 있었고, 오사카지역 한인 '빈민굴'의 실상을 파악한 정태신(鄭泰信)과 나경석(羅景錫) 등이 '재판(在阪)조선인친목회'를 만들었으며, 도쿄에서 한인 청년들이 동경노동동지회 등 다양한 단체를 만들어 활동할 수 있었다.[58]

다카하시의 도움으로 지옥 같은 조선소를 빠져나온 김태엽은 오사카에서 일본 노동단체 우애회(友愛會)가 주관하는 상설 노동강좌를 통해 노동과 사회문제를 폭넓게 접하게 되었다. 노다 리쓰다(野田立太), 니시오 스에히로(西尾末廣) 등 당대 노동운동의 지도자들이 강의했고 신인회·우애회를 설립한 스즈키 분치(鈴木文治)도 자주 들렀다.[59]

> "당시 우리 노동자들의 의식 수준이 어려운 사상이나 이론이 먹혀 들어갈 여지가 없었으므로 다만 우리가 이렇게 고생하는 것은 나라를 잃고 식민지 백성이 되었기 때문이다. 우리가 단결하여 우리의 권익을 지키고 되찾아야 한다는 호소만이 노동자들을 조직으로 묶을 수 있는 유일한 방법이라고 생각했으나 노동운동을 전개하면서 나의 노동운동은 '민족투쟁'이라고 깨달았다."[60]

김태엽이 노동운동가로 성장하게 된 과정에서 노동 현장 경험은 중요한 역할을 했다. 그러나 노자(勞資)모순을 절감하고 해결방안을 민족운동으로 인식한 점이나 노동자의 자각을 출발점으로 인식하게 된 배경에

58) 오사카에서 동포들의 처지를 목격했던 나경석은 『공민문집』에서 '빈민굴'이라고 표현했다. 나영균, 『일제시대, 우리 가족은』, 황소자리, 2004, 46쪽. 오사카와 도쿄의 노동단체에 대해서는 정혜경, 「大阪한인 단체의 성격(1914~1922)」, 『한일관계사연구』 4, 1994; 「1910-1920년대 東京한인노동단체」, 『한국근현대사연구』 1, 1994; 「1920년대 일본지역 조선인노동동맹회 연구」, 『한국민족운동사연구』 18, 1998 참조.

59) 金泰燁, 『抗日朝鮮人の證言』, 不二出版社, 1984, 50쪽.

60) 金泰燁, 『抗日朝鮮人の證言』, 不二出版社, 1984, 89쪽.

서 노동강좌의 도움은 결정적이었다, 이를 계기로 1922년 도쿄조선노동동맹회(이하 도쿄동맹회) 발기를 주도하고 니가타현 시나노카와(信濃川) 신에츠(信越) 수력발전소 한인 노동자 사건 조사에 참여하면서 노동운동가로 성장했다.[61)]

정태신도 요코다 소지로(横田宗次郎, 1903년 미국에서 샌프란시스코 사회혁명당에서 활동, 1912년 일본에서 사회주의자 그룹을 결성)와 하세가와 이치마쓰(長谷川市松, 일본사회주의동맹 회원), 헨미 나오죠(逸見直造, 사회주의자 그룹 결성자) 등 일본 사회주의자들과 교류 속에서 재판조선인친목회를 조직하고 주도할 수 있었다. 나경석과 정태신의 오사카 경험은 이후 도쿄와 중국, 국내 활동의 토대가 되었다. 나경석은 1918년에 귀국한 후 중앙중학 교사로 근무 중 1919년에 독립선언서를 만주에 전달한 후 블라디보스톡으로 망명했고, 1923년에 물산장려운동에 발기인으로 참여했다. 정태신도 1920년 도쿄에서 조선고학생동우회에 가입한 후 조선에 돌아가 잡지(공제)를 창간하고 북성회를 결성해 활동했다.

이같이 한인들은 도일 후 직장과 거주지, 단체 등에서 일본인과 만나고 일본 사회를 경험하며 인간과 노동자의 권리를 자각하고 생존권을 지키기 위해 나섰으며, 한인으로서 민족적 아이덴티티를 확립해나갔다. 노동자 파업은 인간으로서 권리를 주장하는 당당한 행동이었다.

노동자 파업은 한인노동조합이 없어 노동자의 조직화가 이루어지지 않았던 1910년대부터 시작해 일본 패전에 이르기까지 이어졌다. 1931년 만주침략 후 파시즘기에 접어들면서 일본노동단체가 '파업 절멸 선언'을 했던 시기에도 그치지 않았다. 한인 노동자 단독의 파업이 대부분이었으나 일본 노동운동계와 공조도 적지 않았다. 1938년 일본이 국가총동원체

61) 1924년에 김태엽은 일본 우익의 거두인 도야마(頭山滿)에게 "민족투쟁으로써 노동운동을 한다"고 밝혔다. 金泰燁, 『抗日朝鮮人の證言』, 不二出版社, 1984, 129쪽, 133쪽.

제에 접어든 이후에는 강제동원된 한인(이입노무자)도 파업에 참가했다.

〈표 6〉 노동자 파업 현황(단위 : 건/명)

| 연도 | 한인 | | 일본인 | |
|---|---|---|---|---|
| | 건수 | 인원 | 건수 | 인원 |
| 1924 | 29 | - | 993 | 94,047 |
| 1925 | 46 | 1,075 | 816 | 89,387 |
| 1926 | 84 | 4,476 | 1,260 | 127,267 |
| 1928 | 245 | - | 1,202 | 103,350 |
| 1929 | 256 | 7,661 | 1,420 | 172,144 |
| 1930 | 486 | 13,803 | 2,289 | 191,805 |
| 1931 | 483 | 15,079 | 2,456 | 154,528 |
| 1932 | 414 | 15,524 | 2,217 | 123,313 |
| 1933 | 344 | 8,851 | 1,897 | 116,733 |
| 1934 | 382 | 9,517 | 1,915 | 120,307 |
| 1935 | 356 | 6,378 | 1,872 | 103,962 |
| 1936 | 386 | 8,228 | 1,975 | 92,724 |
| 1937 | 297 | 6,332 | 2,126 | 213,622 |
| 1938 | 166 | 3,650 | 1,050 | 55,565 |
| 1939 | 185 | 13,770 | 1,120 | 128,264 |
| 1940 | 687 | 41,732 | 732 | 55,003 |
| 1941 | 588 | 38,503 | 334 | 17,285 |
| 1942 | 467 | 24,505 | 268 | 14,373 |
| 1943 | 324 | 16,693 | 417 | 14,791 |
| 1944 | 303 | 15,230 | 296 | 10,062 |

자료: 일본 내무성 경보국, 『특고월보』·『사회운동의 상황』 각 해당연도

거주권을 확보하기 위한 노력은 주택분쟁이다. 주택분쟁은 해당 지역의 차가인동맹이나 차지차가인조합, 일본 법조인 등 일본 사회의 지원과 공조 아래 가능했다.

〈표 7〉 한인 주택분쟁 발생 현황(단위 : 건)

| 연도 | 전국 | 오사카 |
|---|---|---|
| 1924 | 3 | 3 |
| 1925 | 27 | 25 |
| 1926 | 81 | 42 |
| 1929 | 2,517 | 1,610 |

자료: 내무성 경보국, 『사회운동의 상황』 해당연도

이같이 일본 사회는 한인들에게 벽이지만 세상으로 가는 문이었고 희망을 품을 수 있는 곳이었으며 삶의 버팀목이었다. 소년에게 모멸감을 안겨주고 증오심에 뜨거운 눈물을 쏟게 만든 곳이었으나 지옥 같은 노동현장을 벗어나게 해주는 선배가 있고, 억압하고 차별하는 사회에 함께 울분을 토하는 동료가 있는 곳이었다. 귀한 일터가 있고, 고향을 그리워하며 가족을 지킬 힘을 얻는 곳이었다. 도일 후 일본 땅에서 생활하기 시작한 한인들은 새로운 경험 세계를 쌓아가며 새로운 역사도 만들어나갔다.

# 제2장

## 처음에는 잘 먹고 살기 위해 도일했지만

# 제2장
# 처음에는 잘 먹고 살기 위해 도일했지만

식민지 시기 도일한인의 특성은 노동자가 다수라는 점, 한반도 남부 출신 중심이라는 점, 특정 지역에 밀집해 거주했다는 점, 지역별로 단체 가입 비율이 높고 대중운동 참여도가 높았다는 점, 생활실태가 열악했으나 삶의 모습을 바꾸기 위해 적극성을 표출했다는 점, 모국 지향성이 강했다는 점 등 다양한 표현이 가능하다. 이 가운데 재일코리안운동을 대표하는 단어는 '역동성'일 것이다.

당시를 살았던 한인과 일본인들이 기억하는 일본의 '조선인'은 역동성을 가진 존재였다. 식민지민으로서 식민 본국에서 역동성을 특징으로 살아간다는 것은 그만큼 일본 사회의 저항과 차별을 견뎌야 함을 의미했다. 유학을 위해 또는 경제적 타개를 위해 도일을 택한 한인들이 애초부터 일본 사회의 저항과 차별을 원한 것은 아니었다. 가능한 목적을 달성하고 무사히 귀향하는 것이 최대의 바램이었다. 그러나 한인에 대한 사회적 차별은 물론 목숨을 위협하는 일이 빈번한 가운데 순응만으로는 생존이 어렵다는 점을 깨닫게 되었다. 이같이 한인의 역동성은 차별적인 일본 사회, 한인 단체의 역할, 생존권을 위협하는 요인들, 일본 사회운동 세력의 성장, 식민지 구조적 모순 등 복합적인 요소를 토대로 재일 한인의 특징으로 정착했다.

도일한인이 격증하는 1920년대에 한인들은 다이쇼(大正)데모크라시의 분위기 속에서 권익을 지키기 위한 일본 민중의 사회운동 모습을 통해 자극을 받았다. 1920년대 중반 이후 한인들의 정주화가 진행되면서 주택과 직장 등 생존권을 지키기 위한 노력은 치열해졌다. 일본 사회가 한인을 밀어내면 낼수록 밀려날 곳이 없는 한인들은 결속해야 했다. 재일 한인들의 결속과 역동성에 구심점이 된 것은 각 지역의 한인 단체였다. 1910년대 한인 단체의 구심점이 유학생단체라면, 1920년대 이후에는 유학생의 범주를 넘어서는 다양한 단체가 곳곳에 탄생했다.

한인 단체에는 일본 공안 당국이 항일로 분류했던 단체 외에 동화·융화단체로 분류했던 친일단체도 있었고, 정치적 성격을 파악하기 어려운 '기타' 단체도 있었다. 이 가운데 상애회로 대표되는 단체는 당국과 기업을 대신해 한인 노동자를 통제하고 일본에 대한 협력과 동화를 촉진하는 역할을 담당했다. 그러나 이들의 활동은 오히려 한인사회의 결속을 강화하는 동력으로 작용했다. 일부 친일적인 단체를 제외한 대부분의 한인 단체는 한인들의 열망을 불러일으키고 구체화하는데 기여했다. 그리고 한인 단체를 중심으로 한 재일코리안운동은 제국 일본 영역 내에서 한인의 이동을 통해 일본지역을 넘어서 국내와 중국 만주, 노령 항일운동의 플랫폼으로 역할했다.

## 1. 단체를 만들기 시작했다

한인의 도일은 사람의 이동에 그치지 않고, 일본에 한인들의 생활공간을 형성하고, 독자적인 문화를 확산하는 창구이기도 했다. 음식을 나누고 정보를 공유하는 자리가 늘어나면서 자연스럽게 모임과 단체가 자리잡기 시작했다.

그렇다면, '단체란 무엇인가' 하는 소박한 질문에서 출발해보자. 모임과 단체는 구별된 존재인가. 또는 모임과 단체의 구분 기준은 있는가. 기준이 있다면 무엇인가. 만약 양자를 구분해야 한다면, 강령과 규약으로 구분할 수 있고, 지속성 여부를 기준으로 삼을 수도 있다. 그러나 '강령과 규약'만으로 단체 여부를 판단하기는 어렵다. 일본 공안 당국에서 단체를 판단하는 기준은 지속성이었을 것이다. 더 중요한 것은 모임과 단체를 구별할 필요성이 있는가 하는 점이다. 낯선 땅에서 살아내기 위해 한인들은 모이고 정보를 나누고, 문화를 공유했다.[1]

### 1) 1910년대 재일 한인사회 형성과 생활 세계

1910년대 한인은 일본 전역에 거주했다. 도쿄는 일찍부터 유학생의 메카로 자리하면서 가장 높은 한인 이주 현황을 보였으나 1914년부터 후쿠오카에 자리를 넘겨주었다. 이러한 변화는 계속되어 1917년부터 도쿄 거주 한인 비율은 다른 지역이나 전체 한인 규모에 비해 큰 폭으로 낮아지고, 오사카나 홋카이도, 효고, 후쿠오카 등 탄광과 공장 밀집 지역이 10%

1) 도노무라 마사루(外村 大)는 '단체로서 모습을 갖춘 형태(무슨 목적을 가지고 있고 복수의 개인 내지 단체로 형성된 집합 모두)'를 단체로 상정했다. 도노무라 마사루, 「식민지기 재일조선인의 생활과 문화를 둘러싼 단체의 조직과 활동」('한일공동심포지엄 자료집－식민지기 재일조선인 사회의 형성과 단체 활동의 전개'), 2009년 6월 5일, 31쪽.

이상의 높은 비율을 보였다. 노동자의 비중도 높아졌다.

1910년대 한인의 지역별 거주 상황은 일본의 산업구조 및 노동조건과 관련이 있었다. 일본은 크게 홋카이도와 혼슈(本州), 규슈로 나눌 수 있다. 이 가운데 홋카이도와 규슈가 탄광지대로 유명하다면, 상공업의 중심지는 혼슈의 긴키(近畿)다. 1909년 『공장통계표』에 나타난 전체 공업의 중심지는 오사카, 효고, 도쿄의 순이다. 이러한 일본의 산업구조에서 나타나는 지역적인 특징은 재일 한인 거주 상황 변화에 하나의 요인으로 작용했다.

〈표 8〉 주요 도시의 한인 직업 구성 (단위 : 명/%[2])

| 직종 | | 학생 | 노동자* | 상어업 | 관공리* | 기타 | 총수 |
|---|---|---|---|---|---|---|---|
| 시기 | 1915.12 | | | | | | |
| 지역 | 오사카 | 8/2.0 | **315/79.0** | 22/5.5 | | 54/13.3 | 399 |
| | 도쿄 | **362/66.0** | 104/12.2 | 67/12.2 | 7/1.3 | 9/1.6 | 549 |
| | 후쿠오카 | 1/0.2 | **418/76.4** | 85/15.5 | | 43/7.9 | 547 |
| 시기 | 1917.12 | | | | | | |
| 지역 | 오사카 | 10/0.5 | **2,130/95.3** | 24/1.1 | 7/0.8 | 64/2.9 | 2,235 |
| | 도쿄 | **436/47.5** | 380/41.4 | 90/9.8 | 8/0.9 | 4/0.5 | 919 |
| | 후쿠오카 | 2/0.1 | **1,337/96.4** | 33/2.4 | 2/0.1 | 12/0.9 | 1,386 |
| 시기 | 1920.6 | | | | | | |
| 지역 | 오사카 | 10/0.2 | **4,362/97.1** | 89/2.0 | | 33/0.7 | 4,494 |
| | 도쿄 | **988/46.6** | 941/44.4 | 102/4.8 | 22/1.1 | 67/3.2 | 2,120 |
| | 후쿠오카 | 1/0.02 | **6,956/98.9** | 16/0.2 | 3/0.1 | 57/0.8 | 7,033 |

* 노동자: 무직자와 직공, 배달부, 인력거꾼, 고용인 등 포함/관공리 : 관리, 의사, 목사, 군인 등 포함

자료: 內務省 警保局, 「朝鮮人概況」 1916(朴慶植, 『在日朝鮮人關係資料集成』 1, 三一書房, 1975, 58~59쪽); 內務省 警保局, 「朝鮮人概況」 제2, 1918(『在日朝鮮人關係資料集成』 1, 62쪽); 內務省 警保局, 「朝鮮人概況」 1920(『在日朝鮮人關係資料集成』 1, 117~119쪽)

2) 총수 대비 비율.

특히 후쿠오카는 부관연락선의 종착지와 가까워 도일하는 한인에게는 관문(關門)의 역할을 했다. 후쿠오카는 1910년대 최대 탄광지대인 규슈에서도 가장 한인이 밀집한 지역이며, 일본 노동시장에 대해 아무 정보가 없던 한인이 탄광 노동자로서 첫발을 디딘 곳이기도 했다. 그러나 탄광의 열악성으로 인해 노동자의 이동이 잦았다. 이에 비해 오사카는 넓은 노동시장과 다양한 직종으로 인해 점차 한인 노동자가 밀집하게 되었다. 먼저 터전을 잡은 한인 노동자들을 찾아 오사카로 향하는 한인들의 도일이 늘어남에 따라 오사카 거주 한인도 늘어났다.

도일한인의 증가는 단체 결사의 필요성으로 이어졌다. 결사의 자유는 일본지역의 장점이었다. 이미 구한말부터 단체 결성의 경험을 가진 유학생들은 노동자와 연대 방향으로 나아갔다. 한인 노동자들은 생존을 위해 모이기 시작했다. 이들이 고국을 떠나 문화와 생활 관습이 다른 타향에서 자신들을 지키면서 삶을 영위하기 위해서는 결속이 필요했기 때문이다. 일본은 조선의 농촌 사회와 같은 평화로운 곳이 아니었다. 복잡한 산업사회이자 민족차별이 강한 속에서 일자리를 구하고 생활의 거점을 확보하는 일은 중요했다. 그리고 그에 못지않게 중요한 것은 학살과 폭력으로부터 목숨을 지키는 일이었다. 그러므로 한인이 힘을 모으는 것은 필수적이었고, 이러한 필요성에 의해 단체가 탄생했다.

유학생들이 중심이 된 단체는 종교·학술적 목적을 위한 단체가 다수였으나 친목 도모 정도의 결속력이 약한 단체도 있었다. 한인 단체는 한인들에게 유용했다. 단체를 통해 취학 정보나 고학생의 일자리를 구할 수 있었다. 한인 노동자의 결속은 노동자들끼리 자연발생적으로 이루어낸 사례도 있었으나 유학생을 비롯한 지식층 또는 알선업자나 하숙업에 종사하는 한인의 도움을 받기도 했다.

〈표 9〉 1896~1921년간 재일한인 단체의 지역별 연도별 결성 현황

| 지역 | 연도별 단체 결성 현황 |
| --- | --- |
| 도쿄 | 조선인일본유학생친목회(1896), 재일본동경조선기독교청년회, 재동경조선기독교청년회(이상 1906), 와세다대학조선동창회, 재일본동경대학유학생학회(이상 1907), 재일본대한장학회(1909), 재일본조선유학생친목회(1911), 동경조선유학생학우회(1912), 조선여자유학생친목회(1914), 반도웅변회, 조선학회(이상 1915), 동경노동동지회, 노동동사회, 호남친목회(이상 1917), 조선고학생동우회(1920), 흑도회, 천도교청년회(이상 1921) |
| 오사카 | 재판조선인친목회(1914), 동맹합자회(1916), 합동회재단(1918), 조선인저금회(1919) |
| 교토 | 경도조선유학생회, 경도조선유학생친목회(1915), 경도조선인노동공제회(1920) |
| 효고 | 조선인효고간친회(1919) |
| 고베 | 조선노동제진회(1920), 3.1청년회(1921) |

자료: 姜徹, 『在日朝鮮人史年表』, 雄山閣, 1983, 10~38쪽

구한말부터 1921년까지 일본 주요 도시에서 결성된 한인 단체의 현황을 보면, 〈표 9〉와 같다. 1921년까지 포함한 것은 다음 해부터 니가타현 시나노카와 한인 노동자 사건(1922년)과 관동지진(1923년)을 계기로 한인 사회가 처한 환경과 단체의 성격이 크게 달라지기 때문이다.

〈표 9〉의 단체들은 구성원과 중심인물, 단체의 목적 및 취지에 따라 활동 내용에서 편차가 있었다. 활동 영역도 일본에 그치지 않는 경우가 많았다. 1920년대에 들어서는 방학을 이용해 조선에서 강연회나 행사를 개최하기도 했고, 조선의 단체와 연계 활동을 하며, 조선에 수재의연금을 내고, 언론에 기고하는 등 활동 영역을 조선에 확장했다.

시기별로 보면, 도쿄가 가장 이르고, 오사카와 교토가 같은 시기이며, 효고와 고베는 비교적 늦었다. 단체 결성 시기와 단체 성격은 한인 도일 현황 및 직종과 관련이 있었다. 가장 먼저 한인 유학생이 도일한 도쿄는 결성 시기가 빠르고 대부분 학술·종교·유학생 친목단체였다. 교토도 유학생이 밀집한 지역이므로 1915년에는 유학생 단체(2개소)만 탄생했

다. 오사카는 교토와 같은 시기에 단체가 결성되었으나 노동자 비율이 높은 지역이라는 특성에 맞게 노동자를 결속하기 위한 단체로 구성되어 있다. 효고와 고베도 노동자의 비중이 높다는 특성이 있다.

노동자 대상의 단체는 1914년 오사카에서 결성된 재판조선인친목회가 최초이다. 재판조선인친목회는 오사카에서 최초로 결성된 한인 단체이자 일본지역에서 노동자를 대상으로 하는 최초의 한인 단체이기도 하다. 1914년 1월 15일에 간사이(關西)대학에 다니던 강만형(姜万馨)이 최진태(崔進泰), 정치현(鄭致鉉) 등 10여 명을 모아 결성했다. 그러나 2월 25일에 해산해 구체적인 활동이 없다가 같은 해 9월 1일 도쿄에서 온 정태신이 오사카 거주 한인 35명으로 재창립했다. 1915년 1월 하순, 총간사였던 정태신이 중국 상하이(上海)로 떠나게 되어 나경석(羅景錫)이 이어받았으나 나경석이 귀국하면서 활동은 부진하게 되었다.[3)]

나경석의 기록에 의하면, 재판조선인친목회는 친목을 표방했으나 목적은 사회주의 사상 보급에 있었다. 매월 월례회를 개최해 1916년 5월 말까지 14회 모였는데 30여 명이 참석했다. '노동자 구호(救護)'를 목적으로 내걸었으나 구체적인 구호 활동이나 재원 적립은 하지는 않았다. 재판조선인친목회는 노동자 규합에 실제적인 목적을 두고 결성했다. 친목이라는 명분 아래 한인 노동자를 조직화한 후 이들의 경제적 이익을 도모함과 동시에 나아가 대중운동의 기반까지 조성하고자 했다.

오사카에 이어 도쿄에서 탄생한 노동단체는 1917년 1월에 결성된 도쿄노동동지회(東京勞動同志會)와 같은 해에 결성된 노동동사회(勞動同事會)다. 도쿄노동동지회는 이기동(李基東, 李起東), 한윤동(韓潤東), 홍승로(洪承魯), 서상한(徐相漢) 등이 조직했으며, 노동동사회는 이종대(李鍾大), 김

3) 나경식, 『공민문집』, 정우사, 1980, 260~261쪽.

용국(金容國), 홍승로, 김홍수(金洪秀)가 결성했다. 두 단체는 노동자와 학생의 상호부조적 성격이 강했다. 도쿄노동동지회는 1920년 1월 25일에 조선고학생동우회(朝鮮苦學生同友會)로 전환했다.[4)]

1910년대 말 한인 단체를 결성했던 인물들은 이후 각기 다른 길을 걸었다. 이기동 등 몇몇을 제외한 주요 임원들은 이후 독립운동에 헌신했다. 홍승로와 서상한은 계속 독립운동에 헌신한 결과, 대한민국 정부 독립운동유공자 공훈록에 이름을 올렸다.[5)] 그러나 이기동은 반민족 행위자의 길을 걸었다. 이기동은 1921년 3월 20일에 박춘금(朴春琴) · 김창태(金昌泰)와 같이 한인 노동자의 수용직업소개 · 질병구제 및 무료숙박을 제공키 위한 목적으로 설립한 노동구제회(勞動救濟會)를 조직했다. 1921년 12월 박춘금과 함께 상애회(相愛會)를 결성한 후 한인 노동자를 통제 · 탄압하는 길을 걸었으며, 줄곧 박춘금과 같이 일본 내 대표적인 반민족 행위자로서 생을 마감했다. 김홍수는 일본 공안 당국이 작성한 '대정(大正) 9년 요시찰조선인성명표' 요시찰 을호 명단에서 이름을 확인할 수 있으나 활동내용은 알 수 없다. 한윤동, 이종대, 김용국도 이후 행적을 확인할 수 없다.

### 2) 노동자와 유학생들이 단체를 통해 사상과 활동의 폭을 넓히고

이같이 1910년대 도쿄지방의 한인 노동자를 가입대상으로 한 단체는 노동자와 고학생의 연합단체였다. 한인 단체는 유학생 등 지식층이 중심이 되어 운영하면서 초기에 갖고 있었던 상호부조적 성격이 점차 노동운동과 사회운동 중심으로 변모해 갔다. 이에 비해 오사카는 구성원의 성

4) 김창순 · 김준엽, 『한국공산주의운동사』 2, 청계연구소, 1986, 31쪽.
5) 국가보훈처, 『大韓民國 獨立有功者 功勳錄』 제6권, 1988, 479~480쪽.

격 문제에서 도쿄와 양상을 달리한다. 결성과 운영에서 지식층 중심이었지만 구성원은 노동자 중심이었다.

도쿄에서 유학생단체와 별도로 학생과 노동자가 함께 구성원을 이루는 단체가 결성되었던 이유는 학생이 차지하는 비중이 높고 생활실태에서 노동자와 학생이 큰 차이가 없었기 때문이다. 특히 당시 도쿄 한인사회에서 고학생들이 겪는 생활상의 어려움은 큰 문제로 자리하고 있었다. 고학생 문제는 1900년대 말부터 대두되었으나 1910년대에는 더욱 심각했다. 당국이 1919년에서 1923년 사이에 도쿄 거주 학생의 1/3 정도를 고학생으로 추정할 정도였다.[6)]

재일 한인 단체 가운데 가장 오랜 연원을 가진 단체는 유학생단체였다. 특히 도쿄에 거주하는 한인의 다수가 학생임에 따라 유학생단체는 일찍부터 출현했다. 도쿄에서 결성된 여러 유학생단체는 표면상 친목 도모·학술연구를 내세웠으나 2.8 독립운동을 주도한 후부터는 활동의 영역과 대상이 민족·사회운동단체와 차이가 없었다. 이들은 귀국해 3.1운동에 참여했으며, 조선에 순회 학술강연단을 파견해 계몽운동을 전개하는 등 1920년대에 들어 관심 범위를 신사상연구나 노동문제연구 등으로 확대했고, 사회주의운동에 진출하기 시작했다.

유학생의 대표적인 단체는 재일본동경조선기독교청년회(이하 기독청년회)와 동경조선유학생학우회(이하 학우회)이다. 기독청년회는 황성기독교청년회(1903년 창립)의 일본 조직으로 설립한 후 반일투쟁의 구심적 역할을 담당했다. 1906년 11월 5일 도쿄에서 기독교 포교 전도와 회원 상호친목을 목적으로 결성했는데 한국기독교청년회의 분회였다. 임원 가운데 다수는 학우회의 주요 임원이기도 했다.

6) 국사편찬위원회, 『일제하 한국 36년사』 7, 1967, 337~348쪽.

학우회의 모태는 1909년 1월에 결성해 도쿄 유학생의 구심체를 담당했던 대한흥학회다. 대한흥학회가 강제합병으로 해체된 후 1911년 초 삼남친목회 · 황평친목회 · 청년구락부 등을 결성하고 다시 통합해 1911년 5월 조선유학생친목회가 창립했으나 몇 달 만에 강제 해산되었다. 그러나 유학생들은 1912년 10월 27일에 7개 지역별 친목회(전라도의 호남다화회, 경상도의 낙동동지회, 평안도의 해서친목회, 경기 · 충청도의 삼한구락부, 평안도의 동서구락부, 함경도의 철북친목회, 강원도의 연남구락부)를 총합해 학우회를 결성했다.[7] 이후 전국 조직으로 확대되었다.

합법적 단체 외에 열지(裂指)동맹과 신아(新亞)동맹당과 같은 비밀결사 활동도 존재했다. 열지동맹은 1915년 학우회의 회장을 지낸 정노식을 비롯해 김철수(金錣洙, 부안), 김철수(金喆壽, 양산), 윤현진(尹顯振), 전익지(全益之), 장덕수(張德秀), 김효석(金孝錫)이 결성한 비밀결사로써 신아동맹당의 전신이다.

신아동맹당에 대해 강덕상은 신아동제회의 일본지부로 파악했다. 그는 '중국 내 맹원보다 더 젊은 혁명 제2세대(학생)를 중심으로 한 듯하다'고 기술했다. 또한 신아동제회를 신아동맹당이라 사용한 것은 '번역의 차이에 따른 것'이라고 파악했다. 강덕상이 신아동맹당의 본부라 인식한 신아동제회는 1912년 중국 상하이에서 신규식 등이 결성한 비밀결사 민족단체이다. 강덕상은 신아동제회에 여운형도 가입했다고 주장했다.[8]

신아동맹당은 1916년 결성한 국제적 비밀결사였다. 1915년 가을부터 김철수(부안)를 중심으로 한 창당 작업을 통해 탄생했다. 김철수 등이 1915년 10월에 중국인들과 비밀결사의 일종인 동아동맹회(東亞同盟會)를 조직하고, 또 다른 비밀결사인 열지동맹과 동아동맹회를 결합해 새로운

7) 「在京朝鮮人留學生概況」 1925(『在日朝鮮人關係資料集成』 1, 334쪽).

8) 강덕상 지음, 김광열 옮김, 『여운형 평전 1』, 역사비평사, 2007, 121쪽, 128쪽, 133쪽.

비밀결사인 신아동맹당을 결성했다. 신아동맹당은 김철수(부안) · 김철수(양산) · 김명식(金明植) · 김양수(金良洙) · 윤현진 · 장덕수 · 이봉수(李鳳洙) · 최익준(崔益俊) · 하상연(河相衍) 등 유학생들이 타이완, 중국, 베트남 유학생들과 함께 결성했다. 당원들은 모두 학우회 임원을 겸했다.[9)]

신아동맹당의 '조직에 관한 건'에 따르면, 결성경위는 다음과 같다. 도쿄외국어대학 중국어과의 유학 중이던 조선인 하상연이 중국인 친구인 야오지엔난(姚薦楠, 1916년 일본대학 졸업)이 "일본은 매사 중국에 대해 모멸적 태도를 취한다"며 분개하는 것을 보고 배일사상을 지니고 있음을 알고 정을 돈독히 했다. 같은 약자로서 친근감을 느낀 듯하다. 그러나 좀 더 넓은 시각에서 보면 중국혁명의 진원지 중 하나인 도쿄에서 중국인 유학생들이 '조선과 안남(베트남)이 겪은 망국의 참화'를 직시하고 거기에서 교훈을 얻고자 조선인과 연대했다고 볼 수 있다.[10)] 또한 신아동맹당은 북경지부도 운영한 것으로 보인다. 강덕상도 북경지부의 존재를 기술했고, 김철수가 언급한 중국인 유학생 황줴(黃覺, 또는 황개민. 일본 공안당국 보고서 中 제274호에는 黃海敏) 외에 일본 내무성 자료에 '지나인 12명, 대만인 2명'의 존재를 통해 알 수 있다.[11)]

신아동맹당은 초기에 부진했으나 김철수(부안)와 중국인 창당 인물들이 귀국한 후 새로운 당원(백남규 · 양원모 · 홍진의 · 김도연 · 최팔용 등)을 충원하면서 운영 구조를 확립해 나갔다. 대표적 활동은 당시 당국이 지정한 금서를 상하이에서 조선으로 밀반입 배포, 집회 연설, 각종 단체 조직, 독립자금 모집 활동이다. 특히 김효석과 장덕수는 1915년 11월과 1917년 7월에 『한국통사』의 표제를 『세계근사(世界近史)』로 가장해 밀반

9) 한국정신문화연구원 현대사연구소 편, 『遲耘 金錣洙』, 1997, 195~196쪽.
10) 일본 공안당국 보고서 中 제274호, 「新亞同盟黨組織에 關한 件」 報告, 1917년 3월 14일.
11) 내무성 경보국, 『朝鮮人概況』 第1, 1917, 65쪽.

입한 후 배포했다. 신아동맹당원들은 학우회 기관지인 『학지광』의 편집을 주도하기도 했다. 그러나 공안 당국의 감시와 검거 압박 속에 비합법운동의 한계를 절감하고 1917년 9월 30일 결산 총회에서 해산을 결의했다.[12)]

> "인도 사람이 와세다에 둘이 있는데 내가 교섭을 해 보겠다 그랬는디. 인도 사람을 교섭을 허인게, 하나가 하나는 건들지 말라고. 그것은 영국파다. 친영파인게 그것은 헐 것이 없다. 그런게 말이 내가 영어를 배우는 챔이, 좋게는 그저 한 4천자 외우고 댕기는데, 영어를 못해여. 저 사람이 일어를 못해여. 저 사람 일어가 내 영어공부만이나 해여. 그런게 둘 다 다 사서 해 가지고 손가락으로 짚어 가믄서 말을 했어. 그런게 그 사람 말을 들은게 인도가 우리보담 더 압박을 받어. 그래 그때에 부텀 꼭 인도를 가야 쓰겄다. 인도를, 인도가 먼저 우리보담 독립을 헐 수 있다 그런 얘기야. 수가 많으고, 영국은 수가 적고 그런게. 인도, 독립을 허면 우리 독립이 첩경이다 이렇게 생각허고 인도가 가고 싶었어."[13)]

신아동맹당은 활동 당시부터 당원들은 중국 외 여러 지역 청년들과 연대를 구상했으나 여의치 않게 되자 여러 지역으로 활동 영역을 넓히고자 했다. 김철수(부안)의 회고에 의하면, 김철수는 인도로, 장덕수는 상하이나 싱가포르로, 윤현진은 상하이로 나가고자 했다. 실제로 장덕수는 3.1운동 직전에 상하이를 거쳐 조선으로 들어오다가 검거되었다.

신아동맹당은 한·중·일·베트남 등 유학생들과 국제 연대의 성격을 띤 비밀결사였다. 그러나 한인 청년들의 국제연대투쟁 필요성 인식은 1910년대 이전 시기부터 있었다. 1907년 아시아 각국에서 모여든 혁명가들이 선명한 반제연대투쟁의 기치 아래 집결한 아주화친회(亞洲和親會)

12) 정혜경, 「재일한인의 정착과 생활(1910~1928)」, 국사편찬위원회, 『일본 한인의 역사(상)』, 2009, 71~72쪽.

13) 한국정신문화연구원 현대사연구소 편, 『遲耘 金錣洙』, 1997, 278쪽.

가 대표적 사례다. 아주화친회 결집인의 인식은 중국인 류스페이(劉師培)의 아주현세론(亞洲現勢論)에 잘 나타나 있다.

류스페이는 "일본은 아시아에 있어서 조선의 적만이 아니다. 동시에 인도, 안남, 중국, 필리핀의 공통의 적"이라 선포하고, "일본의 각 정당이 만든 일청 · 일한 · 일인(日印)의 각 협회 및 공사(公司)는 자국의 세력 확장을 목적으로 하는 것으로 우리의 공적(公敵)이며 대동주의와 다른 것"이라고 주장했다. 그는 연대해야 할 일본 측의 세력으로 '국권주의로 변질된 기존의 아시아주의적 단체들이 아닌 반제국주의와 반군사주의에 투철한 초기 사회주의자들'이라 인식했다. 아주화친회 모임을 주도한 오스키 사카에(大杉榮)와 사카이 도시히코(堺利彦)의 발언 내용에 따르면, 아주화친회 참가자에는 한인도 있었다.

이경석은 시라이시 마사야(白石昌也) 연구를 인용해 아주화친회 한인 참가자를 조소앙(趙素昂)으로 추정했다. 이경석은 아주화친회 결집인인 베트남 판보이차우의 회고록에 조소앙과 함께 활동했다는 기록이 있고, 조소앙의 일본 유학기록인 동유략초(東遊略抄)에서도 단서를 찾을 수 있다는 점을 들었다. 아주화친회는 1년 남짓한 활동 끝에 당국의 탄압으로 와해되었으나 참가자 각자의 향후 활동내용에서 연대투쟁의 근원지로서 의미를 찾을 수 있다. 이경석은 조소앙의 상해 활동이나 동방무정부주의자연맹도 아주화친회와 무관치 않다고 파악했다.[14]

합법적 형태의 유학생단체는 명목상 친목 도모나 학술연구, 인격 양성, 종교심 환기 등을 명분으로 내걸고, 다양한 모임의 기회를 마련했다. 유학생들은 친목회나 월례회, 각종 환영회 등을 계기로 결속력을 강화하고,

14) 이경석, 「동아시아 반전세력의 교유와 국제연대투쟁의 근대적 기반-아시아주의에 의해 말살된 연대투쟁의 재평가」(한국민족운동사학회 광복 60주년 종합학술대회 자료집-연대와 공존의 새로운 한일관계의 정립을 위한 과거사 다시 읽기, 2005.10.20), 30~34쪽.

사회운동으로 전환할 수 있는 토대로 활용했다. 비록 이들은 공개적인 석상에서 국권 회복을 부르짖고 대중투쟁을 펼칠 수는 없었으나 1917년 후반부터 본격적인 반일투쟁을 전개하기 시작했다. 1917년을 기점으로 변화하게 된 배경에는 국제정세의 변화와 사상 조류가 영향을 미쳤다.

1917년 이전 시기 유학생들이 정의나 평화, 박애에 대해 맹목적으로 의지했다면 이후부터는 힘의 논리에 의지하고자 하는 경향이 강해진다. 즉 이전 시기가 명분과 도덕을 중요시했다면 이후 시기는 수단과 방법을 가리지 않는 독립 쟁취를 강조한 것이다. 이들이 변화를 보인 이유는 제1차 대전 전세의 변화와 사회진화론의 수용 등에 힘입어 국제상황에 대한 인식의 폭이 변화했기 때문이다. 이 과정에서 학우회 기관지 『학지광』과 다양한 유학생 모임도 일정한 역할을 담당했다.

『학지광』은 1914년 4월에 창간해 1930년 4월에 종간될 때까지 통권 29호가 발행되었다. 유학생의 논문 · 기행 · 수필 · 시 · 한시 · 희곡 · 소설 · 학우회 기사 등을 게재한 종합 잡지였다. 창간 당시 격월간을 목표로 했으나 실제로는 연 2회, 또는 3~4회 발행에 그쳤다. 잦은 발매금지처분과 압수가 원인이었다. 주요 편집인은 이후 조선의 언론계를 주도한 신익희(申翼熙) · 송진우(宋鎭禹) · 장덕수를 비롯해 현상윤(玄相允) · 변봉현(邊鳳現) · 최팔용(崔八鏞) · 박승철(朴勝喆) · 박석윤(朴錫胤) · 최원순(崔元淳) · 김항복(金恒福) · 이종직(李從直) 등이다. 1910년대 영향력이 있던 유학생들이 필진을 구성했다.

『학지광』은 학우회의 기관지이자 1910년대 지식층의 사상 조류와 사회관을 반영한 발간물이다. 그러므로 단순한 유학생단체의 기관지를 넘어 학생들의 사상과 인식의 폭을 확대하고 국제조류를 수용하는 중요한 수단으로서 역할을 했다. 사회진화론 · 사회주의 등 신진 사조를 소개하고 국제정세의 변화상을 제공함으로써 일본 내 조선 지식층의 중요한 공개

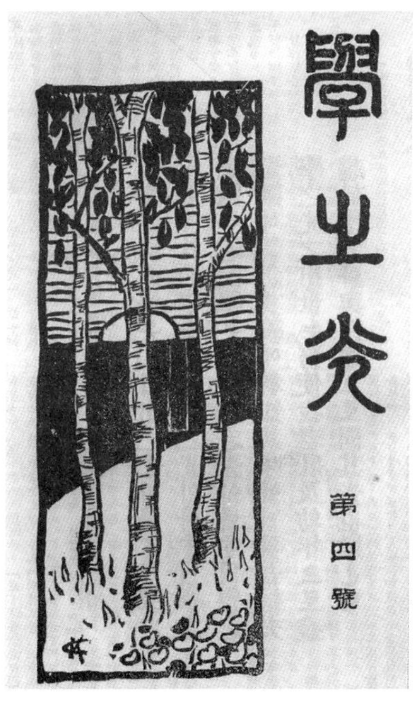


〈그림 11〉 학지광 표지
(재일한인역사자료관, 『재일한인역사자료관도록』, 18쪽)

적인 논의의 장으로 기능하고 유학생 결속력 강화에도 기여했다. 또한 『학지광』에 발표한 글들은 단순히 일본지역에만 영향을 미치는 것이 아니라 유학생들의 귀국과 함께 국내 지식인사회에도 영향을 미쳤다.

『학지광』에 실린 글 가운데 다수는 유학생으로서 사회적 의무감과 이에 따른 계몽적 자질 함양, 서구문명의 소개이다. 이러한 내용으로 당시 유학생들이 실력양성론에 매료되어 있었다고 평가할 수 있다. 그러나 그렇게만 보기는 어렵다. 당시 유학생들이 특별요시찰인물로서 당국의 엄중한 감시를 받고 있었고, 『학지광』 또한 검열을 받아야 했던 상황이었던 만큼 이들의 문필 활동은 많은 제약을 받았다. 이들은 『학지광』을 통해 실력양성과 자질 함양, 서구문물 소개를 하면서 다른 한편으로는 독립을 위한 구체적인 활동도 전개했다. 이러한 점은 『학지광』에 실력양성과 자질 함양을 촉구하는 글을 쓴 필자들의 활동상에서 분명하게 드러난다. 학우회가 주최하는 여러 행사(망년회, 신년웅변회 등)에서 연설과 토론을 통해 독립의식을 확립하고자 노력한 사례도 적지 않다.

## 2. 3.1운동의 기폭제, 2.8 독립운동

식민지 시기 한인의 대표적인 항일투쟁이자 비폭력 평화운동으로 세계 역사에 영향을 미친 투쟁은 3.1운동이다. 3.1운동을 계기로 '민주, 민족, 평화'라는 개념을 접하게 되면서 조선 민중은 '백성'이 아닌 '주권자로서 민'을 찾는 여정에 나서게 되었다. 3.1독립선언서 곳곳에서 드러나는 민족적 평등사상은 인류공영의 염원으로 추구되는 범세계적 평화실현의 논리로서 필수적 인식이다. 민족적 평등의식은 구시대의 유물인 침략주의와 강권주의로서 제국주의를 거부하는 사상이며, 국제주의나 보편주의가 지니는 강대국 지배의식을 넘어 모든 민족국가가 진정한 의미의 우호적 연관과 협조 관계를 이루어 살 수 있는 국제사회를 염원하는 사상이기 때문이다.[15)]

3.1운동은 일본, 중국 만주와 노령 연해주, 미주 지역으로도 확산해 각지에서 독립선언서를 발표했으며, 대한민국 임시정부 탄생과 만주 · 노령의 항일무장단체 결성으로 이어졌다. 3.1운동의 기폭제는 2.8 독립운동이었다. 강덕상은 '2.8선언이 상하이에서 출발'했다는 관점에서 3.1운동은 상하이에서 시작해 도쿄를 경유해 경성에서 일어났다고 평가해야 한다고 주장했다. 근거로는 신아동제회와 이를 바탕으로 한 신한청년당의 활동을 들었다. 파리강화회의에 신한청년당 김규식을 파견했다는 점이 국제화라는 관점에서 갖는 의미가 있음을 주목한 것이다.[16)]

2.8 독립운동은 재일 한인운동사 속에서 독자적인 내용을 갖고 전개한 반일운동이었다. 이미 도쿄에 유학하고 있었던 유학생들은 일찍부터 상

15) 홍일식, 「3.1독립선언서연구」, 『한국독립운동사연구』 3, 1989, 22~23쪽.
16) 강덕상기록간행위원회 엮음, 이규수 옮김, 『시무의 역사학자 강덕상』, 어문학사, 2021, 146~148쪽.

호 친선을 도모하고 학문을 권할 수 있는 조직을 형성하고 부분적인 반일운동을 전개하고 있었으며, 웅변회나 토론회 등을 통해 민족의 독립 문제를 표명하고 민족사상을 심화시켜 왔기에 가능했다. 2.8독립운동 주체가 지향한 이념과 활동은 향후 재일코리안운동은 물론 국내 운동에도 큰 영향을 미쳤다.

2.8 독립운동의 발상지는 도쿄조선기독교청년회관(YMCA)이다. 도쿄조선기독교청년회관은 당시 한인들의 집회가 열리는 집결지였으므로 학우회를 비롯한 단체들이 모임 장소로 빈번히 사용하는 곳이자 유일한 한인 집회 장소였다. 이런 상징적인 곳에서 학우회 총회라는 명목으로 모인 유학생들은 조선청년독립당 창단 대회 선언과 독립선언서·결의문 낭독 후 곧바로 해산되었다. 검속된 27명 가운데 실행위원 9명은 출판법 제26조 위반으로 도쿄지방재판소에 기소되어 금고 7개월 반에서 9개월의 판결을 받았다.[17]

1919년 2월 8일 오전 10시경 조선독립청년단원들은 독립선언서와 결의문, 민족대회소집청원서를 각국 대사관 및 공사관, 일본 국회의원, 조선총독부, 도쿄와 각 지역의 신문사와 잡지사, 학자들에게 우편으로 발송했다. 그리고 오후 2시부터 학우회 임원 선거 명목의 유학생대회를 개최했다. 이 자리에는 600명이 참가했는데, 당시 도쿄지역 유학생은 642명이었다. 거의 대부분 참석한 것이다. 개회선언 이후 사회를 맡은 최팔용이 대회의 명칭을 조선독립청년단대회로 바꾸어 독립선언식을 거행했다. 백관수가 독립선언문을, 김도연이 결의문을 낭독하면서 시작한 대회는 유학생과 일본 경찰의 난투가 벌어지고 실행위원 등 27명의 검속

17) 기독청년회는 1907년 8월에 간다(神田)구 니시오가와쵸(西小川町)에 한 건물을 빌려 회관을 마련하고, 1914년에 도쿄기독교청년회관을 신축해 유학생의 기숙사와 집회장, 예배장으로 사용했다. 1923년 9월 관동지진으로 건물이 소실되었으나 재건운동을 통해 1929년 3월 간다(神田) 우라사루락쵸(裏猿樂町)에 회관을 재건립했다.

으로 일단 막을 내렸다.

〈그림 12〉
동경조선기독교청년회관 모습
(재일한인역사자료관, 『재일한인역사자료관 도록』, 17쪽)

〈그림 13〉 2.8 독립운동의 주역들
(재일한인역사자료관, 『재일한인역사자료관 도록』, 16쪽)

2.8 독립선언 행사는 유학생들의 오랫동안 준비와 계획이 있었고, 명확한 문제의식과 실천 의지가 있었기에 가능했다. 유학생들은 유학생들만의 단체 활동 외에도 일본 여명회(黎明會)를 비롯한 일본단체를 통해 진보적인 학자들과 교류하고 있었고, 언론을 통해 1917년 러시아혁명과 1차 세계대전 이후 국제정세와 미주 한인의 움직임 등을 접하고 있었다.

특히 당시 유학생들이 갖고 있던 국제정세관은 2.8 독립운동 발생의 계기를 제공했다. 유학생들은 파리강화회의의 과정, 러시아의 혁명 등 변화하는 세계정세를 주체적으로 해석해 조국의 독립과의 관련성을 찾고자 했다. 이들은 1차 세계대전의 종전을 즈음해서 부상한 미국이 세계평화를 위해 전개할 역할에 대해 기대했다. 이들은 윌슨 대통령이 주창한 민족자결주의가 아시아 피압박 약소국의 해방을 가져오지는 못하지만 이를 계기로 독립의 가능성을 엿볼 수 있다고 생각했다.

이들은 아시아의 연대를 통해 독립이라는 목적을 달성해야 한다고 생각했다. 유학생들은 비록 소규모이기는 하지만 1910년대 중반부터 일본에 망명 중인 중국이나 타이완의 독립운동세력이나 유학생들과 연대 활동을 전개해 왔다. 따라서 아시아의 연대적 독립운동을 통해 민족의 해방이 가능할 것이라고 믿었다. 파리강화회의의 개최와 러시아혁명 성공이라는 국제정세 외에 '본국에서도 머지않아 투쟁이 일어날 것 같다'는 소식이나 미주에 거주하는 한국 동포들의 활동상은 유학생들을 자극했다.[18)]

도쿄에서 발행된 영국인 선교사 발행지 『Japan Advertiser』에 실린 재미 한인의 파리강화회의 파견 기사(1918년 12월 1일자)와 『아사히(朝日)신문』에 실린 샌프란시스코 한인의 독립운동자금 30만원 모금 기사(1918년 12월 15일) 등도 유학생들이 실천 의지를 구체화하는데 자극이 되었다. 이런 기사가 유학생들 사이에 퍼지면서 공식적인 자리에서 적극적 논의가 분출했다. 유학생들은 1918년 12월 29일 학우회 주최 망년회(메이지회관)나 12월 30일 동서연합웅변대회(조선기독교청년회관)에서 '조선의 독립과 민족의 자유'가 주제로 등장했다. 1919년에 들어서는 빠른 속도로 진행되었다.

이와 같은 분위기 속에서 학생들은 운동의 구체적 방안을 준비, 결정하고 실행에 옮기게 되었다. 유학생들은 수시로 모임을 열고 국제문제를 비롯한 시국 문제를 논의했는데 이에 기초해 당시 정세를 민족독립을 요구할 수 있는 절호의 기회로 판단하고, 국내외와 연대를 구축하며 자금을 모으는 등 운동을 준비해 나갔다. 1월 6일 학우회 주최 신년웅변대회 개최 후 열린 긴급임시총회에서 최팔용을 비롯한 임시실행위원 10명(이

18) 최승만, 「동경유학생과 2.8운동」, 『한양』 8-2, 1969(김인덕, 「2.8운동과 학우회」, 『순국』 94-2, 26쪽 재인용).

후 11명으로 변경)을 선출하고 독립선언서 발표를 준비하던 중 전략의 변화가 필요하다고 보고 운동의 주최를 학우회에서 조선청년독립단으로 변경하게 되었다. 학우회 집회를 일본 경찰이 주목하고 있어 비밀리에 독립선언서 발표를 준비하기에는 적절하지 않았기 때문이다.

운동자금은 정노식이 국내에서 보내온 돈과 조선여자친목회 회원들의 모금, 송계백을 통한 본국 자금의 조달로 충당했다.[19] 1월 말 송계백은 독립선언서를 품고 서울에 도착해 최린, 현상윤과 만나 독립운동의 계획을 전했다. 2월 초 상하이에 도착한 이광수도 영, 미, 불 3개국에 독립선언을 타전하고『차이나 프레스』,『노스차이나 데일리 뉴스』지를 통해 관련 기사를 게재했다.[20]

2.8 독립운동 후에도 유학생들의 반일활동은 계속되었다. 이들은 일본 제국의회에 독립청원을 하기 위해 2월 12일 이달(李達) 등 후임위원을 선출해 히비야(日比谷)공원에 모였다가 16명이 검속되고 집회는 해산되었다. 2월 23일, 조선청년독립단은 2.8독립선언에서 요구한 민족대회소집을 촉진하기 위한 집회와 시위를 계획했으나 임원들의 피검으로 무산되었다. 그러나 2.8운동의 주체는 다양한 위치에서 각기 다른 형태로 반일운동에 헌신했다. 그리고 이 운동은 이후 도쿄에서 검거를 모면한 유학생들과 미처 합류하지 못한 다른 지역의 유학생들을 중심으로 산발적 형태로나마 지속성을 유지했다. 대표적인 사례는 3월 19일 오사카에서 염상섭(廉相燮)이 시도한 독립선언서 배포와 시위계획이다. 비록 이 계획은 사건의 기밀이 사전에 누설되어 큰 성과를 거두지는 못했으나 오사카 신문에 대서특필됨으로써 한인의 독립시위가 일본에서 계속되고 있음을

19) 최승만,『나의 회고록』, 인하대 출판부, 1985, 185쪽.

20) 강영심 · 김도훈 · 정혜경,『1910년대 국외항일운동2－중국 · 미주 · 일본』, 한국독립운동사편찬위원회 · 독립기념관 한국독립운동사연구소, 2008, 324쪽.

알리는 데 역할을 했다.[21]

유학생 가운데 일부는 3.1운동에 합류하기 위해 귀국했다. 장덕수도 그 가운데 한 명이었다. 장덕수는 이미 신아동맹회에서 조선인 동지를 규합하는 임무를 맡은 두 사람(장덕수, 홍진의) 중 한 사람이었다.[22] 장덕수는 이광수와 마찬가지로 3.1운동이 일어나기 직전에 사전 준비운동을 한 인물이다. 그는 상하이에 가서 망명한 사람들과 함께 3.1운동을 일으킬 것을 상의하고 귀국하던 중 인천에서 검거되었다. 종로경찰서에 압송된 장덕수는 3.1운동이 사전에 누설될 것을 우려해 거사가 일어나기 전까지 시간을 끌기도 했다. 김철수가 회고하는 장덕수의 대응 상황이다.

> "3.1운동 직전에 장덕수 상해를 갔어. 상해에 가서 망명헌 사람들 허고 모다 3.1운동 일으킬 것을 상의를 허고 국내에 오다가 인천서 잽혔어. 잽혀 가지고 내일이, 내일이 시방 만세 부르고 모다 일어날 텐디. 오늘까지 왜놈한티 고문을 당해서 종로경찰서에서 '누구냐? 대라' 하니. '내가 장덕수다' 했다. 그때만 해도 이 세상은 영 왜놈들이 누군지를 모른게. 아 일본 九州 사는 아무개라고 하는디. 九州로 조회를 해 보인 게 그런 놈 없단 말이여. 근게 '니가 누구냐? 九州에 그런 놈 없다.' 하고.
>
> 그리고 말 참 잘해여. 차린 것도 왜놈같이 생기고. 그렇게 장덕수가 '너그가 공연히 그런다. 나를 그러면 일본으로 끄시고 가서 알아봐라' 그랬어. 그것은 왜 그린고 하니, 그래서 내일 독립 만세가 터질 텐데 자기가 장덕수라고 하면 무신 자기가 고문을 덜 당하고. 자기가 뭔 말을 불러서는 안 되겄거든. 그러게 자꾸 일본으로 나를 데리다 달라 그랬어.
>
> 그러고 있는디, 내일 하룻밤 자고 나서 인제 파고다에서 만세가 터지질 않았어. 터지는 걸 보고 장덕수는 '내가 장덕수다.' 그때는. '아 그랬냐?' 그래 장덕수는 좋게 목포 앞에 하의도로 귀양을 갔네. 그 사람 고문도 안 당하고 그

21) 상세한 내용은 정혜경, 『일제시대 재일조선인 민족운동연구』, 국학자료원, 2001 참조.
22) 강덕상 지음, 김광열 옮김, 『여운형 평전 1』, 역사비평사, 2007, 131쪽.

렇게 해 버리고. 갖다 가두어 놓고, 있다가 하의도로 귀양 보내 버리고. 인제 손병희 이하 33인, 그 다음에 안재홍 같은 이, 정노식이 모다 거시기 징역을 했어."[23]

2.8 독립운동의 경험을 토대로 유학생 가운데 일부는 3. 1운동 직후, 상하이에 건너가 상해임시정부에 참가하거나 조선과 일본에서 실천적인 운동에 뛰어들었다. 3.1 운동 직후인 3월 9일 도쿄조선청년독립단 동맹휴학촉진부 명의로 발표한 격문은 유학생들의 귀국에 영향을 미쳤다. 격문은 유학생들에게 학교를 동맹휴학하고 귀국하여 본국의 운동에 합류할 것을 호소하는 내용이었다. 이러한 분위기 속에서 5월 15일까지 조선의 운동에 참가하기 위한 귀국운동을 지속했다. 경찰기록에 의하면 이 기간에 김마리아 등 359명의 유학생이 귀국했다.[24]

2.8 독립선언은 경찰의 해산조치로 가두시위는 하지 못했으나 독립선언문과 결의문 채택으로 독립운동의 서막을 올렸다. 2.8 독립운동이 갖는 의의는 네 가지로 볼 수 있다. 첫째, 구한말에서 1919년까지 도쿄 한인 유학생과 조선 민중 사이에 널리 퍼진 반일 민족 감정을 집약하고, 신지식과 세계사조에 신속한 판단과 행동력을 보여주었다는 점이다. 둘째, 학우회와 조선청년독립단 구성원들의 독립운동 계획이 국내외 운동세력에 선도적인 역할을 했다는 점이다. 셋째, 2.8 독립운동은 3.1운동과 함께 조선과 일본지역 한인 운동의 분기점으로 자리매김할 수 있었다는 점이다. 유학생들은 이후 보다 선명한 입장에서 반일투쟁에 나서게 되었는데, 학우회는 1920년대 재일코리안운동에서 청년과 학생을 조직하고 단련시켜 반일운동으로 나아가는데 중심 역할을 했다. 넷째, 2.8 독립운

23) 한국정신문화연구원 현대사연구소 편, 『遲耘 金錣洙』, 1997, 180~182쪽.

24) 박영규, 「3.1운동 이후 재일조선인학생의 독립운동」, 『3.1운동 50주년 기념 논집』, 1969, 958쪽.

동 이후 유학생들은 국내외 민족운동에서 주도적인 역할을 했다는 점이다. 2.8 독립운동 이후 유학생들은 귀국하여 국내 민족운동에 참여하는 한편, 상하이와 중국 관내에서 반일운동의 중심 세력으로 활동했다.[25)]

이같이 2.8 독립운동과 3.1 운동 이후 재일유학생들은 한인사회에서 노동운동을 비롯한 대중운동과 반일투쟁을 발전시키는데 중심적인 역할을 했다. 특히 2.8 독립운동의 중심이었던 학우회의 재건 활동도 동시에 추진해 새롭게 조직을 정비할 수 있었다.

## 3. 1923년 관동지진과 한인 학살, 제노사이드의 역사다!

### 1) 사람의 탈을 쓰고는 도저히 할 수 없었던 일

"장작불 위에 4명인가 5명의 남자가 조선인의 손과 발을 큰 대자로 움직이지 않게 잡고 밑에서 태우고 있었어요. 화형이지요. 불에 타니 피부가 밤색이 되어버렸어요. 그래서 불에 태워진 조선인은 비명을 지르는데, 이미 약해질 대로 약해진 비명이었어요. 그리고 죽인 조선인을 차례대로 강에 던지는 거예요"[26)]

잔인한 학살, 목격자가 기억하는 일본에서 일어난 관동지진 당시 한인 학살의 모습이다.

"1923년 9월 1일 오전 11시 58분, 일본 관동지방을 휩쓸었던 대지진은 도쿄,

25) 강영심 · 김도훈 · 정혜경, 『1910년대 국외항일운동2－중국 · 미주 · 일본』, 한국독립운동사편찬위원회 · 독립기념관 한국독립운동사연구소, 2008, 326~327쪽.

26) 姜德相, 『關東大震災』, 中央公論社, 1975, 116쪽.

요코하마(橫浜), 미우라(三浦) 반도 전역에 파급됐다. 〈중략〉 동양에서 제일이라는 일본의 수도 동경은 격심한 지진 끝에 일어난 화재로 가옥의 약 3분의 2가 무너지고 타버려서 18시간 만에 거의 초토가 되고 만 것이다. 〈중략〉 집 읽고 가재마저 없어져 어찌할 바를 몰라 갈팡질팡하는 판에 설상가상으로 유언비어까지 떠돌게 되고 보니 각지의 피해자들은 모두 흥분하여 지나친 소동을 일으킴으로써 사람의 탈을 쓰고서는 도저히 못할 짓을 다 하고 말았다. 그 끔찍한 행동, 그 잔인한 살육, 그 참혹한 일을 감히 했다는 데 대해서는 우리의 역사가 계속되는 날까지 영원히 잊어버릴 수 없는 원한이 될 것이요. 일본 사람으로서도 크게 부끄러운 오점을 그들의 역사에 남겨놓고 있는 것이라 할 것이다."[27)]

관동지진과 한인 학살, 1923년에 일어난 참상이다. 9월 1일에 발생한 지진으로 관동지방에서 20만 명이 넘는 이재민과 10만 명의 사망자가 발생했다. 지진 발생 다음 날인 9월 2일부터 6일까지 일본 군경민에 의한 대학살이 자행되었고, 이후에도 부분적 학살은 계속되었다. 당시 조사결과와 현재 연구 성과에 의하면, 6천 명 이상의 한인과 650명 이상의 중국인, 십여 명의 일본인 사회주의자들이 학살당했다. 한인으로 오인되어 학살된 오키나와 출신 일본인들도 있었다.

최승만은 자신의 문집 『극웅필경(極熊筆耕)』에 각지의 한인 피살 실태와 사망자 명단을 수록했다. 그는 사건 발생 직후 상하이 독립운동 기관지인 『독립신문』 사장 김승학(金承學)이 도쿄로 잠입해 조사할 당시 협조해준 유학생 10여 명 가운데 한 사람이었다.

『독립신문』 조사결과, 지역별 한인 피살자는 도쿄부 1,347명, 가나가와(神奈川)현 4,106명, 사이타마(埼玉)현 588명, 지바(千葉)현 324명, 도치키(とちき)현 8명, 이바라키(茨城)현 5명, 군마(群馬)현 37명 등 6,415명이다.[28)]

27) 崔承萬, 『極熊筆耕』, 극웅최승만문집출판동지회, 1970, 37쪽, 76쪽.

조사단은 '이재조선동포위문단'이라는 이름으로 활동했다. 조사는 당국의 방해와 통제라는 악조건 아래에서 이루어졌다. 이바라키현 경찰은 요시찰인물인 이근무(李根茂)에 대해 '11월 22일 오후 12시 11분 죠반(常磐)선 도리테(取手)역 열차로 역에 들어온 이근무를 지바현에서 미행 인계를 받아 사찰'하고 일거수 일투족을 미행하며 '재해위문단의 한 패일 것으로 사료'된다고 보고했다. 이런 상황에서 조사단은 각지의 현장을 돌아보며 기록했다. 이근무도 니하리(新沼)군 나카야무라(中家村) 등을 돌며 한인 정채방(鄭采方)을 방문하고 2박을 하면서 현장 조사를 했다.

이철(李鐵)은 "여러 유족을 방문해 무참하게 참살당한 사체와 여기저기 널려 있는 해골, 혹은 무덤을 찾아다니며 여러 가지 이야기를 들었는데 참상은 차마 말로 다 하기 어려운 것들"이었다고 적었다. 이철은 자신이 찾아다닌 무덤이 '무덤이라고는 하나 많은 사체를 한데 끌어모아 묻어놓은 것'이라 표현했다. 김승학도 "가는 곳마다 풀 무더기 같은 시체를 보면 가슴이 아팠고 눈을 부릅뜬 채 불탄 시체를 만났을 때는 온몸이 떨렸다. 개명 천지에 끝이 있다 한들 우리들의 처절한 원한은 언제나 풀릴 수 있을런지. 이 원한을 풀어줄 이는 누구인가. 공산명월 야삼경 두견이 슬피 울면 7천 우리 동포의 고혼들이 마음속에 떠도는구나" 하는 분노의 심경을 편지에 남겼다.[29)]

### 2) 은폐와 왜곡, 축소, 통제

한인 학살은 유언비어에서 시작했고, 유언비어의 배포 주체는 경찰과 당국이었다. 지진이 발생한 9월 1일 직후 도쿄 각지에서 경찰은 '조선인

28) 北澤文武,『大正の朝鮮人虐殺事件』, 鳩の森書房, 1980, 69~71쪽.

29) 姜德相,『關東大震災』, 中央公論社, 1975, 155~156쪽.

습격'이라는 유언비어를 직접 퍼트리고 다녔다. 일본 연구자가 작성한 사건이 일어난 날부터 6일까지 '관헌에 의한 유언비어 관련 증언 목록'은 총 108건에 달했다.[30]

"당시 경시청 및 각 경찰이 그 헛소문에 허둥지둥하여 큰 소동을 연출한 것도 움직일 수 없는 사실이다. 사실 2일 밤부터 3일 오후에 걸쳐 아사쿠사(淺草), 스가모(巢鴨), 요도바시(淀橋) 방면에서는 오토바이를 탄 경관과 재향군인이 '조선인이 쳐들어오니 여자와 어린이는 빨리 안전지대로 피난시키고 장정들은 …'라고 하면서 돌아다녀서 민심을 불안의 극에 달하게 하여 한층 소동을 크게 했다.…"[31]

일본 정부가 9월 2일 저녁 선포한 도쿄시와 주변 5개 군 대상 계엄령도 유언비어 확산에 일조했다. 연구 결과, 계엄령 아래 치안을 담당하던 군대가 오히려 한인 학살을 주도했다는 점이 밝혀졌다. 관동계엄사령부상보(關東戒嚴軍司令部詳報) 제3권에 의하면, 1일 밤부터 4일 오전까지 군에 의한 한인학살사건은 총 11건에 달했다.[32] 특히 9월 3일 아침 8시 15분 내무성 경보국장이 지바 후나바시(千葉 船橋) 해군무선전신송신소에서 구레(吳) 해군 진수부를 경유해 전국 지방장관 앞으로 타전한 무선은 또 다른 유언비어였다.

"도쿄 부근의 진재를 이용해 조선인이 각지에서 방화, 불령의 목적을 수행

30) 西崎雅夫, 「朝鮮人虐殺に關する眞相解明の現狀－1100の證言から見える虐殺の實態」, 『記錄集 關東大震災95周年朝鮮人虐殺犧牲者追悼ツンポヅウム－關東大震災時の朝鮮人大虐殺と植民地支配責任』, 朝鮮大學校 朝鮮問題硏究センター, 2019, 34~38쪽.

31) 『報知新聞』, 1923년 10월 22일자.

32) 西崎雅夫, 「朝鮮人虐殺に關する眞相解明の現狀－1100の證言から見える虐殺の實態」, 『記錄集 關東大震災95周年朝鮮人虐殺犧牲者追悼ツンポヅウム－關東大震災時の朝鮮人大虐殺と植民地支配責任』, 朝鮮大學校 朝鮮問題硏究センター, 2019, 40쪽.

하고자 현재 도쿄 시내에서 폭탄을 소지하고 석유를 부어 방화하는 자 있다. 이미 도쿄부에서는 일부 계엄령을 시행했으나 각지에서 충분히 치밀한 시찰을 하고 조선인의 행동에 대해 엄밀히 단속을 가하라."[33]

당국은 학살사건이 의외로 심각해지자 책임을 민간 자경단에게 전가하고, 검거 대상에 대한 지침도 내렸다. 9월 11일 관동계엄사령부 임시진재구호사무국 경비부 사법위원회는 "금번의 변재에 즈음해 일어난 상해사건은 사법상 방임할 수 없음. 이를 규탄할 필요가 있다는 것을 각의에서 결정한 바 있음. 그러나 정상 참작해야 할 점이 적지 않으므로 소요에 가담한 전원을 검거하는 것이 아니라 검거의 범위를 현저한 것만으로 한정할 것"이라며 한정할 것이라는 방침을 발표했다.[34]

사건의 은폐와 왜곡은 일본 정부 · 계엄사령부에 그치지 않았다. 1923년 10월부터 학살 및 상해 혐의가 있는 민간 자경단원들이 경찰에 체포되는 상황에서 언론의 논조는 일관되게 '불가피성'과 '동정적'이었다. 1923년 10월 16일자 『도쿄니치니치(東京日日)신문』은 '형벌은 가벼울 것이다'라는 기사에서 사이타마현 검사국 후쿠이(福井) 검사정의 말을 빌어 "마을의 치안을 맡아서 하다 그리된 것으로 … 재판 결과는 일단 검거되니까 기껏해야 집행유예 정도로 생각되는데"라고 보도했다. 이 신문은 10월 23일자 '살해당한 160명 중 반수는 일본인, 요코하마 방면의 사건에 대해 가나가와현 경찰부 발표'라는 기사에서 "당시는 질서가 엉망이어서 국가를 위해서라 생각해서"라는 학살범의 변명을 보도했다.

당시 일본 정부는 물론 총독부도 보도통제와 축소 왜곡 조사결과를

33) 琴秉洞 編著, 『關東大震災朝鮮人虐殺問題關係史料』, 綠陰書房, 1991, 158쪽.

34) 김광열, 「일본내 '헤이트스피치'현상과 관동대지진시의 한인 학살」, 『일본 관동대지진 직후 한인대학살사건과 재일한인의 현주소』(한일민족문제학회 학술대회 자료집, 2017.8.26), 29쪽.

발표하며 사건 은폐에 나섰다. 일본 사법성 조사서는 한인 사망자를 233명으로, 내무성 조사는 231명이며 총독부는 832명이라 발표했다. 233명 가운데 성명을 확인한 한인은 23명에 불과했다. 총독부 기관지 경성일보 사장을 역임하고 사이토 마코토(齋藤 實) 총독의 개인 정치고문으로 활동한 아베 미쓰이에(阿部充家)도 사이토 총독에게 300명 이하로 보고했다.[35)]

"동경에서도 사실의 진상이 밝혀짐에 따라 조선인 사망자는 의외로 적고 조선인 사이에서도 300인 이하라 말하는 자도 있습니다. 한때의 격앙은 점차 식어가는 경향입니다. 이때 힘써 냉정한 태도로 임하시기 바랍니다."

당국의 사실 왜곡과 은폐로 인해 간토지역 한인들을 제외하고는 피살의 정확한 상황을 파악하기 어려웠다. 보도통제로 다른 지역에서는 피살 내용을 알 수 없었기 때문이다. 지진에 대해서는 조선에서도 당일 보도했고, 동아일보와 조선일보에서는 특파원을 파견했다. 그러나 초기(9월 6일)에 한인의 안위를 염려했던 보도 방향은 9월 12일 이후에는 '안정적'으로 바뀌어 '재동경 동포 안전'이라는 기사 일색이 되었다. 조선에서 학살 소식을 보도한 것은 10월 중순이었는데, 그나마 구체적이거나 직접적인 내용은 아니었다. 중국인 피살이 주된 내용이었다. 보도통제가 원인이었다.[36)] 9월 4일 호외를 발행하고 지진 피해를 보도하기 시작한 『독립신문』도 9월 19일(164호) 시점에서는 한인 피살 상황을 정확하게 파악하지 못할 정도였다.

당국의 보도통제는 게재금지에 그치지 않았다. 헌병과 특고(特高)는

35) 『齋藤實關係文書』 283-56 수록 1923년 10월 16일자 사이토 총독에게 보낸 아베 미쓰이에의 서한(이형식, 「'제국의 브로커' 아베 미쓰이에(阿部充家)와 문화통치」, 『역사문제연구』 37, 2017, 470쪽 재인용).

36) 성주현, 「1923년 관동대지진에 대한 국내의 동향과 전승」, 『관동대지진과 조선인 문제연구』(재일코리안 국제학술대회 자료집, 2014.8.29), 65쪽, 70쪽.

'조선인 보호'라는 명목으로 수용된 나라시야(習志野) 수용소 한인들을 혹독하게 심문했고 고문을 하거나 자경단에 넘겨 살해하기도 했다. 동아일보 특파원으로 파견된 이상협(李相協) 편집국장이 나라시야 수용소를 방문해 취재한 내용을 송고하자 게재를 금지하고, 조선으로 귀환을 압박했다. 그런데도 취재를 이어가자 당시 계엄사령부는 '이상협을 그대로 살려 보내도 좋을지 심각하게 논의'할 정도였다. 이상협은 아베 미쓰이에가 계엄사령부와 교섭한 결과 무사히 조선으로 돌아갈 수 있었다.[37)]

9월 6일 '도쿄이재조선인임시구제회'를 결성하고, 조선에서도 9월 8일 '재도쿄이재조선인임시구제회'를 발족했으나 응급 구제가 목적이었다. 여전히 학살은 진행 중이었고 학살을 막을 정도의 조직화는 아니었다. 이 과정에서 죽을 고비를 넘긴 최승만과 박사직, 이근무, 한위건(韓偉健) 등은 천도교청년회 사무실에 모여 대책을 논의한 후 다른 한인들과 함께 '도쿄지방이재조선인구제회'를 결성하고 조사 사업에 착수했다.[38)]

10월 3일, 도쿄 고이시가와(小石川)구 오츠카시모마치(大塚下町)에 있는 천도교회 내에 이재조선동포위문반을 발족했다. 학우회가 중심이 되어 조선기독교청년회, 천도교청년회 등이 참가한 조직이었다.[39)] 독립신문 김승학의 조사를 도운 조직이었다.

무방비상태에서 경험한 관동지진 학살은 한인사회의 기층을 흔들었다. 당국의 사실 왜곡과 은폐 속에서 한인사회는 스스로 지킬 수 없었고 대응도 어려웠다. 대부분의 한인 지도자들은 투옥이나 감금 상태에 놓여

37) 이형식, 「'제국의 브로커' 아베 미쓰이에(阿部充家)와 문화통치」, 『역사문제연구』 37, 2017, 471쪽.

38) 김인덕, 「1923년 관동대지진 조선인학살과 조일운동세력의 동향」, 『관동대지진과 조선인 문제연구』(재일코리안 국제학술대회 자료집, 2014.8.29), 38~39쪽.

39) 당시 명칭은 위문회와 위문반으로 혼용했다. 山田昭次, 『關東大震災時と朝鮮人虐殺とその後－虐殺の 國家責任と民衆責任』, 創史社, 2011, 99~100쪽.

있었고, 김철(金鐵)과 같이 목숨을 잃은 이들도 있었다. 한인 단체 사무실도 소실되는 피해를 입었다.

관변단체인 상애회의 발호와 횡포에 대응해야 하는 과제는 더욱 커졌다. 상구회에서 출발해 1921년에 개칭한 상애회는 1923년에 회원 10만 명의 조직으로 성장했다. 이전부터 한인 노동자 착취와 한인 노동단체 탄압을 일삼았던 상애회는 지진 발생 직후 300명의 노동봉사대를 편성해 시체처리와 복구 작업에 나서면서 반민족행위 단체이자 한인 통제단체로서 입지를 굳혔다.

그러나 한인 학살사건은 한인사회를 변모시킨 큰 계기 가운데 하나가 되었다. 이 과정을 통해 운동가들이 성장하고 재일코리안운동의 방향이 정립되어갔다. 대표적 인물은 대표적인 한인운동가 김천해(金天海)와 김태엽이다. 관동지진 당시 한인학살의 참상을 본 이들은 이후 각자 노동자 대중의 삶으로 들어가 그들의 권익을 지키는 활동에 나섰다. 1922년 23세의 나이로 도일해 일본대학에 다니던 김천해는 관동지진 당시 도쿄 혼고(本鄕) 마사고쵸(眞砂町)에 거주하다가 경찰서에 두 차례 수용되었다. 이 과정에서 경찰과 착검한 군인에 의해 새끼줄로 목이 묶이거나 길에서 일본인에게 돌을 맞고 폭행당하는 한인을 보았다. 이후 이재동포위문반에 참가해 조사하면서 동포들의 참상을 속속들이 알게 되었다.

이러한 과정은 김천해에게 큰 깨달음을 주었다.

> "이 사건에 대해 내가 느낀 것은 당시 피살자는 모두 노동자이고 학생이었지만 돈 있는 자본가는 거의 없었다. 이 사건을 보더라도 비참한 경우에 처한 이들은 노동자들이었다. 특히 나는 이것을 기록하지 않을 수 없다. 이때부터 나는 이 같은 비참한 경우에 처한 노동자를 먼저 단결시켜야겠다는 생각에 학교를 그만두고 전문적으로 노동운동에 종사하게 되었다."

자전적 글인 '김천해－자전적 기록'에 수록한 문장이다.[40] 김천해는 한인학살의 참상을 통해 피살자의 대부분이 노동자와 학생이라는 점을 절감했다. 유학을 위해 도일한 김천해는 이 사건을 계기로 자신에게 중요한 것은 학업이 아니라 "전문적으로 노동운동에 종사"해서 "노동자를 단결시키고 권리를 지키도록" 하는 길임을 깨달았다.[41]

김태엽도 관동지진을 계기로 이후 노동자 파업 현장에서 기업주와 청부업자를 긴장시키는 '돗파(突破)'로 변모했다. 8월 31일, 도쿄동맹회 사무실에 있다가 다음 날 지진을 만난 김태엽은 박열과 가네코 후미코(金子文子) 부부, 이헌(李憲), 마명(馬鳴), 강대권(姜大權), 박흥곤(朴興坤), 정연규(鄭然圭) 등 도쿄동맹회 간부들과 사카이 도시히코(堺利彦)의 비서 후지오 준키치(藤岡純吉)와 함께 요도바시 경찰서 유치장에 63일간 갇혔다. 유치장에서 김태엽은 매일 고문에 시달리던 중 바로 옆방에서 벌어지는 살인극을 생생히 목도했다. 감방 창밖 뒷골목에서 4,5명의 일본인이 대창을 들고 한인을 살육하는 살인극은 9월 10일까지 여러 차례 계속되었다.[42] 한인 피살을 목격했던 경험은 김태엽에게 '치명적인 정신적 타격'을 주었을 뿐만 아니라 노동운동가로서 성장하는 계기가 되었다. 그는 1924년 3월 오사카에서 열린 '조선인 학살사건 규탄대회'에 참석해 한인 피살의 참상을 전파한 후 오사카와 북륙(北陸) 등지에서 한인 노동자 조직화와 파업 주도 등 재일코리안운동 확산에 노력했다.

김태엽과 함께 수용되었던 박열은 한인학살의 혼란 속에서 일명 '대역사건'의 주모자가 되어 22년 2개월 2일간 장기수형자의 길을 걸었다. 경북 문경에서 태어난 박열(1902.2.3.~1974.1.18. 이명 準植, 爀)은 경성고등

40) 樋口雄一, 「資料紹介－金天海 自專的記錄(草稿)」, 『在日朝鮮人史研究』 43, 2013, 190쪽.

41) 樋口雄一, 『金天海－在日朝鮮人 社會運動家の生涯』, 社會評論社, 2014, 38~40쪽.

42) 金泰燁, 『抗日朝鮮人の證言』, 不二出版社, 1984, 113~116쪽.

보통학교 사범과 재학 중 젊은 일본인 교사로부터 고토쿠 슈스이(幸德秋水)의 대역사건 이야기를 통해 아나키즘에 대해 알게 되었다. 3.1운동 당시 지하신문을 발행하고 격문을 살포하는 등 독립운동에 참여하다가 3학년에 퇴학을 당하자 10월에 도일했다. 고학생으로 세이소쿠(正則)영어학교에 다니다가 1921년에 정태성(鄭泰成), 김천해, 최갑춘(崔甲春)과 함께 조선고학생동우회에 참가했고, 일본 아나키스트인 오스키 사카에, 이와사 사쿠타로(岩佐作太郎)와 교류했다. 1921년 비밀결사단체인 혈거단(血擧團)을 조직한 후 1921년 11월에 김판권(金判權), 정태성, 조봉암(曺奉岩)과 함께 흑도회(黑濤會)를 창립했다. 1922년 4월 비밀결사 불령사(不逞社)를 조직한 후 12월에 흑도회를 해산하고 흑우회(黑友會)를 결성해 기관지 『불령선인(不逞鮮人)』을 발간했으며, 조선에 흑로회(黑勞會, 일명 風雷會)를 조직했다.

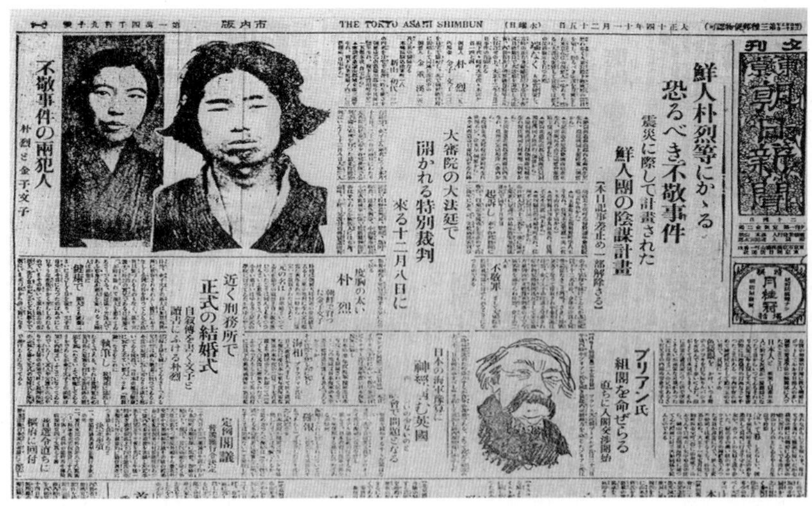
THE TOKYO ASAHI SHIMBUN

市內版

東京朝日新聞

鮮人朴烈等にかゝる 恐るべき不敬事件

震災に際して計畫された 鮮人團の陰謀計畫

大審院の大法廷で 開かれる特別裁判 來る十二月八日に

不敬事件の兩犯人 朴烈と金子文子

近く刑務所で 正式の結婚式

ブリアン氏 組閣を命ぜらる

日本の海軍豫算に 神經を尖らす英國

〈그림 14〉 박열사건을 보도한 일본 아사히신문 기사

(재일한인역사자료관 편저, 『재일한인역사자료관도록』, 46쪽)

박열은 관동지진 발생 후 한인 단체 간부들과 함께 요도바시 경찰서 유도장에 수용되어 있던 중, 대역사건으로 기소된 후 1923년 10월 24일부터 1925년 6월 6일까지 예심재판을 거쳐 1926년 2월 26일부터 열린 공판 결과 아내 가네코 후미코와 함께 사형을 언도받았다.[43] 4월 5일 황실로부터 무기징역으로 감형되어 지바(千葉)형무소에 수용되었다가 1945년 10월 27일 일본에 진주한 미 점령군의 '정치범 즉시 석방'에 관한 포고령에 따라 석방될 때까지 아키타(秋田) 형무소에서 수감생활을 했다.[44] 관동지진의 한인학살이 발생하지 않았다면 박열이 세운 장기수형자 기록도 없었을 것이다.

### 3) 관동지진 한인학살, 제노사이드의 역사다!

2003년 7월, 일본변호사연합회 인권옹호위원회는 '관동대진재 인권구제 제기사건 조사보고서'를 발표하고, 8월 25일 고이즈미 준이치로(小泉純一郎) 내각총리대신을 상대로 권고서(日弁連總 第39號)를 채택했다.[45]

이 권고는 재일코리안 문무선(경남 진해 출신)이 1999년 12월 10일 제출한 인권구제 제기서에 대한 조사결과다. 문무선의 거주지인 요코하마는 가나가와현에 속했으므로 관동지진 당시 다수의 한인 피해가 발생한 지역 가운데 하나다. 문무선이 제기한 취지는 '관동대진재시 조선인학살이 집단학살이자 중대한 인권침해임을 명백히 하고, 일본 정부가 학살의

43) 박열평전 등 기존의 기록에서는 박열이 고향인 경북 문경에서 압송된 것으로 기술했으나 김태엽은 박열부부가 일행들과 함께 유도장에 수용되었다가 이치가야(市川) 형무소로 이송되었다고 회상했다.

44) 박열의 생애와 활동내용에 대해서는 坪江仙二, 『朝鮮民族獨立運動秘史』, 巖南堂書店, 1966; 朴慶植, 『在日朝鮮人關係資料集成』, 三一書房, 1975 참조.

45) 朝鮮人强制連行眞相調査團, 『資料集15－關東大震災朝鮮人虐殺, 日本弁護士連合會勸告と調査報告』, 2003.11.30.

**권고서**

본 연합회는 제기인 문무선(文戊仙)에 의한 관동대진재시 학살사건에 관한 인권구제제기사건에 대해 조사한 결과 아래와 같이 권고합니다.

제1 권고의 취지

(1) 국가는 관동대진재 직후의 조선인, 중국인에 대한 학살사건과 관련해 군대에 의한 학살의 피해자, 유가족 및 허위사실의 전달 등 국가의 행위에 유발된 자경단에 의한 학살의 피해자, 유가족에 대하여 책임을 인정하고 사죄하여야 한다.

(2) 국가는 조선인, 중국인 학살의 전모와 진상을 조사해 원인을 밝혀야 한다.

제2 권고의 이유

별지 조사보고서와 같다. (원문 일본어, 인용자 번역)

책임을 인정하고 사죄하며 향후 재일코리안과 외국인에 대한 집단학살 재발방지조치를 취하라'는 내용이다. 권고서에서 밝힌 권고의 이유를 담은 자료가 바로 '관동대진재 인권구제 제기사건 조사보고서'다. 보고서는 본문 총 4장과 자료목록으로 구성되었다. 일본변호사협회의 권고는 '학살'된 피해자와 가해자를 명시하고 국가책임을 인정했다.

이같이 사건 발생 80년이 지난 후 일본의 변호사협회는 각각 관동지진 당시에 발생한 학살에 대해 일본 국가책임을 인정하고 제노사이드라는 점을 지적했다. 그러나 당국은 사건 당시에 한인학살에 대해 어떠한 책임을 지지 않았고 사건 발생 후속 조치도 충분하지 않았다. 이들의 관심 대상은 재일 한인의 통제 필요성이나 조선 통치에 미칠 영향이었다. 9월 말경, 통감부 시절 한국 재정고문을 지낸 메가타 다네타로(目賀田種太郎)가 야마모토(山本) 총리에게 '사실의 진상을 조속히 발표하고 전후 조치를 취할 것'을 진언했으나 조선문제유지회 조직에 그쳤다.

이에 비해 중국인 학살에 대한 조치는 달랐다. 일본 정부는 9월 15일부터 북경 정부와 피해자 가족에 대한 배상 논의를 진행했다. 이러한 차이는 왜 발생했는가. 피해 민중이 식민지민인가 여부와 관련되었다. 부실하나마 자국의 정부가 있느냐 여부였다. 사건 발생 당시 북경 정부 외교부는 9월 중순부터 조사해 중국인 피해자 현황(사망 656명, 행방불명 11명, 부상 91명 등 총 758명)을 기록한 명부(日人慘殺華工之調査)를 공식 항의문서와 함께 일본 외무성에 전달했다.[46] 그러나 총독부는 일본 정부의 왜곡과 은폐 작업에 동참했다. 이후 현재까지 관동지진 당시 발생한 제노사이드에 대한 진상규명 작업은 한국과 일본 어디에서도 시작하지 못하고 있다.

진상규명을 위한 마중물이 없었던 것은 아니다. 관동지진 시 한인 피살의 성격과 국가 책임을 규명하기 위한 작업은 관련 자료의 수집과 분석에서 출발할 수 있다. 관련 자료는 두 가지다. 하나는 한국 정부가 소장한 관련 명부다. 대한민국 정부 수립 직후 대일배상협상 과정에서 한국 정부가 피해신고를 받아 정리한 적은 있다. 2013년에 발견된 주일한국대사관 소장 명부 3종(일정시피징용징병자명부, 3.1운동시피살자명부, 일본진재시피살자명부) 가운데 하나인 '일본진재시피살자명부'다.

3종의 명부의 생산 시기는 알 수 없다. 명부에 찍힌 직인을 통해 '1953년 1월, 내무부가 수합'했다는 사실을 알 수 있다. 국가기록원은 명부 공개 당시 제109회 국무회의 회의록을 근거로 1952년 12월 15일 대통령 지시로 생산했다고 설명했으나 당시 통신과 행정체계 수준으로 볼 때 약 한 달 동안 28만 건의 방대한 명부를 생산하는 것은 불가능하므로 이전부터

46) 중국인 학살 문제에 대해서는 김광열, 「관동대지진시에 학살당한 한인과 중국인의 사후조치 고찰－피해자 보상을 위한 입론」(재일코리안 국제학술대회 자료집, 『관동대지진과 조선인 문제연구』, 2014.8.29 참조).

작업이 진행되었다고 보는 것이 적절하다. 제1차 한일회담을 마친 1952년 4월 이후부터 신고받은 자료로 판단된다.

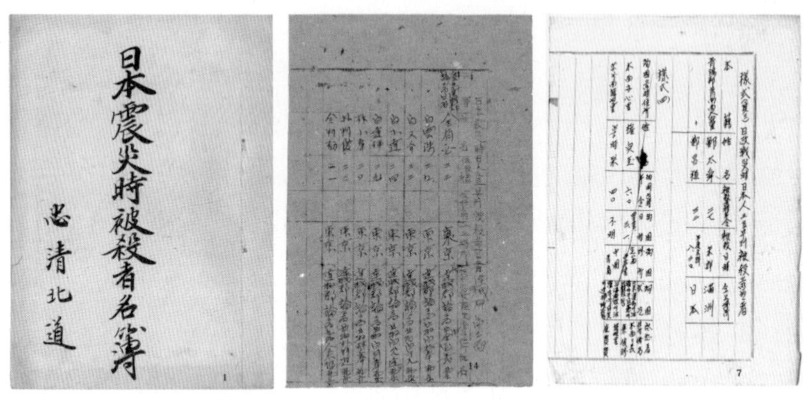

日本震災時被殺者名簿

忠清北道

〈그림 15〉 표지 (국가기록원 소장)　〈그림 16〉 명부 사례　〈그림 17〉 명부 사례

'일본진재시피살자명부'는 286명이 수록되어 있는데 '일정시피징용징병자명부'와 내용이 혼재되어 있고, 관동지진 피살과 무관한 내용도 적지 않다. 신고라는 방식으로 수합한 정보를 정리했으므로 검증을 거치지 않았다는 점과 정리하는 과정에서 발생한 오류다.[47]

국무총리 소속 대일항쟁기 강제동원위원피해조사 및 국외강제동원희생자 등 지원위원회(이하 위원회)는 2014~2015년간 '일본진재시피살자명부'에 대한 분석을 통해 40명의 피살 추정자와 유족을 찾아냈다. 비록 이 조사결과는 국회에서 진상조사에 관한 특별법이 마련되지 못해 법률적

47) 국가기록원에서 발표한 명부는 290명인데, 국무총리 소속 대일항쟁기 강제동원피해조사 및 국외강제동원희생자 등 지원위원회(이하 위원회)가 중복을 제외하고 정리한 인원은 286명이다. 위원회 조사심의관실 조사1과, 「일본진재시피살자명부 조사분석 제1차 결과보고(2015.12.11)」 및 보도자료 「일본진재시피살자명부 조사분석 제1차 결과보고(2015.12.11)」.

효력은 갖지 못했으나 정부 차원의 조사결과이므로 향후 진상규명을 위한 자료로 활용할 수 있다.

또 다른 자료는 일본 내 명부류이다. 곤코부사(金剛峯寺, 和歌山縣 伊都郡 高野町 소재) 영패당 지하에 소장된 명부나 도쿄도 위령당 소장 사망자 카드(5만 건)는 현재 일반에 공개되지 않았으나 관동지진 한인 피살자 관련 명부로 알려져 있다.[48] 두 종류의 자료는 향후 진상규명을 위한 초석이다. 이외에도 연구자나 활동가들이 개인적으로 발굴한 명부도 있다.

## 4. 지역 단체에서 시작해 일본 전역으로

### 1) 1910년대 재일코리안운동의 한계를 넘어

1910년대 재일코리안운동은 노동자들의 적극적인 파업과 유학생 운동의 성과를 남겼다. 먼저 노동운동의 성과를 보면, 1910년대 초반에는 파업의 형태를 갖추지 못하고 임금인상을 요구하거나 학대를 호소하는 방식이었다. 1914년에 오사카부에 있는 셋츠(攝津) 방적에서 일하던 한인 여공들이 회사의 학대를 견디지 못해 관내 경찰서에 몰려가 해결을 호소한 사례가 대표적이다. 적극적 사례도 있다. 1918년 6월 규슈 고쿠라(小倉)제강소에서 일하던 한인들이 임금인상을 요구하며 일본인 감독을 구타해 일본인 노동자와 충돌한 사례는 적극적인 권리 투쟁의 표현 방식이었다. 그 외 1918년에 야마구치(山口)의 우베(宇部)탄광, 후쿠오카 중앙탄광을 비롯하여 오사카철공소 인노시마(因島)공장, 고베시, 야마가사키(尼

48) 위원회 조사심의관실 조사1과, 「관동지진 조선인피살문제 진상규명을 위한 업무 설계(2015.3.5)」.

崎)시, 모지시 등 일본 전역에서 전개된 쌀폭동에 참가하기도 했다.[49]

1917년부터는 파업의 형태로 전개했다. 홋카이도와 시즈오카(静岡), 미야기(宮城), 후쿠오카, 효고, 시마네(島根), 돗토리(鳥取) 등 일본 전역에서 노동자 파업을 일으켰다. 그러나 지역별, 또는 전국 단위의 한인 노동자 조직화가 이루어지지 못한 상황이었으므로 산발적이고 자연발생적 형태의 노동자 파업에 그쳤다.

□ 1910년대 주요 한인 노동자 파업의 사례[50]

1917.6.11. 홋카이도 소재 홋카이도탄광기선(주)에서 한인 노동자 165명 파업(이유 : 일본인 직원의 불친절과 언어불통)

1917.8.15. 시즈오카현 소재 아타미(熱海) 우회선 철도공사장에서 일본공업(주)에 고용된 한인 노동자 80명 파업(이유 : 부상자 치료비 지급과 우천 시 식비지급문제)

1919.1. 미야기현 소재 다카다(高田)광업에서 한인 노동자 50명 파업

1919.1. 후쿠오카 소재 야하타(八幡)제철소에서 한인 노동자 82명이 2일간 파업

1919.2. 시마네현 소재 철도부설공사장에서 한인 노동자 150명 파업

1919.3.8. 후쿠오카 소재 미쓰비시 신뉴(新入)탄광에서 한인 노동자가 작업을 거부하고 파업

1919.6. 후쿠오카에서 일하는 한인 노동자들이 파업(이유 : 3.1운동의 영향)

1919.7. 모지시 소재 부관연락선 시모노세키 선착장 공사장에서 한인 노동자 150명이 2일간 파업

1919.7. 미야기현 소재 철도부설공사장에서 한인 노동자 40명이 2일간 파업

1919.8. 후쿠오카현 소재 야하타제철소에서 한인 노동자 33명 파업(이유 : 임금인상)

1919.9. 돗토리현 소재 공사장에서 한인 노동자 30명 태업(이유 : 임금인상)

---

49) 朴慶植, 『在日朝鮮人運動史－8.15解放以前』, 三一書房, 1979, 62쪽.

50) 朴慶植, 『在日朝鮮人運動史－8.15解放以前』, 三一書房, 1979, 62쪽; 姜徹, 『在日朝鮮人史年表』, 雄山閣, 1983, 10~38쪽.

1919.11. 효고현 소재 후쿠시마(福島)방적공장에서 한인 노동자 27명 파업(이유 : 임금인상)

두 번째로 유학생 운동의 중심은 연설이나 문필 활동이었다. 비밀결사가 있었으나 극히 일부였고, 비밀결사의 활동 내용도 지속성이나 실천성이라는 점에서 한계가 있었다. 다른 계층이나 지역을 포괄한 운동으로 확산하지 못했다. 2.8 독립운동의 경우에도 도쿄를 중심으로 한 관동지역에 머물렀다. 계층적으로도 고학생과 노동자의 연합성격을 띠는 단체가 존재했으나 다른 계층을 포괄해 운동을 전개할 정도의 조직력을 갖추지 못했다.

이러한 한계는 1920년대부터 극복되었다. 한인사회는 단체 활동 및 일본 사회운동, 조선 사상단체의 영향을 받아 외연이 넓어졌다. 이러한 과정을 통해 1910년대에 친목 및 구제단체의 성격을 완전히 벗어나지 못한 한인 단체는 1920년대에 들어서 운동 방향을 선명히 드러냈다. 재일코리안운동은 유학생과 노동자 계층의 직접적인 연계 아래에서 전개되었고, 지식층의 활동도 문필 활동을 넘어 대중운동을 주도하는 실천적 단계로 확산했다. 전국 규모의 한인 운동단체 결성으로 재일코리안운동은 새로운 국면에 접어들었다.

### 2) 니가타 나카쓰가와 한인 노동자 사건과 관동지진 한인학살

1920년대에 들어서 재일코리안운동이 전기를 맞게 된 계기는 크게 두 가지가 있었다. 하나는 1922년 니가타현 나카쓰가와 수력발전소 공사장 한인 노동자 사건이고, 또 다른 하나는 1923년 관동지진 한인 학살사건이다. 나카쓰가와 수력발전소 공사장 한인 노동자의 참상은 조선에도 큰 충격을 주었다. 이 사건은 요미우리(讀賣)신문 기사를 통해 처음 알려진 후 동아일보 기사를 통해 조선에도 알려졌다. 8월 1일과 4일 동아일보 보도 후 조선에서는 사회단체의 조사단 파견이나 규탄대회가 그치지 않았다. 총독부 경무국에서는 동아일보 발매를 금지하고 진화에 나섰으나 8월 5일, 청년연합회, 신생활사, 개벽사, 조선교육협회 등 단체 대표 50여 명은 '신석현조선인학살사건조사회'를 결성하고, 나경석을 조사위원으로 일본에 파견했다. 조사단은 조선에서만 온 것이 아니었다. 김천해 기록에 의하면 "이 사건의 대책을 위해 본국(조선)에도 왔고, 만주에서도 대표가 올" 정도였다.[51)]

동아일보사에서는 이상협을 특파원으로 파견해 조사단과 동행 취재결과를 연일 보도했다. 조사단과 특파원 외에 경찰서 형사과장과 보안과장, 내무성 참사관, 일본토목회사 중역 등이 참가한 가운데 실시한 현지조사결과, 백여 명의 한인들이 학살이나 사고 등으로 목숨을 잃었다는 사실이 밝혀졌다.

> "…최근에 신농천 강물에 조선인 노동자의 송장이 여러 번 떠 내려옴으로 그 지방 중어소군(中魚沼郡) 십일정 경찰서에서 수상히 생각하여 자세히 조사한 결과 실로 천하에 놀라운 사실을 발견하였더라. 중어소군 추성촌 혈능이라는 공사장에서 노동하는 조선인 600명은 당초에 조선에서 일본사람이 모집하여 갈 때에 한사람에게 미리 40원씩을 꾸어주고 하루에 8시간만 노동을 하고 한 달에 80원씩 주기로 약조를 정하여서 데리고 간 것인데, 가서 본즉 매일 새벽 4시부터 저녁 9시까지 17시간 동안을 우마보다도 심하게 때리고 차서 강제로 노동을 시키고 고역에 견디다 못해 그곳에서 도망하려는 자가 있으면 공사청부업자가 즉시 육혈포로 쏘아 죽여서 다른 조선 사람에게 본보기로 보인다고 신농천 강물에 던져버렸는데, … 이와 같이 학살을 당한 조선 사람의

51) 樋口雄一, 「資料紹介－金天海 自專的記錄(草稿)」, 『在日朝鮮人史研究』 43, 2013, 188쪽.

수효가 몇 명이나 되는지 아직은 확실치 못하나 도주하다가 발각되어 살해를 당한 자와 과도한 노동에 견디지 못하여 병이 들었다고 살해를 당한 자를 합하면 백 명에 가까운 모양이더라."[52]

시나노카와에서 일어난 한인학살사건에 대해 현지 연구자들은 나카쓰가와(中津川) 제1발전소 사건이라고 부른다. 시나노카와 수력발전소가 여러 군데이고, 일제 말기에 강제동원 현장이 된 발전소 공사장도 세 군데 정도 있었으므로 한인 학살사건이 일어난 장소와 구별하기 위해서다. 시나노카와는 일본에서 가장 긴 강으로 니가타현과 나가노(長野)현을 흐

信濃川支流中津川水力発電所工事

〈그림 18〉 공사현장 모습

[大成건설(주), 『大成建設社史』, 1963(안해룡 제공)]

52) 『동아일보』 1922년 8월 1일자.

르는데, 공사현장의 위치는 나가노현에 가깝다. 나카쓰가와 제1발전소는 겟토(穴藤) 발전소라고도 부른다. 당시 공사를 담당한 오쿠라구미(大倉組)는 해발 900m에 달하는 겟토 들판에 천막으로 함바(노동자 합숙소)를 설치하고 공사를 시작했다.

> "수력전기라는 것은 높은 곳에서 아래로 흘러내리는 수력을 이용하여 물이 아래로 내려오는 힘으로 기계의 바퀴를 돌려서 전기를 얻는 것인데 이곳의 규모로 말하면 기차가 지나다닐만한 큰 굴을 산속으로 수십리씩 뚫어나오며 또 높기가 평균 1400~1500척이 된다는 첩첩산중에 물화를 운반하기 위하여 60리 거리의 전차를 새로 놓는 중이므로 사람의 발도 붙이지 못할 위험한 곳에서 무거운 흙과 돌을 질머지고 골을 메이며 산을 뚫는 일에 종사하는 노동자의 고심이라는 것은 목도한 사람이 아니면 도저히 측량하기 어려울 것이다. 이 산에서 저 산에 저 산에서 이 산에 천여 척의 높은 공중에 다만 한가닥의 쇠줄을 건너 매이고 쇠줄에 달려서 1초간에 6~7간씩 달리는 쇠상자는 노동자의 귀중한 생명을 담는 그릇이오 이골에서 저골에 저골에서 이골에 사나운 물결 위로 두 가닥의 철사에 매여 달린 수백척의 공중다리는 사람이 발을 옮길 때마다 용수철같이 출렁거리며 시계추같이 왕래하여 바닥에 깔린 널조각은 이것이 노동자의 시성판인 듯 하다. 이같이 몸서리가 나고 사지가 떨릴듯한 곳으로 왕래하면서 노동자의 하는 일은 무엇인가. 노동자의 일하는 시간은 대창조 사람(*청부업자)의 말을 들으면 9시간이니 10시간이니 하지만 낮에 하는 일은 먼데 사람이 보일만큼 날이 밝으면 시작하여 날이 아주 저물기까지가 한정이오 그 동안에 점심 먹는 시간이 30분쯤 있을 뿐이오 일이 바쁠 때에는 약간 교대들 시켜 가지고 밤새도록 일을 시키는 일도 있다. 조선노동자의 일하는 종류로 말하면, 자기황 냄새가 사람의 숨을 막는 굴속에 들어가서 폭발약질도 하고 발뿌리 하나 댈 수 없이 깎아 세운 듯한 산허리에 새로 길을 내는 것도 위험하려니와 흙이면 80~90근, 돌이면 140~150근 되는 것을 나무상자에 담아서 짊어지고 빈 몸으로도 발 한 번만 헛 딛으면 몸이 반공에 떠서 땅에 떨어지기 전에 생명을 먼저 잃을 만큼 무섭고 높은 곳으로 혹은 아침부터 저녁까지 혹은 저녁부터 아침까지 혹은 저녁부터 아침까지 끊일 사이 없이

분주하는 것이 그들이 날마다 하는 일로 ···· 아무리 기력이 튼튼하고 노동에 단련이 있는 사람이라도 나흘 동안을 계속하여 일을 하는 사람은 거의 없고 대개는 이틀거리 학질 앓는 사람처럼 기력을 지탱할 수 없음으로 평균 한 달에 22~23일 동안밖에 일을 못하는데 하루 쉬는데 밥값 70전씩을 제하므로 22~23일 동안 죽을 힘을 다하여 고역을 한다 해도 받는 공전에서 밥값을 제하면 16~17일 벌이한 셈밖에 되지 않는다."[53]

"노동자가 일하는 시간은 아침 5시에 시작하여 오후 6시까지인데 그 사이에 십장의 학대가 끊일 사이가 없음으로 노동자들은 고역과 학대에 견디지 못하여 도주하는 사람이 끊이지 않는데 이를 금지하기 위하여 낮이면 엄중한 감시를 하고 밤이면 지옥실이라고 하는 문안에 긴 복도가 있는 집에 가두고 문에 자물쇠를 채이는 일이 있다. 만일 도망을 하고자 하면 모든 참혹한 형벌을 시키는 악습이 있으니 두서너가지 전례를 들면, 열 아홉 살 먹은 청년에 대하여 니가기(기차나 배에서 짐을 찍어올리고 내리는 낫같이 생긴 것)라는

〈토목건축공사장 중층적 하청 구조〉

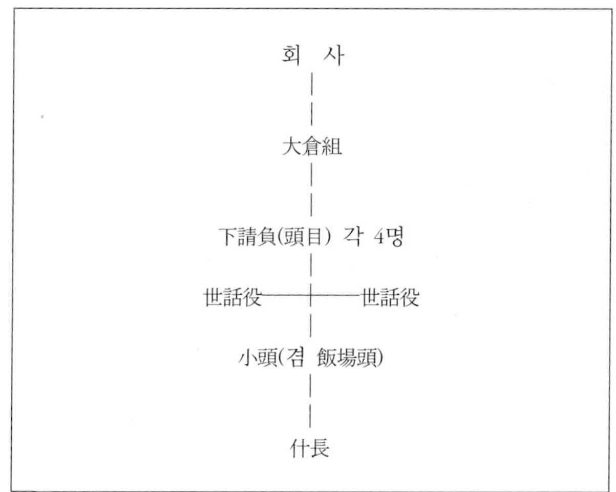


『동아일보』 1922년 8월 25일자를 중심으로 작성

53) 『동아일보』 1922년 8월 23일자, 「특파원 李相協의 답사기」.

연장으로 몸을 찍고 그 위에 소금물을 부은 일이 있고, 세명을 발가벗긴 후 철판위에 앉히고 그 위에 조약돌과 석회를 쌓아놓고 물을 부어 석회와 조약돌이 엉켜붙는 바람에 몸이 모두 오그라붙었던 일, 사람을 나무에 묶어놓고 음식도 먹이지 않고 수십 시간을 뭉치로 계속 구타한 일도 있으니 모두 입으로 차마 형언할 수 없는 참혹한 행동으로 듣는 사람도 소름이 끼칠만하다."[54]

(上) 昭和初期 信越電力工事現場
(下) 大正後期 信越電力工事用電車穴藤停留所

〈그림 19〉 공사장에서 일하는 노동자 모습

[『津南百年史』(新潟県中魚沼郡津南町, 1977, 103쪽(안해룡 제공)]

54) 『동아일보』 1922년 8월 20일자, 「특파원 李相協의 特電」.

이 사건은 강에 많은 한인 시신이 떠내려오면서 세상에 드러났고, 세상에 알려지는 과정을 통해 당시 토목·건축공사장에서 일반화되어 있었던 청부제가 다수의 한인 희생으로 이어졌다는 점도 알려졌다. 청부제는 회사가 공사청부업자에게 공사를 청부하고 청부업자는 다시 소청부업자에게, 소청부업자는 조두(組頭, 또는 小頭)에게 청부를 맡겨 공사하도록 했다.

이 공사도 사업주인 오쿠라구미를 필두로 하는 청부제를 적용했다. 한인들은 십장 아래에 소속되어 최하층 노동력을 담당하고 있었다. 이러한 토목·건축공사의 중층적 청부 관계는 노동자들이 자신의 임금을 청부인들과 분배하는 결과를 감수하는데 그치지 않고 노동 착취로 이어졌다.

### 3) 한인이여! 단결하라

"일본의 제일 장류(長流)로 에치고평야를 횡단하여 일본해에 쏟아지는 시나노강에 거룩한 배달 후손의 혈제(血祭)를 드리고, 현대문명의 원천인 수력전기가 일어나게 되리라는 두고두고 길이길이 전해질 신기록이 발생되었다 하기도 하고 아니 되었다 하기도 하는 이때에, 내가 이러한 문제로 집필하면 어떠한 일부 인사는 그 치안(鴟眼)을 번쩍거리며 '너 나왔구나!' 할지 모르나, 염려를 말지어다. 나는 사실이 있다는 것도 아니요. 사실이 있으리라는 것도 아니다. 사실의 유무는 방금 조사에 노력하는 제 방면의 특파원의 보고에 대하여 미구에 판명될 것이요, 또한 나는 사실이 없기를 누구보다도 기축(祈祝)하는 자이다. 그러나 만일에 불행히 이것이 사실이었다고 하면, 우리 조선사람 되어서는 그 의의있는 희생을 바침으로써 금후의 기천 기만의 생명을 구한 그들 여러 동포에게 대하여 만곡(萬斛)의 누(淚)와 한가지 사의를 표치 않을 수 없는 동시에 우리의 금후의 책임이 중차대함을 절감하여야 할 것이요. 〈하략〉"

작가 염상섭이 잡지 『동명』 창간호(1922.9.3)와 다음 호(9.10)에 실은 글(니가타현 사건에 감(鑑)하여 이출노동자에 대한 응급책)의 첫머리다. 사건이 알려진 직후인 8월 17일 작성했다. 염상섭은 1919년 오사카에서 독립선언서 배포 사건을 일으킨 후 조선으로 돌아와 잡지 동명의 기자로 활동 중이었다. 염상섭은 이 사건을 일본의 노동문제로 파악하고 사건을 은폐하려 하는 당국을 강하게 질타했다. 진상이 확인되지 않은 상태이기는 하지만 억울한 사망자를 '의의 있는 희생을 바친' 사람으로 평가하며, 혈제(血祭)를 드린다고 표현했다. 염상섭이 이같이 표현한 것은 이 사건이 이출노동자에 대한 당국과 조선 사회의 인식을 환기하고, 한인 노동자들이 권리를 자각할 수 있는 중대한 계기로 판단했기 때문이다.[55)]

이같이 나카쓰가와 사건은 조선에 충격을 주었다. 그러나 가장 큰 영향을 준 것은 일본지역 한인노동운동이었다. 노동자들이 목숨을 지키기 위해 무엇을 해야 하는지 명확하게 인식한 사건이었기 때문이다. 이 사건을 계기로 한인 노동자들은 단결만이 살길이라는 생각을 하기 시작했다.

나카쓰가와 한인 노동자 사건의 조사를 담당했던 김천해도 이 사건을 '한인 노동자들이 시작한 계기'라 평가했다. 이후 일본 각지에서 유사한 사건이 일어나자 한인 노동자들은 자신들을 지키기 위해 단결의 필요성을 절감했고, 이러한 절박감을 토대로 노동조합과 공제조합, 민족단체 등이 자연발생적으로 각지에서 일어나게 되었다고 기록했다.[56)]

학우회를 비롯한 한인 단체는 이 사건을 노동자의 문제를 넘어 도일 한인의 생존권을 위협하는 사건으로 인식하고, 조선보다 이른 8월 3일, 조사단(조선인학살사건조사위원회)을 구성하고, 9일에 김약수(金若水)를 대표로 조사단을 파견했다. 박열을 중심으로 하는 흑도회원들은 별도로

55) 한기형 · 이혜령 엮음, 『염상섭 문장 전집』 1, 소명출판, 2013, 248쪽(안해룡 제공).

56) 樋口雄一, 「資料紹介－金天海 自專的記錄(草稿)」, 『在日朝鮮人史硏究』 43, 2013, 188쪽.

현지 조사에 착수했다. 조사단 명단에는 김천해를 비롯해 유영준(劉英俊)의 이름도 있었다. 경성에서 정신여학교를 졸업하고 중국 북경여학교를 졸업한 후 도쿄에서 여자의학전문학교에 다니며 조선학흥회를 결성(1920년 회장)했던 유영준은 이후 1927년 근우회를 결성했다.

이 사건은 도쿄동맹회 결성의 배경이 되었고, 도쿄동맹회와 오사카조선노동동맹회(이하 오사카동맹회)를 토대로 1925년 일본 전국 단위의 노동총동맹인 재일본조선노동총동맹(이하 재일노총) 결성으로 이어졌다. 도쿄동맹회는 나카쓰가와 한인 노동자 학살사건을 조사하기 위해 손영극(孫永極), 김종범(金鍾範) 등 사회주의자들이 조직한 재일본조선노동자상황조사회가 발전해 그해 11월 결성했다.[57)]

한인 노동자들이 나카쓰가와 사건을 계기로 단결의 필요성을 절감했다면, 관동지진 한인 피살사건은 노동자를 포함한 전체 한인의 조직화 필요성을 절감한 계기가 되었다. 사건이 일어나기 전에 한인들은 단체와 노동자 교육기관을 통해 일본 운동가들과 교류하면서 민족을 넘어선 동지적 연대감을 느꼈다. 그러나 대규모 한인학살이 진행되는 과정에서 일본 사회운동세력은 어떠한 도움도 주지 못했다. 9월 3일부터 일본 사회주의자들도 피살 대상이 되었기 때문이다. 이러한 현실은 한인사회가 현실을 직시하고 자구책을 마련하게 된 계기를 제공해주었다.

피살사건 직후 관동지역의 한인사회는 심각한 충격 속에서 어려움을 겪었다. 학살사건의 충격으로 귀국자가 속출했고, 일본에서 한인으로 살아가는 자체에 대한 비관적 인식이 팽배해졌다. 도쿄지방의 한인 운동세력 또한 많은 운동가를 잃고, 귀국과 이동으로 조직화에 어려움을 겪으며 운동의 방향마저 잃게 되었다. 이러한 상황 속에서 한인 운동세력은

57) 상세한 내용을 朴慶植, 『在日朝鮮人運動史－8.15解放以前』, 三一書房, 1979; 정혜경, 「1910-1920년대 東京한인노동단체」, 『한국근현대사연구』 1, 1994 참조.

먼저 한인 피살의 실태를 전국적으로 확산하고, 진상규명과 추도회 개최와 유족 지원 등 후속 조치에 나섰다.

이를 위해 먼저 북성회가 재일본조선노동자조사회, 도쿄동맹회와 함께 일본노동총동맹의 원조 아래 이재동포조사와 위문 활동을 했다. 그러나 조사단 활동은 쉽지 않았다. 김천해의 기록에 의하면, 진상조사를 위해 '조사위원회'를 조직했지만 후쿠다(福田雅太郎) 계엄사령관은 "어떠한 결사도 허가할 수 없다"는 강경한 입장을 견지하며 허락하지 않아 '이재동포위문반'이라는 이름으로 활동할 수밖에 없었다. 한인들은 조사를 위해 천도교 종리원에 위문반이라는 이름의 조사단을 설치한 후 변복을 해 일본인처럼 위장하는 등 모험을 감행하며 간신히 조사할 수 있었다.[58)]

이들 단체는 1923년 11월 말 도쿄동맹회, 오사카동맹회, 고베조선노동동맹회와 함께 모임을 열고 다섯 가지 내용을 결의했다.[59)]

(1) 진재 당시 조선인 학살사건에 대해 일본 정부에 진상 발표를 요구할 것
(2) 학살에 대해 항의서를 제출하고 피해자 유족의 생활권 보장을 요구할 것
(3) 사회의 여론을 환기하기 위해 조선과 일본의 주요 도시에서 연설회를 개최하고 격문을 반포할 것
(4) 진재 당시 가메이도(龜戶)경찰서에서 피살당한 일본 동지 9명의 유족을 위해 조의금을 모금할 것
(5) 기관지 '척후대'를 금년 내에 속간할 것

이들 단체는 실천 단계로 사실을 알리고 진상규명을 촉구하는 활동을 전개했다. 당국의 보도통제로 인해 한인학살사건에 대해 관동지역 외부

58) 樋口雄一, 「資料紹介－金天海 自專的記錄(草稿)」, 『在日朝鮮人史硏究』 43, 2013, 189쪽.
59) 김인덕, 「1923년 관동대지진 조선인학살과 조일운동세력의 동향」, 『관동대지진과 조선인 문제연구』(재일코리안 국제학술대회 자료집, 2014.8.29), 42쪽.

에서는 소문으로만 어렴풋이 알려져 있을 뿐이었다. 그러므로 한인학살사건의 진상을 정확히 알리고 규명을 촉구하는 활동은 한인사회의 결속과 한인의 생존을 위해 필요했다. 1923년 12월 28일 도쿄동맹회는 학우회 등 10여 단체와 함께 '재동경조선인대회'를 개최하고 '조선인박해사실조사회'를 결성한 후, 학살사건의 목격자인 김태엽을 오사카에 파견해 확산하기로 했다. 대회는 추도식과 규탄대회의 성격을 함께 했는데, 조사(弔辭) 낭독 도중 당국의 해산명령으로 개최 30여 분만에 해산되었다. 당시 조선일보 기사에 의하면, 이 대회에는 일본인 후세 다쓰지(布施辰治) 변호사도 참석했다.[60] 후세 변호사는 이후 박열 대역사건의 변호를 비롯해 조선의 대표적 사회운동의 변호를 맡은 인물이다. 그 공을 인정받아 2004년 12월, 일본인으로는 처음으로 대한민국 정부가 수여하는 건국훈장을 받았다.

오사카지역의 규탄대회는 오사카동맹회가 주최했다.[61] '조선인학살사건규탄대회'는 1924년 3월 10일 일본노동단체의 지원 속에 7,000명의 한인이 모인 가운데 나카노지마(中之島) 중앙공회당에서 열렸다. 당시 김태엽은 도쿄 경시청으로부터 추방명령서를 받고 호송 중 오사카역에서 탈출해 규탄대회에서 연설했다. 대회는 발언자 30여 명의 강경 발언으로 임검 서장이 여러 차례 연설 중지를 하다가 대회중지 명령을 내렸으나 한인들이 경찰의 대회중지 명령을 취소시킬 정도로 격앙된 분위기에서 2시간 동안 이어졌다.[62]

도쿄에서도 1924년 3월 16일 도쿄동맹회가 일본노동총동맹회와 공동

60) 『동아일보』 1924년 3월 18일자; 『조선일보』 1924년 1월 6일자.

61) '에비에(海老江)노동조합'이 주최했다는 김태엽의 주장은 착오로 보인다. 金泰燁, 『抗日朝鮮人の證言』, 不二出版社, 1984, 148쪽.

62) 金泰燁, 『抗日朝鮮人の證言』, 不二出版社, 1984, 148~151쪽.

주최로 '관동대지진피일지선노동자추도회(關東大震災被日支鮮勞働者追悼會)'를 열었고, 1924년 9월 5일에는 도쿄기독청년회관에서 기독교인들의 기도회가 있었으며 9월 13일에는 피살 1주년 추도행사를 열었다. 도쿄에서 열린 1주년 추도행사는 흑우회, 북성회, 여자학흥회, 조선기독청년회, 도쿄조선유학생학우회, 천도교청년회, 불교청년회, 무산자청년회, 도쿄동맹회, 조선노동공생회 등 10여 개 단체가 주최했다.[63] 이러한 추도 행사는 재일 한인 운동단체의 주요한 연례행사로 1930년대 후반까지 일본 전역에서 매년 개최되었다.

이같이 1922년 나카쓰가와 한인 노동자 사건과 1923년 관동한인 피살 사건을 겪으며 재일코리안 사회는 전환점을 맞았고, 한인 정주화가 가속화되면서 한인사회의 규모는 커졌다. 정착하는 한인을 결속하고 권익을 지키는 노력의 필요성도 더욱 커졌다. 이를 주도한 주체는 한인 단체였다.

### 4) 지역을 넘어 전국 조직으로

1925년에 13만 명을 넘은 재일 한인들은 1920년대 중반 이후 정주화 단계로 접어들었다. 이에 따라 한인 단체도 이전 시기보다 조직화·체계화와 지속적인 운동 양상을 보였고, 거주 한인 대비 조직화 비율도 높아졌다. 거주 한인의 증가 외에 거주지역도 늘어났다. 공안 당국도 이러한 상황에 적극 대응했다. 내무성 경보국은 매년 작성하는 보고서(사회운동의 상황)에 '재류조선인관계주요단체현세일람표' 등을 통해 조직 상황을 파악했다. 그러나 모든 단체를 포함하지 않고 관리 대상인 '사상단체'에 집중했다. 명칭이나 구성원, 단체 성격에서 오류가 많아 당시 한인사회

63)『東京日日新聞』1924년 9월 13일, 14일자.

를 이해하는데 혼란을 주기도 한다. 다만 당국이 주목한 사상단체가 당시 한인사회에서 일정한 영향력을 가진 단체들이었음은 분명하다.

당국이 사상단체로 분류한 단체는 크게 노동단체와 사상단체이다. 노동단체는 도쿄동맹회, 오사카동맹회, 재일노총 본부 및 지부(오사카조선노동조합, 도쿄조선노동조합)가 대표적이고, 사상단체는 흑도회와 흑우회, 북성회, 일월회, 학우회, 신간회 도쿄지부, 재일본조선청년총동맹 본부 및 각 지부를 들 수 있다. 이 가운데 학우회는 1910년부터 이어왔고, 그 외 단체는 1920년대에 탄생했다. 학우회 · 재일노총 · 재일본조선청년총동맹은 전국 조직이고, 신간회는 도쿄지부를 필두로 몇몇 지역에 지부를 운영했다.

〈표 10〉 시기별 · 지역별 한인의 인구 구성(단위 : 명)

| 순위＼연도 | 1920 | | 1921 | | 1925 | | 1928 | | 1930 | | 1933 | |
|---|---|---|---|---|---|---|---|---|---|---|---|---|
| 1 | 福岡 | 7,033 | 福岡 | 6,092 | 大阪 | 34,311 | 大阪 | 55,290 | 大阪 | 96,343 | 大阪 | 140,277 |
| 2 | 大阪 | 4,762 | 大阪 | 5,069 | 福岡 | 14,245 | 東京 | 28,320 | 東京 | 38,355 | 東京 | 39,314 |
| 3 | 兵庫 | 2,904 | 長崎 | 2,409 | 東京 | 9,989 | 福岡 | 21,042 | 愛知 | 35,301 | 愛知 | 34,819 |
| 4 | 北海道 | 2,643 | 東京 | 2,404 | 愛知 | 8,528 | 愛知 | 17,928 | 福岡 | 34,639 | 京都 | 32,594 |
| 5 | 長崎 | 2,013 | 兵庫 | 2,215 | 兵庫 | 8,032 | 京都 | 16,701 | 京都 | 27,785 | 福岡 | 31,510 |
| 6 | 東京 | 1,618 | 山口 | 1,654 | 京都 | 6,823 | 兵庫 | 14,322 | 兵庫 | 26,121 | 兵庫 | 30,440 |
| 7 | 山口 | 1,588 | 北海道 | 1,622 | 神奈川 | 6,212 | 神奈川 | 10,207 | 山口 | 15,968 | 山口 | 17,796 |
| 8 | 京都 | 1,089 | 廣島 | 1,549 | 山口 | 5,967 | 山口 | 8,839 | 北海道 | 15,560 | 廣島 | 14,856 |
| 9 | | | 京都 | 1,255 | 北海道 | 4,450 | 北海道 | 6,446 | 神奈川 | 13,181 | 神奈川 | 12,976 |
| 10 | | | 大分 | 967 | 廣島 | 3,398 | 廣島 | 5,827 | 廣島 | 11,136 | 岐阜 | 9,669 |
| 총계 | 31,702 | | 32,274 | | 136,709 | | 238,102 | | 298,091 | | 450,217 | |

자료: 內務省 警保局 자료 중『朝鮮人槪況』, 「大正十四年中ニ於ケル在留朝鮮人ノ狀況」, 「大正十五年中ニ於ケル在留朝鮮人ノ狀況」, 「昭和四年社會運動の狀況」, 「昭和五年社會運動の狀況」, 「昭和六年社會運動の狀況」, 「在京朝鮮人勞動者の現狀」(1929)

1920년대 당국은 당시 한인 단체를 주로 민족주의계(기독청년회), 볼셰비즘계(학우회, 북성회, 일월회, 도쿄조선노동조합, 재일노총 본부 및 오사카조선노동조합, 재일본조선청년동맹)과 아나키즘계(흑도회, 흑우회)로 대별했다. 1930년대에는 '극좌'·'좌익'·'무정부주의'·'민족주의계'·'융화친목 및 기타'로 구분하기도 했다. 그러나 단체 성격이나 활동 내용, 회원 구성 등을 볼 때 이러한 구분은 큰 의미가 없다. 융화단체로 분류했으나 당국의 정책에 맞서 한인의 권리 지키기에 나서는 단체도 있고, 성격이 전혀 다른 단체에 적을 둔 회원도 적지 않았기 때문이다. 노동 및 사상단체를 대상으로 결성 시기별, 결성 당시 단체의 현황을 보면 〈표 11〉과 같다.

〈표 11〉은 모든 한인 단체가 아니라 한인사회에 긍정적 영향을 미친 단체만을 대상으로 했다. 1920~1930년대 한인사회에 가장 부정적 영향을 미친 단체는 상애회인데, 별도로 언급할 예정이다.

한인 노동단체는 도쿄동맹회와 오사카동맹회가 먼저 결성하고, 이를 토대로 전국 조직인 재일노총이 탄생했다.[64] 1922년 11월 결성한 도쿄동맹회는 나카쓰가와 한인 노동자 사건 조사 활동의 산물이었다. 구성원의 대다수는 자유노동자였다.[65]

도쿄동맹회는 '조선노동운동을 국제적으로 진출시키고 세계무산계급의 절대 승리를 목적으로 하며 재일 조선인 노동자의 계급의식의 촉진과 직업의 안정을 도모한다'는 강령을 채택해 사회주의적인 성격을 명확히 했다. 1924년 1월에 기관지 『노동동맹(勞働同盟)』(발행인 李憲, 일본문)을 발간했다. 1925년 재일노총 결성 후 산하단체로서 결성한 도쿄조선노동조합으로 해소했다. 도쿄동맹회는 조직 초기부터 순수 경제투쟁만을 수행하기 위해 조직된 단체는 아니었다. 조직을 주도하던 한인들의 지향점은

64) 오사카와 도쿄의 노동동맹회에 대해서는 정혜경, 「1920년대 일본지역 조선인노동동맹회 연구」, 『한국민족운동사연구』 18, 1998 참조.

65) 樋口雄一, 「資料紹介－金天海 自專的記錄(草稿)」, 『在日朝鮮人史硏究』 43, 2013, 188쪽.

〈표 11〉 1920년대 주요 노동 · 사상 관련 재일 한인 단체 현황

| 구분 | 단체명 | 결성시기 | 주요 활동가 | 주요 강령 | 기타 |
|---|---|---|---|---|---|
| 사상 | 학우회 | 1910 | 한림, 류원우 (이상 1920년대) | - | 전국 조직 |
| 노동 | 도쿄조선 노동동맹회 | 1922.11 | 송봉우, 백무, 김천해, 마명 | 재일조선인노동자 계급의식 촉진 | |
| 노동 | 오사카조선 노동동맹회 | 1922.12 | 송장복, 지건홍 | 계급투쟁 승리, 생존권 확립 | |
| 사상 | 북성회 | 1922.11 | 김약수, 안광천, 김종범, 송봉우, 이여성 | 조선인민의 적은 일본 지배계급, 재일조선인 노동자의 대조합 건설 | |
| 사상 | 흑도회 | 1921.11 | 박열, 김약수, 정태성, 백무, 원종린, 임택룡 | - | |
| 사상 | 흑우회 | 1922 | 박열, 신영우, 박흥곤, 장상중 | - | |
| 노동 | 고베조선 노동동맹회 | 1923 | 송장복, 이중환 | - | 1930 재일노총해산과 함께 해산 |
| 사상 | 일월회 | 1925.1.3 | 박낙종, 안광천, 하필원, 이여성 | 신사회 실현, 계급투쟁, 민중운동 | |
| 사상 | 도쿄조선 무산청년동맹 | 1925.1 | 백무, 이여성, 안광천 | 무산청년의 계급적 대동단결, 신사회 건설 | 1926.11.도쿄조선청년동맹으로 전환 |
| 노동 | 재일본조선 노동총동맹 | 1925.2 | 이헌, 백무, 김천해 | 노동자계급의 해방 | 전국 조직 |
| 사상 | 오사카조선 청년동맹 | 1925 | 강철, 김순선, 위경영, 심황파, 윤동명, 김우섭 | 신간회 지지(결의안) | 강령 없음 |
| 노동 | 오사카조선 노동조합 | 1927.9.1 | 김달환, 김한경, 김수현, 김문준, 김영수, 남영우, 박영근, 박영만, 정동파, 위경영 | - | 1930 재일노총해산과 함께 해산 |
| 노동 | 도쿄조선 노동조합 | 1927 | 양재도, 윤도순, 김현일, 이운수, 김강 | - | 1930 재일노총해산과 함께 해산 |
| 사상 | 신간회 도쿄지회 | 1927.5 | 전진한, 강소천, 송창렴 | 정치 · 경제적 각성, 단결 강화 | |
| 사상 | 재일본조선 청년동맹 | 1928.3 | 정희영, 김정두, 윤동명 | 민족적 협동전선당 완성(행동강령) | 전국 조직 |
| 노동 | 나고야조선 노동조합 | 1929.10.1 | 이민한, 한세복, 공인택 | 실업문제해결, 차가난 해결 | 1935 나고야합동노동조합으로 전환 |

자료: 内務省 警保局, 『社會運動の狀況』 및 『朝鮮人槪況』 해당연도

민족문제 우선이었다. 민족문제 해결을 통한 계급 문제 해결이라는 순서가 있었다. 그러나 재일노총의 토대를 이루었다는 점에서 의미는 적지 않다.

도쿄동맹회보다 1개월 후에 결성되었으나 일본공산당을 비롯한 일본사회운동세력이나 한인운동계가 최초의 한인노동조합이라 꼽는 단체는 오사카동맹회다. 1922년 12월 6일 결성했다. 한인 노동자를 조직화하고 규합해 오사카지역 내 한인사회운동단체 및 일본 사회운동단체와 연대해 다양한 운동을 전개했던 오사카동맹회는 1923년 히가시나리구(東成區)와 니시나리구(西成區)에 지부를 설치했고, 1924년에 니시나리(西成), 이마후쿠(今福), 죠토(成東), 사카이(堺)조선인노동동맹회, 1925년에는 쓰루마치(鶴町), 센비(泉尾)조선노동조합 등 지부를 각각 설치했다.

오사카동맹회는 1925년에 재일노총이 탄생하고 7월에 오사카지역에도 오사카연합회가 결성되자 가입해 활동하다가 1927년 오사카조선노동조합으로 전환했다. 오사카동맹회는 오사카지역의 한인 단체와 연대함은 물론이고 도쿄지역의 단체와도 조직적 관련 속에서 연대투쟁을 전개했으며, 일본사회운동단체와 긴밀히 연계했다. 공안 당국은 '구제(救濟) 기관의 색채가 농후하고 세력도 미비'하다고 평가 절하했으나 관서 지역 한인사회에 미치는 영향은 매우 컸다.

1920년대 재일 한인의 노동운동과 민족운동의 구심점이었던 재일노총은 1922년 도쿄동맹회와 오사카동맹회의 결성에 힘입어 탄생했다. 두 지역 노동동맹회의 결성 이후 한인 운동가들은 일본지역 한인 노동자를 위한 전국적 조직 결성의 필요성을 절감하고 전국 조직 결성에 나섰다. 두 노동조합이 결성 이후 거둔 각종 운동의 성과로 인해 한인 운동가들은 한인 노동자 대중의 역량을 높이 평가하고 민족운동의 부문 운동으로서 노동운동을 자리매김하고자 했다.

관동과 관서지방 한인 노동단체 대표들은 1925년 1월 21일 도쿄동맹회 간부인 이헌(李憲)의 집(도쿄 中野町 602번지 소재)에 모여 '레닌 1주기 추도행사'를 연 자리에서, 재일노총 창립준비회 조직을 가결하고 창립대회 일시(2월 15일)와 준비위원(宋章福 · 池健弘 · 金峰 · 權均 · 金鎔 · 林虎 · 魚波 · 金相哲 · 李智旻 · 池學根 · 朴洙鳳 · 盧超 · 金學東 · 金革 · 朴長吉 · 黃白平 · 이헌)을 선임했다. 그 후 창립 날짜와 장소를 여러 차례 연기하다가 17일의 긴급위원회와 20일 준비회의를 거쳐, 1925년 2월 22일 일화일선(日華日鮮)청년회관에서 창립대회를 개최했다.[66)]

창립일인 2월 22일은 평소 도쿄 날씨에 드물게 눈이 내렸다. 당시 국내 언론기사에서, 매우 격앙되고 흥분된 창립대회 분위기와 참가노동자들의 역동성을 느낄 수 있다.

> "당일은 눈이 많이 와서 길이 험하였음에도 불구하고 삼백오십여명의 응원으로 와서 개회 전부터 공기는 긴장하였었다. 정각이 되자 즉시 개회하야 순서대로 진행한 결과 '재일본조선노동총동맹'이 성립되고 임원 선거까지 된 후 각 단체의 축사 연설이 있었든 바, 최후에 흑우회 김정근씨가 연단에 올라가서 '우리들은 경제적 운동만 할 것이 아니라' 하며 흥분되어 연단 위에 있던 컵을 깨트려버리매 회장은 떠들썩하여지고 경계 중에 있든 경관은 홀연히 연단으로 뛰어 올라가서 김정근씨를 잡어내어 검속하는 동시에 즉시 해산을 명하였슴으로 흥분된 군중은 분개하여 약 삼십분 동안 경관과 인투(隣鬪)한 결과, 김정근씨 외 다섯 사람이 검속된 후 삼십 분 만에 진행되었으나 남은 군중은 붉은 기 십여 개를 들고 '조선노동자 만세!'를 부르고 또 혁명가를 부르면서 고전분서(高田分署)에 몰려가서 〈하략〉"

붉은 기를 흔들며 구호를 외치고, 혁명가를 부르며 경찰서에 몰려가는

66) 『조선일보』 1925년 1월 26일자; 1925년 2월 8일자; 19일자; 21일자.

한인 노동자의 모습이 그려지는 기사다. 창립대회는 후반부에 흑우회 대표 김정근(金正根)의 연설 도중 중지되었으나 강령을 채택하며 무사히 출범했다.[67]

□ 강령

(1) 우리는 단결의 위력과 상호부조의 조직으로 경제적 평등과 지식의 계발을 기한다.

(2) 우리는 단호한 용기와 유효한 전술로 자본가계급의 억압과 박해에 대해 철저히 항쟁할 것을 기한다.

(3) 우리는 노동자계급과 자본가계급이 양립할 수 없다는 것을 확신하고 노동조합의 실력으로 노동자계급의 완전한 해방과 자유평등의 신사회의 건설을 기한다.

□ 주장

(1) 8시간 노동 및 1주간 48시간제의 실시

(2) 최저임금의 설정

(3) 악법의 철폐

(4 메이데이의 일치적 휴업

(5) 경제적 행동의 일치적 협력

이 대회에서 재일노총은 강령과 주장을 통해 노동자계급의 대동단결과 자본주의 타도를 표방했다.[68] 가맹단체는 도쿄동맹회 등 관동지역 한인 노동단체와 오사카동맹회 등 오사카지역의 7개 단체였다.[69]

67) 『조선일보』 1925년 2월 24일자.

68) 內務省 警保局, 「大正14年中に於ける在留朝鮮人の狀況」 1925, 『在日朝鮮人關係資料集成』 1, 166~168쪽, 217~220쪽.

69) 內務省 警保局, 「大正14年中ニ於ケル在留朝鮮人ノ狀況」, 『在日朝鮮人關係資料集成』 1, 166~168쪽.

이후 재일노총은 한인 노동총동맹으로써 역할은 물론, 사상단체와 함께 1920년대 한인 노동운동과 민족운동을 주도했다. 각지에서 노동자 파업 지원을 비롯해 조선폭압정치반대투쟁, 기념일투쟁(3.1운동기념, 강제병합기념, 관동지진 한인학살기념, 메이데이기념)을 비롯한 대중투쟁을 주도했다.

〈그림 20〉 재일조선노동총동맹 전국대회 포스터
(재일한인역사자료관, 『재일한인역사자료관 도록』, 44쪽)

1926년 말 당국이 파악한 재일노총 조합원은 총 9,900명이고, 산하 조직은 도쿄지역 10개, 가나가와현 1개, 야마나시(山梨)현 1개, 오사카 10개, 교토 1개, 고베 1개, 기후 1개 등 총 25개 조합이었다. 재일노총에 합류하지 않은 조합이 7개(오사카 5개, 교토 2개 조합)였으므로 다수의 한인노동조합은 재일노총 산하 조직이었다.[70]

이 현황에 따르면, 한인 노동자의 조직화는 관동과 관서에 집중되어 있다. 기후 지역이 있기는 하지만 규슈와 동북지역의 조직화는 미비한 상황이었다. 그러나 재일노총 결성은 각지 한인 노동자 조직화를 촉진하는 토대가 되었고, 1920년대 중반 이후 한인의 정주화는 한인 노동자 조직화 대상 지역을 확산하는데 기여했다.

### 5) 한인 노동자가 있는 곳이라면 어디라도

다양한 지역에서 늘어난 한인 거주자와 한인 지도자들의 활동은 지역별 조직화와 단체 확산에 영향을 미쳤다. 대표적인 곳은 도야마(富山)를 비롯한 북륙지역이다. 오사카에서 열린 '조선인학살사건규탄대회' 참석 후 관서지역 조직화에 참여했던 김태엽은 1925년 도야마와 이시카와(石川)현 등지에서 한인 조직화 작업을 시작했다. 당시 이 지역은 수력발전소 공사장 등 토건작업장의 자유노동자들과 탄광산 노동자들이 많았다. 그런데 한인 노동자들은 토건작업장의 하청 구조에 의지해 청부업자와 결탁한 몇몇 한인들(朴成百, 鄭三龍, 禹容均 등 다수)에게 착취당하는 열악한 상태에 놓여 있었다. 김태엽은 1926년 6월 도야마에 백의노동신우회(白衣勞働信友會)를 결성해 한인 노동자 조직화에 나서는 한편, 400명의 한인이 일하던 구로베(黑部) 수력발전소 공사장의 노동환경과 임금인상 문제를 해결했다.[71] 1926년 11월에는 700여 명의 한인 노동자들이 취

70) 內務省 警保局, 「大正15年中ニ於ケル在留朝鮮人ノ狀況」(朴慶植, 『在日朝鮮人運動史－8.15解放以前』, 三一書房, 1979, 161~162쪽 재인용).

71) 金泰燁, 『抗日朝鮮人の證言』, 不二出版社, 1984, 178쪽, 187~201쪽.

업 중이던 모스미(苗住)발전소 건설 공사장 파업을 주도했다. 파업은 수도(隧道)공사 중 일어난 낙반사고로 한인 5명의 사망(총 사망자 6명)이 도화선이 되어 시작했는데, 회사 측이 우익인 일본국수회 간부와 폭력배, 기후현의 자경단 등을 내세워 위협할 정도로 험악한 상황이었다. 파업 진행 과정에서 교섭위원이었던 백의노동신우회 박광해(朴廣海)와 시바가키(柴垣, 일본노동조합 간부)가 기소되어 징역 6개월 형을 받고 투옥되었다.[72]

또 다른 지역은 1929년 10월 1일에 나고야(名古屋)조선노동조합을 결성한 나고야다. 나고야조선노동조합은 1920년대 후반에 나고야지방의 한인 노동자의 증가와 신간회 나고야지부 결성을 배경으로 탄생해 1935년에 합동노동조합으로 전환한 후 1936년 총검거로 조직이 무너질 때까지 가장 활발했다.

1925년 2,890명 정도였던 나고야 거주 한인은 1927년에 5,361명으로 증가했는데, 대부분은 자유노동자로서 당국의 실업자구제사업에 의존하는 상태였고, 실업 문제가 매우 심각했다. 그러나 나고야지방에는 1928년까지 한인 노동단체가 존재하지 않아 한인 노동자들은 상애회 아이치(愛知)현 본부로부터 착취를 당하고 있었다. 이러한 상황에서 1928년 말에 출판 활동을 계속해온 한세복(韓世福), 공인택(孔仁澤) 등 나고야 거주 한인들 사이에 민족운동단체설립을 위한 움직임이 일어나기 시작했다. 이들은 이민한(李玟漢)과 유대를 갖고 신간회 나고야지회 설립을 추진함과 아울러 노동조합 결성의 필요성에 대해 공감대를 넓혀 나갔다. 이들의 활동에 힘입어 1929년 2월 1일 신간회나고야지회(지회장 이민한) 설립에 이어 10월 1일에는 나고야조선노동조합이 탄생했다.

72) 金泰燁,『抗日朝鮮人の證言』, 不二出版社, 1984, 202~222쪽.

나고야조선노동조합은 '실업 문제 해결, 차가난 해결'을 내걸고 집행위원장에 이민한을 선임했다. 나고야가 속해 있는 아이치현에는 아이치조선노동조합이 활동하고 있었는데, 1929년 말부터 한인노동조합이 일본노동조합전국협의회(이하 전협)에 합류하는 과정이었으므로 두 조합 모두 1930년 3월에 전협 나고야로 합류했다. 전협 나고야는 한인 조합원이 다수를 차지하고 있었는데, 당국의 탄압과 검거로 1934년 2월 이후에는 실질적으로 활동 정지 상태에 놓였다. 그러자 나고야지방의 각종 한인 단체는 합법적 노동조합을 결성하기로 하고 1935년 신산축(申山祝)을 중심으로 나고야조선인합동노동조합(이하 나고야합동노조)으로 전환했다.

1935년 2월 21일에 열린 나고야합동노조 결성대회에서 집행위원장에 박기태(朴基泰)를 선임했고, 집행위원으로 신산축을 비롯한 지역 단체의 대표자들을 선임했다. 아울러 강령을 통해 나고야지역 전체 노동자계급의 이익을 대변하는 노동조합으로서 역할과 반민족단체와 투쟁을 선언했다. 강령은 '① 우리는 단결의 힘으로 자본가계급과 과감히 투쟁하고 노동자계급 및 기타 모든 무산대중의 경제적 이익 신장을 기한다 ② 우리는 농민운동을 지지 응원하고 공동투쟁을 하여 노동자, 농민제휴 강화를 기한다 ③ 우리는 기만적 반동조선인단체와 투쟁할 것을 기한다' 등 3개 항이다. 이후 조직화에 나서 1935년 7월 구와나(桑名)에 구와나지부 준비회를 거쳐 9월 지부를 결성하고, 기후(岐阜)에도 지부를 결성했다. 특히 기후지부는 나고야 지역 친일단체인 정화회(正和會)에 잠입해 노동자 120명을 획득해 결성했다.

전환 후에는 노동자 파업, 야학경영, 문화계몽운동을 전개하고, 그 지역의 일본단체와 연합해 운동을 전개했다. 나고야합동노조의 활동은 크게 다섯 가지로 살펴볼 수 있다. 첫째, 민족차별반대운동이다. 1935년 10월 직업소개소장의 차별 폭언에 대한 항의운동을 전개했다. 둘째는 노동자 파업 지도다. 1935년 7월에 제강소에서 발생한 노동자 파업을 지도한 것을 비롯해 다수의 이 지역 노동자 파업을 지도, 지원했다. 특히 임금인하 반대나 대우 개선 외에도 민족차별임금 철폐를 위한 활동에 주력했다. 셋째는 야학경영과 문화계몽운동이다. 1932년과 1933년에 만들어진 야학(문화보급회 운영)과 보급학원(반도청년단 운영)의 운영을 지원하고, 명우(名友)야학을 설립했으며, 한글 신문인 『도쿄조선민보(東京朝鮮民報)』 나고야지국을 설치했다. 야학은 학생부 외에 성인부를 두고 『조선일보』나 『조선어독본』, 『조선신문』을 교재로 했으므로 시사 전반에 대한 지식을 넓힘과 동시에 민족의식을 고취하는 데에도 일익을 담당했다. 넷째는 민족기념일 활동이나 고국에 대한 구호 활동이다. 3.1절이나 병합기념일에 격문을 배포했고, 고국에서 태풍이나 가뭄으로 재해가 발생할 때 마다 모금을 해서 전달했다. 다섯째는 일본 사회운동 참가다. 일본노동운동을 지원함으로써 쇠퇴해가는 일본노동운동에 활력을 주었고, 일본 사회운동 단체와 함께 반제운동을 전개했다. 1935년 9월의 부현회(府縣會)의원 총선거에서 무산대표를 응원하는 활동을 벌였고, 국제의식에 입각해 일본 노동조합에 가입하거나 사회대중당(社會大衆黨)에 가입하기도 했다.

나고야합동노조는 1936년 7월 전체대회를 개최해 조합의 발전을 도모하고 나고야지방 조합통일전선을 결성하는 토대를 만들고자 했으나 당국의 탄압으로 무산되었다. 당국이 탄압하기 시작한 것은 전체대회에서 '미조직노동자의 조직화'나 '노동조합전선통일에 관한 건' 외에 '반파쇼투쟁에 관한 건' 등을 의제로 선정한 점도 있었으나 노동조합 활동이 민족운동적 성격을 강하게 띠었기 때문이었다. 당국이 재일 한인에 대한 통제정책을 수립하고 탄압을 강화하는 상황에서 조선어를 가르치고 민족적 정체성을 환기하며 민족의식을 고취하는 여러 활동을 전개하는 나고야합동노조는 당국의 정책에 반하는 대표적인 단체가 되었다.

이후 조합원이 일본공산당과 전협 재건운동에 관여하는 등 기세가 수그러들지 않자 1936년 12월 5일, 아이치현 특고는 나고야합동노조 관계자를 포함한 지역 활동가들을 치안유지법 위반으로 총검거했다. 검속자 71명 가운데 노동조합 관계자는 43명에 달했다. 이후 나고야합동노조 활동 기록은 찾을 수 없다.

나고야합동노조 전환의 주역이었던 신산축(본명 申潤植)은 1935년 2월 고베합동노동조합 결성에 참여해 서기장과 집행위원을 맡은 후 기후현 다카야마(高山)선 일대 수력발전공사장에서 노동자 단체를 결성하고 조선신문(한글신문) 고베지국 기자를 지내다가 1935년 12월에 치안유지법 위반으로 검거되어 1939년 2월 고베지방재판소에서 징역 3년 6개월을 선고받고 나고야구치소에서 미결 구류 중 33세의 나이에 결핵성 급성복막염으로 옥사했다. 1936년 당국의 검속으로 나고야합동노조의 궤멸과 신산축의 검거로 공백이 된 1930년대 중반 중부지역의 한인 노동운동은 박광해가 이끌어갔다.

## 5. 박춘금과 상애회가 걸어간 길

1947년 3월 17일 남조선과도입법의원이 제안한 '부일협력자 민족반역자 전범 간상배에 대한 특별법률 조례' 초안에는, '한일합방 이후 해방 당시까지 일정시대에 있어서 총 18개 항에 해당한 자로써 일본 또는 자기 이익을 위하여 동포에게 해를 끼친 악질 행위를 한 자를 부일 협력자로 규정하고, 3년 이상 10년 이하의 공민권 박탈' 규정이 있다. 이 가운데 제10항은 '일진회, 녹기연맹, 대의당, 일심회, 국민협회, 대화동맹, 상애회, 충맹단, 금차회, 대화숙보호관찰소 등 친일단체의 주요 간부 및 직원'이다.[73]

해방 후 각 단체와 정당이 제기한 친일청산론은 '조선인민공화국의 전국인민대표대회 소집 요강(1945.11.24)과 중앙인민위원회 규정(1946.1.30)'부터 '제헌국회의 반민족행위처벌법(1948.9.22)'까지 총 10건이다. 이 가운데 상애회를 부일협력자 또는 친일파로 특정한 사례는 남조선과도입법의원 제안이 유일하다. 남조선과도입법의원 제안은 대한민국 정부 수립 이전에 나왔으므로 실현되지는 못했다. 실현된 제헌국회의 반민족행위처벌법에는 특정 단체를 언급하지 않았으나 '독립운동을 방해할 목적'(제5항)이거나 '일본 국책을 추진시킬 목적으로 설립된 단체'(제10항)라는 조항이 있었다. 상애회가 이 조항에 적용되기에 충분하다는 점은 식민지 시기 재일코리안 역사가 증명하고 있다.

### 1) '만행'과 '폭력'의 주인공, 박춘금

대통령 소속 친일반민족행위진상규명위원회(이하 친일진상위)가 발간한 『친일반민족행위진상규명보고서』에 따르면, 박춘금(朴春琴, 1891.04.17~1973.03.31)은 「일제강점하 반민족행위진상규명에 관한 특별법(이하 반민족 특별법)」 제2조 제8호, 제11호, 제13호, 제14호에 근거한 친일반민족행위자다. 『친일반민족행위진상규명보고서』에는 박춘금과 같이 상애회를 만든 이기동(李起東, 1885~1952)의 이름도 있다.[74]

두 사람의 이름은 '친일인명사전편찬위원회'가 발간한 『친일인명사전』에서도 확인할 수 있다. 이같이 이기동과 박춘금은 한국 시민사회와 학계는 물론, 한국 정부가 인정한 친일반민족행위자이다. 친일진상위가 제시

---

73) 박수현 · 이용창 · 허종, 『한국독립운동의 역사 08-일제의 친일파 육성과 반민족세력』, 한국독립운동사편찬위원회 · 독립기념관 한국독립운동사연구소, 2009, 23~24쪽.

74) 대통령 소속 친일반민족행위진상규명위원회, 『친일반민족행위진상규명보고서』 제4-7권, 2009, 304~332쪽; 제4-12권, 127~137쪽.

한 이기동의 친일반민족행위는 한 가지이며, 관련 친일단체는 상애회다.

1921년부터 1941년까지 내선융화를 목적으로 하는 상애회 총본부의 회장으로 내선융화를 적극 주도함. 또한 1926년에는 일본제국의 침략주의를 옹호하는 아세아민족대회에 조선인 대표로 참가하고, 1933년 이후에는 수차례 군수품, 군비 등을 헌납하는 등 침략전쟁에 적극 협력(반민족 특별법 제2조 13호)

이기동은 1920년 상구회(相救會)를 조직했다가 1921년 상애회로 개편했다. 1924년 상애회 경성본부를 발족했고, 1926년 나가사키에서 열린 아세아민족대회 조선 대표로 참가했다. 이후 단체 활동은 보이지 않고 1938년까지 각종 무기와 군수물자를 헌납하고 헌금하는 개인 활동에 주력했다.

친일진상위가 제시한 친일반민족행위 내용을 보면, 이기동은 상애회 총본부 회장으로 상애회를 총괄한 인물이다. 그러나 실제로 상애회는 박춘금이 주도했다. 친일진상위가 제시한 박춘금의 친일반민족행위는 네 가지에 이르고, 내용도 다양하다.[75]

첫째, 1932년 2월부터 1936년 1월까지, 1937년 5월부터 1942년 4월까지 약 9년간 일본제국의회 의원으로 활동(반민족 특별법 제2조 8호)

둘째, 내선융화를 목적으로 하는 상애회 총본부의 부회장으로 1921년부터 1941년까지 내선융화 및 황민화 운동에 관한 저술 및 연설을 하는 등 본 회에서 주도인 활동을 함. 또한 1924년 각파유지연맹의 발기인으로, 1945년에는 대의당의 당수로, 대화동맹의 이사로 내선일체 및 황민화를 주장(반민족 특별법 제2조 13호)

셋째, 일본제국의회 의원 의원으로 활동하면서 징병, 지원병 제도의 입법

75) 대통령 소속 친일반민족행위진상규명위원회, 『친일반민족행위진상규명보고서』 제4-7권, 305~306쪽.

화를 시도함과 동시에, 연설과 저술을 통해 전국적으로 지원병 및 근로동원을 선전선동(반민족 특별법 제2조 11호)

넷째, 1944년부터 전쟁 수행을 목적으로 하는 비행기 제조 군수업체 조선비행기공업주식회사의 발기인 및 취체역으로 경영에 적극 참여(반민족 특별법 제2조 14호)

친일진상위 조사결과에 따르면, 박춘금은 일본과 조선을 무대로 일본 패전에 이르기까지 일관되게 반민족행위를 일삼았다. 경남 밀양에서 태어난 박춘금은 1908년 8월 도일해 1917년 나고야 조선인회장을 지내고 1920년 도쿄에서 상구회를 조직해 총본부 부회장에 취임한 후 상애회로 개편해 주도했다. 1924년에 경성에서 각파유지연맹 발기인을 역임했으며 1926년에는 이기동과 함께 아세아민족대회 조선 대표로 참가했다.

박춘금의 정치 활동은 1929년 도쿄 혼죠구(本所區) 입후보에서 시작해 제18회 총선거를 통해 1932년 2월부터 1936년까지 중의원 의원(東京4區)을 지냈다. 1936년 2월에 열린 제19회 중의원 선거에서 낙선했으나 이듬해 5월 제20회 총선거에서 당선해 1942년까지 중의원을 지냈고, 1941년에는 도쿄에서 야마토(大和)구락부 회장을 맡았다.

1942년 제21회 총선거에서 낙선하자 조선으로 활동 지역을 옮겨 조선보국회 이사(1938년)와 야마토(大和)동맹 이사 및 대의당(大義黨) 당수(1945년)를 지냈다. 1922년에 일선기업(日鮮起業)(주) 취체역을 지냈고, 조선농업(주) 이사(1933년)와 조선광업(주) 이사(1939년), 조선비행기공업(주) 발기인 및 취체역(1944년)도 역임했다. 이 가운데 박춘금의 인생에서 가장 중요한 경력은 바로 상구회(상애회의 전신) 활동이다.

이상 자료에 나타난 두 사람의 다양한 경력과 달리, 김태엽이 남긴 두 사람의 초기 행적은 초라하기 그지없다. 이기동은 3.1운동 이전에 일본에서 인삼 행상을 하다가 일본 정계 거물인 오구마(大熊) 후작 집에 인삼을 팔러 간 일을 계기로 상구회를 조직했다고 한다. 박춘금에 대해서도 '나고야에서 엿장수 등 여러 직업을 전전하다 노동판의 건달로 세력을 잡게 되었는데 이기동과 손잡은 후 상애회를 본격적인 친일의 전위집단으로 만들었다'고 평했다.[76)]

김태엽의 촌평에도 불구하고 박춘금은 상애회를 실질적으로 이끈 주인공이자 '만행'과 '폭력'으로 점철한 인물이기도 했다. 그는 도쿄에 사설유치장까지 마련하고 폭력배를 거느리며 한인들에게 폭력과 납치를 일삼았다. 1923년 8월 30일 저녁 7시에 도쿄동맹회 간부 이규팔(李圭八)과 함께 도쿄 이케부쿠로(池袋)에 있는 상애회원 숙소를 찾아가 상애회 탈퇴를 설득하던 김태엽은 본부에서 파견한 폭력배들에게 붙잡혀 본부로 끌려간 후 박춘금에 의해 사설유치장에 갇혔다. 김태엽은 심한 린치를 당했으나 먼저 탈출한 이규팔의 신고로 도쿄 경시청이 명령을 내려 간신히 목숨을 건질 수 있었다. 그리고 며칠 후 일어난 관동지진으로 김태엽은 다시 경찰서에 갇히는 처지가 되었다.[77)]

박춘금의 만행은 일본을 넘어 조선에서도 이름을 날렸다. 대표적 사례가 동아일보 임원 폭행과 식도원(食道園) 사건이었다. 1923년 12월 조선에 있던 박춘금은 동아일보 기사(1921년 4월 2일 동아일보 사설)에 불만을 품고 경찰의 묵인 아래 1924년 1월부터 7, 8차례 동아일보에 침입해 송진우(宋鎭禹)와 이상협 등에게 폭행을 가하면서 재외동포위문금 중에서 3천원을 상애회에 기부하도록 협박하고 기사에 대한 사과도 요구했다.[78)]

1924년 4월 2일 일어난 식도원 사건에도 박춘금이 관여되어 있었다.

76) 金泰燁, 『抗日朝鮮人の證言』, 不二出版社, 1984, 101쪽.
77) 金泰燁, 『抗日朝鮮人の證言』, 不二出版社, 1984, 102~107쪽.
78) 이형식, 「'제국의 브로커' 아베 미쓰이에(阿部充家)와 문화통치」, 『역사문제연구』 37, 2017, 448쪽.

3월 25일 마루야마 쓰루키치(丸山鶴吉) 경무국장의 사주로 친일단체를 규합한 각파유지연맹을 결성하자 동아일보는 2회에 걸친 사설(3월 30일자, 4월 2일자)에서 연맹 결성을 비난했다. 이에 대해 각파유지연맹원들이 송진우와 김성수를 식도원으로 유인해 권총으로 박해한 사건이 식도원 사건이다.

사이토 총독의 개인 고문 역할을 하던 아베 미쓰이에는 4월 16일 도쿠도미 소호(德富蘇峰) 경성일보 사장에게 "박춘금 등과 같은 불령한들이 관헌의 배경을 믿고 백주 대낮에 단도와 권총을 품고 동아일보 간부에게 종종 위협, 공갈, 폭행 등을 가하는 언어도단의 활극이 연출되고 있다"고 보고했다. 또한 사이토 총독에게도 "경성에서 말씀드린 대로 경무국장의 처사는 너무도 편파적이고 노골적이라 앞으로 돌이킬 수 없는 일이 되지 않을까 우려"된다며 박춘금을 노골적으로 보호한 마루야마 경무국장을 힐난했다.

식도원 사건 이후 박춘금은, 전 조선총독부 내무부 장관 출신의 우사미 가쓰오(宇佐美勝夫)에게 '아베 때문에 경영하는 사업의 양도(糧道)가 끊길 지경'이라며 불만을 토로하기도 했다.[79] 이같이 박춘금은 안하무인에 폭력적인 인물이었다. 폭력에서는 이기동도 빠질 수 없었다. 1935년 6월 '도쿄 폭력단 소탕' 검거자 중에 이기동이 있었다.[80]

79) 이형식, 「'제국의 브로커' 아베 미쓰이에(阿部充家)와 문화통치」, 『역사문제연구』 37, 2017, 448~450쪽.

80) 『조선중앙일보』 1935년 6월 22일자.

東京暴力團討伐에

李起東도被檢擧

相愛會主事로脅迫行爲?

〈그림 21〉 조선중앙일보 1935년 6월 22일자

## 2) 상구회에서 상애회로

상애회는 1921년 12월 23일 일본 도쿄에서 사회사업단체를 표방하며 결성한 한인동화단체다. 상애회의 전신은 상구회인데, 결성 배경은 알 수 없다. 상애회 총본부가 남긴 『상애회사업경개(相愛會事業梗概)』(1923년 6월)에서도 이기동과 박춘금이 운영하던 구제사업단체 정도로 표현했다.[81]

이기동이 조선유학생동우회 발기인으로 참여했을 당시, 당국은 "선인(鮮人) 노동자의 일대 단체를 조직하고자" 한다는 점을 들어 이기동을

81) 相愛會總本部, 『相愛會事業梗槪』, 1923, 7쪽.

'갑호 요시찰인'으로 관리했다.[82] 그러나 그 시기에 이기동은 상구회를 조직했고, 이듬해 정식 사회사업단체인 상애회를 결성했다. 사회사업단체는 당국의 허가 없이 결성할 수 없으므로 상구회나 상애회 조직은 당국과 무관하다고 볼 수 없다. 당국의 의도는 무엇이었을까.

당국은 2.8 독립선언 이후 재일 한인 유학생과 노동자의 결속을 위험하고 폭발력이 크다고 인식했다. 한인의 노동운동이 활발해지는 것도 한인사회 분위기의 영향으로 파악했다. 실제로 조선고학생동우회원이었던 박열이 1921년 말 흑도회를 창립하고 1922년 말 도쿄와 오사카에 각각 조선노동동맹회가 창립하는 등 1920년대 초반의 재일코리안운동은 당국이 우려하는 방향으로 나아갔다. 당국은 3.1운동 후 일본에서도 조선에서 친일세력을 양성한 것과 같은 방식의 대응이 필요하다고 판단했다. 그러한 점에서 유학생과 노동자의 결합체인 조선고학생동우회 임원인 이기동의 포섭은 '강경' 일변도로 치달을 수 있는 한인 단체의 행보에 제동을 걸 기회였다.

이기동과 박춘금의 결합이나 상구회에서 상애회로 전환에 당국이 개입한 정황은 강동진의 연구에서도 찾을 수 있다. 박춘금은 1920년에 마루야마 조선총독부 경무국장[83]과 만났다. 이기동도 상구회에서 상애회로 전환(12월 23일)하기 직전인 12월 8일에 사이토(齋藤實, 1923년 9월 상애회 고문) 조선 총독과 만났다.[84] 이후 마루야마와 사이토 총독이 상애회 고문과 이사장을 지낸 점을 볼 때 이 모임은 개인적인 만남을 넘어선 사전 협의의 자리였다.

82) 內務省 警保局 保安課, 「朝鮮人概況第三」(1920.6.30), 『在日朝鮮人關係資料集成』 1, 86쪽.

83) 이후 도쿄 경시총감을 지냈으며, 1923년 9월 상애회 고문을 거쳐 1929년 4월에 상애회 이사장으로 취임.

84) 강동진, 『일본의 조선지배정책』, 한길사, 1980, 245쪽.

상구회에서 상애회로 전환배경에 대해서는 『상애회사업경개』(1925년 4월) 해당 내용을 살펴보자.

> "본회의 연혁, 본회는 초기에 상구회라 명명하고 조선인의 구제를 목적으로 설립되었다. 즉 한일합방 이래 내지에 도래하는 조선인 노동자의 수가 증가했다. 당시는 내선인 상호간의 이해가 결핍되고 직장을 구하는데 어려움이 많았다. 따라서 생활의 안정이 결여되었다. 언어가 통하지 않아 오해를 초래하는 일이 많이 발생해 각지에 떠돌아다녀서 점차로 사상이 악화되고 드디어 자포자기에 빠져서 국가를 저주하고 사람을 원망하는 죄를 범하고 있는데 기가 막힐 일이다. 여기에서 한일합방의 정신에 의거해 이들 여러 가지 폐해를 미연에 방지하여 내선융화의 실적으로 일시동인의 성지에 따라서 상호복리를 도모하는 것이라는 희망을 갖고 이기동, 박춘금 등이 약간의 사재를 투자해 본 사업을 창설하게 되었다.…"[85]

1921년 12월 23일 도쿄에서 창립한 상애회는 총본부를 도쿄(南千住町)에 두고, 지방본부를 설치했으며 임원(조선인과 일본인)을 구성했다. 1923년 6월 당시 한인 임원을 보면, 회장 이기동과 부회장 박춘금 외에 내무부장 · 외무부장 · 문화부장 · 위생부장 · 회계부장을 비롯해 총 14명이다. 26명의 간사와 전무상담역은 한인이었으나 당시 일본 우익의 거두인 도야마 미쓰루(頭山滿, 아시아주의자의 총수이자 玄洋社의 총수)와 이누가이 쓰요시(犬養毅)를 위시한 정치인과 기업인들이 고문을 맡았다. 1923년 9월 이후에는 사이토 총독과 마루야마도 고문을 맡았다.[86]

1924년경 총본부 회원 수는 6천 명 정도였으나, 1927년 말에는 본부와 지부 회원 총수가 10만 명에 달한다는 보고가 있을 정도로 성장했다. 본

85) 金斗鎔, 『日本における反朝鮮民族運動史』, 鄕土書房, 1947, 4쪽.

86) M・リングホ-フア(Ringhofer), 「相愛會－朝鮮人同化團體の歩」, 『在日朝鮮人史研究』 9, 1981, 49쪽.

부 조직 규모도 커졌다. 1920년대 도쿄 총본부 임원과 부서를 살펴보면 다음과 같다.[87]

〈표 12〉 상애회 도쿄 총본부 임원과 부서 현황

| 1924년 | 1927년 5월, 11월 |
|---|---|
| 회장 : 이기동<br>부회장 : 박춘금<br>총무 : 한종석(韓鍾錫)<br>내무부장 : 박영기(朴泳錤)<br>직업소개부장 : 손유수(孫瑜秀)<br>청부부장 : 노영구(盧永九)<br>외무부장 : 손수덕(孫秀德)<br>문화부장 : 김성(金星), 배동수(裵同守), 허붕(許梆), 김소득(金小得) | 1. 도쿄 총본부<br>회장 : 이기동<br>부회장 : 박춘금<br>총무 : 한종석<br>외무부장 : 노영구<br>내무부장 : 정인엽(鄭寅曄)<br>문화부장 : 이영규(李永奎)<br>숙박부장 : 배동수<br>직업소개부장 : 김용양(金鎔痒)<br>위생부장 : 하규석(河圭錫)<br>인사부장 : 정인엽<br>상무간사 : 하시모토 기요시(橋本淸) · 김종호(金鍾浩) · 조준승(曺準承)<br>2. 학생기숙사 상애관 : 사감 한종석, 부사감 정인엽 |

상애회는 1921년 총본부 결성 후 조직 확대에 나서 1923년 5월 12일 나고야, 5월 15일 오사카에 본부를 설치한 후 관의 도움을 받아 조직을 확대해나갔다. 한인 노동자가 다수 거주하는 오사카에는 같은 해 8월 11일 미시마(三島)본부와 9월 23일 이즈미(和泉)본부를 설치했다.

도쿄총본부는 처음에 아카사카(赤坂)구 덴마쵸(伝馬町) 1정목(丁目) 1번지에 두었다가, 관동지진이 일어난 1923년 9월 이후에는 일선회관(日本橋구 人形町 소재)으로 옮겼다. 일선회관은 일선기업(주)이 경영하는 곳이었는데, 박춘금이 1922년 이 회사의 취체역을 지냈다는 점을 볼 때, 일선기업(주)과 상애회 간 관련성을 볼 수 있다. 그 후 총본부를 1924년 1월

87) 김동명 외, 『일제강점기 재일조선인 단체편람』, 민족문제연구소, 2011, 265쪽.

에 혼죠구 다이헤이쵸(太平町)로 이전했다가 도쿄의 도시 정리 과정에서 이 지역이 소학교 부지로 지정되자 혼죠구 긴시쵸(錦系町) 4정목 5번지에 땅을 구해 신관을 건축하고 1929년 4월에 이전했다.[88]

> "… 우리는 특히 깊게 통찰하여 인류애의 정신에 기초하여 공존공영의 본위에 입각하여 미력이나마 여기에 자조적 보호기관을 설치하여 이름을 상애회하고 한다. 그 사명이야말로 스스로 명백하다. 즉 민족적 차별 관념을 철폐하고 일선융화의 철저함을 도모함은 물론, 특히 조선 노동자를 위한 정신적 교화와 경제적 구제를 도모함을 중대한 사명으로 하고자 한다."

상애회 취지서의 일부다. 상애회는 취지서에서 인류애 정신에 입각한 공존공영과 일선융화, 한인 노동자 교화 및 구제를 천명했다. 회칙 제3조에서 '본회는 일반 사회 공존공영의 정신에 기초하여 상애 상호를 목적으로' 한다고 명시해 공존공영의 정신을 강조했다.[89]

이같이 상애회는 '인류 상애의 정신에 기초하여 일선융화의 철저한 실현을 도모'하고 '노동자의 생활안정이나 사상의 선도'를 표방하고 결성했다. 설립목적은 한인에 대한 사상 선도를 통해 민족의식을 약화하고, 동화정책에 순응하도록 하는 것이다. 또한 『상애회사업경개』(1925년판)와 취지서에는 '도일한인이 일본에서 불안정한 생활을 하면서 자포자기하고, 일본을 저주하게 되었으므로 안정된 생활을 제공'해주어야 한다는 점을 언급했다. 그러므로 상애회가 표방한 사업에는 직업소개사업이 있

---

88) 金斗鎔, 『日本における反朝鮮民族運動史』, 鄕土書房, 1947, 5쪽. 신관 소재지에 대해 M・リングホ-フア는 本所區 柳島町 19번지 콘크리트 4층 건물로 파악했다. M・リングホ-フア, 「相愛會－朝鮮人同化團體の步」, 『在日朝鮮人史硏究』 9, 1981, 49쪽.

89) 상애회의 사상은 도야마 미츠루, 우치다 료헤이(內田良平) 등의 영향을 받았다고 하는데, 1930년에 박춘금이 남긴 문건(我我の國家新日本)과 1955년에 남긴 문건(私の所信)의 내용에 대해서는 金斗鎔, 『日本における反朝鮮民族運動史』, 鄕土書房, 1947, 12~13쪽; 김인덕, 『재일조선인사와 식민지 문화』, 경인문화사, 2005, 72~73쪽 참조.

었다. 그러나 직업소개 과정에서 착취가 심했으므로 1930년대부터는 오히려 한인들의 비난 대상이 되었다.

### 3) 상애회가 걸어간 길

상애회가 번성한 계기는 관동지진이었다. 『상애회사업경개』(1925년판)에서 '진재 당시 봉사한 행동은 당국과 일반 민중에게도 크게 알려져 총독부'의 지원을 받았다고 기술할 정도로 의미가 컸다.

한인 노동자 착취와 폭력, 노동단체 탄압을 일삼던 상애회는 관동지진 발생 직후 300명의 노동봉사대를 편성해 시체처리와 복구 작업에 나섰다. "1923년 9월 1일 대진재에 의해 이들 사업(*상애회 사업)은 전멸하게 되고 또한 조선인 폭동의 와전(訛傳)으로 불상사가 발발해 사태가 쉽게 수습되지 않을 것으로 생각되는데, 본회는 이 질서 회복을 계획하는데, 먼저 와전(瓦塼)을 제거함이 우선이라 해 일선회관에 조선인 이재자 1천 수백 명을 모아 이들을 지휘해 불탄 거리를 정리하는데 종사케" 했다.[90)]

한인학살이 진행되는 상황에서 경시총감 아카이케 아츠시(赤池濃)를 방문한 박춘금은 '상애회 일파의 신변을 보호해줄 수 없다'는 경시청의 입장을 확인한 후 적극적으로 당국에 협력하기로 하고 시체처리와 복구 작업을 자청했다.[91)] 그러자 관동지진 발생 직후 도일한 사이토 총독은 9월 11일 이기동과 박춘금에게 2천 엔을 전달하면서 힘을 실어주었다. 협력의 대가는 계속되어 당국은 새로운 사무공간도 제공해주었다. '총독부에서 육군성과 교섭해 혼죠구 다이헤이쵸(太平町) 2丁目 소재 육군 양식창

---

90) 金斗鎔, 『日本における反朝鮮民族運動史』, 鄕土書房, 1947, 4~5쪽.

91) 김인덕, 「1923년 관동대지진 조선인학살과 조일운동세력의 동향」, 『관동대지진과 조선인 문제연구』(재일코리안 국제학술대회 자료집, 2014.8.29), 40쪽.

(糧食廠) 구내 빈터 약 2천 평을 불하받고 여기에 1천여 평의 급조한 가건물을 제공받아 1924년 1월 사무소를 이전하고 사무를 개시'했다. 당국이 마련해 준 사무공간은 1929년 4월에 혼죠구 긴시쵸의 신관으로 이전할 때까지 상애회 총본부로 사용했다.

그 외에도 총독부는 4만 원의 자금을 지원해주었고, 매년 5천 원씩의 보조금을 지급해 사무비 일부와 무료숙박소, 무료직업소개소, 간이진료원, 인사상담부, 간이식당, 일용품 염가 판매소 설치비에 충당하도록 했다. 상애회는 총독부 외에 일본 정부와 각종 은행을 통해 자금 지원을 받아 기숙사인 상애회관(麴町 1번지)을 건립하기도 했다.[92] 1925년 12월 28일 도쿄 상애회관이 전소되어 약 10만 원의 손해를 입었다. 이 사건에 대해 조선에서는 "상애회가 친일단체임으로 조선인 유학생이 방화"했다고 보도하기도 했다.[93]

상애회는 결성 후 오사카와 교토, 시즈오카, 효고, 규슈, 구와나, 아이치현, 도요하시(豊橋), 세토(瀨戶) 등지에 지부를 두고 1927년 1월에는 재단법인으로 개정했다.[94] 일본지역 조직 확대에 그치지 않고 '내선 공존공영, 직업소개, 운동자 구제'를 내걸고 경성에도 조직체를 갖추어 1924년 4월 10일 결성식을 가졌다. 도쿄의 상애회 부회장인 박춘금이 경성에 만든 조직체의 임원은 김정규(金正圭), 정원조(鄭元朝), 구연상(具然尙), 이영(李永), 김일(金鎰), 지일선(池一鮮) 등이었다.[95]

상애회의 주요 활동은 크게 네 가지다.[96]

첫째는 노동자 파업에 개입이다. 파업 진압은 사업장 노무계원이었던

92) 相愛會總本部, 『事業施設 概要』, 1927, 3~4쪽, 58~59쪽.
93) 『조선일보』 1925년 12월 29일자.
94) 金斗鎔, 『日本における反朝鮮民族運動史』, 鄉土書房, 1947, 5쪽.
95) 강동진, 『일본의 조선지배정책』, 한길사, 1980, 245쪽.
96) M・リングホ-フア, 「相愛會－朝鮮人同化團體の步」, 『在日朝鮮人史研究』 9, 1981, 57~62쪽.

상애회원의 주요 임무였다. 상애회가 노동운동을 탄압하는 대가로 기업주로부터 비용을 받거나 회사 노무계에 소속되어 있었기 때문이다. 상애회원들은 파업 현장에 폭력단과 함께 나타나 한인 노동자에게 협박과 폭력을 구사해 단결과 투쟁 의지를 억누르곤 했다. 회원 가입 당시에 '노동운동을 진압한다는 서약서'를 강제적으로 쓰게 하고, 노동조합을 습격하거나 파업 현장에 몰려가 폭행하도록 사주했다.[97]

둘째는 직업소개사업이다. 직업소개사업은 취지서와 사업개요에서도 강조하는 분야이자 '목적을 달성해야 할 우선 사업'이었다. 특히 1920년대 초에는 한인노동조합이나 한인을 위한 직업소개소가 없었으므로 상애회를 통해 일자리를 얻을 수 있었다. 상애회는 직업소개를 통해 노동자와 고용주로부터 일정한 소개료를 받았는데, 고용주들은 소개료를 노동자의 임금에서 공제했기 때문에 노동자들이 감당하는 부담은 늘었고, 이익을 고용주와 상애회에 빼앗기는 꼴이었다. 직업소개사업은 상애회 스스로 직업소개사업과 공동숙박소, 간이진료소 등을 대표사업으로 꼽고, '회원이 10만 여에 이를 정도로 발전한 배경'으로 평가하는 중점 사업이었다. 1922년 말 기준 구직 한인 10,878명 가운데 9,096명을, 1923년 말 기준 구직 한인 5,234명 가운데 4,226명을 취업시켜 소개비용을 각각 1,735엔과 556엔을 거둔 것으로 나타난다. 소개 비율은 시기가 지나면서 줄었다.[98]

셋째는 노동자 숙박소 운영이다. 일본인들의 차별의식과 높은 집세로 인해 한인들이 주택을 구하기 어려웠으므로 주택문제는 현안이었다. 상애회는 주택문제 해결을 동화정책 수행 과정에서 시급한 문제로 파악하고, 1921년 12월 창립과 동시에 무료숙박소를 설립했다. 숙박소는 1929년부터 유료로 전환했다. 1924년에 총본부를 이전하면서 '총독부에서 제공

97) 樋口雄一, 「資料紹介－金天海 自專的記錄(草稿)」, 『在日朝鮮人史研究』 43, 2013, 191쪽.
98) 金斗鎔, 『日本における反朝鮮民族運動史』, 鄉土書房, 1947, 4쪽, 16쪽.

한 다이헤이쵸 2정목 소재 사무공간에 다수의 한인을 공동 숙박'하도록 했으며, 상애회 스스로 '지도보호의 임무에 해당한다'고 의미를 부여했다.[99] 숙박소 외에 간이주택도 건설했다.

넷째는 야학교 설립이다. 상애회는 동화정책을 원활히 수행할 방안의 하나로 교육문제에 주목했다. 한인들이 가지고 있는 교육과 학업에 대한 강한 열망과 지향성을 이용한 사업이었다. 상애회 야학교는 1922년 1월 도쿄에서 문을 열고 숙박소 이용자들을 대상으로 '수신' '일본어' '한글' '산수' 등을 가르쳤다. 어린이를 대상으로 하는 학교는 일요학교로 운영했다. 1923년에는 오사카에 야학교를 개설했다.[100] 도쿄의 야학교와 일요학교는 1929년에 폐지되었다. 당국이 1920년대 후반부터 공립야학교나 심상소학교에 한인들을 수용해 일본인이 되기 위한 동화교육을 적극적으로 수행하기로 했으므로 한인 교육기관이 불필요했고, 한인사회의 호응도 줄어들어 경영난이 심했기 때문이다.[101]

상애회는 인류 상애와 공존공영, 노동자 구제를 표면적으로 내세웠으나 당시 한인 노동자들에게는 '폭력'과 '착취'의 온상이었다. 회원들은 한인이 일하는 각 노동 현장에서 노무계라는 이름으로 임금과 노동 상태를 관리하고 노동자를 통제했다. 상애회는 1920년대 초기에 한인노동조합이 부재한 상황에서 일본어를 해독하지 못하고, 도움 청할 곳 없이 막막했던 한인들에게 접근해 가입시킨 후 통제와 억압을 가했다.

통제의 방향은 한인들을 체제에 순응하고 착취의 대상으로 남도록 하는 것이었다. 상애회는 한인 노동자들이 노동 현장에서 열악한 노동조건과 저임금구조에 순응하며 저항하지 않고 성실히 근무하도록 나섰다. 해

99) 金斗鎔, 『日本における反朝鮮民族運動史』, 郷土書房, 1947, 5쪽.
100) M・リングホ-フア, 「相愛會－朝鮮人同化團體の歩」, 『在日朝鮮人史研究』 9, 1981, 67쪽.
101) '한글'은 지역에 따라 가르치지 않는 곳도 있었다.

고와 폭력 등의 방법을 동원해 노동자들의 권익 요구를 묵살하고 노동조합 가입을 막았다. 상애회 간부들은 경찰과 같은 권한을 가지고 노동자의 개인 생활까지 통제했다. 목적 달성을 위해 한인 노동자를 폭행하고, 파업을 해산하며 한인노동조합을 습격했다. 상애회가 조직 아래 각 작업현장에 지부를 두고 소속 노동자를 강제로 착취하고, 폭력배를 조직 요원으로 거느리고 수시로 한인 노동자들에게 공갈 협박과 폭력을 자행했다. 한인 노동자를 통제하고 이익을 추구하던 단체였으므로 한인노동조합의 조직화 활동은 상애회의 이익에 직접 침해되는 일이었다.

구체적으로 상애회가 한인들을 탄압하고 착취한 사례는 무수히 많다. 1925년과 1926년에 발생한 몇 가지 사례를 소개하면 다음과 같다.[102)]

○ 1925년 1월 9일 상애회원 20여 명이 노동조합에 가입했다는 이유로 오사카부 기시와다(岸和田) 방적공장 직공 김병원(金秉瑗)의 집을 습격해 가족을 폭행해 눈알이 빠지는 중상을 입힘
○ 1926년 4월 25일 상애회가 회원 40여 명을 동원하여 오사카 관서연합회와 노동연주회(勞動連珠會)를 습격하고, 연주회의 송남섭(宋南燮) 등 4명과 관서연합회 김용태(金鏞泰)를 상애회 사무실로 끌고 가 폭행
○ 1926년 5월 하마마츠(浜松)시에서 일어난 일본악기회사파업에 대해 상애회원들이 파업본부를 습격. 상애회원들은 파업현장에서 한인 이범구(李範玖)가 연설했다는 이유로 파업본부를 습격해 수십 명의 중상자 발생
○ 1926년 6월 13일 도쿄 요도바시에 있던 재일노총 사무실을 습격해 박천(朴泉) 등 9명에게 중경상을 입힘
○ 1926년 6월 14일 야마나시현에서 상애회에 입회하지 않는다는 이유로 한인 토공들을 습격해 3명이 즉사하고 50명이 중상을 입음
○ 1926년 6월 상애회가 오사카연합회 이마후쿠(今福)노동조합을 습격하는 과정에서 일어난 충돌사건으로 노동조합원 김상구(金相求) 등 9명이 검거

102) 정혜경, 『일제시대 재일조선인민족운동연구』, 국학자료원, 2001, 213~214쪽.

○ 1927년 2월 하순, 상애회원이 시즈오카현(静崗縣)에서 상애회 입회를 거절한 한인 노동자 십여 명을 집단 폭행해 이 가운데 2명이 사망하고 10여 명이 중상을 입음

이외에 폭행이나 인신매매, 성추행 등 파렴치한 만행은 그치지 않았다. 1926년 5월 백기형(白基衡)·김진철(金鎭哲) 등 후쿠오카의 상애회 간부 5명이 한인 소년 1명을 납치해 묶어놓고 폭행해 혼수상태에 빠트린 일이 있었다. 시즈오카현에서는 1926년 9월부터 상애회 간부 3명이 부녀자를 유인해 도쿄와 나고야 등지에 매매한 사실이 발각되기도 했다. 이들의 상습적인 습격이나 폭행에 대비해 노동조합은 방위대를 만들어 주·야간으로 지키기도 했으나 역부족이었다.[103]

상애회가 한인에게 착취와 횡포를 자행할 수 있었던 배경은 당국으로부터 인정받은 동화단체라는 점 때문이었다. 일본은 한인에 대해 동화정책을 택하고 있었는데, 한인 동화정책은 '일본에 거주하는 조선인을 사상, 감정, 언어, 문화, 일상생활 등의 영역에서 정신적·물질적으로 일본사회에 동화시키고 통합시켜 일본인으로 만드는 것'이다. 이로 인해 조선 민족의 문화의식·민족의식을 억압하고 파기하고자 하는 정책이었다. 이 정책을 위해 설립된 상애회는 당국의 정식 동화단체였다. 일본의 동화단체란 일본의 중앙이나 지방정청에 의해 설립된 단체, 또는 이들의 원조를 받으면서 한인에 의해 설립된 단체를 의미한다. 이 가운데 상애회는 오사카계명회(大阪啓明會, 1937년 결성)와 함께 당국으로부터 인정받은 동화단체였다. 그러므로 당국의 지원 아래 한인에 대한 착취와 횡포를 자행할 수 있었다.

이러한 상애회의 각종 만행에 대해 재일노총을 비롯해 도쿄조선무산

103) 樋口雄一, 「資料紹介－金天海 自專的記錄(草稿)」, 『在日朝鮮人史研究』 43, 2013, 191쪽.

청년동맹회, 일월회 등 한인 운동단체들은 1926년부터 공동전선을 구축하고 박멸 투쟁에 나섰다. 한인노동조합이 민족운동을 전개하는 한, 상애회와 노동조합과 충돌은 불가피했다. 또한 상애회는 한인의 동화가 목적이었으므로 민족운동 참가를 극력 저지했다. 그러므로 재일노총 등 한인 운동단체들은 상애회를 당국과 동일한 존재로 설정하고 '격멸' 투쟁의 대상으로 삼았다.

승승장구하던 상애회는 언제까지 위세를 떨쳤을까. 통계상으로 볼 때 1930년대 초 상애회 세력은 막강했다. 1932년 기준 도쿄 3,660명, 오사카 4,050명, 아이치현 5,502명 등 주요 도시의 회원 규모만으로도 위세는 대단했다. 특히 나고야조선노동조합이 활동하던 아이치현에서 5천 명이 넘는 회원을 보유했다는 점은 특기할만하다. 현(縣) 당국의 개입 없이는 불가능한 일이었다. 박춘금이 제18회 총선거를 통해 1932년 2월 중의원에 당선되는 등 상애회의 앞길은 거침이 없어 보였다.

그러나 화려한 성과와 회원 규모 등 외양과 달리 1931년을 기점으로 쇠퇴의 길을 걷기 시작했다. 1931년 9월 만주사변 직후인 10월 15일 도쿄와 오사카에서 참가자를 동원해 '만주피학살조선인동포추도회'와 '조혼위령회'를 개최하는 등 단체 세력을 과시했으나 이미 한인 참가자는 500여 명에 그쳤다. 같은 시기에 증가한 '내선융화단체' 상승세 속에서 조직 약체는 불가피했다. 1931년의 16,803명이었던 회원은 1932년에 16,080명을 거쳐, 1933년 14,048명, 1934년 7,428명, 1936년에 3,163명으로 줄었다. 1934년 일본 전체 융화친목단체 회원이 123,508명으로 최대치를 기록했다는 점과 비교하면, 상애회원 규모가 얼마나 줄었는지 알 수 있다.[104)]

상애회의 쇠퇴 이유는 무엇일까. 원래 상애회는 한인의 지지와 무관하

104) M・リングホ-フア, 「相愛會－朝鮮人同化團體の歩」, 『在日朝鮮人史研究』 9, 1981, 52~53쪽, 69쪽 표.

게 당국의 개입과 관여로 유지한 관변단체였다. 상애회 주지에 찬동해 자발적으로 가입한 회원은 드물었다. 한인 합숙소장이나 공장의 한인 담당자, 노무 담당자들이 일을 얻기 위해 상애회와 손잡고 소속 노동자를 회원으로 가입시키는 경우가 일반적이었다.[105] 더구나 무료숙박소를 운영하고 있었으므로 어려운 형편의 노동자들에게 큰 유인책이 되었다.

상애회는 당국의 필요에 따라 탄생했으므로 상애회의 쇠퇴는 당국의 입장 변화와 무관할 수 없다. 활용가치가 없다면 지원할 필요도 없기 때문이다. 1920년대 지속적인 상애회의 횡포와 만행도 해산을 자초한 원인이 되었다. 한인 노동자에 대한 노골적인 착취와 탄압은 한인 단체의 공격 대상이 되었고, 당국이 원하는 '융화'단체로서 역할과 거리가 멀어졌다. 당국의 입장에서 용도 폐기는 불가피했다. 재일 한인의 사회운동과 민족운동이 활발해지면서 상애회의 폐단과 횡포에 대한 반감이 깊어졌고, 1930년대에 들어 한인의 수가 급증하자 1920년대와는 다른 대체기구가 필요해졌다. 대체기구는 협화회였다. 상애회는 1936년부터 한인 통제기구인 협화회 조직이 일본 전역에 보급되고, 1939년에 중앙협화회가 발족하면서 영향력이 약해져 1941년 3월 총본부가 해산했다.[106]

1941년 4월에 열린 해산식에서 상애회는 잔여재산 13만여 원을 도쿄부 협화회 등 10여 개 단체에 기부했다.[107] 이후에도 박춘금은 정치 원로로 목소리를 높였고, 이기동은 일본 패전 후에도 6억 원이 넘는 자산가로 군림하다가 1952년(이기동)과 1973년(박춘금)에 사망했다. 상애회를 통해 동

105) 外村 大,『在日朝鮮人社會の歷史學的硏究』, 綠陰書房, 2004, 109쪽.

106) 협화회에 대해서는 樋口雄一,『協和會－日帝下 在日朝鮮人の統制組織に關する硏究』, 社會評論社, 1986(정혜경·동선희·김인덕 번역, 도서출판 선인, 2012); 宮本正明,「在日朝鮮人の'戰時'と'戰後'－協和會末端組織の担い手を中心に」,『近代日本の境界を越えた人びと』(日本經濟評論, 2019)과 본서 제3장 제5절 참조.

107) M·リングホ-フア,「相愛會－朝鮮人同化團體の步」,『在日朝鮮人史硏究』9, 1981, 53쪽.

포들에게 착취와 폭력을 일삼고, 반민족행위로 일관했던 이들은 생전에 어떠한 사회적·법적 제재도 받지 않고 천수를 누렸다. 그러나 한국 사회와 정부가 부여한 친일반민족행위자라는 역사의 평가는 피하지 못했다.

## 6. 항일운동의 플랫폼, 재일코리안운동

1920년대 재일 한인 노동자층의 증가를 배경으로 한 1922년 도쿄동맹회·오사카동맹회의 결성은 한인 노동자 대중의 자각을 통해 역량을 높이는 선순환구조의 출발점이었다. 그러나 각지의 학살사건은 한인들이 생존권을 위협받을 정도로 심각한 상황에 놓여 있었음을 보여준다. 한인들의 척박한 현실은 독자적 한인 운동 지휘 기관의 필요성을 인식해나가는 계기가 되었다. 1924년 조선노동총동맹의 결성을 필두로 노농운동단체와 청년운동세력의 전국적 통일이 진행된 조선 상황이나 일본노동총동맹이 보여주는 전국적 연대체제도 한인 운동가들에게 자극이 되었다.

이러한 상황과 문제의식에서 출발한 재일 한인 단체의 핵심과제는 한인의 생존권과 권리 지키기였다. 재일노총의 강령이나 주장이 '노동자계급의 해방과 경제적 평등'을 표방한 이유이기도 하다. 그러나 한인들은 생존권과 권리를 지키고 한인 개인의 해방을 이루기 위해 선행 과제가 있다는 점도 깨달았다. 김정근이 재일노총 창립대회에서 '경제적 운동만 할 것이 아니라'는 대목에서 컵을 깨면서까지 흥분한 이유이기도 했다. 당국과 일본 민중은 한인들에게 이미 경제 운동만으로 참혹한 노동환경과 학살을 피할 수 없다는 점을 보여주었다. 1920년대 재일코리안운동이 민족문제 해결을 지상목표로 삼을 수밖에 없었던 이유다.

물론 한인이 경험한 모든 노동 상황이 니가타 수력발전소와 동일하지

〈그림 22〉 홋카이도 아사히카와(旭川) 조몬(常紋)터널 현장

지금도 철로로 사용하고 있다.

〈그림 23〉 조몬터널 위령비에 새긴 유래

1912년부터 3년간 공사로 백 수십 명(한인 포함)이 사망할 정도로 난공사였다. 다코베야(감옥방)라는 노동관리제도를 통해 노동자들을 죄수처럼 취급하며 공사에 투입했다.(2019.9.29. 촬영)

는 않았다. 그러나 픽션과 같은 일이 사실로 존재했다는 점이 중요하다. 난공사 현장에는 한인 노동자가 있었다. 장시간의 노동과 짧은 휴식시간은 잦은 노동재해를 유발하고 노동자의 건강을 악화시켰다. 노동재해의 원인을 살펴보면, 첫째 위험한 작업환경과 안전시설 미비로 야기되는 노동재해, 둘째 노동자들의 작업 미숙과 수면 부족으로 인한 노동재해 등이다. 토목건축현장이나 탄광의 노동자는 매몰사고나 토사 붕괴사고, 화약폭발사고, 갱내화재사고 등으로 목숨을 잃었다. 당시 신문기사에는 한인 노동자의 참사 소식이 빈번했다. 사고의 특징은 1920년대에는 매몰이나 토사(土砂)붕괴, 화약폭발사고가 빈번한 데 비해 1930년대 후반에는 갱내화재사고가 빈발했다. 특히 한인들은 노동 현장에서 가장 열악하고 위험도가 높은 작업장에서 배치되었으므로 사고는 곧 사망으로 이어졌

다.[108] 이러한 현실은 한인 노동자 단결의 배경이 되었다.

1920년대 초중반까지 재일코리안운동은 노동자 조직화와 대중투쟁 중심이었다. 한인의 빈번한 귀국과 도일은 노동자 조직화에 저해 요인이었다. 재일노총이 노동자 교육을 위해 노동독본을 발간하고 기관지(노동동맹)를 발간했으나 대중의 현실을 해결할 수 있는 직접적인 방책은 아니었다. 반제반일운동에 집중하는 과정에서 노동자의 동맹파업 문제에 대한 노력이 상대적으로 소홀했다. 그러나 이러한 경험의 축적은 자연스럽게 한인 노동자 대중의 성장으로 연결되었다.

〈표 6〉에서 살펴본 바와 같이 동맹파업의 양적 성장은 두드러졌다. 양상과 추이도 달라졌다. 1920년대 중반까지 노동자들의 동맹파업은 자연발생적이거나 외부의 지도 없이 노동자들 스스로 전개한 경우가 많았다. 그러나 1920년대 후반부터는 상황이 달라졌다. 1920년대 중반에 들어서면서 한인 노동자의 조직화 비율이 높아지고, 한인사회의 정주화가 진행되면서 생존권 문제가 더욱 절실해졌기 때문이다. 계속되는 경제공황과 그로 인해 노동 안정성이 불안해지고 삶의 여건이 열악해지면서 노동자들은 생존권을 지키기 위한 불가항력적 투쟁을 분출했다. 이들의 투쟁은 동맹파업의 양상으로 나타났다. 조직화와 체계화가 진전된 노동조합 또한 노동자들의 동맹파업을 적극적으로 지원했다. 노동조합의 지도를 받으며 1920년대 후반부터 본격적인 파업 투쟁을 전개했고 주택분쟁과 협동조합운동 등 다양한 생존권 투쟁으로 확산해나갔다.

108) 『조선일보』 1925년 2월 15일자; 1926년 5월 4일자; 『동아일보』 1928년 3월 7일자; 『조선일보』 1929년 11월 15일자; 『중외일보』 11월 15일자; 『조선중앙일보』 1936년 1월 27일자; 1936년 4월 28일자; 1936년 8월 8일자.

### 1) 전국 단위 연대투쟁

〈표 11〉에서 정리한 바와 같이 1920년대 한인 단체의 중심은 노동조합과 사상단체이다. 그 외 기독청년회 등 종교단체가 있다. 이 가운데 북성회와 일월회, 재일노총, 재일본조선청년동맹, 학우회, 신간회 도쿄지회 등은 조선공산당과 긴밀히 관련되었다. 한인 단체의 활동은 내용상 크게 노동자와 직접 관련된 활동(노동자 조직화, 파업 지원, 메이데이 참가 등), 한인 탄압 반대운동, 일본사회운동 참가, 국내 노동운동지원과 기근 등에 대한 구호활동 등 네 가지다.

1920년대 중반까지 재일코리안운동의 중심은 합법운동이자 전국 단위의 연대투쟁이었다. 출판 활동이나 강연 및 연구 활동, 노동자 일상투쟁 지도 등 단체의 성격에 따른 독자적인 활동도 존재하지만, 연대투쟁의 성격을 띤 활동이 2/3 이상을 차지한다. 연대투쟁방식은 개별적인 활동보다 재일 한인의 운동역량 결집을 넘어 당국에 강력한 위협이 되었다.

전국 단위의 연대투쟁은 4대 기념일투쟁(3·1운동, 관동지진학살, 국치일, 메이데이), 한인학살 조사 및 규탄, 조선총독폭압정치반대, 국내운동 지원, 일본 사회운동 지원, 상애회 박멸 등 광범위하다. 운동의 방법은 문서 활동(격문살포, 인쇄물 살포)과 대중투쟁(대중집회, 가두시위, 파업지도)이다. 몇몇 운동의 전개 내용을 살펴보면 다음과 같다.

첫째, 4대 기념일투쟁이다. 3.1운동과 국치일 등 조선민족독립과 관련한 투쟁은 물론, 관동지진학살기념일도 빼놓지 않았다. 1924년 3월 1일 도쿄에서 도쿄동맹회 등 6개 단체가 주최한 3.1운동기념연설회는 250명이 참가했는데, 해산명령으로 4명이 체포되었다. 이후 피검률은 높아져 1925년 3월 1일 6개 단체(학우회, 학흥회, 형설회, 재일노총, 일월회, 도쿄조선무산청년동맹회) 250명의 대표가 개최한 3.1운동기념대회에서 해산

명령에 불응하다 검거된 한인은 124명이나 되었다.[109)]

관동지진학살기념일은 1923년 12월의 도쿄 행사 이후, 1924년 3월 16일 도쿄동맹회가 일본노동총동맹회와 공동 주최한 '관동대지진피일지선노동자추도회(關東大震災被日支鮮勞働者追悼會)'로 이어졌다. 연설회를 겸한 추도식이 도쿄에서 열린 후 관동지진학살기념일 행사는 한인 단체의 주요한 연례행사로 정착해 일본 전역에서 매년 열렸다. 추도식이 관동지진 당시 학살된 한인을 포함한 중국인과 일본인 피살자를 추도대상으로 삼았던 이유는 국제적 여론 환기를 위해서였다. 관동지진학살기념일 행사는 1925년 3월 16일에도 일지선인피학살자추도회(日支鮮人被虐殺者追悼會)라는 이름으로 도쿄동맹회와 일본노동총동맹 등 13개 노동단체의 공동 주최로 개최했다.

네 종류의 기념일투쟁은 모두 연대투쟁의 성격을 띠고 있다. 이 가운데 일본 사회운동세력과 연대투쟁의 성격을 가장 강하게 드러낸 것은 메이데이 기념 투쟁이다. 한인 단체가 메이데이에 참가한 것은 1922년 조선고학생동우회가 최초다. 노동사정조사회(勞動事情調査會)가 펴낸 『최근의 우리나라 사회운동(最近の我國社會運動)』에는 메이데이에 조선고학생동우회 대표인 백무(白武)가 송봉우 등 회원 30명과 함께 참가해 '조선노동자의 계발'·'자본벌 타파(資本閥 打破)'·'계급투쟁'이라는 제목 아래 열변을 토한 것으로 기록되어 있고, 『전위(前衛)』 1922년 6월호에도 같은 내용의 기사가 나온다.

그러나 당시 참가자였던 백무는 '동우회라는 단체적 수준의 참가가 아니라 개인적으로 친구 4,5명과 함께 참가'했다고 밝혔다. 그는 메이데이 행사에서 '최초로 참가한 조선인'이라는 소개를 받고 "일본 제국주의로부

109) 姜徹, 『在日朝鮮人史年表』, 雄山閣, 1983, 42쪽, 46쪽.

朝鮮人虐殺의 追悼會를 解散

십륙일일화청년회에서

통렬한조사랑독중해산

작년진재통에 학살당한 조선인과일본인로동자의추도회,(追悼會)는 십륙일오후두시부터각로동단톄의 주최로 동경부소석천구잡사곡(小石川區雜司谷)일화청년회관(日華青年會館)에서개최하얏는데 경찰당국에서는 만일을념려하야경관삼백명으로엄중히 경계하든중 로동가를봉창에귀족원작흥공정회(貴族院作興公正會)회원너명은 개회전에 검속되고 정각이되자 표차웅(俵次雄)씨의사회로각디로부터 도착된조뎐(弔電)을 랑독한후 긔계직공련합회원들도 모다통렬한조사를랑독하다가드듸여 중지를당하고 개최된지삼십분만에해산되얏다더라(동경뎐보)

〈그림 24〉 동아일보 1924년 3월 18일자

터 조선인이 해방되기 위해서는 조선인만의 힘으로는 부족하고, 일본의 반제세력이나 사회주의자, 수평사(水平社) 운동과 손을 맞잡아야만 조선 독립운동의 발전을 도모할 수 있다"는 내용의 인사말을 했으며, 행진 도중에 검속되었다고 회상했다.[110] 백무는 개인적 참가였다고 회상했으나 당시 주최 측에서는 '조선고학생동우회 대표 백무'라는 점을 주목했다. 조선고학생동우회는 이듬해인 1923년 5월의 메이데이 행사에는 단체 자격으로 참가했다.

110) 白武, 「朝鮮人がはじめて參加した第3回メ - デ一前後」, 『朝鮮研究』 40호, 1965년 6월, 31~32쪽.

〈그림 25〉 오사카에서 열린 제13회 메이데이 행사에 참가한 한인들
(신기수 엮음, 『한일병합사』, 일광문화사, 2009, 275쪽)

1923년 메이데이 행사에 적극 참가한 한인 단체는 오사카 지역의 단체였다. 1923년 5월 1일 오사카에서 열린 일본노동총동맹 주최 메이데이 행사에 오사카동맹회원 600명이 참가했다. 단체 차원에서 참가했다. 일본노동총동맹이 오사카동맹회 측에 우리의 운동은 "먼저 국경이 없고 겸하야 세계 각국에 잇는 노동자는 너나 할 것 없이 처지가 같은 곳에 있을 터이니 같이 악수하고 나가는 거시 엇더 하냐"(현대문－인용자)고 제의하자, 오사카동맹회가 임시대회를 열어 참가를 결의해 성사되었다.[111]

1923년 오사카 메이데이 행사에서 일본노동총동맹의 표어는 '1. 8시간 노동제 즉시 실시 2. 실업방지의 철저 3. 식민지 해방 4. 조선에서 다이

111) 『大阪朝日新聞』 1923년 5월 2일자; 『조선일보』 1923년 4월 29일자.

쇼8년제령(大正8年帝令, 「정치에 관한 범죄처벌의 건」, 1919년 4월 15일 제정) 철폐 5. 동척이민 철폐'이다. 식민지 문제에 대한 표어가 메이데이 행사 처음으로 등장했다. 이듬해인 1924년에도 오사카동맹회는 나카노지마(中之島) 공원에서 열린 일본노동총동맹 주최 메이데이 행사에 회원 600명과 함께 '동척이민철폐 · 이상적 사회 건설'의 표어를 앞세우고 참가해 오사카동맹회 대표 김인수(金仁守)가 연설했다.[112] 1925년 메이데이 행사에서 오사카동맹회(370명 참가)를 비롯해 사카이(堺)조선인노동동지회(150명 참가)와 청년단(50명 참가), 자유노동단(200명 참가) 등의 한인 단체가 참가해 시위행진에도 나섰다. 이 행사에서 한인 측이 제안한 7개 표어 가운데 '일선노동자 단결하자'와 '조선동척이민 폐지'는 채택했으나, 식민지 해방 표어는 제외했다.[113]

오사카동맹회와 양대 산맥을 이루던 도쿄동맹회의 메이데이 행사 참가는 1924년부터 확인된다. 1924년 5월 1일 도쿄 아카사카(赤坂)에서 열린 메이데이 행사에 50여 개 단체에서 총 4천여 명(동아일보에서는 전국 규모 3만 명으로 보도)이 참가했는데, 도쿄동맹회도 단체 자격으로 참가했다. 공안 당국 자료에 의하면, 도쿄동맹회는 20명의 회원이 정식 한인 단체의 자격으로 참가했다. "아기를 업은 조선부인노동자가 사천여 명 중에 이채(異彩)를" 띠었다고 할 정도로 반응은 뜨거웠다.[114]

1925년 5월 1일 도쿄에서 열린 제6회 메이데이에 참가한 한인은 '재일노총을 비롯한 20여 한인 단체' 120명으로 증가했다. 그러나 오사카보다는 적었다. 오사카 한인의 메이데이 참가자 수는 해가 갈수록 급증해

112) 『조선일보』 1924년 5월 7일자; 大阪地方勞動運動史年表委員會, 『大阪地方勞動運動史年表』, 1957, 116쪽.

113) 內務省 警保局, 「1925年中における在留朝鮮人の狀況」, 『在日朝鮮人關係資料集成』 1, 170쪽.

114) 『조선일보』 1924년 5월 2일자; 『동아일보』 1924년 5월 3일자.

1928년 오사카조선노동조합이 밝힌 참가자는 1만 명에 달했다.[115)]

4대 기념일투쟁은 1920~1930년대에 일관되게 전개되었던 재일코리안 운동이다. 1922년 메이데이 참가를 기점으로 기념일투쟁은 해를 거듭할수록 참가자가 늘어나면서 재일코리안운동으로 자리 잡았다. 단체의 이념과 성격을 막론하고, 기념일투쟁에 참가하지 않는 노동·사상단체는 찾기 어려울 정도였다.

두 번째 전국 단위 연대투쟁은 조선총독폭압정치반대투쟁이다. 이 투쟁은 1920년대에 한인 운동단체들이 총력적으로 전개한 운동이자 한인 단체의 주도력이 빛나는 활동이었다. 오사카에서 시작해 도쿄로 확산했다. 이 투쟁은 1925년 11월 검거된 조선공산당원에 대한 공판에 따른 가혹행위, 1927년 5월 10일 전남 완도군 소안도 소안학교 강제폐쇄사건 등 조선 사회가 겪고 있던 식민통치정책의 모순을 배경으로 일어났다. 투쟁의 도화선이 된 사건은 소안학교 강제폐쇄사건이다.

전남 완도 앞 작은 섬 소안도의 소안학교는 1923년 도민의 의연금으로 개교했는데, 교육목표를 항일민족운동가 양성에 두었다. 사회주의 운동가 출신 교원들의 교육을 받은 소안학교 출신들은 국내와 일본에서 비밀결사(守義爲親契, 일심단)·청년단체(배달청년회)·사상단체(살자회)를 조직하고 사회운동과 민족운동을 주도하는 등 항일운동의 양성소로서 역할을 담당했다. 당국은 학교 옆에 주재소를 설치하고 감시했으나, 학교 측은 일장기 게시도 거부한 채 항일민족교육을 계속하다가 폐쇄되었다.[116)]

소안학교 폐쇄 소식에 가장 먼저 나선 것은 전남완도향우회였다. 오사

115) 『조선일보』 1925년 4월 29일자; 姜徹, 『在日朝鮮人史年表』, 雄山閣, 1983, 48쪽; 「大阪朝鮮勞動組合 北部支部 第3會 大會」, 김인덕, 『식민지시대 민족운동사자료집』 4, 국학자료원, 1997, 364쪽.

116) 손형부, 「식민지시대 송내호·기호 형제의 민족해방운동」, 『국사관논총』 40, 1992, 107쪽; 『동아일보』 1927년 5월 17일자; 조선일보 1927년 5월 17일자.

大阪에開催된總督失政攻擊大會

會衆四千、八百警官出動

全南莞島所安面私立學校强制廢校事件

일본에서조선총독정치공격대회는이번이처음

될지라만한소학생의호소는만장을울리엇다고

卽席檢束者가四十餘名

〈그림 26〉 조선일보 1927년 6월 6일자

6월 1일에 열린 대회에서 처음으로 '총독실정'이라는 용어를 사용

카완도향우회 · 도쿄완도향우회 · 요코하마(在橫濱)완도향우회는 학교 폐쇄일인 5월 10일 즉각 합동으로 격문 4천 매를 발송했고, 오사카완도향우회는 5월 21일 소안사립학교폐교반대동맹을 조직해 반대연설회를 개최했다.[117] 당시 전남지역 출신 한인의 다수는 오사카에 거주했다. 1927년 오사카 거주 완도 출신자는 약 1,700여 명에 달했다. 이들은 주로 미나토구(港區) 주변을 지역적 기반으로 하는 이즈오(泉尾)조선노동조합 소속이었다. 오사카는 위경영(魏京永)과 정남국(鄭南局), 정창남(鄭昌南), 최평

117) 『조선일보』 1927년 6월 6일자.

산(崔平山) 등 소안도 출신 한인 운동가들을 배출한 지역이었다.[118] 그러므로 오사카 전남 출신 한인들은 신속하면서도 적극적으로 대응했다.

오사카 한인들은 6월 1일 본격적인 총독실정(失政)공격대회를 열었다. 총독실정공격대회는 1927년 5월 21일 개최한 소안사립학교 폐교반대연설회 주최 측 제안으로 열었다. 소안사립학교 폐교반대연설회를 주최한 오사카완도향우회는 "전 오사카에 거주하는 조선사람을 망라하여 당국실정(當局失政)탄핵운동실행위원회"를 발족한 후, 6월 1일 총독실정공격대회를 개최했다.

특히 1927년 6월 1일 오사카의 총독실정공격대회는 전국 단위 운동으로 확산하는 기폭제이자 일본지역 총독폭압정치반대투쟁의 시원(始原)이었다. 한인 4,000명이 참가하고 경관이 8백 명이나 출동할 정도로 규모가 컸고, 중도 해산당했다. 이 대회는 재일노총 오사카조선노동조합이 주최하고 일본노동조합·노동당 오사카지부·전국청년동맹·수평사 등 40여 일본 사회운동단체와 함께 한 국제연대투쟁이었다.[119] 이 대회에서 명명한 '총독실정'은 오사카를 넘어 전국 규모의 '조선총독폭압정치반대투쟁'으로 이어졌다.

재일노총 집행위원장 정남국은 소안학교 폐쇄 사건을 가장 강력히 대응한 인물이었다. 정남국은 6월 1일 총독실정대회 이후 8월 복교동맹 대표 자격으로 신간회 도쿄지회 대표 강소천(姜小泉)과 함께 일본 문부대신을 만나 항의문을 전달했고 9월에는 조선총독부 학무국장과 완도군수를 만나 복교조치를 요구했다.[120]

118) 『조선일보』 1927년 11월 4일자; 外村 大, 「戰前期在日朝鮮人社會の地緣結合」, 『民衆史硏究』 51, 1991, 63쪽.

119) 『조선일보』 1927년 6월 6일자.

120) 『중외일보』 1927년 8월 7일자; 소안소년단 출신의 이월송(李月松)이 남긴 육필 회고록에도 정남국이 '문부대신을 단독 면접하고 항의' 했다고 기록되어 있다. 『이월송 회고록』,

文部大臣에게 抗議文手交

엄중한항의문교부하고

압박정치에대하야항의

所安校不當廢校問題로

〈그림 27〉 중외일보 1927년 8월 7일자

조선총독폭압정치반대투쟁은 한인노동조합이 반제반일운동을 적극적으로 전개하는 계기가 되었다. 오사카에서는 9월 1일, 8개 한인노동조합(西成·港區·大阪合同·大阪동맹회·今福·浪速·堺·東大阪노동조합)이 노동조합대회를 열고 소안사립학교 폐쇄문제를 계기로 각 지방에서 분산적으로 전개되고 있던 조선총독정치반대투쟁을 전체적으로 결합하기로 결의했다. 이 결의는 이후 전개한 조선총독정치반대투쟁이 상설운동으로 정착하고 노동조합이 반제반일운동에 매진하게 된 계기가 되었다.

도쿄에서도 1927년 8월 3일과 14일, 24일에 재일노총 도쿄조선노동조합, 신간회 도쿄지회가 주최한 조선총독폭압정치폭로연설회를 열었다. 이미 오사카에서 재일노총 집행위원장이 직접 총독실정공격대회를 주관

연도 및 발행처 미상, 59쪽.

했으므로 도쿄로 확산은 당연한 순서였다. 8월 14일에 열린 대회는 "폭우가 내리는 중이었건만 조선인 일본인 남녀 청중이 무려 칠백여 명에 달했"고 "경시청 특고과를 비롯해 소관 대기서 외 이삼 서에서 다수 출동해 엄중한 경계를 하는 중"에 개최되었는데, 계속되는 '중지!' '중지!' '중지!' 명령 끝에 해산 조치했으나 "참가자들은 적기가와 혁명가를 고창하며 산회"했다.[121)]

도쿄로 확산 후 한인 운동세력은 조선총독정치탄핵동맹(이하 탄핵동맹)을 결성하고, 조선총독폭압정치반대투쟁을 상시 민족운동으로 정착시켰다. 9월 17일, 도쿄에서 탄핵동맹 결성 창립총회를 개최했다. 재일노총을 비롯해 학우회, 신간회 도쿄지회 대표가 모여 결성한 탄핵동맹은 본부를 신간회 도쿄지회 사무실로 정하고 본격적인 활동에 들어갔다.[122)] 이로써 조선총독정치반대투쟁은 반일반제운동으로 정착 · 확산했다. 1927년 1년간 도쿄지방에서 재일노총의 주최로 열린 조선총독폭압정치폭로연설회와 강연회는 23회였고, 데모가 14회, 전단 살포가 40여 회였다. 투쟁이 지속됨에 따라 참가자와 검속자도 늘었으며, '적기가와 혁명가를 고창'하며 해산에 대항하는 격앙된 군중들의 모습도 늘어났다.

탄핵동맹의 활동 가운데 하나는 조선공산당 공판문제였다. 조선에서 열린 조선공산당 공판이 비공개재판인 데다 수감자 고문이 그치지 않자 1927년 9월, 탄핵동맹은 당국의 공판방청금지를 사법권 침해 차원에서 항의했다. 1927년 9월 17일과 23일에는 재일노총 · 신간회 도쿄지회 · 신간회 교토지회 · 탄핵동맹 도쿄지방동맹 창립대회 명의로 조선 총독을 상대로 항의문을 발표했고, 9월 25일에는 도쿄에서 대연설회를 개최했다. 총독부 정무총감과 경무 당국을 방문해 고문 사건을 항의하고 일본변호

121) 『동아일보』 1927년 8월 19일자.

122) 『조선일보』 1927년 9월 20일자; 『동아일보』 1927년 9월 20일자; 9월 24일자.

사협회와 자유법조단 등 일본단체의 진상조사를 지원하기도 했다.[123)]

이러한 활동은 1928년에도 계속되었다. 조선총독폭압정치반대투쟁은 1920년대 중반 각종 조선 식민지통치의 폐해와 국내외 사상단체 및 재일노총의 단일한 운동 방향을 배경으로 전개된 반제반일운동이자 전국 단위 연대투쟁이었다. 그 결과 재일노총을 비롯한 재일코리안운동세력은 한인사회의 운동력을 결집하고 민족해방운동의 주체로서 자리매김하는데 성공했다. 그러나 조선총독정치반대투쟁의 도화선을 제공한 소안학교 문제는 해결하지 못했다. 1927년 11월 배달청년회 사건으로 관련자 다수가 검거되었기 때문이다. 배달청년회 사건은 1920년 소안도의 유지와 청년들이 설립한 배달청년회가 1923년부터 진보적 청년들이 참여하면서 개편해 활동했는데, 1927년 8월 완도청년동맹 결의에 따라 해체 총회를 11월 26일 소안학교에서 열기로 하고 준비하는 과정에서 최평산이 준비한 선언문이 발각되어 청년회 간부들이 대거 구속된 사건이다. 당국은 선언문이 '정치 변혁을 목적으로 안녕질서를 방해했다'는 혐의로 검거에 나섰다.[124)]

세 번째 전국 단위 연대투쟁은 한인학살사건과 차별에 대한 대응이다. 한인학살사건과 차별문제는 재일 한인의 생존 문제이자 식민지라는 구조적인 모순을 인식하고 반일감정을 견지하는데 중요한 요인이었다. 주로 진상조사 실시와 규탄대회·연설회라는 형태의 대중집회로 진행되었다.

한인학살사건 대응은 관동지진 한인학살사건에서 비롯되었다. 도쿄지역 한인 운동세력은 지진 후 어려운 상황에서도 한인학살사건의 진상을 알리고 규명을 촉구하는 활동에 나섰다. 1923년 12월 도쿄에서 '도쿄조선

123) 『동아일보』, 1927년 9월 24일자; 10월 1일자; 10월 3일자; 10월 23일자; 10월 27일자; 10월 30일자; 11월 6일자; 『조선일보』 11월 8일자.

124) 「배달청년회사건재판기록」, 『소안항일운동사료집』, 소안항일운동사편찬위원회, 1990, 86~97쪽; 『조선일보』 1928년 10월 16일자; 1929년 2월 4일자.

인대회'를 개최한 후, 1924년 3월 오사카에서 열린 한인학살사건규탄대회는 모두 한인의 생존권을 지키기 위한 절박한 대응이었다.

또한 미에(三重)현을 비롯해 일본 각지에서 일어난 한인학살사건에 대한 연대투쟁도 전개했다. 미에현 한인학살사건은 1926년 1월 3일 미에현에서 일본인 주민이 한인 노동자를 습격해 살해한 사건이다. 3일 밤, 일본 주민들이 '오만하고 방약무인'하다는 이유로 함바(飯場, 합숙소)에서 무방비상태로 잠을 자던 한인 노동자를 습격했는데, 대응하는 과정에서 일본 주민들이 이기윤(李基允)과 배상도(裵相度)를 학살했다.[125]

학살사건이 발생하자 도쿄에서는 재일노총 산하 도쿄조선노동동맹회가 1월 15일 제4회 정기대회를 열고 '미에현피살동포사건조사에 관한 건'을 결의했다. 16일에는 일월회와 재일노총, 도쿄조선노조 등이 합동으로 대응 회의를 열고 18일 도쿄지역 한인 단체들이 미에현사건조사회를 결성한 후 현지에 조사단을 파견했다. 2월 10일, 도쿄지역 한인 단체 연명으로 '미에현 박멸사건에 관하여 전 일본무산계급에게 호소한다'는 격문을 발표하고 연대투쟁에 나섰다. 오사카연합회에서도 조사위원을 현장에 파견해 조사 작업을 벌이고, 규탄연설회(2월 5일)를 개최했다. 한인 단체는 일본노동조합총연합회 등 일본단체와 연대투쟁을 전개했으며 진상조사보고회와 연설회를 통해 조사 활동 결과를 확산했다.[126]

그 외 임금이나 주택 등 재일 한인이 당면한 차별문제인 당국과 사회의 차별정책 및 차별인식에 대응하는 활동도 일본노동조합 및 법률가 단체와 연대투쟁 방식으로 전개했다.

네 번째는 상애회 반대 투쟁이다. 상애회는 한인 노동자 통제를 통해

125) 미에현 사건에 대해서는 金靜美, 「三重縣木本における朝鮮人襲擊, 虐殺いついて」, 『在日朝鮮人史研究』 18, 1988 참조.

126) 『동아일보』 1926년 1월 21일자; 1월 23일자; 1월 24일자; 1월 27일자; 1월 29일자; 2월 4일자; 2월 22일자; 3월 4일자; 『조선일보』 3월 4일자.

이익을 추구했다. 따라서 한인 노동자가 좌익노동조합에 가입하거나 한인노동조합의 조직화 활동은 상애회의 이익을 침해하는 행위였으므로 늘 폭력을 자행했다. 제2장 제5절에서 소개한 바와 같이 상애회 가입을 위협하며 폭행하거나 재일노총 등 노동단체를 습격해 테러를 가하기도 했다. 그러므로 한인 노동단체와 상애회 간 충돌은 당연했다. 재일노총 등 한인 단체는 상애회를 일본 제국주의 세력과 동일시하고 '상애회 박멸운동'에 나섰다.[127] 재일노총 본부와 관서연합회는 사고 발생지역에 대표를 파견해 진상조사와 항의시위를 전개했고, 1928년에는 상애회 박멸 선전주간 투쟁을 선포하고 투쟁했다.[128]

다섯 번째는 국내운동 지원이다. 조선의 운동단체들이 전개하는 노동운동 및 기근·재해 지원운동 등이다. 한인 단체는 원산총파업 등 조선에서 일어난 대규모 총파업과 경성고무직공 파업을 비롯한 단위작업장별 파업에 대한 지원과 공동연대투쟁을 전개했다. 지원연설회는 물론, 파업 현장을 찾아 후원금을 전달하고 일본 법조인을 통한 지원 활동 등 실질적 지원을 아끼지 않았다. 수해 및 한발로 인한 기근피해와 관련한 구조회 구성과 의연금 모금도 한인 단체의 정례 활동으로 자리 잡았다. 1926년 1월 30일 한인 단체들이 일본 운동단체와 함께 조선기근수해구제위원회에 전달한 수해의연금은 1,900원에 달했다.[129] 의연금 모금을 위해 음악회와 무용공연, 연극 공연 등 예술과 대중문화공연을 활용했다.[130]

127) 1926년 상애회의 재일노총 본부 습격이 일어나자 국내 각 단체는 전진회(前進會) 주최로 1926년 6월 27일 연합토론회를 열어 대책을 강구했고, 인천노련은 상애회 박멸을 결의하고 재일노총을 위문하기 위해 특파원 2명을 파견하기도 했다. 『동아일보』 1926년 6월 19일자; 6월 24일자; 『시대일보』 1926년 6월 23일자; 1926년 6월 24일자.

128) 在日本朝鮮勞働總同盟 東京조선노동조합 남부지부, 『투쟁뉴스』 1928년 12월 12일자. 일본 早稲田대학 MF자료.

129) 『동아일보』 1926년 2월 17일자.

130) 상세한 내용은 제3장 제4절에 기술.

여섯 번째, 치안유지법 철폐 · 노동법 반대 투쟁 · 선거법 개정 투쟁 등 일본 운동단체가 전개하는 정치 운동에 연대투쟁도 한인 단체의 활동 가운데 하나였다. 특히 한인들은 연설회와 시위 현장에 다수 참가해 경관의 해산명령에 불응해 검속되거나 검속자를 구하기 위한 경찰서 습격 감행 등 대중투쟁의 적극적인 실천 대중으로서 역할을 담당했다.

## 2) 재일코리안운동의 주역들 : 김천해, 김문준, 박광해

"그들에게는 세 갈래 길이 주어져 있었다. 고개를 쳐들고 앞으로 나아갈 것이냐. 눈을 감고 절망에 빠져버릴 것이냐. 굽신거리며 타협하고 '항복하고 배반'할 것이냐. 이 세 가지가 그것이었다."

김달수(金達壽)의 소설 '현해탄(玄海灘)'에 나오는 구절이다. 작가 김달수는 일제 식민통치 아래에서 조선 민족이 살아나갈 수 있는 길을 이렇게 요약했다.[131] 모든 조선 민중이 이 세 가지 선택지를 고민하며 살아갈 수는 없었다. 하루하루 생업에 쫓기는 이들에게는 고민할 여유도 없었을 것이다. 그러나 식민지배의 구조적 문제, 자본주의의 문제를 절감한 사람들에게 민족문제는 해결해야 할 선행 과제였다.

세 가지 길 가운데 '고개를 쳐들고 앞으로 나아갈 것'을 결정하고 평생을 바친 이들이 있었다. 이들은 한인사회가 결속력을 강화하는데 중심 역할을 했다. 1920년대에 노동운동을 이끌던 각지의 운동가들은 1930년대에도 반일투쟁 외에 임금과 민족차별, 주택분쟁 등 생존권을 지키는 노력을 동시에 수행해나가며 한인사회의 전폭적인 지지를 얻었다. 동북지역에서 규슈 남단까지 활동 지역은 끝이 없었다.

131) 안우식 저, 심원섭 역, 『김사량 평전』, 문학과지성사, 2000, 17쪽.

그러나 이들 앞에 놓인 현실은 암담했다. 당국의 탄압과 쉽게 해결되지 않는 열악한 노동 실태, 상애회의 폭력 등 어려움은 산적해 있었다. 계속되는 검거와 기나긴 투옥 생활을 겪어야 했다. 현장에서 또는 옥중에서 목숨을 잃은 한인 활동가는 30명이 넘었다. 이들의 노력으로 1920년대 중반부터 정주 한인들은 정착할 수 있었고, 조선부락을 통해 생존권을 지키고 조선 관습을 온존하며 삶의 힘을 얻었다. 이들의 노력으로 한인 사회는 역량을 축적할 수 있었으며, 경제공황의 어려운 상황 속에서도 저력을 발휘할 수 있었다. 당국의 통제와 동화정책에 대응할 수 있었다.

칠흑같이 어둡고 암울했던 일제 식민통치 시절, 재일코리안운동을 이끈 한인 지도자들. 그들은 누구인가, 어떻게 식민지 본국인 일본 땅에서 난관을 헤쳐나갔는가. 수많은 활동가와 지도자들 가운데 지역별로 세 사람을 선정해 궤적을 따라가 보자.

### (1) '조선사람 지도자', 김천해[132]

〈그림 28〉 김천해

1920년대 대표적 한인 운동가는 김천해(본명 金鶴儀 1898~?)다. 경남 울산군 동면 방어리에서 출생한 김천해는 불가에 입문해 통도사에서 수행하고 19세 때 중앙학림에 입학했다. 그 후 속세로 나와 부친의 해산물상에서 일하면서 야학을 열어 농민 교육에 나섰다. 1922년(23세), 고향에 처자를 남겨두고 도일해 토목노동을 하면

132) 김천해는 생전에 『자전적 기록』(미출간)을 남겼다. 김천해가 남긴 기록에 대해서는 정혜경, 「김천해와 김태엽의 기록을 통해 본 재일 한인노동운동」, 『한국민족운동사연구』 109, 2021 참조.

서 일본대학 전문부 사학과(야간)에 입학했다. 그러나 이듬해 관동지진 한인학살사건을 계기로 학업을 중단하고 노동운동에 입문해 재일코리안 운동의 주역이 되었다.

> "이때(*관동지진 후 노동운동에 헌신하기로 결심할 때–인용자) 나는 공산주의야말로 인류를 해방하는 존재라고 확신했다. 그리고 그 실현을 위해 투쟁하겠다고 결의했다. 우리 조국과 모든 민족을 해방하기 위해서는 이 길밖에 없다고 확신했다."[133]

유학을 꿈꾸며 도일했던 김천해가 투쟁적인 운동가가 된 배경에는 한인학살 당시 경험이 자리하고 있었다. 그는 도일 후 사회·공산주의 사상을 알게 되면서 실천 운동의 필요성을 강하게 느꼈다. 1917년 러시아 혁명과 1919년 코민테른 창립 후 아시아 여러 나라에 공산당 창립 상황을 보고 노동자를 중심으로 사회개혁을 할 수 있다는 가능성을 품게 된 것이다. 이를 위해 그는 도쿄와 가나가와 지역에 터전을 옮기고 한인 노동자의 숙소를 찾아가 동고동락하며 실천 운동을 시작했다.[134]

이후 김천해는 이론과 실천성, 강한 리더십을 겸비한 불굴의 인물로써 재일코리안운동을 이끌었다. 1925년 7월에 요코하마시에 가나가와현 조선합동노동조합을 조직해 상무집행위원으로 활동했고 1927년에는 가나가와현 조선합동노동조합 집행위원이 되었다. 이 노동조합은 요코하마에 거주하던 동포의 인구비율에 비해 가장 우수한 조직화의 성과를 거둔 노동조합으로 알려져 있다. 김천해가 가나가와현에서 노동자 조직화에 성과를 낼 수 있었던 것은 실패의 경험 덕분이었다.

133) 樋口雄一, 「資料紹介－金天海 自專的記錄(草稿)」, 『在日朝鮮人史研究』 43, 2013, 190쪽.
134) 樋口雄一, 『金天海－在日朝鮮人 社會運動家の生涯』, 社會評論社, 2014, 40쪽.

김천해는 관동지진 한인 학살사건 후 요코하마에 가서 노동조합을 결성하기 위한 활동에 착수했다. 먼저 공제조직인 공조회(共助會)를 조직하고 노동자와 함바가시라(飯場頭)를 가입시킨 후 민족독립의식 앙양, 계급의식 고양, 생활상 공제 사업 등을 시도했으나 노동조합 결성에 실패했다. 김천해는 실패 원인을 '잡색조직'이기 때문이라 판단하고 방향을 바꾸었다. 그는 요코하마를 포함한 가나가와현 한인 노동자를 망라한 노동조합을 조직하기로 하고, 먼저 색채가 선명하지 않은 조선인애호회·조선인동지회 등을 통합해 '가나가와현 조선합동노동회'를 조직했다. 그 후 명칭을 '가나가와현 조선합동노동조합'으로 변경하면서 기존 조직을 폐지하고 '본질적으로 계급단체인 노동조합'을 만들었다. 이 과정에서 경시청의 방해가 있었으나 이를 극복하고 조직화에 성공했다.[135)]

1926년 재일노총 중앙집행위원으로 활동하다가 1928년에 중앙집행위원장과 쟁의부장을 맡아 파업 지원에 총력을 기울였다. 1928년에는 조선공산당 일본총국 책임비서도 겸했는데, 투옥 중인 1929년에 1국 1당주의 원칙에 의해 조선공산당 일본총국이 해체되자 일본공산당에 가입했다.

김천해는 긴 수감생활의 주인공이다. 그의 투옥 경험은 1926년 12월 10일부터 시작되었다. 가나가와현 아시가라가미군(足柄上郡)에서 열린 내선융화연설회를 방해한 혐의로 체포되어 징역 3개월을 언도받고 1927년 4월 13일 출옥했다. 1928년 10월에는 국치일기념투쟁을 주도한 혐의로 체포되어 징역 5년을 언도받고 수형생활을 마친 후 출옥했다. 출옥한 지 1년 남짓한 기간에 다시 투옥되어 장기간 수형생활을 겪은 것이다. 이후에도 투옥은 계속되었으나 김천해의 의지를 꺾을 수 없었다. 1935년 출옥 직후 곧바로 이운수(李雲洙), 박태을(朴台乙), 김정홍(金正洪), 김윤필(金

135) 樋口雄一, 「資料紹介－金天海 自專的記錄(草稿)」, 『在日朝鮮人史硏究』 43, 2013, 190쪽.

允弼) 등과 활동에 나섰다가 1936년 3월에 검거되어 해방을 맞을 때까지 햇빛을 볼 수 없었다.

1935년 출옥 후 김천해가 가장 먼저 착수한 일은 조선어 신문인 '조선신문' 창간이었고, 두 번째는 한인 노동자 조직화 재건이었다. 도쿄, 나고야, 기후, 교토, 오사카 등 전국을 걸어 다니며 연설하고 동지들을 규합했다. 오사카 조선부락인 쓰루하시(鶴橋)에서는 하종환(河宗煥)·강창호(姜昌浩)와 함께 야학도 개설했다. 노동자 조직화 사업은 조선신문 지국 설립 활동과 병행해 성과를 높였다. 그러나 이 활동이 문제가 되어 1936년 8월 3일, 김천해는 다시 오사카에서 검거되어 징역 4년의 판결을 받고, 형기를 마쳤으나 석방되지 못했다. 전향을 거부했기 때문이다. 당국의 전향 요구를 거부한 대가로 김천해는 한인 최초의 예방구금자가 되어 1945년 10월 10일까지 후추(府中)형무소에서 수감생활을 했다.

식민지 시기 김천해는 한인 노동자의 존경을 한 몸에 받은 인물이었다. 헌신적이고 자상한 성품은 많은 일화를 남겼다. 1947년에 이청원은 신천지에 실은 글, 「일본공산당의 조선사람 지도자 김천해」에서 '김천해는 강철이라도 녹일 듯한 열의와 지성'의 소유자였으나 '남의 딱한 사정을 이해하고 누가 병이나 불행한 일이 생기면 밤중이라도 꼭 방문하여 위로해주며 돈이 없으면 자신의 양복을 팔아 주었던 따뜻한 인물'이라 표현했다. 1934년 아키타 형무소 수감 시절, 치약이나 칫솔 등 생필품을 훔쳐 가는 잡범이 있었다. 김천해는 주머니에 생필품과 함께 "도둑에게도 애국심이 있습니다. 선생님, 부디 몸조심 하십시오"라는 편지를 넣었다.[136] 편지를 읽은 도둑의 마음이 어떠했을지 추측할 수 있다.

이같이 동포들에게는 한없이 따스하고 관대했으나 일본 국가권력 앞

136) 樋口雄一, 「資料紹介－金天海 自専的記錄(草稿)」, 『在日朝鮮人史研究』 43, 2013, 198쪽.

에서는 강철 같았다. 여러 번에 걸친 투옥과 재판 투쟁, 기나긴 수형생활, 일본 동지들의 전향 릴레이 속에서도 전향을 거부하고 옥내투쟁을 계속하며 불굴의 투사로 살았다. 사노 마나부(佐野 學) 등 일본 동지들의 전향성명서를 보여주며 전향을 강요하는 당국자에게 "무슨 소리를 하는가. 인간으로서 나를 팔아버릴 수 없다"며 일갈하기도 했다. 1929년 12월 옥중에서 같이 투옥된 동지들과 목욕탕이나 운동장에서 정보를 교환해 옥내신문을 발행하려다 발각되어 징벌방에 갇혔으나 오히려 강력한 항의로 당국을 당혹스럽게 만들었다. 1930년에는 통방을 통해 정치범들과 같이 3.1절과 메이데이 때 만세 투쟁도 빠지지 않았다. 그는 옥중에서도 일본공산당 옥내위원으로 활동했고, 일본 패전에 임박해서는 향후 일본 운동의 전개 방침에 대한 결정서인 '인민에게 호소함'을 작성할 정도로 준비된 리더였다.

1945년 8월, 일본의 패망으로 조국은 광복을 맞았으나 김천해는 격동의 삶을 피하지 못했다. 출옥 후 일본공산당 중앙위원 · 정치국위원 · 조선인부장을 역임하며 조선인연맹 고문으로 전후 재일코리안운동을 이끌던 김천해는 1949년 조선인연맹 해산명령과 함께 공직추방을 당했다. 일본 땅을 떠나야 하는 상황에서 한반도 남쪽에서 태어난 김천해가 선택한 조국은 고향이 아닌 사상적 조국이었다. 1950년 5월 사카이(堺)항을 출발한 후 원산항에 도착해 조선민주주의인민공화국으로 들어갔다. 조선노동당 중앙위원 · 사회부장과 최고인민회의 대의원 · 조국통일 민주주의 전선 의장을 맡았으나 1970년 이후 그의 소식은 끊어졌다.[137] 처자가 기다리던 고향 대신 택한 사상적 조국에서 김천해의 소식은 들을 수 없었다. 오랫동안 김천해의 행적을 찾은 미야자키 마나부(宮崎 學)는 김천해가

137) 김천해의 생애에 대한 상세한 내용은 樋口雄一, 『金天海－在日朝鮮人 社會運動家の生涯』, 社會評論社, 2014; 「資料紹介－金天海 自專的記錄(草稿)」, 『在日朝鮮人史研究』 43, 2013 참조.

1975년경 승호리의 수용소에서 '아사'했다고 밝혔다.[138]

(2) 노동자의 벗, 문준이 아저씨, 김문준(金文準)

김천해가 도쿄와 관동지역을 중심으로 활동했다면, 한인 노동자 대중의 실천성이 돋보이는 오사카와 나고야에는 어떤 한인 운동가들이 있었을까. 김천해가 수감생활을 하던 1930년대는 당국의 한인 정책이 강화되면서 한인사회의 대응력도 다양성을 띠었던 시기였다. 이 시기 오사카의 한인사회를 이끈 대표적인 인물은 김문준이다.

1894년 제주도 조천리에서 태어나 1910년 3월 사립 의신학교(義信學校)와 1912년 제주공립농업학교(제주관광산업고등학교의 전신)를 졸업한 김문준은 1915년에 경기도 수원의 조선총독부 수원고등농업학교를 졸업하였는데 졸업 동기생으로 백남운(白南雲, 1895~1974) · 이훈구(李勳求, 1896~1961) 등 뛰어난 인물들이 있었다. 같은 해 3월에 경기도 수원의 권업모범장에 취업했다. 이후 1918년 4월까지 정의공립보통학교에서 2년 6개월 동안 교사로 근무했는데 공립학교에 대한 일제의 탄압이 심해지자 사립학교로 옮겼다. 제주시 구좌읍 월정리에 있는 중앙보통학교(중앙초등학교의 전신)에서 근무했으며 1925년 3월부터 1927년까지 교장을 지냈다. 교사의 신분으로 제주 3.1운동도 지도했다.

1927년 오사카로 가서 고무공장에서 일하면서 노동운동을 주도했다. 1927년 오사카조선노동조합 집행위원을 역임했고, 신간회 오사카지회 결성을 주도했으며 1929년 오사카조선소년동맹을 결성했다.[139] 1928년 7월에는 오사카조선인거주권획득동맹을 조직해 주택분쟁을 승리로 이끌었다. 김문준이 주도한 주택분쟁 문제 해결은 관서 지역 한인들의 자생력

138) 宮崎 學, 『不逞者』, 角川春樹事務所, 1998, 301~302쪽.
139) 朴慶植, 『在日朝鮮人運動史－8.15解放以前』, 三一書房, 1979, 374쪽.

과 역량을 배양하고 1930년대 관서 지역 한인사회가 역동성을 갖는데 중요한 계기가 되었다. 오사카는 노동자들의 실천성이 두드러진 지역이자 109군데에 조선부락이 있었다. 당시 도쿄의 조선부락이 31개소였으니 조선부락의 규모는 도쿄의 3배에 이를 정도였다. 그러므로 오사카는 삶과 권익을 지키는 노력이 다른 지역에 비해 강했다.

김문준은 1929년 10월 16일에 오사카고무공조합을 결성했다. 당시 오사카에는 방적 · 금속 · 고무 · 잡공업(染物, 양산, 유리, 법랑, 양말, 피혁, 제지) 등 네 종류의 공장이 있었는데, 모두 다수의 한인 노동자들의 일터였다. 한인 밀집지역인 쓰루하시 경찰서 관내 고무공장만 70여 개에 달할 정도였다. 고무공장에는 제주도 출신 한인들이 다수 일하고 있었는데 이들을 위한 조합은 존재하지 않았다. 김문준 자신이 도일 후 최초의 노동자 경험이 고무공장이었으므로 노동 실태에 대해 잘 알고 있었다. 그러므로 그는 고무공장노동자들의 권익을 지키기 위해 조직화에 나섰다.

1925~1929년간 오사카 한인 노동자 파업 현황을 보면, 고무공장 파업은 1928년까지 단 1건도 없다가 1929년에 무려 8건이 발생했다. 오사카고무공조합이 결성된 직후인 1929년 11월 7일에 쓰루하시서 관내 70여 고무공장 노동자나 일제히 5분 동안 파업했고, 곧이어 근처 쓰지무라(辻村) 고무공장 한인 노동자 파업이 일어났다. 김문준이 결성한 고무공조합의 성과가 아닐 수 없다.[140)]

한인 노동자들은 일본 노동자 파업 지원 활동에도 나섰다. 1930년 1월 아이자와(相澤) 고무공장노동자 파업이 일어나자 '쓰루하시서 관내 선인 직공 약 300여 명이 동정 파업을 기도하려다' 경찰에 진압당했다. 1931년 4월 하리야마(播磨) 고무공장 무기한 휴업을 계기로 일어난 파업 당시

140) 『조선일보』 1929년 11월 15일자; 11월 24일자.

쟁의단이 주최하는 연설회에 수백 명의 한인이 몰려들어 경찰의 연설중지명령에 항의하는 데모를 감행할 정도로 한인들은 강한 투쟁력을 보였다.[141] 이러한 고무공장 노동자들의 파업과 투쟁력은 당국에 큰 경각심을 불러일으켜, 김문준은 1931년 8월 총파업을 준비하던 중 검거되어 3년 6개월 동안 투옥 생활을 해야 했다.

김문준은 1930년 재일노총이 전협에 해소되던 시기, 해산 과정을 둘러싼 논쟁의 주역이기도 했다. 당시 김문준과 도쿄 한인 운동가들 사이의 가장 큰 의견 차이는 '산업별 재정리가 우선이냐 재일노총 해산 및 전협 합류가 우선이냐 하는 문제'였다. 재일노총 해산주도세력(金浩永, 金斗鎔)은 공장을 기초로 조합을 재조직한 후 노총 해체와 전협 가맹을 주장했다. 이에 대해 김문준은 '즉시 재일노총 해산, 전협 가입'의 입장을 견지했다. 김문준에게 중요한 것은 노동조합의 기치 아래 한인 노동자의 권리 쟁취였다. 그러므로 전협 합류가 시급했다.[142]

김문준은 어려운 여건 속에서 고무공장 노동자를 중심으로 노동자 조직화에 나서 오사카고무공조합을 전협 일본화학산업노동조합 오사카지부로 개편하고 다시 투쟁에 나섰다.[143] 여러 차례의 파업에도 개선되지 않는 고무공장 노동자의 열악한 상황을 해결하기 위해 1931년 8월에 파업을 준비하던 중 치안유지법 위반으로 검거되었다. 그러나 징역 3년 6개월을 언도받고 출옥 후, 성치 않은 몸으로 다시 투쟁 전선에 나섰다. 그가 택한 길은 합법운동이자 한인 생존권 투쟁이었다.

김문준은 출옥 직후인 1935년 6월 조선어 신문 『민중시보』를 간행했

141) 『勞働通信』 1931년 5월 5일자.

142) 金正明, 『朝鮮獨立運動』 4, 原書房, 1967, 949~954쪽. 전협 해소 과정에서 김문준의 입장은 정혜경, 『일제시대 재일조선인 민족운동연구』, 국학자료원, 2001, 301~308쪽 참조.

143) 內務省, 「在留朝鮮人運動の狀況」, 『在日朝鮮人關係資料集成』 2, 211쪽.

다. 고국의 소식과 일본사회운동계의 소식, 재일한인사회의 모습을 생생하게 전해주는 조선어 신문은 한인사회의 결속과 아이덴티티 유지에 큰 도움을 주었다. 또한 조선어와 조선관습의 금지를 통해 한인사회의 결속을 와해하고자 하는 당국의 내선융화정책에 저항하는 활동이기도 했다. 또한 김문준은 민중시보 외에 동아통항조합과 소비조합 등 관서 지역 한인 단체 결성과 새로운 지도자 양성에도 노력을 기울였다. 김문준 자신이 직접 직책을 맡지는 않았으나 동아통항조합과 조선인무산자진료소 탄생의 마중물이 되었다.[144)]

그러나 옥중에서 받은 고문 후유증과 폐결핵을 이기지 못하고 1936년 5월 치료소에서 사망했다. 김문준의 장례는 일본 좌익단체와 합동으로 거행하고 일단 해방운동희생자무명전사의 묘에 합장했다가 1년 후 고향인 제주 조천공동묘지에 안장했다. 김문준의 문하생이었던 김광추가 운구위원이 되어 조천으로 유해를 옮겨 도민장(島民葬)을 거행하려 했다. 그러나 당국이 방해하자 조천리 민장으로 결정하고 안세훈(安世勳), 김유환, 김시용 등이 당시 일본에 있던 고순흠(高順欽)과 연락을 취하면서 1937년 3월 25일에 김문준의 시신을 안장했다.[145)] 그는 사후 일본 사회운동에 기여한 공을 인정받아 현재 오사카성 공원에 있는 일본사회운동 현창탑에 모신 명패(현창 대판사회운동전사)에 이름을 올렸다. 2000년 한국 정부는 건국훈장 애족장을 추서해 김문준의 공을 기렸다.

144) 민중시보와 동아통항조합, 무산자진료소에 대해서는 제3장 제2절과 제3절에서 상세히 기술.

145) http://jeju.grandculture.net/Contents?local=jeju&dataType=01&contents_id=GC00700365.

〈그림 29〉 오사카성 공원에 있는 일본사회운동현창탑(2002년 6월 촬영)

〈그림 30〉 가까이에서 본 현창탑의 모습

〈그림 31〉 제주 조천공동묘지의 김문준 묘소

조천공동묘지(왼: 1997년 9월 13일 촬영)에 모신 김문준의 유해는 현재 대전국립묘지로 이장되었고, 고순흠의 필체로 세운 비석(오른쪽: 2021년 촬영)은 제주항일기념관 만세동산에 있다.

### (3) 나고야의 지도자, 박광해(朴廣海)

1930년대 아이치현 한인사회의 리더는 박광해(본명 朴玩均)다. 그는 1935년 12월 나고야합동노조의 지도자였던 신산축의 피검과 이듬해 당국의 대대적인 검속으로 나고야합동노조의 궤멸로 위기를 맞은 아이치현 한인 노동운동을 이끈 주역이었다. 1902년 함남 함흥에서 태어난 박광해는 1919년 사립보통학교에 재학 중 조선독립운동을 주장하는 주씨의 연설을 듣고 약간의 두려움을 느꼈다. 집으로 돌아온 후 주씨가 전달한 '조선은 독립해야 한다'는 내용의 격문을 받고 처음으로 독립을 진지하게 생각하게 되었다.

19세 때인 1920년 유학을 생각하고 오사카에 가서 화물운반과 약국 점원 등을 하며 덴노지(天王寺) 상업보습학교(야학)에 다녔다. 1921년 7월, 고베항에서 처음으로 수만 명의 노동자들이 시위하는 모습을 보았다. 제1차 세계대전 후 몰아닥친 불경기로 공장이 문을 닫자 노동자들이 길에 나선 것이다. 이 모습을 보고 박광해는 민중의 힘을 느꼈다.

열심히 야간학교에서 미래를 꿈꾸던 박광해는 노동운동가의 길을 걷게 되었다. 1922년 김천해와 만나 노동 현장에서 한인 노동자의 삶을 접하게 되었기 때문이다. 오사카 우메다(梅田)역에서 친척의 편지를 전해주러 나온 김천해를 만난 박광해는 도쿄로 가서 김천해의 집에 기숙하며 새로운 세상에 눈뜨게 되었다. 당시 도쿄는 사상이 범람하고 여성참정권운동이나 보통선거획득운동 등 다양한 정치 운동이 활발한 곳이었다. 도쿄에서 각종 집회에 참석해 한인 운동가와 노동자들을 만난 박광해는 이바라키(茨城)와 나가노, 군마, 아이치현 등 여러 지역을 다니며 한인 노동자들의 실상을 더욱 자세히 접했다. 그 과정에서 노동자를 착취하는 단체도 만났고, 어린 여공들의 참상도 접했다.

이후 2년간 그는 주유(周遊)에 나섰다. 1923년, 고향 사람의 소개로 중국 만주 간도와 러시아 극동 지역을 다니며 한인들의 삶을 생생히 경험했다. 혁명 직후 새로운 사회주의 국가 건설을 시작한 소련에서 계급혁명을 알게 되었고, 중국 동북지방 한인이 처한 참상도 접했다. 일본과 중국 동북지방, 시베리아 지역 등에 걸친 방랑은 이후 한인 노동자들의 권익 운동에 나서는 자양분이 되었다.

1924년, 일본으로 돌아온 박광해는 1925년에 가나가와현 합동노동조합 준비위원을 거쳐 재일노총 지시로 수력발전소 공사가 밀집된 북륙지방에 파견을 나갔다. 이후 북륙의 노동자 조직화에 나서 동북지방의 한인 노동조합을 조직하는 성과를 거뒀다. 1927년부터 도야마현에서 합동노동조합을 결성해 1년간 조직부장으로 활동했다. 노동자 조직화 과정에서 검거되어 기후(岐阜) 형무소에서 7개월간 투옥생활도 했다. 출옥 후 1928년에는 니가타현으로 가서 재일노총 산하 니가타현 조선노동조합에서 활동하며 이시카와현 노동자 조직화에 나서 이시카와현 조선인합동노동조합 창립을 성사시켰다.

1930년 재일노총 해산 후 전협에 가입한 박광해는 아이치현 산신(三信) 철도파업을 지도했다. 기타시타라군(北設樂郡) 미와무라(三輪村)와 가와이(川合) ~ 나가오카(長岡)를 잇는 철도 구간 공사장에서 발생한 산신철도파업은 아이치현의 대표적인 한인 노동자 파업이다. 산신철도(주)가 사오토메구미(五月女組)에 청부한 공사는 하청 구조에 있었으므로 노동자에게 저임금 혹사를 강요했다. 열악한 상황에서 임금 체불과 식량까지 끊기자 노동자의 불안은 극에 달했다. 파업은 전협과 니가타 조선노동조합, 도요하시(豊橋) 합동노동조합 한인 활동가의 지도로 1930년 7월 29일 일어났다.[146]

수백 명의 한인 노동자들이 참가한 파업은 8월 18일 아침, 나고야 등 각지에서 모인 경찰대 1,300여 명의 습격으로 노동자 314명이 검속되면서 끝났다. 314명이라는 검속자에서 참여 노동자의 규모를 가늠할 수 있다. 경찰 진압 후 경찰부 특고과장의 강제 조정 과정에서 부분적으로 체불임금은 받아냈으나 파업은 실패로 끝났다. 그러나 박광해는 실패라 여기지 않았다.

"재일조선인 노동운동사상 산신파업은 획기적인 것이었다. 쟁의위원회를 만든 것도 산신 파업이 처음이었다. 아이치현 지방 특히 오카자키(岡崎) 지방의 일본인 노동자에게 준 영향도 매우 컸다. 지방의 농민들이 해준 원조도 잊

146) 산신철도파업에 대해서는 平林久枝, 「三信鐵道爭議について」, 『在日朝鮮人史研究』 1호, 1977 참조.

을 수 없다. 농민들도 이 파업에서 얻은 것이 컸다."[147]

1977년 11월 박광해가 재일사학자 박경식(朴慶植)에게 전했던 산신파업의 의의다. 박광해는 파업이 그 지역 노동자와 농민에게 준 영향이 적지 않았다고 평가했다. 산신파업 주도 혐의로 검거되었으나 출옥 후에도 그의 활동은 멈추지 않았다. 1934년에 일본인을 포함한 나고야합동노조 결성에 참여하고 그 후 기후현에서 한인 단체(조선인친목회 등)를 조직해 노동운동과 함께 식자(植字)교육도 주관했다. 합법운동의 성격을 띤 운동이었으나 1938년에 다시 투옥되어 1941년까지 옥고를 치렀다.

기나긴 수감생활을 하며 당국의 탄압에 시달리던 박광해에게도 해방의 날은 찾아왔다. 해방 후 시가현(滋賀縣)에서 재일조선인연맹 조직화 작업에 나섰다. 조선인연맹이 해산 후에는 후계 조직인 민주주의민족전선의 의장을 맡아 1982년 서거할 때까지 재일코리안운동의 끈을 놓지 않았다.[148]

### 3) 한인 단체의 해산, 전환기를 맞은 재일코리안운동

1928년 8월 총검거로 재일노총 지도부가 궤멸된 후 1929년 9월부터 재일노총을 포함한 한인 단체가 해산 과정에 접어들면서 재일코리안운동은 전환기를 맞았다. 1930년대에 재일코리안운동의 내용이 변화하게 된 원인은 두 가지였다.

첫째는 환경의 변화다. 김천해를 비롯한 지도부 피검은 재일노총 조직

147) 朴慶植, 『在日朝鮮人運動史－8.15解放以前』, 三一書房, 1979, 239쪽.

148) 박광해의 활동에 대해서는 본인이 인생을 술회한 「朴廣海氏勞働運動について語る(1)~(3)」, 『在日朝鮮人史研究』 19 · 20 · 22호, 1989~1992 참조.

에 치명적 타격을 주었다. 이러한 상황에서 1928년 제4회 프로핀테른 총회(모스크바)는 1국 1당주의 원칙에 따른 한인 단체 해산 결정을 내렸다.[149] 대회 결정('조선과 타이완의 노동조합과 평의회는 밀접히 제휴함과 동시에 재일노총과 합동 방침을 취해야 한다')은 곧바로 실행되지 못했다. 일본노동조합평의회(이하 평의회)가 해산했기 때문이다. 그 후 1928년 12월 23일 평의회의 후신인 전협이 결성된 후 본격적으로 시작되었다. 프로핀테른 4차 대회의 결정을 통보받은 재일노총 집행부는 1929년 9월부터 해산 작업을 진행했다. 김두용(재일노총 중앙위원)·이의석(李義錫, 도쿄조선노동조합 간부)·김호영(도쿄조선노동조합 간부) 등은 '전협에 해소하고 산업별 조직으로 나아갈 것'을 결정했다. 이후 1930년 2월 1일 교토를 필두로 미에현(3월 13일)·오사카(4월 5일)·아이치현(5월 1일)·효고현(5월 10일)·도쿄(7월 6일)의 재일노총 조직이 해체선언을 발표하고 해산했다.

프로핀테른 결정에 따르면, 재일노총의 해산은 '전협으로 합류를 위한 해산', 즉 해소(解消)여야 했다. 그러나 재일노총 조직의 전협 합류는 미완성 상태에서 일단락되었다. 1929년 9월 말 현재 23,530명(오사카 17,000명·도쿄 3,140명)이었던 재일노총 조합원 가운데 전협 가맹조합원이 된 인원은 1930년 10월 말 현재 2,660명(오사카 1,100명·도쿄 860명)에 그쳤다. 특히 자유노동자의 경우는 극소수만이 합류했고, 오사카 지역 자유노동자의 전협 합류자는 아무도 없었다.[150]

한인 노동자의 전협 합류 성과는 1929년 재일노총 가맹조합원과 비교할 때 10%에 미치지 못했고, 1930년대 초반에 증가하는 한인 노동자의 수효와는 비교할 수도 없을 만큼 적은 숫자이다. 재일노총 조직이 성공

149) 「國領五一郎豫審訊問調書」, 『社會主義運動』 6, みすず書房, 1965, 367~375쪽.

150) 金正明, 『朝鮮獨立運動』 4, 原書房, 1967, 955~956쪽.

적으로 전협에 합류하지 못한 이유는 무엇인가.

첫 번째는 산업별 노동조합 이행에 따른 문제점이다. 프로핀테른은 1921년 창립 당시부터 직업별 조직에 반대하고, 산업별 원칙에 따른 재조직을 원칙으로 했다.[151] 그러나 산별노동조합 이행은 당시 한인 노동자의 상황을 반영하지 못한 정책이었다. 1920년대 재일 한인 노동자는 산업별로 조직되지 못했다. 일본 전체 한인 노동자 비율을 보면, 1920년 광산·자유노동자 42%, 공장노동자 34.5%이고, 1930년은 광산·자유노동자 38.3%, 공장노동자 28.6%이며 1940년은 광산·자유노동자 34.9%, 공장노동자 34.3%이다.[152] 시기가 지날수록 공장노동자 비율은 감소했고 자유노동자의 비율은 증가했다. 이 같은 상황에서 시급한 과제는 미조직 노동자의 조직화였다.

둘째, 일방적인 해산 과정과 설득력 부족한 해산 논리가 낳은 문제점이다. 재일노총 해산과 전협 합류는 재일노총 지도부가 검거된 상황에서 진행되었다. 이론가 중심의 새로운 지도자로 구성한 재일노총 중앙은 노동자들과 동고동락해 온 오사카 활동가들과 소통에 소홀했다. 그 결과, 도쿄지역의 전협 합류 비율이 27.4%인데 비해 오사카는 6.5%에 그쳤다. 해산 과정에서 재일노총 중앙은, '민족의식 고취와 민족해방운동의 통일전선 확립' 등 재일노총이 해온 모든 운동 방향을 오류로 평가했다. 이 평가는 재일노총 지시 아래 가장 적극적으로 참여했던 오사카 한인들에게 당혹감과 상처를 안겨주었다. 재일노총 중앙은 노동자들에게 일본노동단체와 제휴가 가져올 긍정적인 전망도 보여주지 못했다.

재일노총 중앙의 일방성과 노동자들의 현실을 간과한 산업별 조직 정책 추진은 한인 노동자의 운동력을 분산시키는 결과를 낳았다. 한인 단체

151) 김영준 편역, 『적색노동조합인터내셔널의 역사』, 돌베개, 1988, 32쪽.

152) 朴在一, 『在日朝鮮人に關する綜合調査硏究』, 新紀元社, 1957, 54쪽.

의 해산으로 재일 한인 운동이 조직적 구심점을 잃었기 때문이다. 이후 전협 중앙부는 이러한 문제점을 파악하고, 자기비판을 했다.[153] 자유노동자를 조직화하기 위한 실업자동맹과 한인을 위한 민족조직도 설립했다. 그 결과, 오사카 교바시(京橋), 이마미야(今宮), 치코(築港)지역 1,000명의 자유노동자들이 전협 오사카자유노동자조합에 가입했다. 다른 직종의 조직화도 강화되어 전체적으로 전협 한인조합원 수는 증가했다. 1931년 전국의 전협 조합원은 10,700명이었는데, 4,100명이 한인이었다. 1932년 말 오사카에서 전협에 새로 가맹한 한인은 2,400명에 달했다.[154]

1930년대 재일코리안운동 변화의 두 번째 원인은 한인의 정주화였다. 한인 정주화가 가져온 변화는 매우 컸다. 대중집회나 격문살포, 파출소 습격만으로 재일코리안 문제를 해결할 수 없다는 인식이 확산되면서 경제력 강화가 현안이 되었다. 소비조합은 한인사회 경제력 강화에 도움이 되었다. 한인사회의 결속은 재일코리안운동의 토대였다. 결속의 매개체는 조선어 사용과 교육, 예술과 대중문화 공유였다. 이 같은 배경 아래 1930년대 재일코리안운동에서 소비조합 · 교육 · 민족언론 · 문화단체의 비중은 높아졌다.

재일코리안운동의 다변화 속에서도 1930년대 기념일투쟁은 이어졌다. 〈표 13〉[155]에서 볼 수 있듯이 1930년대 민족기념일 투쟁은 격문과 인쇄물 제작 배포 중심이었다. 시위운동이나 대중집회는 당국의 검속으로 계획 단계에서 중단되었고, 추도식이나 위령제 등 소규모 실내 집회에 그쳤다.

153) 『社會運動通信』 1931년 1월 20일자.

154) 岩村登志夫, 『在日朝鮮人と日本勞働者階級』, 校倉書房, 1972, 212쪽, 233쪽.

155) 內務省 警保局, 「社會運動ノ狀況」, 『在日朝鮮人關係資料集成』 2, 157~162쪽, 167~170쪽, 345~352쪽, 491~496쪽, 770~779쪽.

일본단체가 주관하는 반전데이 행사도 참가자 규모는 줄었으나 1933년까지 열렸다. 주로 인쇄물 배포와 시위운동 계획 등이다. 여전히 많은 한인의 호응을 받은 대중집회는 합법 메이데이 시위다. 메이데이 참가 한인 노동자를 보면, 1930년 800명, 1932년 2,210명, 1933년 1,328명, 1934년 1,684명, 1935년 1,701명으로 일본인의 참가자가 줄어드는 반면, 한인 참가자는 증가했다. 1931년에 참가한 한인 노동자 가운데 여공대(女工隊) 수백 명의 모습은 이채를 띠었다. 1936년부터 당국이 금지하자 한인들은 좌담회나 소풍 등으로 '금지된 메이데이'를 기념했다.156)

1920년대 시작한 기념일투쟁은 1930년대에 당국의 탄압이 강해지면서 대응양상도 과격해졌다. 이를 빌미로 한 당국의 강경 대응으로 합법 투쟁의 장은 사라졌다. 이제 한인들은 조선부락을 중심으로 다양한 대상에 눈을 돌렸다. 1920년대 운동이 대중집회 중심의 정치 운동이었다면, 1930년대는 생존권 확보를 통해 한인사회의 역량을 강화하고, 민족적 아이덴티티를 공유하는 방향으로 전환했다.

〈표 13〉 1930년대 민족 기념일 투쟁(공동투쟁) 개최 현황

| 주제 | 지역 | 활동 단체 | 주요 활동 내용 | 일시 |
|---|---|---|---|---|
| 광주 학생 운동 | 오사카 | 오사카조선노동조합 본부, 西成지부, 북부지부<br>재일조선청년총동맹 오사카지부 | 조선총독, 일본수상, 조선총독부 당국에 항의문 우송<br>격문 6종 작성<br>일본단체와 공동투쟁 결의 | 1930.1.18~2.3 |
| | 효고(兵庫) | 효고조선노동조합 | 격문(조선의 학생사건에 대한 야만적 탄압 진압을 일선노동자 제군에게 호소한다) 제작 중 사전에 압수 | 1930.2.8 |

156) 『조선일보』 1931년 5월 4일자; 內務省 警保局, 『社會運動ノ狀況』, 『在日朝鮮人關係資料集成』 2, 163쪽, 223쪽, 774쪽, 777쪽; 『特高月報』 1931년 8월분, 345쪽; 內務省 警保局, 『在留朝鮮人運動』, 『在日朝鮮人關係資料集成』 3, 159~160쪽, 346쪽.

| | 지바(千葉) | 치바조선노동조합 | 비판연설회 개최 준비 중 단속으로 불발 | 1930.1.30 |
|---|---|---|---|---|
| 3.1 운동 기념 | 오사카 | 일본반제동맹 오사카지부<br>전협 일본화학노동조합 오사카지부<br>전협 오사카지방협의회<br>吉川쟁의단 | 격문 산포하고 파업 계획 | 1931 |
| | | 일본반제동맹 오사카지방위원회<br>전협 산별조합 오사카지부협의회<br>적색구원회 오사카지방위원회 | 격문 산포, 일본페인트 회사에 투석. 8명 피검 | 1932 |
| | | 일본반제동맹 오사카지방위원회<br>일본공산당 관서지방위원회 | 격문 산포. 천왕사공회당에서 데모를 계획. 한인 100명 참가. 한·일인 30명 피검 | 1933 |
| | 도쿄 | 일본반제동맹 서기국 | 지령(조선민족해방운동지지를 위한 방침) 하달, 격문2종 (궐기한 2천만 형제!, 독립운동지원) 제작 | 1930.2.14~17 |
| | | 도쿄조선노동조합 서남지부 | 신주쿠(新宿)소개소 뉴스를 '3.1만세사건특집호'로 | 1930.2.27 |
| | | 도쿄조선노동조합 | 격문(피의 3월 1일에 즈음해 노동자제군에게) 발표 | 1930.3.1 |
| | | 희생자구원회 도쿄지부 조선인 일동 | 격문(3.1절을 맞아 노동자 농민에 호소한다) 발표 | 1930.3.1 |
| | | 전협 본부 | 격문 발표, 파업 주창 | 1931.2.하순~3.1 |
| | | 일본반제동맹 城南지구위원회, 전협 산하 노동조합 5개소 | 격문 산포 | 1933.3.1 |
| | 교토 | 교토섬유산업노동조합준비회 | 격문(3.1을 데모와 파업으로 싸우자) 발표 | 1930.2.28 |
| | 가나가와 | 전협토건 가나가와지부 | 가와사키(川崎)시에서 데모 결행을 주창하던 조합원 김봉옥(金奉玉) 이익엽(李益燁) 피검 | 1933.3.1 |
| | 효고 | 전협일본화학 고베지구 | 인쇄물(조선만세사건기념일) 작성 배포 | 1933.3.1 |

| | | | | |
|---|---|---|---|---|
| | 아이치 | 혁신극단 | 김용섭(金容燮, 三信파업 피고) 초청 위안회 개최 | 1932.3.1 |
| 강제 병합 기념 | 오사카 | 전협 오사카화학노조 재일조선청년총동맹 오사카지부 | 격문 4종 작성 | 1930.8.29 |
| | | 전협 실동 제1구위원회, 전협금속 오사카지부 | 격문 2종 작성, 산포 | 1931.8.29 |
| | | 전협 산별 동(東)지구협의회 | 격문 작성, 산포 | 1932.8.29 |
| | | 일본반제동맹 오사카지방위원회 | 노동자 파업과 반전시위, 조선부락 대상 격문 산포 계획 | 1933.8.29 |
| | 도쿄 | 관동자유노동자조합 산하 10개 지부 | 격문 산포, 집회 개최, 연설 중 한인 2명 피검 | 1930.8.24~29 |
| | | 일본반제동맹 서기국 | 지령(식민지민족독립지지 등) 하달 | 1931.8.12 |
| | | 전협 본부 | 지령을 각 방면으로 하달 | 1931.8. |
| | | 조선동흥노동조합 | 기관지(흑색신문)에 관련 기사 게재하고 배포 | 1933.8.10 |
| | | 일본반제동맹 도쿄지방서기국 | 인쇄물 배포 | 1933.8. |
| | 교토 | 교토섬유산업노동조합준비회 | 뉴스 제5호 발행 | 1930.8.20 |
| | 나고야 | 전협 중부지방협의회 조선인위원회 | 격문(반제주의 테러, 피로써 기념하자) 배포 | 1930.8.29 |
| | 니가타(新瀉) | 니가타조선노동조합 아오우미지부 | 시위운동 중 간부 6명이 피검되며 중단 | 1930.8.29 |
| | 이시카와(石川) | 이시카와현자유노동자조합 | 가나자와(金澤)시에서 격문 2종 배포 | 1930.8.29 |
| | 도요하시(豊橋) | 전협계 도요하시합동노동조합 | 좌담회 개최 | 1933.8.29 |
| 관동 지진 학살 기념 | 도쿄 | 관동자유노동자조합, 소속 지구3개소 | 격문 배포 | 1930.8.29~9.3 |
| | | 조선기독교청년회 등 3개 기독교단체 | 추도대회 개최(85명 참가) 중 변론중지, 산회 | 1930.9.4 |
| | | 천도교 도쿄종리원 | 위령식 개최(각각 50명 참가) | 1930.9.7<br>1931.9.6 |

| | | | | |
|---|---|---|---|---|
| | | 조선자유노동자조합, 동흥노동동맹회 | 추도회 및 비판회 개최(250명 참가) | 1931.9.15 |
| | | 일본반제동맹 도쿄지방서기국, 산하 지구 | 인쇄물 배포, 소속 조합 중 당일 직장대회 개최, 간담회 개최 중 한인 수 명 피검 | 1933.8.중순~3.1 |
| | 이시카와 | 이시카와현자유노동자조합 | 격문 2종 산포 | 1930.8.29 |
| | 니가타 | 니가타조선노동조합 | 격문 배포 | 1930.8.하순 |

# 제3장

# 일본에서 한인으로 살아간다는 것

# 제3장
# 일본에서 한인으로 살아간다는 것

## 1. 일본에서 '일본'의 존재는 컸다.

일본은 패전 당시 제국 일본 영역에서 다수의 한인이 거주했던 지역(만주 2백만 명, 중국 관내 1백만 명, 일본 2백만 명) 중 하나다. 한인 분포 지역은 도쿄와 오사카, 후쿠오카 등 주요 도시는 물론 인구밀도가 높지 않은 동북지역과 작은 섬까지 다양했다. 한인들에게 일본은 조선에 비하면 다양한 사상 조류와 문화를 접할 수 있는 곳이자 열린 공간이었다. 이곳에서 한인들은 식민지 모순과 노동자의 권리를 깨달을 수 있었고, 일본인의 도움으로 지옥 같은 현장을 탈출할 수 있었다. 일본어가 숙달되고 지리에 익숙해지면서 한인의 삶은 조금씩 좋아졌다. 노동자 생활은 힘들었으나 야학과 야간대학에서 미래를 꿈꿀 수도 있었다.

그러나 여전히 일본에서 한인은 소수자였고, 식민지민이었다. 한인들에게 세계제국으로 나아가는 일본 국가권력은 넘볼 수 없는 골리앗이었다. 앞에 놓인 장애물은 그것만이 아니었다. 일본 사회와 일본 민중의 인식도 견고한 벽이었다. 멸시감과 배외주의는 손가락질에 끝나지 않았다. 임금 차별이나 거주지를 구할 수 없는 상황을 만들었고, 생활상의 불편함을 넘어 목숨을 위협하기도 했다.

1910년 11월 18일 야마나시현 기타쓰루군(北都留郡) 도쿄전등(주) 제2수력 공사장 한·일 노동자 충돌, 1922년 나카쓰가와 한인 노동자 학살, 1923년 관동지진 한인학살, 1926년 1월 3일 미에현 학살사건 등 일본 전역에서 일어난 충돌이나 학살사건은 한인들이 일본의 벽을 실감한 극단적 사례다. 한인에 대한 멸시와 적개심은 강한 전염성으로 일본 사회에 퍼져나갔다.

야마나시현 사건은 강제병합 직후 수력발전소 음식점에서 400여 명의 한·일 노동자가 충돌해 한인 2명, 일본인 2명이 사망하고 20여 명의 사상자를 낸 사건이다. 경찰이 일본인들의 무장해제를 하지 않은 탓에 주재소에 수용된 한인이 살해될 정도였다. 미에현 학살사건 당시 거주하던 한인들은 기모토쵸(木本町)~도마리무라(泊村) 간 터널 공사장에서 하루하루 노동에 충실해야 생계를 이어갈 수 있었던 하층 노동자들이었다. 이들은 평소 일본인에게 공격적인 성향을 보이지 않았다. 그런데도 일본인들은 한밤중에 무방비의 한인을 습격하고 방어하려는 2명의 한인을 무참히 살해했다. 학살의 이유는 '방약무인했기' 때문이었다. '방약무인'은 '피식민지민 주제에 당당'하다는 조롱의 또 다른 표현이었다.

이들 사례는 한인에 대한 일본 사회의 인식을 보여준다. 일본 사회에서 소수자이자 식민지민인 한인은 '근신해야 하는 존재'였다. 근신하지 않는 모습 = '공격을 받을 만한 짓, 죽을 짓'이었다. 멸시받아 마땅한 대상이었다. 아무 이유 없이 '구제 불능'이라는 평가를 받아야 했다. 당국과 언론은 일본 사회와 민중들의 멸시감과 배외주의 불씨에 기름을 끼얹었다. 사건 진행 과정에서 당국은 늘 충돌을 부추기는 역할을 했다. 미에현 사건 발생 후 당국은 가해자(일본인)를 체포하지 않고 오히려 한인 피해자들을 검거했으며, 한인 추방으로 사건을 마무리 지었다.[1] 현지 언론은 '야마나시현 사건' 보도에서 '아집 있는 조선인, 구제할 길 없는 조선인, 극히 불근신(不謹愼)한 조선인'으로 표현했다.[2]

당국의 조치는 일본 사회의 차별의식을 조장했다. 차별은 한일 민중들 사이에 깊은 골을 형성해 다시 차별을 양산하는 악순환으로 이어졌고, 당국은 이를 이용해 한인들을 통제하려 했다.

1923년 관동지진 당시 한인학살사건의 배후에서도 가장 중요한 역할을 한 것은 당국과 언론이 유포한 유언비어였다. 지진 발생 직후 유언비어가 유포되자마자 일본 민중들은 마치 약속이나 한 듯 죽창과 식칼 등 무기를 손에 잡히는 대로 들고 학살에 나섰다. 한인을 색출하기 위해 '주고엔 고주고센'(15엔 55전)같이 발음하기 어려운 탁음이나 감탄사로 확인하기도 했다. 세수할 때 '어푸어푸!' 하거나 놀랐을 때 '아이고!'라는 소리를 내뱉으면 영락없는 한인이었다. 광기 어린 학살의 분위기 속에서 오키나와인은 공격의 화살을 피하고자 전전긍긍했다. '주고엔 고주고센'은 일본어에 능숙하지 못했던 오키나와인에게도 힘든 발음이었기 때문이다.

> "조선인이지?"(자경단)
> "아니오"(히가 슌초)
> "말투가 좀 다르잖아!"(자경단)
> "그거야 당연하잖소. 나는 오키나와 사람이니 당신들이 쓰는 도쿄 사투리하고는 다를 수밖에 없지 않소?"(히가 슌초) "무슨 소리요? 청일전쟁, 러일전쟁 때 공을 세웠던 오키나와인을 조선인과 같이 취급하다니"(친구)

1) 『조선일보』 1926년 1월 5일자; 10일자; 『시대일보』 1926년 1월 10일자.

2) 『山梨日日新聞』 1911년 11월 23일자(金浩, 「山梨縣 梁川村の朝日勞動者衝突事件(1910)」, 『在日朝鮮人史硏究』 20, 1990, 71쪽 재인용).

1923년 3월 도쿄에서 개조사(改造社) 사원으로 일하던 오키나와 출신 연구자 히가 슌초(比嘉春潮)가 경험한 일이다. 한밤중에 자경단이 요도바시 집에 들이닥쳤다. 절박한 상황에서 강력한 항변 덕분에 다행히 이들은 목숨을 건졌으나 피해자는 있었다. 오키나와도 조선도 모두 같은 식민지라는 생각을 하고 있었지만 살기 위해 '우리는 조선인이 아니'라고 부정해야 했던 경험은 히가에게 많은 울림을 주었다.[3)]

오키나와인은 학살에도 가담해야 했다. 오키나와인 스스로 한인학살에 나서지 않는 한, 일본 사회가 겨누는 공격의 칼끝을 피할 수 없었기 때문이었다. 이 과정에서 히가는 일본 제국의 본질을 깨달았다. 교훈을 얻은 것은 히가만이 아니었다. 한인들도 내선일체(內鮮一體)의 본원지인 '내지(內地)' 일본의 실상과 식민지민으로서 현실을 실감했다.

> "어떻게 하든지 내가 조선인이라는 것 때문에 같은 일을 하더라도 다른 일본인과 대우는 전혀 달랐다. 여기에서 일하는 동안 내가 받은 차별은 보통이 아니었다. 인간으로서의 대우를 받지 못했다. 그들은 이런 말을 한다. '정어리가 생선인가, 찬밥도 밥인가, 조선인이 인간인가.' 이 말은 무엇인가. 조선인은 인간이 아니라는 말인가. 이러한 시대에 살면서 우리 조선인이 참아온 차별은 한도를 넘었다."[4)]

목숨을 부지하기 어려울 정도의 극단적인 상황은 아니지만 '일본'의 존재를 느낄 기회는 많았다. 민족차별의 경험이었다. 1930년대 오사카에서 활동하던 노동운동가 장정수(張錠壽)는 하루 50~60전에 불과한 저임금보다도 민족차별을 더 견디기 어려웠다고 술회했다. 그는 1933년에 오

---

3) 도미야마 이치로(富山一郎) 지음, 손지연·김우자·송석원 옮김, 『폭력의 예감』, 그린비, 2009, 88~89쪽.

4) 張錠壽, 『在日 60年－自立と抵抗』, 社會評論社, 1989, 106~107쪽.

사카의 선반공장에서 '견습과 같은 형태의 노동자'로 일하면서 차별과 맞닥뜨렸다. 실력을 갖추면 차별을 극복할 수 있을 것이라 믿고 성실히 기술을 습득했으나 직장을 나와야만 했다. "조선인인 주제에 기술이 뛰어나다"는 이유 때문이었다. 일본인과 같아지려는 노력에 대해 일본 사회는 반감으로 맞섰다.

일본 사회의 벽을 느낀 것은 성인만이 아니었다. 황국 소녀로 교육받던 아이들도 마찬가지였다. 1932년 오사카에서 태어나 전쟁 기간 중 일본 소학교에 다닌 이명숙은 충실한 '황국 소녀'였다. 소학교 1학년 창씨개명할 때 "'이제는 정말 일본인이 되는구나' 하는 생각에 기뻐했"고, 싱가포르 함락을 축하하는 전승축하행렬에 나가 일장기를 흔들며 '목숨을 걸겠노라' 맹세하기도 했다. 이런 소녀에게도 일본 사회의 벽을 경험한 순간이 있었다. 여학교 입시 과정에서였다. 소녀가 지망한 학교는 오사카부립여학교였다. 그러나 명숙에게 지망 학교를 들은 교사의 답변은 "너는 그 학교에 들어갈 수 없어." 단 한마디였다. 이 말에 소녀는 좌절했다. "조선인이라 안 된다고 하는 거야. 생각했어. 난 일본인인데, 일본 국적인데, 공적으로는 '일본인 일본인' 하고 다녔는데. 역시 조선인은 조선인이었던 게지." 소녀는 당시 여학생들이 동경했던 부립 여학교 응시를 포기하고 사립 여학교에 입학했다.[5)]

유학생들이나 단체에 적(籍)을 둔 한인은 인신적 불편함도 감내해야 했다. 특별고등경찰이 설정한 '요시찰조선인'이라는 굴레에서 벗어날 수 없었기 때문이다. 특고의 요시찰 대상의 범위는 넓었다. 조선총독부 관리의 가족도 포함되었다. 김사량(金史良, 본명 金時昌)은 1940년 일본어 소설 '빛 속으로'로 아쿠타가와(芥川)상 후보가 된 장래가 촉망받는 작가

5) 가와타 후미코 지음, 안해룡 · 김해경 옮김, 『몇 번을 지더라도 나는 녹슬지 않아』, 바다출판사, 2016, 38쪽.

였으나 경찰서 유치장 신세는 일상이었다. 1941년 12월 8일 일본이 태평양전쟁을 시작한 날에도 그는 하숙집에서 '펜을 사각거리며' 글을 썼을 뿐인데 이튿날 가마쿠라(鎌倉) 경찰서에 잡혀가 3개월간 나올 수 없었다. 그나마 일본 지인들이 '군부(軍府)에 줄을 댄' 덕분에 석방되었다. 형인 김시명(金時明)은 강원도 홍천군과 평창군 군수를 거쳐 총독부 최초의 한인 전매국장까지 지냈으나 동생을 도울 수 없었다.

당시 한인이 처한 현실이었다. 이러한 현실은 오히려 한인사회를 결속하도록 하고, 민족의식을 자극했다. 도쿄제국대학 출신의 전도유망한 작가 김사량은 '굴종' 대신 '탈출'을 택했다. 그는 1945년 5월 학도병 위문단 파견 도중 연안(延安)으로 탈출해 조선의용군에 합류했다.[6)]

이봉창 의거도 민족차별과 무관하지 않다. 3.1운동 당시 19세였던 이봉창은 독립운동과 거리가 멀었다. 1932년 9월 16일 첫 공판에서 3.1운동 당시 어떤 소감을 가졌냐는 관선 변호사의 질문에 이봉창은 '아무것도 의식하지 못했다'고 답했다. 그는 1918년 용산철도국 견습생으로 일하면서 일본인 직원과 차별에 염증을 느껴 1925년 도일했다. 차별을 벗어나기 위한 결단이었다. 오사카에 온 후 일본인의 양자가 되었고, 기노시타 쇼조(木下昌藏)라는 일본인으로 지냈다. 능통한 일본어 덕분에 일본 회사에도 취직했으나 차별은 여전했다. 그러나 현실에 순응하면서 '신일본인(新日本人)'으로 살고자 했다. "조선인임을 생각하지 않고 세상에 얼굴을 내민 것"을 잘못이라 자책했다.

"내가 조선인이기 때문에 그 쪽(*일본인－인용자)에서 그렇게 말하는 것이다. 결코 그 쪽이 나쁜 것이 아니다. 부탁하는 쪽이 나쁜 것이다. 내가 조선인

---

6) 안우식 저, 심원섭 역, 『김사량 평전』, 88쪽, 156~159쪽. 김사량은 자신의 연안 탈출기를 '노마만리'라는 작품으로 남겼다. 김사량, 『노마만리』, 실천문학사, 2002.

임을 생각하지 않고 보통 사람처럼 세상에 얼굴을 내미는 것이 잘못이다. 이 얼마나 비참한 일인가. 같은 인간인데도 똑같이 대접해주지 않는다. 나도 일본인임에 틀림없다. 신일본인이다."－옥중 수기(1932년 2월 13일자. 동아일보 1994년 12월 15일자 수록)

그러나 '신일본인'으로 살고자 하는 이봉창이 넘어야 하는 일본의 벽은 견고했다. 1928년 천황즉위식을 구경하러 친구와 함께 교토에 갔다가 불심검문 과정에서 검속되어 11일간 고조(五條)경찰서 유치장 신세를 졌다. "조선에서 온 한글 편지를 갖고 있었다는 이유 때문"이었다. 그런데도 '신일본인'으로 살려는 노력을 계속했다. 그러나 '일본인 행세'를 하면 할수록 불편한 마음은 강해졌다. 결국, 1931년 1월 상하이로 가서 한인애국단에 가입한 후 1932년 1월 8일 도쿄 궁성 앞 사쿠라다몬(櫻田門) 부근에서 쇼와 천황을 향해 수류탄을 던진 민족투사로 생을 마쳤다.[7)]

"마음속으로는 본명(本名)을 가지고 있으면서도 본명을 사용해서는 이 세상을 편안하게 살 수 없다는 생각에 언짢은 마음을 참을 길이 없었고, 당당하게 본명을 쓰며 살아갈 수 있게 되었으면 하는 생각이 있었습니다. 이러한 것들로부터 나는 조국인 조선을 일본에서 독립시켜 다시 옛날과 같은 우리나라가 되도록 하고 싶다는 생각을 하게 되었고, 그런 가운데 상해에 건너가 그곳에 체재 중 조선독립을 실현하기 위해서는 천황 폐하를 죽이는 것이 제일 좋은 방법이라고 생각하기에 이르렀습니다."(제2회 심문 조서 중)

이봉창 의거의 계기는 당국의 불심검문이었다. 그러나 배경은 도일 후에도 극복할 수 없었던 차별이었다. 차별은 한인이 식민지 시대 내내 경험하고 감당해야 할 몫이었다. 그렇다고 모든 한인이 이봉창과 같이 일

7) 한시준, 「이봉창의사의 일왕저격의거」, 『한국근현대사연구』 17, 2001, 74~79쪽.

본국가 권력을 향해 폭탄을 던지는 방식으로 극복할 수는 없었다. 나귀를 타고 태항산(太行山) 조선의용군의 본거지로 갔던 김사량의 선택도 마찬가지였다. 서민들이 할 수 있는 선택이 아니었다. 일본 국가권력과 일본 사회는 개인적으로 극복할 수 없는 거대한 장벽이었다. 그 앞에서 대부분의 한인 대중은 약한 존재였다. 생존에 허덕이고 일상의 행복에서 위로를 받는 서민이었다. 그러므로 삶의 터전을 유지하면서 극복할 방법을 찾아 나갔다.

한인들은 야간학교를 통해 인간의 가치와 권리를 깨닫게 되었고, 선진 노동자들에게 권리를 획득해나가는 모습을 보았다. 그리고 끈질긴 삶의 의지와 결속이 한인들이 일본에서 살아가기 위한 최선의 방법임을 체득했다. 결속은 고향으로 돌아갈 수 없는, 일본 땅에 정착해야 하는 한인들의 절박함이 나은 산물이기도 했다. 일본 사회가 표출한 타자화는 한인의 결속 의지를 강하게 만들었다. 한인들이 결속하고 질긴 삶의 의지를 표출할 수 있는 토대는 '조선부락'이었다.

## 2. 재일코리안의 해방구, 조선부락

"독자들이여, 나와 함께 다마가와(多摩川) 벌판에 서 보자. 자갈을 캐는 곳, 내 고향 대구 부근의 하천에서 매일 볼 수 있는 풍경이다. 나는 가까이 있는 산들을 보고 하천을 걷고 여성들의 자갈 캐는 것을 보면서 마치 내 고향 하천에 서 있는 듯 착각을 하기도 한다. 내가 착각을 일으키는 이유는 이곳의 집들이 마치 조선의 농가와 같기 때문이다. 말은 모두 조선말이고 조선 김치도, 고추도 있다."[8)]

---

8) 野口赫宙, 「朝鮮人聚落を行く」 1937(『在日朝鮮人』, 新人物往來社, 1978, 266~271쪽 수록).

르포(조선인취락을 간다)에서 장혁주(張赫宙, 본명 張恩重)가 묘사한 도쿄 인근 다마가와 하천변과 시바우라(芝浦) 조선부락의 모습이다. 친일 작가로 살았던 장혁주가 고향으로 착각할 정도로 익숙한 곳, 바로 재일코리안의 해방구, '조선부락', '조선인 부락', '조센쵸(朝鮮町)'다.

식민지 시기 일본 각지에는 다양한 성립 배경을 가진 한인 밀집지역을 이루었다. 슬럼 혹은 바라크 지역이라 불리기도 하는 일본 하층거주지구의 일종이었다. '햇볕이 들지 않는 거리'라는 별칭을 가진 것을 보면, 열악한 주거지역임을 알 수 있다.

'부락(部落)!'

흔히 피차별·특수부락을 약칭한 개념의 '부락'이라 생각할 수 있다. 그러나 일본에서 '부락'은 법제적으로 성립된 행정단위명이 아니라 민간에서 사용하던 용어다. 집락, 부락, 촌락 등 용어는 동리(洞里) 및 정촌(町村) 이하의 '자연마을'을 가리키는 개념어다. '집락(集落)'은 농산어촌에서 사용하는 용어로 지리학적 의미가 강했다. '부락'은 동아시아에서 유목민의 공동체를 부르는 호칭이다. 차별적인 용어가 아닌 일반 호칭이었다. 이러한 일반 호칭인 부락과 달리 '피차별·특수부락'을 약칭한 개념의 '부락'이 있다. 'buraku'라는 발음으로 영어와 불어에도 있을 정도로 알려진 용어다. 도축업 등 특정한 직업 소유자들의 밀집 지역인 피차별부락은 1920년대 4,890지구에 85만 명 정도의 부락민이 거주하고 있었는데, 1871년 '해방령'에 의해 법제적 신분은 폐지되었으나 사회 관습적인 차별은 남았다.

그렇다면 당시 일본 사회가 한인 거주지역을 지칭하던 '조선부락'은 일반 호칭과 차별적 호칭 중 어디에 해당했을까. 차별적 호칭이었다. 일본 사회는 차별적 의미로 불렸으나 한인들에게 조선부락은 소중한 공간이었고, 재일코리안운동의 터전이었다. 조선부락은 한인들이 저임금과 민족차별 속에서 생존해 나가는 과정에서 자연스럽게 탄생했다. 한인들은 공터와 하천가 등지에 마을을 형성하고 일자리와 머물 곳을 찾아 모여드는 동포들을 품었다. 우리말과 역사, 풍습 등 민족 정서를 지키며 후세 교육에 노력했다. 이러한 노력은 일본 패전 후에도 남아 재일동포사회를 지키는 퐃대로 역할하고 있다.

### 1) 조선부락의 형성 및 분포

돈벌이(出嫁) 노동자로 일본 땅을 밟은 도일한인에게 시급한 과제는 일자리와 거주지 확보였다. 단신으로 도일한 한인들은 마치 '미리 약속이나 한 듯 일제히' 동포들이 운영하는 노동하숙으로 가서 새로운 생활을 시작했다. 그리고 일정한 기간을 거친 후에는 독립된 거처를 마련하고 고향의 가족을 불러 세대를 구성했다.[9]

세대를 구성한 한인들이 마련한 터전은 한인 밀집지역이었다. 생활상 편리함 때문이었다. 한인들이 직업 안정성이 취약한 자유노동자 처지였으므로 일자리를 얻기 위해서는 한인 밀집지역이 유리했다. 일본어를 모르는 상태에서 집을 구하거나 일본인 거주지 생활은 두려운 일이자 일본인 거주지에 삶의 터전을 마련하기 어려웠다. 이유는 두 가지였다. 하나는 한인 노동자의 수입으로 감당하기 어려운 높은 집세였다. 두 번째는 당국과 사회의 부정적 정서였다. 식민지 시기 내내 일본 사회는 한인에 대한 배타적 인식을 유지하고 다양한 방식으로 표출했다. 배타성에는 주거상황에 대한 부정적 인식도 포함되었다.

---

9) 神戸市 社會課, 「在神半島民族の現狀」 1926, 『在日朝鮮人關係資料集成』 1, 593쪽.

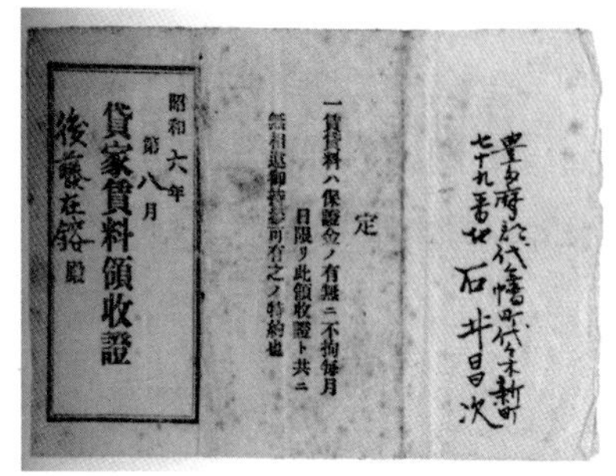
昭和 六年 第 八 月

貸家賃料領收證

定

一 賃貸料ハ保證金ノ有無ニ不拘毎月

日限リ此領收證ト共ニ

無相違御持参可有之ノ特約也

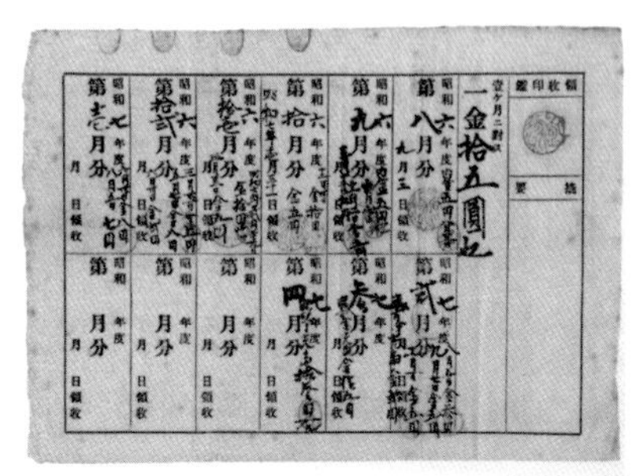

〈그림 32〉 집세영수증

(재일한인역사자료관, 『재일한인역사자료관 도록』, 35쪽)

일본 사회가 한인 주거상황을 부정적으로 인식한 배경은 당국의 탓이었다. 당국은 한인을 '집세를 체납하고 싸움을 잘하며 소란스럽고 집을 훼손하는 불량한 존재'로 규정했다. 왜곡된 당국의 인식은 일본 사회에 고스란히 전달되었다. 집주인들은 '집세 등 세금을 잘 내지 않'고 '지저분하게 사용한'다는 등 이유로 임대를 거부했다. 임대조건도 까다로웠다. 일본인은 1명의 보증인으로 집을 얻을 수 있었으나 한인은 일본인 보증인 2~3명이 필요했다. 부금도 일본인보다 많은 액수를 내야 했다.[10)]

낯선 일본 땅에서 한인들이 갈 곳은 어디였을까. "누구의 허락도 받지 않고" 한인들의 손으로 마련한 삶의 터전. 한인들의 취로 사업장(공장이나 공사장)을 중심으로 형성된 조선부락이었다.

"이곳은 시바우라 쓰키미쵸(月見町) 조선인 부락이다. 원래는 어느 제당회

10) 『동아일보』 1922년 10월 25일자; 大阪市 社會部, 「本市に於ける朝鮮人住宅問題」, 『在日朝鮮人關係資料集成』 2, 1193쪽; 大阪市 社會課, 「朝鮮人勞動者の近況」 1933, 『在日朝鮮人關係資料集成』 5, 805~806쪽; 大阪府 學務部, 「在阪朝鮮人の生活狀態」(朴慶植 編, 『朝鮮研究叢書』 3, アジア問題研究所, 1981, 182~183쪽); 樋口雄一, 「在日朝鮮人に對する住宅差別」, 『在日朝鮮人史研究』 2, 1978, 74~77쪽.

사 석탄 거치장이었는데 부근 공장에 다니던 조선인 노동자가 누구의 허가도 받지 않고 망치와 끌을 가지고 와서 손수 집을 지어 살면서 시작된 마을이다. 개중에는 무너진 작은 집도 있으나 2층집도 있다."[11]

당국이 파악한 조선부락의 성립 경로도 장혁주의 르포 내용과 다르지 않다. 첫째, 함바나 사택에 살기 시작해 이를 거점으로 성립한 경우다. 둘째, 토지소유자가 명확하지 않은 저지대나 습지·하천변 등에 임시 가옥(바라크, 假小屋)을 만든 경우다. 셋째, 일본인이 살지 않는 빈집을 거점으로 형성한 경우다. 넷째, 나가야(長屋, 집단 주택) 등을 빌려 그곳을 중심으로 마을을 형성한 경우다.[12]

조선부락은 오사카·교토·도쿄·가나가와·요코하마·규슈 등 주요 도시에 형성되었다. 규슈의 조선부락은 1910년대 말부터 출현했다. 1919년 3월 24일자 오사카아사히신문(大阪朝日新聞)에 의하면, 모지시 시라키자키(白木崎)에서 고모리(小森)변에 이르는 지역과 시모노세키 마루요시쵸(丸由町)나 사쿠라유(櫻由)부근에도 있었다.

일본 주요 도시 가운데 이른 시기에 조선부락을 형성한 곳은 오사카다. 히가시나리구(東成區) 히가시오바시쵸(東小橋町) 157번지 조선부락은 1907년에 건설되어 점차 넓어졌다. 그러나 역시 오사카 최대의 조선부락은 히가시나리구 이카이노쵸(猪飼野町) 조선부락이다. 이카이노(猪飼野)는 '돼지 키우는 마을'이라는 의미다. 〈표 14〉에서 볼 수 있듯이 최대 거주 한인을 기록한 곳이며, 지금도 4만 명의 재일코리안이 사는 대표적 코리안 타운이다. 제주도 출신이 많이 거주한다고 '일본 속 작은 제주'로 불렸다.

11) 野口赫宙, 「朝鮮人聚落を行く」 1937(『在日朝鮮人』, 新人物往來社, 1978, 267쪽).

12) 樋口雄一, 「在日朝鮮人部落の成立と展開」, 『在日朝鮮人』, 新人物往來社, 1978, 553쪽.

〈그림 33〉 이카이노 조선부락 탄생의 배경인 히라노 하천 주변의 코리안타운
(2015년 8월 9일 촬영)

"오사카시 이쿠노(生野)구의 한 구역이었으나 1973년 2월 1일에 없어진 조선인 밀집지이며 옛 정명(町名). 옛날에는 이카이노쓰(猪甘津)라 했고 5세기 무렵 조선에서 집단 도래한 백제인이 개척했다는 백제향(百濟鄕)의 터전이기도 하다. 다이쇼(大正) 말기 백제천을 개수해 신히라노가와(新平野川)를 만들었을 때 이 공사를 위해 모인 조선인이 그대로 살게 된 마을, 재일조선인의 대명사와도 같은 동네"

재일코리안 시인 김시종(金時鐘)이 『이카이노 시집』에서 설명한 '이카이노'다.[13]

13) 호소미 가즈유키 지음, 동선희 옮김, 『디아스포라를 사는 시인 김시종』, 어문학사, 2013, 165쪽.

이처럼 오랫동안 한인들의 밀집지였으나 현재 이카이노라는 이름은 사라지고, 인접한 나카가와초(中川町) 모모타니 O초메(桃谷 O丁目)로 통합되었다. '이카이노바시'라는 버스 정류장 이름만이 옛 흔적을 남기고 있을 뿐이다. 1970년대 주변 지역 주민들의 강력한 요구에 따라 1973년 2월 1일 오사카시가 지도에서 지워버린 탓이다. 주민들은 '이카이노'라고 하면 땅값이나 집값이 떨어진다거나 혼담에 악영향을 미친다는 이유로 반대했다.[14)]

〈표 14〉 1920년대 일본 주요 도시의 대표적인 조선부락 형성 상황

| 지역 및 장소 | | 시기 | 호수 | 거주 인구 | 성립 배경 | 별칭 |
|---|---|---|---|---|---|---|
| 오사카부 | 西成郡 鶯州町大仁 | 1922.9 | 13 | 44 | 원래 시장이었다가 불경기로 빈집이 된 지역 | 兼頭市場 |
| | 泉北郡 北掃村春木 | 1922.봄 | 19 | 76 | 기시와다(岸和田)방적이 한인 직공용으로 건설 | 朝鮮町 |
| | 東成區 東小橋町 | 1907 | 55 | 585 | 낡은 나가야(長屋) 임대 | |
| | 東成區 猪飼野町 | - | 162 | 1,577 | // | |
| | 港區 船町 | 1923 | 45 | 347 | 빈터에 스스로 지은 판자집 | |
| | 港區 小林町 | 1923 | 45 | 333 | // | |
| | 東成區 生野國分町 | 1924 | 15 | 117 | 닭장 개조 | |
| 교토시 | 中京區 壬生神明町 | 1920년대 중반 | 28 | 184 | 쓰지(辻)방적 노동자를 위해 세운 한인주택 터 | |
| | 下京區 東九條岩本町 | // | 77 | 564 | 나가야. 내선융화단체의 아파트가 세워져 한인이 증가한 곳 | |
| | 中京區 西京南原町 | // | 49 | 336 | 나야(納屋), 마굿간, 창고 등을 개조 | |
| | 下京區 吉祥院道登町 | // | 35 | 189 | 가쓰라가와(桂川) 모래 채취를 위해 업자가 한인을 살게 한 곳 | |
| 도쿄도 | 小石川區 戶崎, 氷川下町 | 1924경 | 101 | 349 | 센가와(千川) 주변에 지은 나가야. 도쿄의 대표적 빈민지구 | 햇빛이 없는 마을 |

14) 안해룡 기획 편집, 『조지현 사진집 이카이노－일본 속 작은 제주』, 각, 2018, 59쪽.

| | 豊島區 西巢鴨 | // | 120 | 400 | - | 水久保 |
|---|---|---|---|---|---|---|
| | 荒川區 三河島町 | 1923 | 350 | 700 | 부근에 공장이 많아 취업이 용이 | |
| | 城東區 大島町 | 1919 | 247 | 909 | 운하개통으로 모인 사람들이 만든 곳 | |
| 요커하마시 | 鶴見區 潮田町隣保館 내 | 1920년대 중반 | 14 | 70 | 사창가 조성을 위해 세웠으나 허가가 나지 않아 빈집이 된 곳 | |
| | 鶴見區 鶴見町소방서 부근 | 1925 | 30 | 160 | 아사노(淺野)조선소 확장공사 한인 노동자용 바라크를 중심으로 형성 | |
| | 中區 宮川町 | 1924 | 45 | 230 | 토목업자가 지은 3채의 바라크를 중심으로 한인들이 세운 마을 | |
| | 中區 山手町 | 1924 | 37 | 170 | 모래채취 작업을 위해 세운 바라크를 중심으로 한인들이 세운 마을 | |
| | 神奈川區 神奈川町 | 1929 | 15 | 84 | 매립공사 노동자들이 사용하던 보통주택 | |

자료: 樋口雄一, 「在日朝鮮人部落の成立と展開」, 『在日朝鮮人』, 新人物往來社, 1978, 551~552쪽

〈표 14〉에서 알 수 있는 바와 같이 1920년대 조선부락은 작업장 근처와 빈민지구, 공터 및 빈집, 시장터를 중심으로 세워졌다. 이 가운데 작업 현장과 관련해 성립한 조선부락이 가장 많다.

〈표 15〉 1930년대 주요 지역의 조선부락 형성 상황

| 지역 및 장소 | 조사 시기 | 부락수 | 세대수(명) | 세대원/인구수(명) | 거주한인수 대비(%) |
|---|---|---|---|---|---|
| 도쿄시 | 1939 | 26 | 1,468 | 5,740 | 10.71 |
| 요코하마시 | 1935 | 14 | 264 | 749* | - |
| 교토시 | 1935 | 31 | 862 | 5,898 | 14.0 |
| 오사카부 | 1933 | 109 | 5,602 | 29,739 | 26.6 |

* 미확인 세대원수 다수 포함

자료: 外村 大, 『在日朝鮮人社會の歷史學的硏究』, 綠陰書房, 2004, 44쪽, 120~130쪽 수정

조선부락은 1930년대에 급증했다. 〈표 15〉의 4개 지역 가운데 거주 한인 대비율이 가장 높은 지역은 오사카와 교토, 도쿄 순이다. 2위를 차지한 교토시의 거주 한인 대비율은 14%이다. 그러나 교토 관내 조선부락별 통계에 의하면, 최고 66.7%에서 최저 4.4%로 분포가 다양하다.

〈그림 34〉 도쿄 도시마구(豊島區) 히노데쵸(日之出町) 소재 조선부락
(在日韓人歷史資料館, 『在日韓人歷史資料館圖錄』, 2008, 34쪽)

## 2) 조선부락을 거부하는 일본 사회

일본 사회는 빈민가를 형성한 조선부락을 달가워하지 않았다. 자신들이 사용하지 않는 공터였지만 한인들이 모이는 것은 부담스러운 일이었다. 외면하고 싶고, 가능하다면 쫓아내고 싶은 대상이었다. 일본 사회는 그런 의지를 집약해 표출했다. 다양한 방법의 추방 시도다. 당국과 일본 사회가 주도한 추방 시도의 유형은 크게 세 가지로 볼 수 있다.[15]

15) 樋口雄一, 「在日朝鮮人部落の成立と展開」, 『在日朝鮮人』, 新人物往來社, 1978, 562쪽.

첫째, 하천 주변이나 해안 등 국유지 · 사유지의 불법점거, 차지차가(借地借家)에서 추방하는 경우다. 당국의 자료에 가장 많이 등장하는 사례다. 집주인에 의한 추방과 당국의 행정조치 등이 있다.

둘째, 일본 주민들에 의한 조선부락 철거요구다. 일본인 집주인들은 가옥수선 등 여러 구실을 내세우거나 한인들이 '잡거생활을 하고 위생풍속사상이 저급'하다는 이유로 퇴거를 요구했다.

셋째, 일본정책과 행정조치에 의한 철거다. 조선부락을 몰아내려는 주체는 집주인만이 아니었다. 지자체와 경찰 등 행정당국이 더욱 많았다. 당국은 조선부락의 근거지가 국유지임을 내세워 행정력으로 조선부락을 몰아내고자 했다. 또한 '도시미관을 더럽힌다는(도쿄)' 등 여러 이유를 들어 철거했다. 전쟁 말기에 공습에 대응하기 위해 철거하기도 했지만 내무성의 다마가와 자갈(砂利)채취금지령으로 철거한 경우(도쿄)도 있다.

일본 사회의 추방 시도 앞에서 거주권을 지켜야 하는 한인들은 절박했다. 초기에는 사회운동단체를 찾아가 호소하고 일본 차지차가인조합 등 단체의 도움을 받아 소송하는 방식으로 대응했다. 당국과 일본 사회의 추방 시도가 계속되자 독자적인 한인 단체를 결성해 대응에 나섰다. 대표 사례는 김문준이 1928년 7월 결성한 오사카조선인거주권획득동맹이다.[16]

몰아내려는 당국 및 집주인과 지키려는 한인 사이에 분쟁은 불가피했다. 주택분쟁이다. 주택분쟁은 1924년 오사카시에서 시작되어 1927년경에는 전국적으로 확산했고 횟수도 증가했다. 내무성 '사회운동 상황'에 의하면, 1933년에 발생한 차지차가분쟁은 5,505건(참가인원 12,144명)에 달할 정도였다.[17] 1933년 정점에 달했던 주택분쟁은 1934년 2,503건, 1935년

16) 朴慶植, 『在日朝鮮人運動史－8.15解放以前』, 三一書房, 1979, 374쪽.

17) 주요 주택분쟁 사례에 대해서는 『조선일보』 1926년 11월 15일자; 1929년 7월 14일자; 1929년 9월 26일자; 11월 1일자; 11월 2일자; 『동아일보』 1928년 1월 27일자; 1929년 11월 3일; 『日本勞働通信』 130호, 1928년 7월 4일자, 「東成借家爭議解決」; 『日本社會運動通信』 9호, 1928년

1,857건, 1936년 1,386건으로 점차 감소하다가 1939년 이후에는 통계에서 사라졌다. 한인의 주택문제가 해결된 것은 아니라 '행정조치'에 의해 '처리'되었다. 특히 1939년 중앙협화회 탄생 이후에는 한인들의 조직적 저항이 불가능했다. 조선부락 거주자 전원에게 강제적으로 주택건설적금을 내도록 했고, 임시가옥(바라크) 건설을 금지했다.[18] 총동원체제기에 들어선 일본에서 한인들은 거주권을 지키는 일조차 할 수 없게 되었다.

### 3) 전전기(戰前期) 조선부락의 역할

없어도 있는 동네
그냥 그대로
사라져 버린 동네
전차는 애써 먼발치서 달리고
화장터만은 잽싸게
눌러앉은 동네
누구나 다 알지만
지도엔 없고
지도엔 없으니까
일본이 아니고
일본이 아니니까
사라져도 상관없고
아무래도 좋으니
마음 편하다네

7월 13일자, 「東成借爭議家主の謝罪にて解決」; 『日本社會運動通信』 8호, 1928년 7월 6일자, 「家主の暴力団と抗爭する大阪借家人同交會」; 정혜경, 『일제시대 재일조선인 민족운동연구』, 국학자료원, 2001 참조.

18) 樋口雄一, 「在日朝鮮人部落の成立と展開」, 『在日朝鮮人』, 新人物往來社, 1978, 562쪽.

거기선 다들 목청을 돋우고
지방 사투리가 활개치고
밥사발에도 입이 달렸지
엄청난 위장은
콧등에서 꼬리까지
심지어 발굽 각질까지
호르몬이라 먹어 치우고
일본의 영양을 몽땅 얻었노라
의기양양 호언장담

'없으면서도 있는 동네' '보이지 않는 동네'이지만 "다들 목청을 돋우고" '활개 치는 씩씩하고 활발한 동네'. 1975년부터 『계간 삼천리』에 총 10회에 걸쳐 게재하고 1978년에 단행본으로 출간한 '장편시－이카이노(猪飼野)시집'의 첫머리에서 시인 김시종이 표현한 조선부락이다.

조선부락은 한인사회의 큰 버팀목이었다. 조선부락이 있기에 살아갈 수 있었고, 가족을 지킬 수 있었다. 지연과 혈연적 상호부조가 잘 이루어져 취직 등 생활상의 편의도 쉽게 얻을 수 있었기 때문이다. 조선부락이 있었기에 한인의 정체성을 유지할 수 있었고 실천성을 담보한 대중운동이 가능했으며, 재일코리안운동사가 기록될 수 있었다. 전협과 일본반제동맹 등 혁신운동세력도 조직화를 위한 근거지를 조선부락과 한인학교로 삼았다.[19] 그러므로 당국은 집요하게 조선부락 해체를 시도했다. 그러나 해방 후 한인들은 조선부락이 있던 곳에서 민족교육을 부활하고 재일코리안 문화와 역사를 공유하고 있다.

---

19) 朝日俊夫, 李一善 등 전협 화학 간부가 반제동맹 오사카지부를 조직하기로 하고 활동하던 중 20여 명이 피검되었다. 이들은 강제병합기념일 투쟁 관련 격문을 조선부락과 한인학교에 3만 장을 뿌렸다. 『동아일보』 1930년 9월 10일자; 『조선일보』 1930년 9월 11일자.

〈그림 35〉 1936년 오사카시 이카이노(猪飼野) 상점가 모습

(在日韓人歷史資料館, 『在日韓人歷史資料館圖錄』, 39쪽)

이 거리에는 지금도 한복과 김치를 파는 가게가 즐비하다.

〈그림 36〉 이카이노 경찰서가 있던 자리. 자동차 옆 벽돌을 쌓은 곳

(2015년 8월 9일 촬영)

### (1) 삶의 버팀목을 넘어 합법운동의 근거지로

조선부락은 단순한 주거지를 넘어 도일한인들에게 실질적인 삶의 터전이었다. 혈연과 지연으로 똘똘 뭉친 곳이었으므로 고향을 옮겨놓은 듯 마음 든든한 생활공동체였다. 돈이 없어도 굶어 죽지 않고, 실패해도 재기할 수 있었다.

조선부락은 한인들이 미래를 꿈꾸고 꿈을 실현할 수 있는 곳이었다. 이곳을 터전 삼아 행상인이나 노동자에서 자영업자로 성장하는 이들이 늘어났고, 1930년대에 상공업과 서비스업을 펼쳐 경제적으로 성공한 한인들도 등장했다. 조선어 신문에 실린 '성공한 사람' 소개 기사를 보면, 오사카와 도쿄 등지 자영업자들은 조선부락 출신이다. 판매업이나 전문직(변호사, 의사 등)의 고객도 조선부락 거주자였다.[20]

조선부락은 한인들에게 다른 지역 동포들의 삶과 고향을 돌아볼 여유를 갖게 해주었다. 조선부락이 중심이 되어 수해와 기근 및 각종 재해에 대한 의연금을 모금하고, 고향에 필요한 도로나 상하수도 설치까지 담당했다. 1929년 제주도 출신 오사카 한인들은 제주도 우면 토평리에 상수도 시설 공사에 나섰다. 일본인 기사가 수도시설을 해준다는 명목으로 사리사욕만 채우려 한다는 소식을 들었기 때문이다. 소식에 접한 한인들은 수도설치기성위원회(水道設置期成委員會)를 발족한 후 기금 5천 원을 준비하고 직접 기사를 제주도에 파견해 공사를 마쳤다.[21] 조선부락이 지연과 혈연의 강한 결속력을 가지고 있었기에 가능한 일이었다.

---

20) 外村 大, 『在日朝鮮人社會の歷史學的研究』, 綠陰書房, 2004, 218~226쪽.

21) 『조선일보』 1929년 8월 16일자.

大阪在住濟州同胞
水道敷設을計劃
자금을모집하는중이다

〈그림 37〉 조선일보 1929년 8월 16일자

조선부락의 부조 기능은 1920년대 후반 각종 협동조합 결성과 관련 있다.[22] 1920년대 중반까지 조선부락의 주요한 경제 기능은 공동구매나 계(契) 형태가 담당했다. 1920년대 후반 결성되기 시작한 소비조합이 조선부락을 연계한 조직으로 확대되면서, 협동조합은 비중 있는 경제 활동의 주체가 되었다.

협동조합에 대한 관심은 한인이 소비조합 지식을 접하면서 일어났다. 1910년대 유학생과 일부 노동운동가들 사이에서 소비조합을 소개하고 필요성을 언급했다. 유학생들은 학우회 기관지 『학지광』을 통해 조합조

22) 樋口雄一,「在日朝鮮人部落の積極的役割について」,『在日朝鮮人史研究』1, 1977, 28~29쪽. 협동조합운동에 대한 상세한 내용은 정혜경,「1930년대 초반 오사카지역 협동조합과 조선인 운동」,『한일민족문제연구』1, 2001 참조.

직을 소개하고 노동자의 생활 향상을 위한 소비조합운동을 제창했다. 가장 먼저 조합을 소개한 유학생은 필명 무실생(務實生)이다. 그는 신용·구매판매·생산조합 등 다양한 조합조직 형식을 제시했다. 본격적으로 조합이 갖는 유용성과 필요성을 제기한 이는 최원호다. 최원호는 "빈(貧)한 자가 합동하야 부(富)한 자가 되게 하는 극히 합리적인 산업제도"로 규정하고, 한인 구제를 위한 대안으로 신용·판매·구매·생산조합 등 각종 조합의 조직과 운영을 제시했다.[23]

유학생들의 소비조합운동 제창 배경에는 일본 소비조합운동의 영향이 컸다. 1858년 철공노동조합인 일본철도교정회가 노동운동의 한 부분으로 조직한 소비조합 공동점(共働店)에서 출발한 일본 소비조합운동은 1879년 구매생활협동조합 설립 후 확산했다. 1900년 산업조합법 공포 후 탄력을 받아 제1차 대전 이후 노동운동 발전기를 맞았다. 중심 단체인 관동소비조합연맹(1920년 설립)의 1924년 말 가맹연합은 21개, 조합원은 5천여 명에 달했다. 한인들은 1926년 도쿄에서 전진한(錢鎭漢)이 주축이 되어 협동조합운동사(協同組合運動社)를 출범한 후 팸플릿을 발행하고 매년 조선에 순회 선전대를 파견하는 방법으로 일본과 조선 전체에 협동조합에 대한 인식을 확산해나갔다. 협동조합운동사는 1928년에 본사를 경성으로 옮겨 운동의 중심축을 조선으로 전환했다.[24]

이후 일본 전역에서 확산한 조선부락이 공동구매를 중시하면서 한인 소비조합을 결성하고 활발히 운영했다. 특히 1929년 6월 오사카조선노동조합 센슈(泉州)지부 사무실에서 창립한 조선노동소비조합(또는 재대판 조선노동소비조합)은 각 조선부락을 연계한 소비조합이다. 1930년 대동

23) 務實生, 「기업론」, 『학지광』 3, 1914, 29쪽; 崔瑗浩, 「조선인의 생활과 산업조합의 필요」, 『학지광』 12, 1917, 26~28쪽. 자세한 내용은 정혜경, 「1910년대 재일유학생의 경제문제인식-학지광을 중심으로」, 청계사학』 13, 1997 참조.

24) 『조선일보』 1927년 12월 16일자; 『동아일보』 1928년 4월 4일자.

소비조합으로 명칭이 바뀌었다. 이러한 성장세에 힘입어 1930년대 오사카는 650명의 조합원을 거느린 대동소비조합과 오사카소비조합을 비롯한 13개 소비조합을 결성 운영했다.[25]

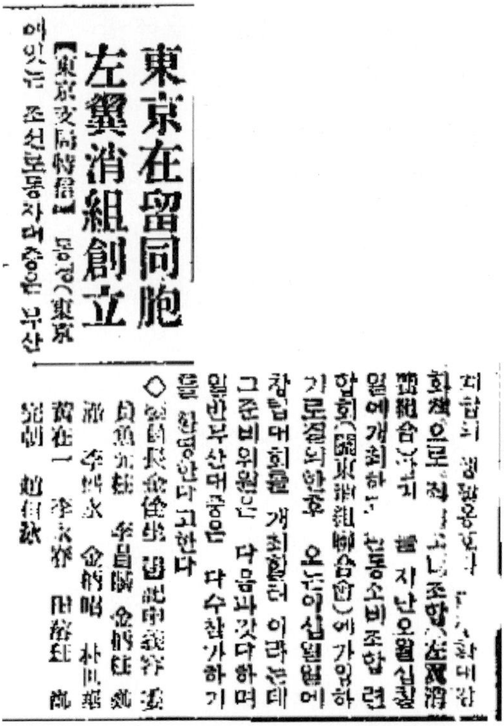

東京在留同胞

左翼消組創立

〈그림 38〉 조선일보 1931년 6월 8일자

소비조합은 1930년대 후반에 들어 오사카를 넘어 전국적으로 확산했다. 1931년 6월 21일 도쿄 한인들은 "좌익소비조합"을 개설해 "무산계급의 생활옹호와 투쟁"을 예고했다.[26] 신문기사의 준비위원 명단을 보면 도쿄지

25) 정혜경, 「1930년대 초반 오사카지역 협동조합과 조선인운동」, 『한일민족문제연구』 1, 2001, 92쪽.

역 사회주의운동단체와 연관성은 보이지 않는다. 관동소비조합에 가입한다는 점을 볼 때, 조선협동조합운동사와도 거리가 있는 듯하다.[27]

1936년 11월 히로시마에서 활동하는 김차암(金且巖. 일명 金秉國, 특별요시찰조선인 갑호)이 히로시마공흥(廣島共興)구매조합(회원 50명)을 결성했고, 1937년 6월에는 이시카와현 가나자와(金澤)시 거주 한인들이 소비조합 동아소친회(東亜昭親會)를 결성했다. 같은 해 사가현(佐賀縣) 사가시 거주 한인들도 영성(榮城)소비조합을 결성했으나 8월 해산했다. 해산 이유는 알 수 없다. 히로시마공흥구매조합은 1940년 2월 1일 조합 간부 권영준(權永準) 등 12명이 치안유지법위반 혐의로 검거되기도 했다.[28]

소비조합에 대한 한인들의 호응도는 높았다. 무엇보다 생활상 편리함이 컸기 때문이다. 소비조합 활동 가운데 공동구매는 큰 도움을 주었다. 민중시보 제4호(1935년 8월 15일자) 기사에서 기자는 공동구매를 강력히 추천했다. '열집식 스무집식 공동으로 삽시다' '누가 물건을 사다가 난와줄 것인가' '외상으로 사는 것은 큰 손해다'는 소제목에서 알 수 있듯 공동구매의 요령을 구체적으로 제시했다.

> 물건을 헐케 사려면－공동구입이 절대로 필요합니다. 직장 녀성들이 몬저 실행하시오
>
> 일은 히마되고 생활은 점점 궁하여 가는데 쌀갑을 비롯하야 모든 물가는 작구 올나갑니다. 압흐로는 우리에게 엇더한 곤난이 닥처올는지 알 수 업슬

26) 『조선일보』 1931년 6월 8일자.

27) 1920년에 설립한 관동소비조합연맹은 무산자의 계급적 임무와 요구를 인식하고 투쟁하고자 하는 좌파와 자본주의 경제기구를 침식할 것을 주장하는 우파의 견해 대립으로 1929년에 분열되었다. 이후 우파는 1930년에 소비조합회를 조직했고, 관동소비조합연맹도 조직을 확대했다. 관동소비조합연맹은 1932년 3월에 일본무산자소비조합연맹을 결성해 1938년 해산까지 활동을 전개했다. 정혜경, 「1930년대 초반 오사카지역 협동조합과 조선인운동」, 『한일민족문제연구』 1, 2001, 90쪽.

28) 姜徹, 『在日朝鮮人史年表』, 雄山閣, 1983, 164쪽.

> 것이외다. 우리는 압헤올 곤난을 미리 방비하여야 합니다. 〈중략〉 여러분 가정에서 매일 쓰는 일용품과 식료품을 헐케사야 합니다. 여러 가정부인들이 물건 사시는 것을 보면 에누리 잘하는 것이 물건 헐케 사는 유일한 방법으로 아는 것 갓습니다. 그러나 물건파는 상인들은 여러분보다 훨신 더 령리하고 간사합니다. 첫재는 여러분이 에누리할 것을 미리 알고 물건갑슬 빗싸게 치는 것이요 둘재는 여러분이 잘 아는 물건은 본갑이나 달음업시 헐케 팔지마는 잘 몰으는 물건에는 닷배식 밧는 수단을 쓰는 상인이 있습니다. 셋재는 물건을 조금식 사눈 것보다 한꺼번에 만히 사는 것이 헐케됩니다. 그런즉 이러한 상인들에게 속지말고 또 여러분에게 가진 공동이란 큰 힘으로 헐케 살 수가 있습니다. 이제 그 방법에 대하야 다음에 이약이 하겠습니다.(원문 그대로)[29]

당시 가장 많은 한인이 애용한 공동구매물품은 김장재료였다. 배추는 일본에서 구할 수 없었으므로 조선에서 공동구매를 했는데, 소비조합 차원의 큰 행사였다. 민중시보 제10호(1935년 11월 15일자)에는 "김장때를 압두고 백채공동구입(白菜共同購入)－오사카소조 동부지부(大阪消組 東部支部)에서"라는 기사에서 "만반진수가 다 밥상에 오를지라도 김치깍둑이가 업스면 밥맛이 업다고 하는 것은 우리 조선사람의게는 공통되는 생각일 것이라. 조선김치는 조선사람의 생활에 잇서서 조선 료리의 지위에 잇서서 가장 보편적이오 민중적이오 또 경제적"이라 지적하고, "중요한 연중행사의 하나인 김장준비"를 위한 오사카소비조합 동부지부의 배추 공동구매에 대해 보도했다.[30]

한인사회의 특징을 드러낸 협동조합은 동아통항조합(東亞通航組合)이다. 동아통항조합은 제주도와 오사카를 왕래하는 한인의 편익을 위해 오사카 한인들이 결성한 선박협동조합이다. 1923년 제주도와 오사카 간 직

29) 朴慶植, 『朝鮮問題資料叢書』 제5권, 三一書房, 1983, 559쪽.

30) 朴慶植, 『朝鮮問題資料叢書』 제5권, 三一書房, 1983, 578쪽.

항로가 개설된 이후 제주도민들의 도일은 급증했다. 그러자 1928년 독점 운행 중이던 일본인이 경영하는 조선우선회사(朝鮮郵船會社)와 아마가사키회사(尼崎會社)가 뱃삯을 대폭 인상했다. 이들 기선회사가 제주도와 일본 간 유일한 교통수단을 장악한 상황에서 뱃삯 인상은 제주도민에게 큰 부담이었다. 두 회사의 횡포에 분개한 재일 제주도민들은 1928년 4월, 오사카에서 제주도민대회를 열고 운임인하와 대우 개선을 요구했다. 그러나 회사 측은 '새가 되어 날아갈 것인가. 물고기가 되어 헤엄쳐 갈 것인가'라고 조롱하며 요구를 거절했다. 그러자 대회를 주도한 김달준(金達俊)과 문창래(文昌來), 김문준은 '우리는 우리 배로!'라는 슬로건을 내건 자주운항운동으로 맞섰다.[31)]

한인들의 호응은 컸다. 1930년 9월 8일 임시대회에 천여 명이 넘는 일반 방청객이 참석할 정도였다. 첫 배 출항이나 선박 수리 후 재취항할 때마다 송영(送迎)하는 수백 명의 한인들로 항구는 장관을 연출했다. 동아통항조합은 개인이 아닌 지구(地區)가입방식을 채택했는데, 결성 초기에 한인 120지구가 참가했다. 지구가입방식은 조선부락을 토대로 가능했다. 창립 당시 13개 지부가 조직되었는데 시간이 지나면서 호응도는 높아져 1932년 말에는 조합원이 2만여 명에 달했다. 이러한 노력과 호응에 힘입어 1930년 11월 1일 첫 배(蛟龍丸, 3700톤급)가 취항했다.[32)]

그러나 한인들의 호응에도 동아통항조합의 운영은 순조롭지 못했다. 가장 큰 난관은 경제적 문제였다. 한인들은 헌신적으로 출자(出資)했으나 이들의 경제력으로 선박조합 운영은 무리였다. 일본 경쟁 선박회사들은 임금을 파격적으로 인하하고 승객들에게 수건 등 생필품을 선물하는

31) 朴慶植, 『在日朝鮮人－私の青春』, 三一書房, 1981, 166~167쪽. 김문준은 준비위원회 결성을 비롯한 준비단계를 직접 주관한 후 동아통항조합이 발족하자 김달준에게 인계했다.

32) 『조선일보』 1930년 6월 18일자; 『동아일보』 1930년 11월 1일자; 岩村登志夫, 『在日朝鮮人と日本勞働者階級』, 校倉書房, 1972, 236쪽.

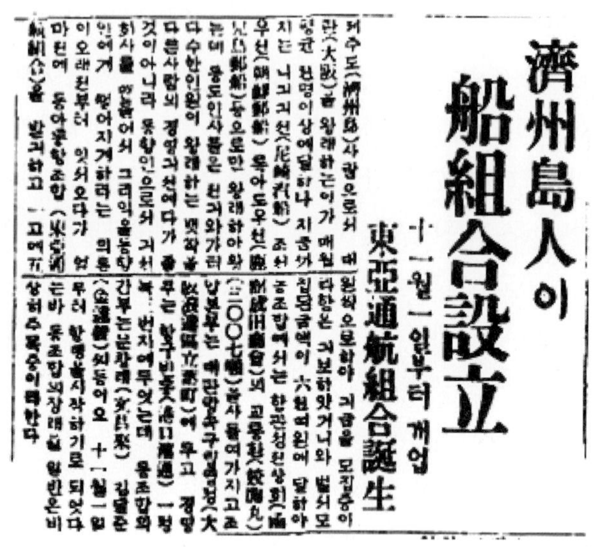

# 濟州島人이 船組合設立

## 東亞通航組合誕生

### 十一월一일부터 개업

〈그림 39〉 임시대회 보도 기사. 동아일보 1930년 11월 1일자

방법으로 승객을 유치해 동아통항조합 운영에 어려움을 주었다.[33] 가장 큰 타격은 선박 좌초였다. 1931년 12월과 1932년 4월, 거듭되는 좌초와 선박 수리는 조합원들에게 경제적 부담을 주었다.

어려움을 가중한 또 다른 요인은 지속적인 당국의 방해와 탄압이었다. 힘겹게 구입비를 마련해도 당국의 방해로 선박 구입은 만만치 않았다. 동아통항조합이 무선전신설비까지 갖춘 후시키마루(伏木丸, 13,300톤급)를 구입하려 하자 당국은 이를 저지하려고 1931년 6월 15일 조합본부를 습격해 간부를 다수 검거했다. 교섭위원들은 비밀리에 구입 교섭에 성공했으나 후시키마루의 수선비 모금 과정에서도 방해는 계속되었다. 화순지부원 7명을 체포해 3~4개월간 불법 감금하고 송상옥(宋常玉)과 송영옥(宋永玉)에게 각각 징역 1년과 7개월을 언도해 대구형무소에 수감했다.[34]

[33] 高峻石, 『越境』, 社會評論社, 1977, 132쪽.

당국의 탄압을 가중한 요인은 또 있었다. 조합의 성격 문제였다. 1932년 5월에 열린 제3차 정기대회에서 동아통항조합은 단순한 소비조합을 넘어 '대중투쟁조직'임을 천명했다. 이 대회에서 지도부는 "직접으로는 선박업 자본가들에 대한 경제투쟁을 임무로 하지만 본질적으로는 **제국주의의 지배에 대한 반감의 하나로써 출현한 것"이라 전제하고 '동아통항조합은 본질적으로 반제국주의적 요구와 결합한 존재'이며 성격을 '전체 계급투쟁 속에서 직접 노동자의 경제적 이익을 옹호하고 도항의 일부 자유를 획득하기 위한 하나의 독립한 대중투쟁조직'이라 규정했다.[35)]

또한 '도항 자유, 민족적 차별 철폐, 조선독립, 타도 제국주의'를 내걸고, 실천 운동을 병행했다. 이미 1930년에 전협과 조직적 연계를 이루고 있었다. 고류마루(蛟龍丸) 임대 과정에도 전협 간부인 오타(太田博)가 관여했고, 조합 하부조직은 일본공산당과 전협의 간행물 배포망으로 활동하다가 전협 활동자금을 확보하려던 노력이 발각되어 5명이 검속되었다. 조선의 운동단체와도 연계했다. 1931년 2월 제주청년동맹과 제휴해 제주도 구좌사회민중운동협의회, 오사카구좌청년연합회를 조직하고 제주도 농민요구투쟁동맹 결성을 기도하기도 했다.

1931년 12월 1일, 조합 소속 선박인 후시키마루에서 공산당 기관지 '적기(赤旗)'가 10부 발각되자 당국의 탄압은 심해졌다. 당국은 적기 발각 사건이 일어나자 '공산주의계 단체'로 인식하고 탄압에 나섰다. 당국은 후시키마루를 이용하는 도일자의 재도일을 금지하는 등 강경 대응했다. 그러나 동아통항조합은 오히려 정원을 초과한 인원을 태우고 출항하며 맞섰다.[36)] 이러한 활동은 합법적 차원의 조합 운영을 포기하지 않고서는

34) 朴慶植, 『在日朝鮮人－私の青春』, 三一書房, 1981, 171쪽, 175쪽.

35) 「東亞通航組合 第3回 定期大會議事草案」, 『在日朝鮮人史研究』 7, 1980, 145쪽, 147쪽.

36) 岩村登志夫, 『在日朝鮮人と日本勞働者階級』, 校倉書房, 1972, 213쪽, 235쪽, 236쪽, 237쪽.

불가능한 일이었다.

당국을 상대로 한 동아통합조합의 정면 도전은 오래갈 수 없었다. 1932년 후반부터 조합 관계자 검거가 시작되어 '11월 대탄압'을 기화로 조합의 존속 자체가 어려워졌다. 여기에 일본의 경제공황과 거듭되는 화재로 조선부락의 경제 상황도 악화했다. 조합원이 반감(半減)하면서 7만 3천 원에 달하는 거액의 부채는 자력으로 해결할 수 없는 상태가 되었다. 결국 그 해 12월, 동아통항조합은 운항을 정지하고 일반 소비조합의 기능만 유지하다가 1934년 2월 문을 닫았다.

조선부락의 생활공동체 역할을 보여주는 또 하나의 사례는 진료소 운영이다. 조선무산자진료소(朝鮮人無産者診療所)는 오사카 거주 한인들이 언어가 통하는 한인 의사에게 치료를 받기 위해 만든 의료조합이다. 그동안 한인 진료는 조선부락 내 한약방에서 담당하고 있었는데, 외과 수술 등 한약방이 할 수 없는 치료가 있었다. 한인들은 위험하고 위생시설이 열악한 작업장에서 일하고 있었으므로 사고와 질병에 걸릴 위험이 높았다. 게다가 종종 발생하는 일본 의료기관의 진료 거부는 한인들의 생존권을 위협했다. 이러한 어려움을 극복하기 위해 만든 것이 진료소다.

1930년 1월 초 오사카의대 출신의 정구충(鄭求忠) 등이 '실비진료소'를 개설하기로 하고 30여 명으로 후원회를 조직했다. 실비진료소(北區 吉山町)는 정구충과 민찬호(閔瓚鎬) 등 한인 의사와 간호사를 갖추고 2월에 개업했는데, 개업 당일부터 60여 명이 몰려 성황을 이루었다. 1인당 진료비와 약값이 각각 10전으로 매우 저렴했다. 조선일보는 '조선인 무산대중의 힘으로 결성된 유일한 기관이므로 동아통항조합의 결성과 함께 오사카 거주 조선인사에서 가장 크게 기록할만한 일'이라고 의미를 부여했다.

1931년 2월 2일, 설립 1주년을 맞이해 정구충이 '진료소를 조선인 무산자대중에게 제공'한다고 발표하고 이를 위해 실행기관을 조직해 운영하기로 하고 명칭도 오사카조선인무산자진료소(이하 무산자진료소)로 개칭했다. 무산자진료소는 설립 직후인 2월 하순부터 의료 확장을 위해 조선부락에 격문과 포스터를 붙여 2,000원의 기금을 모금했다. 8월 21일에 열린 실행위원회 임시대회에서 니시나리구와 히가시나리구에 분원을 설치하기로 했다. 그러나 무산되었다. 당국의 폐쇄조치 때문이었다.

9월 11일, 경찰이 9월 개원 예정인 분원이 단체설립허가를 받지 않았다는 이유로 폐쇄 명령을 발동하고 간판까지 압수하자, 13일에 확대위원회를 열고 문을 닫았다. 당국의 폐쇄 이유는 허가 위반이었다. 그러나 실제 이유는 '진료소라는 이름을 내걸고 조선독립기념일에 격문을 뿌리고, 진료소의 이익금으로 한인아동교육기관을 운영하는 등 민족운동을 했기 때문'이다.[37]

무산자진료소는 폐쇄되었으나 1933년 히가시나리구에는 '동성진료소'가 문을 열고 "일반 무산대중의 의료기관으로서 직책"을 담당했다. 민중시보 기사(제12호, 제23호)에 의하면, 동성진료소는 무료진료소는 아니었으나 '주임의사인 구와바라 야스노리(桑原康則)의 희생적 노력'과 '노구(勞救, 노동자구원회)' 등 운동단체의 적극적 지지 아래 번창했다.[38] 구와바라는 무산자 의료운동을 주도했고, 일본 패전 후 오사카의료민주화동맹을 조직해 운동을 계속해나간 사회운동가다.

이같이 1930년대에 더욱 활발해진 소비조합이나 동아통항조합, 진료소 운영은 조선부락의 상호부조 활동에 바탕을 두고 출발해 조선부락 간 연계조직으로 운영했다. 겨울이 되면 소비조합을 통해 조선에서 재배한 배추를 동아통항조합 소속 선박으로 실어와 김장을 할 수 있었고, 일본

37) 『동아일보』 1931년 3월 2일자; 『조선일보』 1930년 1월 25일자; 2월 1일자; 2월 21일자; 1931년 3월 5일자; 6월 22일자; 1931년 8월 27일자; 『大阪朝日新聞』 1931년 9월 13일자.

38) 朴慶植, 『朝鮮問題資料叢書』 제5권, 三一書房, 1983, 584쪽, 628쪽.

어를 몰라도 진료소에서 치료받을 수 있었다. 동아통항조합 소속 선박을 이용해 마음 편히 고향에 다녀올 수도 있었다. 국내 수재나 화재를 당한 다른 지역의 동포들을 구제하는 일도 소비조합의 역할이었다.[39]

동아통항조합과 진료소는 조합원의 경제적인 이익을 도모하는 역할만 하지 않았다. 재일코리안운동의 경제적 토대를 마련하고 조선 및 일본 운동단체와 공동전선을 취하며, 합법운동의 창구 역할도 병행했다. 그러므로 당국의 탄압으로 문을 닫을 수밖에 없었다. 1934년 중반부터 오사카에 밀어닥친 수해와 각종 이재로 조선부락은 타격을 입었다. 특히 1939년 2월 17일, 야마구치현 시모노세키(東坪町)에서 발생한 원인 모를 화재로 조선부락 400여 세대 가운데 120세대가 소실되었다.[40] 그런 가운데에도 조선부락은 어려움을 딛고 일어섰고, 조선부락 내 소비조합도 조선부락 해체 때까지 유지했다.

### (2) 조선부락, 민족적 아이덴티티를 지키는 울타리

소년 최석의가 회상하는 조선부락은 "소란이 그치지 않는" 거친 곳이었다. 갑자기 싸움이 일어나기도 하고, 울부짖는 여자 소리, 떠들썩한 웃음소리, 고함지르는 남자들 소리가 울려 퍼지는 곳이었다.[41] 거칠고 무질서했으나 '해방구'였다. 문자 그대로 '조선인의 마을' 이었다. 낮 동안 노동에 시달린 한인이 밤이 되어 돌아왔을 때 아무 거리낌 없이 쉴 수 있는 곳이었다. 일본어도 제대로 모른 채 일터에서 옥죄었던 긴장감을 풀 수

---

39) 한신(阪神)소비조합은 멀리 관동지역의 아마가사키(尼崎)시에서 발생한 대화재로 피해를 입은 12호의 동포들 구제를 위한 모금활동을 전개했다. 조선에서 발생한 수재 구제사업에 대해서도 대동소비조합을 비롯한 여러 소비조합이 지역별로 위원을 정하고 모금활동에 적극 나섰다. 『民衆時報』 1935년 12월 15일자(제12호); 1936년 9월 21일자(제27호).

40) 姜徹, 『在日朝鮮人史年表』, 雄山閣, 1983, 150쪽.

41) 尹健次, 하종문 · 이애숙 옮김, 『일본-그 국가, 민족, 국민』, 일월서각, 1997, 259쪽, 261쪽; 崔碩義, 「大阪, 小林町朝鮮部落の思い出」, 『在日朝鮮人史研究』 20, 1990, 51쪽, 57쪽.

있는 곳이었다. 일본이면서 일본인들의 세계와 떨어진 곳이었고, 몇 안 되는 즐거움 가운데 하나인 막걸리가 있으며, 한탄하는 노래가 새벽까지 이어지고, 무당의 신명 나는 푸닥거리가 펼쳐지기도 하는 곳이었다.

> "때로 견딜 수 없을 정도로 심한 향수에 사로잡히게 되는 때에는 대개 간다(神田)의 조선 식당에라도 찾아간다. 〈중략〉 거기서 이주 동포들의 웃는 얼굴을 바라보거나 신나게 떠드는 소리를 듣거나 하게 되면 때로 나도 모르게 웃고픈 마음이 생긴다. 눈물이 흐를 정도로 희열 속에 잠긴다. 저 장난 섞인 야유. 그 조선말을 듣는 기쁨을 가득 안고 돌아온다. 어느새 울음이 터져 나온다." – 김사량의 '고향을 생각한다' 중에서.[42]

누가 뭐래도 조선부락은 '고향'이었다. 장혁주가 느꼈던 고향 정서를 김사량도 갈망했다. 김사량은 동포의 모습을 찾아 '웃고, 조선말을 듣는 기쁨'을 느끼며 향수병을 이겨냈다.

> "밤은 별세계였다. 밀조한 막걸리가 있고 마늘과 고춧가루를 넣은 김치가 있고 술이 취하면 고향의 민요가 흘러 나왔다. 일본의 학정을 한탄하는 청춘가가 나오면 아리랑, 도라지, 노들강변, 소상팔경, 춘향가 등 아는 노래 전부가 흘러나와 저녁 여섯 시부터 시작된 술자리가 새벽 두세 시까지 이어지는 일도 많았다."[43]

조선의 어느 농촌과 다를 바 없는 '조선적' 모습이다. 그러므로 조선부락에서 어린 시절을 보낸 한인들에게 '풍부한 민족 색채'는 자연스러웠다. 정월이나 추석이 되면 화려한 색깔의 민족의상을 입고 나들이를 했다.

---

42) 안우식 저, 심원섭 역, 『김사량 평전』, 문학과지성사, 2000, 93~94쪽.
43) 金鍾在述, 玉城素編, 『渡日韓國人一代』, 圖書出版社, 1978, 104쪽.

여성들이 길고 숱이 많은 머리를 기름을 발라 곱게 쪽을 지어 올리고 가는 모습은 장관이었다.[44)]

> "일상생활의식부터 관혼상제의식에 이르기까지 모국의 관례가 오로지 중시되었다. 〈중략〉 특히 관혼상제의 경우, 서로의 혈연적 관계가 존중되었다. 따라서 근친결혼은 물론이고 본관이 동일한 사람끼리의 동성결혼도 도리에 어긋난다 하여 기피했다. 출생신고까지 음력으로 하는 사람도 있었다. 〈중략〉 이 모든 것은 모국의 습관이기 때문이다. 얼핏 보아 완고하게 비치는 사람들의 태도에는 민족의 전통을 존중하고 잃어버리지 않으려고 고집하는 절실한 심정이 나타나 있었다. 나아가 잃어버린 모국의 역사를 자랑스럽게 만회할 수 있는 그 날을 남몰래 기다리는 희망이 배어 있었던 것이다."[45)]

김태생(金泰生)은 모국의 관례는 단순한 습관이나 생활상의 편의 때문만이 아니라 '민족의 전통을 잊지 않으려는 절박함과 모국의 역사를 만회할 그 날을 기다리는 희망'을 담은 숭고한 행위였다고 주장했다. 한인 대부분이 김태생과 같은 생각은 아니었을 것이다. 그러나 조선부락이 없었다면, 당국이 계획한 동화정책은 막힘없이 추진되었을 것이고, 김태생과 같은 한인들은 '희망'을 품기 어려웠을 것이다.

조선부락에서는 우리말과 우리 문화가 통용되었다. 민족적 아이덴티티는 교육을 통해 이어졌다. 나라는 없어도 조선말은 모국어이자 일상어였다. 모국어가 갖는 힘은 소통 이상이다. 민족이라는 뿌리를 깊이 내리게 하고 가지를 번성하게 만든다. 김사량이 조선말을 듣기 위해 찾아 헤맨 결과 얻은 것은 고향만이 아니었다. 당국의 강요로 황군위문행사를 다녀야 하는 현실에서 연안의 조선의용대를 찾아가는 용기도 얻었다.

---

44) 崔碩義, 「大阪, 小林町朝鮮部落の思い出」, 『在日朝鮮人史研究』 20, 1990, 53쪽.
45) 金泰生, 『私の人間地圖』, 青弓社, 1985, 78~79쪽.

조선부락의 우리말과 우리 문화는 열악한 여건이 나은 산물이기도 했다. 학령대상아동은 증가하는데, 일본학교에 보낼 수 없는 처지의 한인들이 자체 교육을 하면서 자연스럽게 견지한 문화였기 때문이다. 당시 기류부에 등록되지 않는 한인들은 아동을 취학시킬 수 없었고, 경제문제로 아동들이 노동 현장을 지켜야 했으므로 정규 교육기관을 이용하지 못하는 경우가 태반이었다. 그러나 한인사회는 학령대상아동과 미취학 아동의 교육을 방치하지 않았다. 1920년대부터 조선부락 부근에 야학과 학원을 설립해 우리말과 역사를 가르쳤고, 한인노동조합도 조선부락 아동을 대상으로 학교를 운영했다. 이러한 교육을 통해 우리말은 조선부락에서 일상어로 확고한 위치를 가졌다.

조선부락에서 조선적 생활과 풍습은 자연스러운 삶이었고 주류였다. 그러나 식민지 본국인 일본 땅에서 한인들의 이러한 '조선적 삶'은 당국의 정책과 정면으로 맞서는 행위였다. 한인들의 조선적 풍습은 동화정책의 가장 큰 걸림돌이었다. 조선부락에서 사용하던 언어와 풍습은 자신도 모르는 사이에 민족적 아이덴티티를 유지하는 강력한 도구가 되기 때문이다. 당국은 내선협화회(1924년) → 교풍회(1935년) → 협화회(1936년)로 이어지는 통제조직을 통해 한인의 민족적 정체성을 말살하고자 했다.[46)]

> "경찰서 앞을 지나가는데 경관이 나와서 말이야. 먹물을 넣은 물총을 확! 하고 옷에 쏘는 거야. 먹물은 지워지지 않으니까."

오사카 히라오카(平岡)에 살던 박윤경이 겪은 일이었다. 공부가 하고 싶어서 도일했으나 지퍼공장의 노동자로 생활하던 소녀의 출퇴근 길에 경찰서가 있었다. 하얀 조선 옷을 보면 먹물을 쏘았기 때문에 경관이 있

46) 기류제도와 당국의 통제정책에 대해서는 제3장 제5절 참조.

으면 멀리 돌아가고 없으면 뛰어서 지나갔다. 공장에서 복장을 단속하는 일도 있었다. "정신없이 일하고 있으면 말이야. 단속이 들어와. 저고리를 면도칼로 찢는 일도 있어. '기모노 입어!' 라면서 말이지. 조선 옷은 금지였어."[47)]

조선적 관습을 유지하려는 한인에 대한 당국의 단속과 탄압은 집요하고 다양했다. 이같이 조선부락은 주거문제와 생존권 해결을 위해 탄생했지만, 주거문제 해결이라는 의미를 넘어섰다. 밀집이라는 특성을 토대로 우리말과 풍습을 유지하면서 자신들의 의지와 무관하게 민족적 아이덴티티를 유지했고, 민족공동체의 역할을 담당하게 되었다. 특히 1930년 한인 단체의 해산으로 재일코리안운동의 지형이 다각화로 변화한 후에는 재일코리안운동에서 조선부락의 역할은 더욱 중요해졌다. 한인의 생활터전으로써 교육적 기능까지 담당했던 조선부락은 1930년대 재일코리안운동의 토대로 작용했다.

## 3. 어려운 생활이기에 더욱 중요한 교육

### 1) 배우고 싶은 노동자, 가르치려는 자

도일 후 한인들이 관심을 기울인 문제에는 교육도 포함되었다. 단신 도일이 주류를 이루고 있었던 1920년대 교육 대상은 아동이 아닌 한인 자신이었다. 이 시기에는 취학대상아동의 수가 적었고, 유학생으로 지내다가 학업을 포기하고 노동자가 된 한인이 있었다. 학업을 생각하지 않

47) 가와타 후미코 지음, 안해룡 · 김해경 옮김, 『몇 번을 지더라도 나는 녹슬지 않아』, 바다출판사, 2016, 73쪽.

았던 노동자들도 교육의 필요성을 인식하기 시작했다. 일본에서 교육과 접할 기회가 많았고 사상적 자극도 풍부했기 때문이다.

식민지 시기의 교육은 노동자들이 권리 인식을 자각해나가는 창구였다. 그러므로 노동자 교육은 조선 운동단체의 관심 주제였다. 조선노동총동맹과 같은 노동단체 외에 신간회 각 지회의 운동방침에서도 노동자 교육문제는 현안의 하나였다.[48] 특히 일본은 일본노동단체의 노동자 교육 프로그램이 다양하고 활성화된 곳이었으므로 한인들은 교육 프로그램을 통해 노동자 의식을 자각해나갔다. 김태엽도 우연히 접한 노동자 교육 기회(友愛會 주관 상설 노동강좌)를 통해 운동가로 성장할 수 있었다.[49]

노동자 교육의 필요성을 제기한 주체는 유학생 사회였다. 유학생들은 1910년대부터 노동자 교육 문제를 거론했다. 1916년 『학지광』에 실린 김철수(부안)의 「노동자에 관하야」에서 제기한 한인 노동자의 현실은 '생계의 곤란·보호기관과 노동소개소가 없는 현실·자녀교육의 불가능성' 등이다. 김철수는 현실 타개 방안으로 간이 야학교 설치를 가장 먼저 제안했다.[50]

이후 노동단체를 비롯한 한인 운동단체의 활동 방침에서 노동자 교육은 현안의 하나로 자리했다. 한인 운동단체가 노동자 교육에 주목한 것은 다수의 도일 노동자들이 조선에서 교육의 기회를 갖지 못한 점과 노동자라는 계급적 자각을 환기할 필요성 때문이다. 특히 1926년 당시 25개 가맹단체와 9,900명의 조합원을 거느리고 있었던 재일노총은 '야학을 개설해 노동자의 향상 계발을 기하고, 이를 통해 계급의식의 자각을 촉진

48) 정혜경, 「신간회를 통해 본 식민지 조선사회의 民 의식 성장」, 『숭실사학』 39, 2017, 76~82쪽.
49) 金泰燁, 『抗日朝鮮人の證言』, 不二出版社, 1984, 50쪽.
50) 金錣洙, 「노동자에 관하야」, 『학지광』 10호, 1916, 14~15쪽.

하기 위해 노력'했다.[51)]

1926년 4월 15~16일, 오사카에서 열린 재일노총 제2회 대회에서 정한 운동방침의 두 번째는 '의식적 운동을 권유하기 위해 조합원의 교육과 지도적 동지의 교육이 급선무'였고, 둘째 날에 채택한 건의안에서 '노동학교 설립의 건'은 제1항 '조선운동 통일 촉진의 건'에 이어 제2항으로 자리했다. 1927년 재일노총 활동에서도 '교육'은 조직화에 이어 두 번째 과제로 설정되었다. 특히 한인 노동자의 70% 이상이 문맹이라는 점을 감안한 계몽사업과 노동조합원으로서 필요한 교양 교육을 강조했다.

재일노총의 방침은 지역 노동조합으로 확산했다. 1925년 9월 1일 열린 재일노총 산하 오사카연합회 창립대회에서 논의한 15개의 토의 안건에도 노동자 교육 문제가 포함되었다. 1927년 4월 20일에 열린 재일노총 제3회 대회에서는 강령에 '16. 조선무산대중에 무산계급적 정치투쟁의 교육 및 훈련 실시'를 추가할 정도로 노동자 교육을 강조했다.[52)]

재일본조선청년동맹도 노동자 교육을 강조한 단체의 하나였다. 1928년 3월 열린 창립대회에서 채택한 21 개조 행동강령의 제21항(재일본조선청소년의 교육, 보급에 노력)은 당시 한인 청소년의 대부분이 노동자임을 감안해, 노동자 교육의 중요성을 강조한 내용이다.[53)] 1929년 2월 1일 신간회 일본 나고야지회가 의결한 사안 중 제11항도 '노동야학'이었다.[54)]

1930년대에도 노동자 교육은 중요한 과제였다. 동아통항조합 제3회 대회(1932년 5월)는 '문맹퇴치에 관한 건'을 채택했다. 조합원 문맹퇴치에

---

51) 內務省 警保局 保安課, 「大正15年中ニ於ケル在留朝鮮人ノ狀況」, 『在日朝鮮人關係資料集成』 1, 219쪽.

52) 內務省 警保局 保安課, 「大正14年中ニ於ケル在留朝鮮人ノ狀況」, 『朝鮮統治史料』 7, 856쪽; 「在日本朝鮮勞働總同盟第3回大會」, 『在日朝鮮人史研究』 창간호, 1977, 99쪽; 『조선일보』 1925년 6월 28일자.

53) 朴慶植, 『朝鮮問題資料叢書』 제5권, 三一書房, 1983, 207쪽, 397쪽.

54) 정혜경, 「신간회를 통해 본 식민지 조선사회의 民 의식 성장」, 『숭실사학』 39, 2017, 80쪽.

노력해야 할 이유를 "금일 조선의 교육기관은 사실상 소학교까지도 돈 있는 사람의 자제에게 독점되어 무산자 아동은 취학연령에 달해도 돈이 없어서 취학하지 못하고 있고, 취학하려 해도 거절당하고 있다. 때문에 오사카의 노동자 가운데에는 문맹이 많아서 문자를 읽고 쓰는 것이 불가능할 뿐만 아니라 무산자로서 알아야 할 것을 알지 못해 막대한 지장을 받고 있다"고 제시했다. 실천 사항으로 3개월 정도의 '순회식 야학이나 지부별 야학 개최' '조선문과 필수 한자 학습' 등을 제안했다.[55)]

이같이 1910년대부터 인식하기 시작한 한인 노동자 교육문제는 1920년대 초 노동자 조직화가 본격적으로 시작되면서 노동단체의 사업 중 하나이자 한인 단체의 관심 대상이 되었다. 이 시기 노동자들은 노동자 야학이나 야간대학을 통해 학업의 갈증을 해소했다. 학교에서는 주로 학령기를 넘긴 청소년을 대상으로 조선어를 중심으로 일본 생활에 필요한 과목(일본어, 산술 등)을 가르쳤다. 지역으로 보면 도쿄를 비롯해 전국적이었지만 한인 노동자가 밀집한 오사카가 가장 많은 학교를 운영했다.

### (1) 1920년대 도쿄지역의 한인 노동자 교육기관

동아일보 1920년 5월 19일 기사는 도쿄 최초의 교육기관을 보도한 기사다. "노동으로 생활을 하는 사람 오십여 인"이 개설한 이 학교에서는 생활에 필요한 '보통 상식'을 주로 가르쳤지만 노동문제 강연회를 열기도 했다. 노동문제에 대한 강연을 전담하는 강사는 유득신(劉得信)이었다. 기사 내용만으로는 학교 설립의 배경이나 설립자들을 알 수 없다. 그러나 공안 당국의 보고에 의하면, 이 학교는 조선고학생동우회가 도쿄노동동지회 시절인 1919년 5월에 설립한 근성(槿城)학교다. 근성학교의 설립

55) 『特高月報』 1932년 5월호(『在日朝鮮人關係資料集成』 2, 563쪽).

자는 유득신인데, 매일 밤 노동자를 모집해 학술사상을 개발하기 위해 노력했다.[56)]

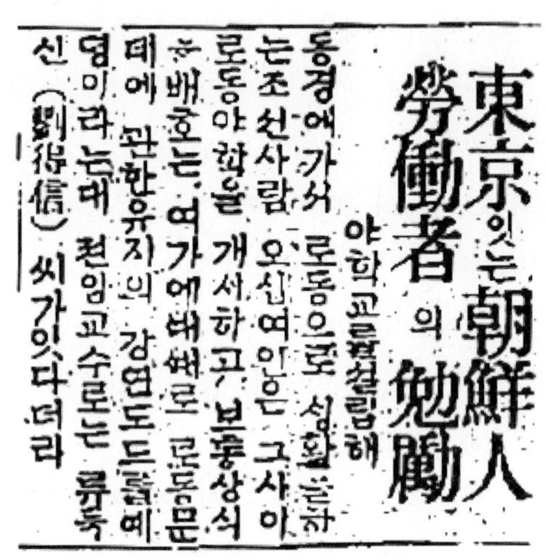
東京잇는朝鮮人 勞働者의勉勵

야학교를설립해

동경에가서 로동으로 생활을하
는조선사람 오십여인은 그사이
로동야학을 개셜하고 보통상식
ᄒᆞ배호는 여가에 매써로 로동문
뎨에관한유지의 강연도드름예
뎡이라는데 현임교수로는 류득
신(劉得信)씨가잇다더라

〈그림 40〉 동아일보 1920년 5월 19일자

1917년 1월 한윤동, 홍승로, 서상한, 이기동 등이 결성한 도쿄노동동지회[57)]는 '고학생들의 친목'을 내세운 노동자와 유학생들의 단체였다. 1920년 1월 25일에 조선고학생동우회로 개칭했다.[58)]

조선고학생동우회의 전신인 도쿄노동동지회가 1919년 5월경 설립한 근성학교가 이후 어떠한 궤적을 밟았는가는 알 수 없다. 향후 근성학교 자료는 찾을 수 없기 때문이다. 다만 당국이 근성학교의 설립자로 지목

56) 警報局, 「朝鮮人概況 第三」 1919, 『在日朝鮮人關係資料集成』 1, 86쪽.

57) 姜徹, 『在日朝鮮人史年表』, 雄山閣, 1983, 24쪽; 김창순 · 김준엽, 『한국공산주의운동사』 2, 청계연구소, 1986, 31쪽.

58) 조선고학생동우회에 관한 상세한 내용은 정혜경, 「1910-1920년대 東京한인노동단체」, 『한국근현대사연구』 1, 1994 참조.

한 유득신은 1920년 조선에서 독립군자금 모금에 주력한 것으로 보인다. 신문기사와 재판기록을 보면, 1921년에 경기도 고양군 자택에서 동지들과 암살단을 조직해 1920년 10월부터 시내를 돌아다니며 포탄으로 군자금을 모금해 상해로 보낸 혐의로 체포되어 11월 경성지방법원에서 열린 공판에서 징역 12년형을 받았다.[59]

1930년대 도쿄의 대표적 한인 교육기관은 나카노(中野)친목회가 개설한 야학이다. 신문기사에 의하면, 1934년 12월에 창립한 나카노친목회가 1935년 1월부터 5월까지 야학을 개설(12~13명)했고, 11월부터 재개해 1936년 2월 현재 89명의 학생이 재학 중이었다. 1월 5일에 열린 친목회 신년회에서 37세 야학생과 24세 여성 야학생의 연설이 화제가 되었다는 점을 볼 때, 여성노동자도 있었던 것으로 보인다. 여성들은 "자신들이 이 사회에서 받는 모든 구속에서 해방을 절규해 청중에게 많은 감명을 주"었다. 친목회는 1936년 2월 당시, 한인만으로 임원진을 구성하고 있었는데, 회원은 토목노동자 70명과 고물상 20여 명, 학생 3명이었고, 주요 사업은 야학경영과 구제사업이었다. 친목회의 성격은 명확히 알 수 없으나 한인 운동단체와 거리가 있었던 것으로 보인다.[60]

### (2) 히로시마의 한인 노동자 교육기관

히로시마에도 1925년 노동학교가 문을 열었다. 학교 운영자인 조선인노우회(朝鮮人勞友會, 1923년 결성)가 설정한 야학의 목적은 '일반 동포의 지식 향상'이었다. 교사는 인근 중학교와 히로시마고등사범학교에 재직 중인 한인 유학생들이 담당했다.[61] 조선인노우회 결성 시기인 1923년 말

59) 『동아일보』 1921년 11월 8일; 9일; 16일; 19일.

60) 『朝鮮新聞』 1936년 2월 1일자(朴慶植, 『朝鮮問題資料叢書』 제5권, 三一書房, 1983, 636쪽).

61) 『동아일보』 1925년 10월 20일자.

勞働夜學經營
在留廣島同胞들이

日本廣島에在留한우리同胞數千人은再昨年부터勞友會를組織하고그會事業으로勞働하는一般同胞의知識을向上식키기爲하야夜學部를設置하고每夜로몃時間式敎授하든바特히廣島高等師範에在學中인同胞諸氏는別로餘暇도업는時間을利用하야서徹夜를不辭하야誠心것가르켜준다고배호는一般은그들의感謝함을마지안는다고

〈그림 41〉 동아일보 1925년 10월 20일자 기사

기준 히로시마의 거주 한인은 3,086명이었다. 도쿄에 이어 6위를 차지할 정도로 한인이 많았다. 조선노우회 노동학교가 문을 연 1925년에는 4,025명의 한인이 거주했다.[62]

이렇게 많은 한인이 거주한 지역이지만 조선인노우회는 공안 당국의 관리 단체 범주에 제외되어 있었다. 당시 당국이 주목한 단체는 사회운동세력과 관련한 단체였는데, 조선인노우회는 1925년 재일노총 결성 이후 25개 가맹단체에 포함되지 않았으므로 관리할 필요가 없었던 것으로 보인다. 1925년 내무성 작성 보고서에 히로시마에 존재한 4개의 한인 단체는 모두 '노동자 상호부조'를 내세운 단체라 분류했다.[63] 이를 볼 때 사회운동단체와 무관한 노동단체로 보인다.

62) 田村紀之, 「內務省警保局調査による朝鮮人人口(1)」, 『經濟と經濟學』 46, 1981, 71쪽, 73쪽.

63) 內務省 警保局 保安課, 「大正14年中ニ於ケル在留朝鮮人ノ狀況」, 『在日朝鮮人關係資料集成』 1, 195쪽.

### (3) 오사카의 한인 노동교육기관

가장 다양한 한인(노동자) 교육기관이 운영된 지역은 오사카다. 1924년 2월, 한인 밀집 지역인 오사카 히가시나리군 죠토무라(城東村, 현 城東區 관내)에 한인이 경영하는 학교(勉學院)가 문을 열었다. 동아일보 기사에 의하면, 면학원은 교육과 계몽을 목적으로 한 학교였다. 설립자인 이준여(李俊汝)와 손화호(孫華鎬)의 소속 단체는 알 수 없다. 조선어 · 한문 · 일본어 · 산술 과목을 주 2회 야간에 가르쳤는데 최연장자 학생은 34세였다.[64] 1924년에는 일야학원(一也學院)도 존재했다. 학원장 조시언(趙時彦)이 안성에서 동정금 83원을 모금했다는 기사 외에 관련한 자료가 없어 운영 내용은 알 수 없다.[65]

면학원과 일야학원의 한인노동단체와 관련 여부는 알 수 없다. 그러나 1924년 오사카에 설립한 삼국선인(三國鮮人)노동야학교는 노동단체와 관련성이 있다. 1924년 10월 12일자 『오사카시사신보』 기사('선인노동학교 폐지')에 의하면, 니시나리군 기타나카지마무라(北中島村, 현 淀川區 東三國 2정목)에 있던 삼국선인노동야학교(학생 13명)가 경영난으로 11일에 폐교했다. 학교의 창설자는 확인할 수 없지만, 오사카조선노동동맹회와 관계있는 학교로 알려져 있다.[66]

1925년 3월, 김수현(金守顯), 김태엽, 고천구(高天仇)가 세운 조선노동학교는 노동단체와 연관된 한인 노동자 교육기관이었다. 공안 당국은 김수현이 김태엽과 고천구를 설립에 동참하도록 제안했는데, 세 명의 의견 충돌로 1926년 봄에 폐교했다고 파악했다.[67] 조선노동학교는 김수현이

---

64) 『동아일보』 1924년 1월 24일자.

65) 『동아일보』 1924년 12월 29일자.

66) 塚崎昌之, 「1920年代の在阪朝鮮人 '融和'教育の見直し」, 『在日朝鮮人史研究』 35, 2005, 30쪽.

67) 內務省 警保局 保安課, 「大正15年中ニ於ケル在留朝鮮人ノ狀況」, 『在日朝鮮人關係資料集成』 1, 214쪽.

운동가로 성장하는데 토대가 되었다. 설립 당시 설립자 3인 가운데 김태엽은 각지의 파업을 주도하고 노동자 조직화에 활약하던 존재였다. 또 다른 설립자인 고천구는 1925년 아나키즘계 단체인 계림(鷄林)무산청년동맹을 설립했으나 두드러진 활동가는 아니었다. 이에 비해 김수현은 1923년 상애회 간부(오사카본부 외무부장)로 활동했다.[68] 앞의 두 사람과 전혀 다른 경력이었다. 김수현은 조선노동학교 설립을 계기로 상애회와 다른 길을 걸었다. 1926년 재일본배달소년단 결성 후, 1920년대 후반에 고려공산청년회 오사카야체이카, 오사카조선청년동맹 등 조선공산당계 운동단체에서 활동했고, 1929년 재일노총 해산 당시 중앙 간부를 역임했다.

1920년대 초부터 한인 노동단체는 노동자 교육을 주요 사업으로 설정하기는 했으나 조직화와 반일대중투쟁, 파업 지도에 주력했으므로 여력이 미치지 못했고, 교육 방향도 제한적이었다. 앞에서 언급한 1927년 재일노총 제3회 대회에서 추가한 강령 '조선무산대중에 무산계급적 정치투쟁의 교육 및 훈련 실시'에서 알 수 있듯이 노동자 교육 방향은 무산계급적 정치투쟁을 위한 교육이었다.[69] 청년동맹이나 신간회 등 한인 단체도 정치 운동 중심이었으므로 노동자 교육에 대해 지속적인 관심은 기울이지 못했다. 그러나 노동자 조직화가 성과를 거둔 1920년대 중반부터 한인노동조합 차원에서 노동자 교육에 눈길을 돌리면서 노동조합이 운영하는 학교가 다시 문을 열었다.

물꼬를 튼 지역은 가장 많은 한인 노동자가 거주하던 오사카였다. 오사카조선노동조합은 재일본조선청년동맹 오사카지부와 함께 히가시나리구 가모노쵸(鴨野町)에 동광(東光)학원[70](학생수 30명)과 니시요도가와

---

68) 相愛會總本部, 『相愛會事業概要』, 1923, 21쪽.

69) 「在日本朝鮮勞働總同盟第3回大會」, 『在日朝鮮人史研究』 창간호, 1977, 99쪽.

구(西淀川區) 우라에(浦江) 지역에 우라에학원(학생수 40명)을 설립해 노동자 대상의 교육을 실시했다. 노동자 공동출자로 설립한 학교들이 경영난에 직면하자 오사카조선노동조합은 1928년 3월 4일 청년동맹유지 간담회를 열고 회원 30여 명이 의무적으로 1인 1원 이상을 납부하도록 결정했다. 원래 야간부만을 개설했으나 주간부까지 개설하는 등 확장했다. 이에 대해 공안 당국은 '일선동화정책반대' 차원에서 주간부를 개설해 노동자 의식화와 반일반제의식을 고취했다고 파악했다.[71] 한인 교육기관의 확충을 당국의 한인 정책에 반대한 한인사회의 적극적 대응 노력으로 인식했음을 알 수 있다.

동광학원과 우라에학원 외 이 시기 대표적 한인노동조합 야학은 1928년 7월 15일 오사카조선노동조합이 히가시나리구 동북지부 가모(浦生)분회에 설립한 가모야학원이다. 오사카조선노동조합 동북지부 교육부가 연구회와 간담회 · 변론회 등 교화 운동을 전개해 나가는 과정에서 노동자 교육 강화를 목적으로 설치했다. 7월 23일부터 수업을 시작했는데, 교장 마찬규(馬贊奎), 상무 권영하(權寧夏) · 심황파(沈荒波) · 최말룡(崔末龍) · 성복기(成福基), 보조교사 조규춘(趙奎春), 강사 마희규(馬喜奎) · 이동화(李東華) · 김상구(金相求) · 김광(金光) · 김문준 등 당대 쟁쟁한 오사카조선노동조합 간부들이 수업을 담당했다. 김상구는 1930년대 초 관서 최대의 한인 아동학교인 관서공명(關西共鳴)학원의 학원장을 지냈다. 가모야학원은 동광학원 및 우라에학원과 함께 오사카의 대표적 노동자 교육기관으로 자리 잡았으며, 1930년 재일노총 해산때까지 운영했다.[72]

70) 『青年朝鮮』 1928년 7월 31일자, 早稲田대학 MF 자료 2754.

71) 『日本勞働通信』 32호, 1928년 3월 9일자, 「鮮人勞動者の教化運動」.

72) 『日本勞働通信』 147호, 1928년 7월 24일자, 「大阪朝鮮勞動組合の教化運動; 『社會運動通信』 1928년 8월 3일자.

동광학원과 우라에·가모야학교의 탄생 배경에는 관서연합회가 있었다. 1927년 9월 1일 창립한 재일노총 관서연합회 산하 오사카조선노동조합 창립대회에서 채택한 결의안 10개 항에 노동자 교육이 포함된 것과 무관하지 않다. '노동자 교육방침의 건'은 결의안 제2항으로 채택될 정도로 오사카조선노동조합의 주요 사업이었다.[73] 그러므로 이 시기 동광학원, 우라에학원, 가모야학교 등 야학이 탄생한 것이다.

오사카조선노동조합 센슈(泉州)지부도 1929년에 부속 청년부 노동학원을 경영했고, 1930년에는 센슈군 미나미오지무라(南王子村)에 한인노동조합이 노동야학교를 개설해 80여 명에게 일본어 등을 가르쳤는데, 1931년 2월 자금난으로 폐교했다.[74] 1935년 김천해가 노동자 조직화 재건사업 과정에서 오사카 쓰루하시 조선부락에 야학을 개설했으나 구체적인 내용은 알 수 없다.[75]

교토에서도 교토조선노동동맹회가 1927년에 노동야학을 개설했다. 재일노총 가맹단체이기도 한 교토조선노동동맹회는 교토에 있는 여러 대학 소속 유학생들의 후원으로 40여 명의 노동자를 모아 야학을 열었다. 주로 '프롤레타리아' 경제학과 노동사를 중심으로 가르쳤다고 한다.[76]

한인 단체나 주민들이 자발적으로 설립한 성인 대상의 한인교육기관은 운영난과 당국의 탄압으로 운영이 어려웠다. 1920년대 노동야학이 경영난으로 폐교되는 사례가 많았다면, 1930년대 폐교 원인은 탄압이다. 1931년 만주침략으로 아시아태평양전쟁에 접어든 당국은 한인사회가 정책에 반대하도록 허락하지 않았기 때문이다.

---

73) 岩村登志夫, 『在日朝鮮人と日本勞働者階級』, 校倉書房, 1972, 119쪽.
74) 塚崎昌之, 「1920年代の在阪朝鮮人 '融和'教育の見直し」, 『在日朝鮮人史硏究』 35, 2005, 30쪽.
75) 樋口雄一, 「資料紹介 - 金天海 自專的記錄(草稿)」, 『在日朝鮮人史硏究』 43, 2013, 200쪽.
76) 『동아일보』 1927년 1월 24일자.

### (4) 한인 노동자 교육에 나선 관변단체

1920년대 당국도 한인 노동자 교육에 주목했다. 시기적으로는 당국의 행보가 한인 단체보다 빨랐다. 1920년대 초 한인 단체들이 노동자 교육에 나서지 못하던 시기에 교육 기회를 찾던 노동자들이 선택할 수 있는 교육기관은 드물었다. 일본노동단체가 운영하는 노동자 교육기관 정도에 불과했다. 일본어에 능숙하지 못한 한인들은 일본노동단체의 교육기관을 이용하기도 어려웠다. 이에 비해 당국이 주관하는 교육기관은 학비 면제였고 조선어로 가르쳤으므로 경제적 어려움 속에서도 교육에 목마른 한인들에게 좋은 유인책이었다.

당국에서는 주로 소학교나 심상소학교 부설 야간학교나 내선협화회·상애회 등 관변단체가 개설한 학교를 활용했다. 당국이 한인 노동자 교육에 신속하게 나선 것은 한인 교육의 중요성을 간파했기 때문이다. 노동자 교육의 방향은 한인 단체와 정반대였다. 한인 단체의 교육 목적이 노동자로서 자각과 권리 인식을 고양하고 실천력을 발휘하는 것이라면, 당국의 방향은 동화정책의 실현이었다.

상애회는 도쿄와 오사카에 야학을 개설했다. 도쿄에서는 1922년 1월 문을 열고 숙박소 이용자(성인)들을 대상으로 '수신' '일본어' '한글' '산수' 등을 가르쳤다. 오사카에는 1923년 쓰루하시 야학교 개설을 시작으로 1926년과 1929년, 1931년에 각각 4개소의 야학교를 개설했다.[77] 1924년 5월에는 보호 구제를 명분으로 오사카부청 내에 오사카부 내선협화회(內鮮協和會. 회장 부지사)를 설치한 후, 1920년대에 성인 상대 야학교를 개설했다.[78]

77) 도쿄의 야학교와 일요학교는 1929년에 폐지되었다. 한인사회의 호응이 줄어들어 경영난을 겪었고, 일본 당국의 동화교육 대상이 아동에 집중되면서 성인 대상의 한인 교육기관 필요성도 줄었기 때문이다.

78) 오사카의 內鮮協和會는 1923년 10월에 설립되었으나 이듬해 5월 5일에 재단으로 정식 설

오사카부 내선협화회는 출범 당시부터 야학교 운영을 사업에 포함하고 야학교 6개소(西區 今宮 · 東成區 鶴橋 · 東淀川區 豊崎 · 港區 鶴町 · 東成區 中本 · 堺市)를 설치 운영했다. 이 야학교는 소학교 정도의 교육과정을 3년간 가르치는 학교인데 학령을 초과한 한인을 대상으로 했다. 주로 인근 심상소학교나 인보관(隣保館)의 건물을 이용했다. 정원은 150명이었고 교원은 한인을 포함해 학교마다 19명씩 두었다. 교육내용은 일본어를 중심으로 수신 · 역사 등 교화과목과 실용적인 과목(산술 · 이과)을 운영했다. 매주 1회의 조선어 교육도 했지만, 매주 7회씩 가르친 일본어 교육보다 적었다.[79] 1934년 관변단체의 교육기관은 교육 대상을 성인에서 아동으로 전환했다.

### (5) 기타 한인 노동자 교육기관

관변단체와 무관하지만, 당국의 교육정책과 방향을 충실히 따른 교육기관도 있다. 오사카 제미(濟美)제4소학교에 개설한 조선인 특별학급(1941년 폐교)이다. 오사카시 학무부 승인을 얻어 개설한 학교이므로 교육 방향과 내용은 당국의 한인 정책에 근거해 운영했다. 1910년에 제2가와사키(川崎)심상소학교로 개교한 이 학교는 1920년에 제미 제4소학교가 되었다. 1915년에 야학교라고도 불리는 야간부를 개설할 당시에는 유리공장이 많았고 한인이 밀집한 지역이기도 했다. 제미 제4소학교에 한인을 위한 야학교를 개설한 배경에 대해 조선총독부가 발간한 『한신게이힌지방의 조선인노동자(阪神 · 京浜地方の朝鮮人勞働者)』(일문)는 제2대

립 인가를 받았다. 梁永厚, 『戰後 大阪の朝鮮人運動』, 未來社, 1994, 242쪽. 협화회는 1936년에 전국 조직이 되었다. 1935년에 도쿄조선인협화회가 설립 운영한 야학은 아동 대상의 교육기관이다. 『朝鮮新聞』 1936년 2월 1일자(朴慶植, 『朝鮮問題資料叢書』 제5권, 三一書房, 1983, 636쪽).

79) 樋口雄一, 『協和會』, 社會評論社, 1986, 16쪽.

교장(高橋喜八郎)의 '눈물 어린' '헌신적 노력'이라 표현했다. 그러나 실제 배경은 한인사회의 필요성이었다.

1922년 5월 제미 제4소학교 야간부에 입학한 박성근(朴成根, 후에 교원으로 활동)이 우수한 성적을 올리자 다카하시 교장이 한인의 입학을 독려했지만 '언어 문제와 불안감' 때문에 한인 입학생은 2명에 그쳤다. 그런데 1923년 2월에 관서조선인노인회장 김공해(金公海)가 교장을 방문해 한인 교육을 '간청'하자 교장은 야간부에 2학급을 증설해 한인 80명을 수용하는 안을 학무(學務)위원회에 제안했다. 학무위원회가 찬성하고 구회가 가결하자 오사카시 학무부도 찬성해 교원을 배치하는 등 편의를 제공하면서 4월 10일에 특별학급(제미 제4소학교 야간특별학급 제2부)을 개설했다.[80)]

수업료는 무료였고 학용품도 학교에서 지급해 학생들의 경제적 부담은 없었다. 교원은 조선에서 수년간 교육경험을 가진 일본인 훈도와 야학부의 일본인 훈도, 한인 교사 4명이 담당했다. 한인 교사들은 조선어 교육과 상담도 담당했다. 정원은 80명이었으나 167명이 입학했다. 167명 가운데 15세 이하가 22명, 16~20세 58명, 21세 이상 청년이 87명으로, 압도적 다수가 '취로와 면학을 양립한 학령기를 넘긴 16세 이상'의 근로 청소년이었다. 유리공(73명) · 염색공(12명) · 메리야스공(7명) · 일용노동자(5명) 등 다수가 인근 유리공장 노동자였다. 1924년에도 한인 입학생이 136명에 달하자 경성에서 초빙한 일본인 훈도 1명을 증원했다.

오후 7시부터 시작되는 수업은 1일 2시간이었는데, 일본어(국어, 주당 6시간)와 수신(주당 1시간), 산술(주당 2시간)시간 외에 조선어도 포함했다. 당국이 제미 제4소학교 야간특별학급 제2부 개설한 목적은 '내선인

80) 朝鮮總督府 庶務部, 「朝鮮人勞動者の教育施設」, 『近代民衆の記錄－在日朝鮮人』, 新人物往來社, 1978, 315~317쪽.

의 융합 동화(同化)의 기운을 촉진하고 나아가 국민보통교육의 일반을 알게 함에 따라 충군애국(忠君愛國)의 대도(大道)를 함양'하는 것이었다. 그러므로 조선어 교육은 '조선어를 매개로 일본어의 속성교육이나 동화교육의 도구'에 지나지 않았다.[81]

## 2) 어려워도 포기할 수 없는 아이들 교육

### (1) 한인 아동교육을 대비한 당국의 움직임

1920년대 한인사회에서 교육 대상의 중심은 아동보다 학령기를 넘긴 근로청소년, 즉 노동자 자신이었다. 그렇다고 아동교육에 관심이 전혀 없었던 것은 아니다. 자녀의 교육문제는 한인 노동자의 도일에 수반되는 문제였기 때문이다. 성인교육에 비해 상대적으로 약했을 뿐이다.

당국 또한 도일한인의 증가 현상 앞에서 교육문제를 간과하지 않았다. 1917년에 후쿠오카현청은 공장법[82] 시행령 제26조 적용과 관련해 농상무성에 문의했다. 공장법 시행령 제26조에 '심상소학교의 교육을 종료하지 않은 학령아동을 고용할 경우, 고용주는 취학에 관한 필요한 사항을 정해 지방장관의 재가를 받아야 한다'고 명시했기 때문이다. 문의에 대해 농상무성은 8월 4일, '필요 없다'는 지령을 내렸다.[83] 그 후 1923년 3월, 오사카부 학무과는 한인 학령아동에 소학교령 적용과 관련해 문부성에 조회했고, 7월에는 오사카시교육부가 '공학으로 할지 여부'와 '일본의 소

81) 제미 제4소학교 조선인특별학급에 관한 상세한 내용은 塚崎昌之, 「1920年代の在阪朝鮮人'融和'教育の見直し」, 『在日朝鮮人史研究』 35, 2005 참조.

82) 공장법은 1802년 영국에서 제정해 여러 나라에 확산했는데, 여성과 아동 노동시간 규제를 핵심으로 했다. 일본의 공장법은 1911년 공포해 1916년부터 적용했으나 조선에는 적용하지 않았다.

83) 『大阪毎日新聞』 1917년 8월 5일자.

학교령을 조선 아동에게 적용할지 여부'를 조회했다.[84] 물론 1920년대 초는 한인의 다수가 단신 도일이어서 학령기 아동은 소수였다. 그러므로 당국에서도 대비 차원에서 관심을 기울이는 정도였다.

그러나 1930년대에 들어 가족 단위의 한인 세대가 증가하자 당국의 대응도 적극성을 띠기 시작했다. 1930년 10월, 척무성 조선부가 문부성에 한 문의 '내지 재주 조선인의 학령기 아이를 보호자가 취학시킬 의무가 있는지'에 대해 문부성은 '의무가 있다'고 답했다. 이 답변은 당국의 교육 정책 적용 대상에 한인 아동을 포함하는 근거가 된다. 이에 근거해 오사카부에서는 1931년 10월 취학장려협의회를 열고 '1932년부터 기류부(寄留簿)에 없는 자도 입학시킨다'는 취학 장려방침을 채택했다.[85] 기류부에 등재되지 않았다는 이유로 취학을 거부한 나고야와 다른 입장이었다.

기류부란 '기류법(1914년 공포, 1952년에 주민등록법이 시행되면서 폐지)'에 근거한 서류이고, 기류는 '90일 이상 거주할 목적으로 본적 외 일정한 장소에 주소(개인 거주 생활의 중심 장소)와 거소(居所. 특정 목적을 위해 다소 기간 체류하는 장소)를 정하는 것'을 말한다. 기류법에 근거한 기류제도는 거주자의 이주 상황을 파악할 수 있는 '주민등록제도'다. 본적을 떠나 거주하는 자, 또는 본적이 없거나 불분명한 자의 거주·신분관계를 공부(公簿)에 기재하는 제도다.

기류제도는 병역·납세·선거 기타 여러 행정 목적을 위해 일정한 행정구역 내에서 인구동태를 밝히려는 제도였다. 특히 도시부로 유입된 노동력에 대응하기 위해 만들었다. 그러므로 일제시기 당국의 통계 대상은 '90일 이상 거주자'이다. 그러나 기류부에 등록하지 않은 한인들이 존재

84) 『大阪時事新報』 1923년 3월 21일자; 『大阪每日新聞』 1923년 7월 20일자.

85) 塚崎昌之, 「1920年代の在阪朝鮮人 '融和'教育の見直し」, 『在日朝鮮人史硏究』 35, 2005, 15쪽; 塚崎昌之, 「1930年代以降の在阪朝鮮人教育－內鮮'融和'教育から'皇民化'教育へ」, 『在日朝鮮人史硏究』 44, 2014, 23쪽.

했으므로 기류제도에 근거한다면 아동을 취학시킬 수 없는 상황이 발생하게 된다.

기류부에 등재하지 않은 한인 규모는 얼마나 될까. 1923년 4월 이선홍(李善洪)이 신문에 밝힌 내용은 "오사카부 조사에 따른 오사카부 거주 조선인 총수는 1만 8천 명이라고 하지만 사실은 적어도 4만 명 이상"이다.[86] 이 기사에 따르면, '4만 명 중 2만 2천 명이 기류부에 없는 자'가 된다. '기류부에 없는 자도 취학시킨'다는 1931년 오사카부의 취학장려방침은 이러한 현실적 문제를 반영한 입장이었다.

(2) 야학을 세우자

1930년대 한인사회에서 아동교육은 현안이 되었다. 한인의 연령별 인구구성 현황 가운데 초등학교 학령기에 해당하는 10~14세 아동을 보면, 1920년 1,672명(남 1,092명, 여 583명)에서 1930년에는 20,521명(남 11,928명, 여 8,593명)으로 급증했다.[87] 이 가운데에는 1920년대 후반부터 학령기 아동을 일본학교에 보내는 한인도 있었다. 1930년 7월 문부성 답변 후 한인의 의무취학률은 서서히 증가했다. 그러나 여전히 공교육기관에서 한인 아동의 취학률은 낮았다. 학령기 아동을 주간에 학교에 보낼 정도의 경제적 여유는 쉽지 않았기 때문이다. 1930년대 중반에도 한인 아동의 다수는 노동 현장을 지켜야 했다. "8,9세의 아즉 피덩이가 다 구더지지 못한 어린 것들이 12,3시간식 공장에서 구속을 바다가며 2,30전식 벌어오는 혈정(血晶)으로 호구를 면"하던 세대가 있을 정도였다.[88]

1920년대에는 한인 어린이 노동자들이 많았다. 대부분 소녀였다. 1927년

86) 『大阪朝日新聞』 1923년 4월 24일자.

87) 森田芳夫, 『數字が語る在日韓國・朝鮮人の歴史』, 明石書店, 1996, 41쪽.

88) 『民衆時報』 1936년 1월 21일자(제15호).

에 도일해 오사카 니시노다(西野田)에서 생활한 김숙량도 어린이 노동자였다. 1922년 제주도에서 태어나 도일한 김숙량은 여덟 살 때부터 메리야스 공장에서 남자 속옷 만드는 일을 했다. 아침 7시에 집을 나서 온종일 공장에서 매일 내복을 다림질한 후 상자에 넣는 일을 했다. 열 살이 되자 재봉틀 밟는 일을 하며 숙련공으로 성장했다.

1929년 오사카에 온 양여선도 일곱 살부터 어머니를 도와 노무자 합숙소에서 식모를 하다가 아이 돌보는 일을 했다. "하루에 10전인지 12,13전인지를 받았어." "말도 몰랐는데 용케도 잘했어. 그네를 타러 가거나 아이를 어르기도 하고, 옛날이야기야. 나는 빨리 태어나서 손해를 봤다고 생각해. 조금만 늦게 태어났어도 그나마 학교 다니게 해줬을 거야." 열 살이 되어서는 지퍼공장에 다녔다. 공장에는 아이들만 20명 정도가 빵 둘러앉아 일했다. 손가락에 고름이 생기고 피가 나올 정도로 힘든 일을 매일 울면서 했다.[89]

이같이 학교에 다녀야 할 나이의 아이들은 작업 현장을 지키고 있었다. 1931년 일본 전국 한인 아동 취학률은 18.5%이었고, 1934년에도 39.8%에 불과했다.[90] 1932년 오사카시의 경우에는 7세부터 17세까지 학령아동 7,225명 가운데 3,437명(48%)이 취학 중이었고, 1933년에도 취학대상아동 14,052명 가운데 6,583명(46.9%)이 취학 중이었다.[91] 이 조사결과에 따르면 오사카 취학대상아동의 반수는 취학 중이었으나 나머지 반수는 미취학 상태였다. 그렇다면 한인사회는 미취학 아동의 교육을 포기한 것일까.

89) 가와타 후미코 지음, 안해룡 · 김해경 옮김, 『몇 번을 지더라도 나는 녹슬지 않아』, 바다출판사, 2016, 25~28쪽.

90) 西秀成, 「1930年代 愛知縣における朝鮮人の教育運動(朝鮮普成學院(名古屋普通學校とその周邊)」, 『在日朝鮮人史研究』 35, 2005, 54쪽 각주 14번.

91) 朝鮮總督府 庶務部, 「朝鮮人勞動者の教育施設」, 『在日朝鮮人』, 新人物往來社, 1978, 315~317쪽; 大阪府, 「朝鮮人に關する統計表」, 『朝鮮研究叢書』 3, 37~38쪽; 大阪府 學務部, 「在阪朝鮮人の狀況」, 『朝鮮研究叢書』 3, 100~101쪽.

경제난으로 발생하는 미취학 아동문제를 해결하기 위해 한인사회가 취한 조치는 야학이었다. 한인들은 1920년대 말부터 조선부락 부근에 야학과 학원을 설립해 교육 문제 해결에 나섰다. 1928년 11월 오사카 나니와구(浪速區) 구보요시쵸(久保吉町)에 문을 연 낭화(浪華)학원은 한인들이 만든 자발적이고 대중적 학교였다. 낭화학원이 자리한 구보요시쵸에는 조선부락이 없었으나 나니와구에는 1933년 현재 6개 조선부락(207세대, 1,588명 거주)이 있었고, 인근의 아시하라쵸(芦原町)에는 44세대가 조선부락을 이루고 있었다.[92] 조선부락과 연관성을 짐작할 수 있다. 조선어 교육을 목적으로 한 아동 대상의 간이야학이었는데, 2년간 300명의 졸업생을 배출할 정도로 번성했다. 한인들은 후원회를 조직해 운영을 담당했는데, 재정적 어려움에 처하자 오사카는 물론이고 조선에서 기부금을 모집할 정도로 한인들의 의지는 강했다. 그러나 재정적 어려움을 이기지 못하고 1931년경 문을 닫았다.[93]

낭화학원의 원장은 동아통항조합을 이끌었던 현길홍(玄吉弘)이다. 현길홍은 김문준과 함께 오사카지역의 노동운동을 이끈 지도자이기도 한데 교육문제에 관심이 높아 동아통항조합 제3회 대회(1932년 5월)에서 의장으로서 '문맹퇴치에 관한 건' 채택에 중요한 역할을 하기도 했다.[94]

### (3) 1930년대 도쿄와 나고야

1930년대에는 도쿄의 다카노(高田)학원, 나고야의 조선보성(普成)학원 등이, 오사카에는 여러 아동교육기관이 문을 열었다. 다카노 학원은 1930년 3월에 이환용(李桓鎔)이 설립한 초등교육기관인데, 설립자의 신상

92) 外村 大, 『在日朝鮮人社會の歷史學的硏究』, 綠陰書房, 2004, 129쪽, 표 3-10.
93) 『조선일보』 1930년 7월 29일자; 『동아일보』 1930년 11월 8일자.
94) 『特高月報』 1932년 5월호, 『在日朝鮮人關係資料集成』 2, 563쪽.

이나 특정 단체와 관련성은 알 수 없다.[95] '우선 소규모로 약간의 아동으로' 출발한다는 기사 내용대로 사진의 학생 수는 20명 남짓해 보인다.

東京在留同胞

高田學園設立

◇…자제교육긔관으로

〈그림 42〉 동아일보 1930년 3월 21일자

95) 『동아일보』 1930년 3월 21일자.

일본 주요 도시 가운데 한인이 운영하는 아동교육기관이 다수 존재했던 지역 가운데 하나는 나고야였다. 1932년 내무성 경보국의 '사회운동의 상황'에 의하면, 나고야에는 한인이 운영하는 6개 한인 교육기관(조선보성학원·나고야배신(培新)의숙·대성야학원·오사코(大迫)학원·도요하시(豊橋)공제야학원·동창(同昌)야학원)이 존재했고, 1935년에는 더욱 늘었다. 내무성 경보국 자료인 특고월보는 19개소로 파악했고, 1935년 8월 동아일보는 '나고야의 자녀교육열이 날로 높아져 16개 야학(보급학원·보통학교야학[96]·문화보급회야학·신성학원·보명학원·중부노동조합야학·카톨릭야학·휘명야학·선륜회야학·진정회야학·일광야학·축항상애회야학·상애회본부야학·기독교야학·명우야학·일심야학)을 설치'했다고 보도했다.

16개 야학 가운데 상애회가 운영하는 야학을 제외한 14개소는 한인들이 설립한 학교이자 규모도 적지 않았다. 김상환(金相煥)이 설립한 보급학원은 1935년 당시 교사 5명에 학생 100명 규모(청년부 40명, 소년부 60명)였고, 정의두(丁義斗)가 재건한 보명학원(1933년에 반도청년단이 창립했다가 폐쇄된 야학을 1935년 한인들의 의연금으로 재건)도 학생이 95명(여학생 15명)에 달했다.[97]

중부노동조합야학이나 명우야학, 문화보급회 야학과 같이 운동단체와 연관된 학교도 있었다. 명우야학은 명우구락부가 경영하는 학교였는데, 공안 당국은 명우구락부를 '공산주의계 단체'로 분류했다. 명우구락부는 1935년 4월 회원 70명으로 설립했고 명우야학의 설립 시기도 1935년경으로 알려져 있다. 중부노동조합은 일본노동조합전국평의회 산하 노동조합이고, 문화보급회는 신산축이 1932년 5월에 설립한 노동조합이다. 전

96) 조선보성학원을 지칭.

97) 『동아일보』 1935년 8월 24일자.

협 산하의 노동조합으로써 공안 당국이 '공산주의계'로 분류한 단체다. 중부노동조합야학과 문화보급회야학 설립 시기도 1935년으로 알려져 있다.[98]

나고야에 많은 한인아동교육기관을 설립한 배경에는 아이치현 한인 운동의 성장이 자리하고 있다. 앞에서 언급한 바와 같이 아이치현은 1929년 10월 나고야조선노동조합 결성 후 신간회 나고야지부를 결성하는 등 1930년대 활발한 한인 운동의 역사를 가진 지역이었다.[99]

이 가운데 가장 규모가 큰 학교는 조선보성학원(나고야보통학교)다. 1931년 12월 26일 나고야지사는 나고야 거주 한인 박승택(朴承宅)이 제출한 '조선보성학원 인가신청서'를 허가했다. 이로써 조선보성학원은 '소학교령 제17조에 의한 소학교에 해당하는 각종학교'로 인가된 '일본 최초의 공인 한인 소학교'(나고야신문, 1932년 12월 14일자)로 탄생했다. 박승택은 경북 출신으로 1929년 1월 나고야에서 부정기간행물 잡지(일본어) '중부교통평론'을 발간한 적이 있고, 1929년 5월 조선노동학원을 설립했다가 1930년 4월 해산했다. 1932년 5월, 내선제미회(內鮮齋美會)를 설립했고, 1933년 10월 나고야시의원 선거에 출마했다가 낙선했는데, 1936년 특고월보에는 특별요시찰인(을호)로 지정되었다. 박승택과 노동조합 사이의 관련성은 찾을 수 없다.[100]

조선보성학원은 당국의 인가를 받기 전인 1930년 5월 1일 개원식을 열고, 9월 6~10세를 대상으로 아동원을 개원한 후 후원단체인 원우회(9월)와 찬조회(12월)를 조직했다. 1931년 7월 1일 '1주년축하회기념식'을 열고 8월에는 '자선사업취체규정'에 의해 아이치현 지사 앞으로 인가 신청을

98) 內務省 警保局, 「社會運動ノ狀況」, 『在日朝鮮人關係資料集成』 3, 280쪽, 468쪽.

99) 나고야는 나고야조선노동조합이 1935년에 합동노동조합으로 전환한 후 1936년 총검거로 해산될 때까지 한인노동조합의 활동이 매우 활발했던 지역이다.

100) 西秀成, 「1930年代 愛知縣における朝鮮人の教育運動－朝鮮普成學院(名古屋普通學校)とその周邊」, 『在日朝鮮人史研究』 35, 2005, 43쪽.

제출했다. 공인된 후 재정비를 해 3개년 과정의 주간부 53명(정원 90명)과 야간부 107명(정원 90명)을 대상으로 교육했다. 이듬해에는 주간부 87명(여학생 28명 포함)과 야간부 90명으로 주간부 학생 수가 늘었고, 정원과 수업연한도 주간부 6년에 180명과 야간부 4년에 120명으로 늘었다.[101)]

조선보성학원은 '내지에 주거하는 조선인에게 내지의 보통교육을 가르치는 목적(학칙 제1장 목적)'으로 설립했으므로 교과과정은 '내지의 보통교육'에 준해서 운영했다. 학과목은 수신 · 국어 · 산술 · 조선어 · 상식강좌 · 음악 · 지리 · 역사 등 8과목으로 일본의 심상소학교 교육내용과 거의 같았고, '일본 국정교과서에 준하는 교재'를 사용했다. 신청 당시 제출한 1932년 세입세출예산서에 의하면, 운영비는 보조금 1600엔(조선총독부 600엔, 아이치현 500엔, 나고야시 500엔)과 회비 1,470엔(원우회비, 후원회비, 특별회비, 보통회비), 찬조 및 의연금 360엔 규모였다. 운영비 마련을 위해 박승택이 나고야매일신문과 오사카아사히신문을 통해 찬조회원을 모집하고, 조선에서도 모금했다.[102)]

한인사회의 힘으로 설립 운영 중인 아이치현의 한인아동교육기관은 한인 운동의 쇠락과 같은 시기에 폐쇄의 길을 걸었다. 1934년 10월 각의결정 '조선인이주대책요목'에 의한 한인 통제 강화를 기점으로 한인교육기관에 대한 당국의 탄압이 본격화되었기 때문이다. 당국은 한인아동교육기관을 '학령아동에게 민족적 편견을 심어주는' 온상으로 지목했다.[103)]

101) 名古屋縣, 『名古屋縣社會事業年報』 1931년, 1932년판.

102) 西秀成는 박승택이 재정적으로 취약한 상태에서 학교재정을 위해 내선제미회를 만들고 시의원선거에 출마했을 것으로 추측했다. 西秀成, 「1930年代 愛知縣における朝鮮人の教育運動－朝鮮普成學院(名古屋普通學校)とその周邊」, 『在日朝鮮人史研究』 35, 2005, 46쪽, 48쪽.

103) 『特高月報』 1935년 9월, 『在日朝鮮人關係資料集成』 3, 427쪽.

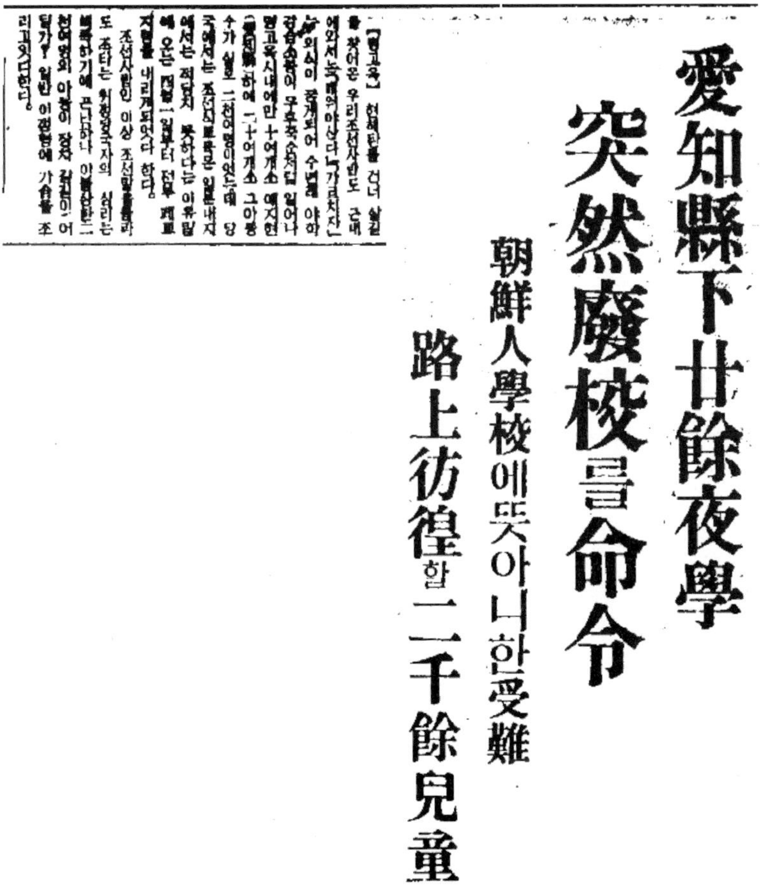

愛知縣下廿餘夜學
突然廢校를命令
朝鮮人學校에뜻아니한受難
路上彷徨할二千餘兒童

〈그림 43〉 동아일보 1936년 3월 28일자

조선보성학원은 정부 공인 학교였으므로 당국의 기준에 맞춘 교육을 실시했으나 탄압을 피할 수 없었다. 1936년 3월 조선보성학원의 설립자 박승택이 다른 사건(절도횡령 등)으로 체포된 후, 5월에 당국은 조선보성학원을 “나고야 민족주의계 일부 조선인 사이에 위 학교를 계승하려는 책동”이 있다는 혐의로 폐교 처분을 내린 후 재학생 중 아동 110명은 소학교 특별학급으로 취학시켰다.

당국은 박승택 검거와 동시에 나고야지역의 20여 한인학교에 대해서도 모두 폐교 처분을 내렸다.[104] 당국이 한인학교를 일제히 폐교한 시기는 나고야합동노조를 해산한 시기였다.

당국이 한인교육기관을 폐쇄한 후 한인 아동의 교육문제는 심각해졌다. 아이치현 당국에서는 일본 소학교를 통해 소화한다고 했으나 실제로는 방기했다. 1936년 동아일보 기사에 의하면, '한인 학령아동 중 반수가 취학불능 상태이고, 집주인이 기류서류를 승인하지 않아 아이치현 한인 아동들이 피해를 입'는 것으로 알려졌다.[105] 이러한 내용의 보도는 나고야신문에도 실렸다. 이같이 당국은 한인학교 폐교 대신 지역의 소학교로 편입시킨다고 했으나 기류서류 문제로 취학을 거절당하는 상황은 해결하지 않았다. 폐교 당시 내세운 조건과 달리 실제로는 취학을 거절하는 모순이 계속된 것이다. 결국 당국의 한인학교 폐교는 한인 아동들에게 교육 기회 자체를 앗아가는 결과를 낳았다.

### (4) 오사카의 아동교육기관

교토와 나고야에 이어 1930년대 오사카의 사례를 살펴보도록 하겠다. 오사카는 교토와 나고야에 비해 한인 거주자가 많았으므로 취학연령아동도 다수였고, 아동 대상의 한인교육기관도 적지 않았다.

1930년 오사카 고노하나구(此花區) 오히라키쵸(大開町) 부근 조선부락에 거주하는 여성과 아동을 위한 야학이 문을 열었다. 지역 한인들이 개설한 야학이었다. 이들은 야학 개설을 위해 오히라키무산여성야학후원회를 조직하고 윤경옥(尹景玉)의 자택을 빌려 개강했다. 야학은 아동과

104) 『동아일보』 1936년 3월 28일자.

105) 『동아일보』 1936년 2월 13일자.

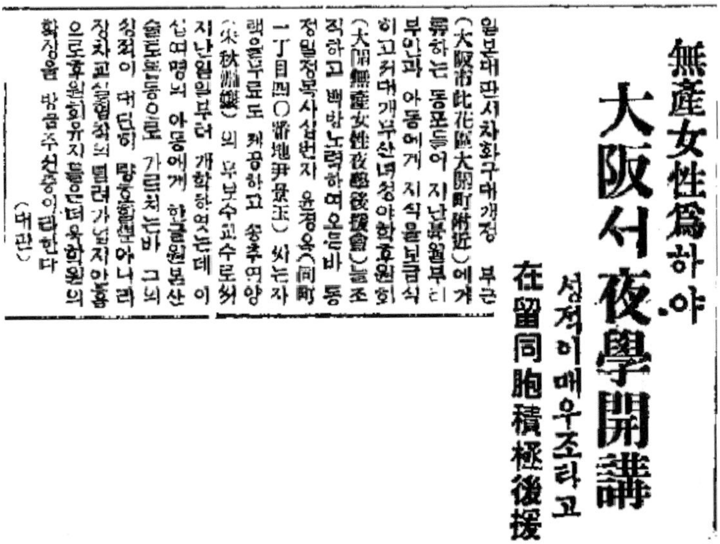

## 無産女性爲하야 大阪서夜學開講

### 성적이매우조타고 在留同胞積極後援

일본대판서차화구대개정 부근(大阪市此花區大開町附近)에거류하는 동포들이 지난四월부터 부인과 아동에게 지식을보급식히고저대개무산녀성야학후원회(大開無産女性夜學後援會)를조직하고 백방노력하여오든바 동정일정목사십번지 윤경옥(同町一丁目四〇番地尹景玉)씨는자택을무료도 제공하고 송추연양(宋秋淵孃)의 무보수교수로써 지난일일부터 개학하엿는데 이십여명의 아동에게 한글원본산술토론등으로 가르치는바 그의 성적이 대단히 량호할뿐아니라 장차교실협착의 렴려가업지안흠으로후원회유지들은더욱학원의확장을 방금주선중이라한다(대판)

〈그림 44〉 조선일보 1930년 7월 31일자

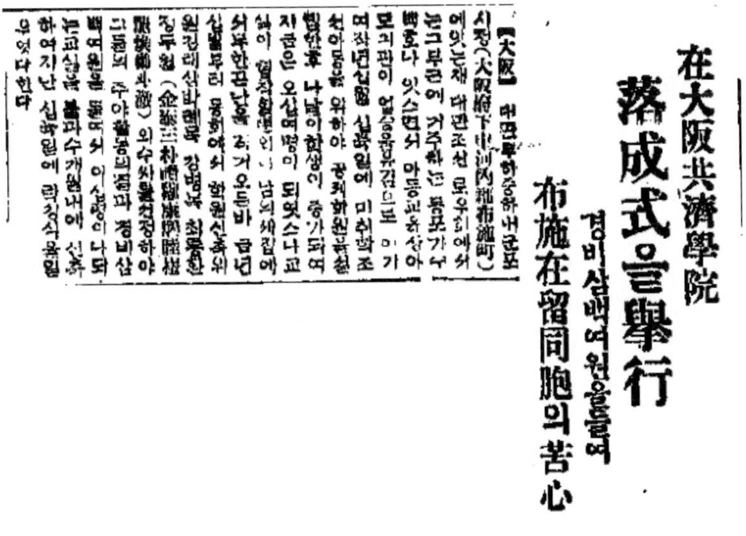

## 在大阪共濟學院 落成式을擧行

### 경비삼백여원을들여 布施在留同胞의苦心

【大阪】 대판부하중하내군포시정(大阪府下中河內郡布施町)에잇는재대판조선로우회에서는그부근에거주하는동포가수백호나잇스면서 아동교육상아모긔관이업슴을유감으로 [illegible] 작년十일월 십일일에 미취학조선아동을위하야 공제학원을창설한바 나날이학생이증가되여 지금은 오십여명이 되엿스나교실이 [illegible] 남의세집에 [illegible] 오든바 금년 [illegible] 동회에서 학원신축위원 [illegible] 외수씨를 선정하야 그들의 주야활동의결과 경비삼백여원을 들여서 [illegible] 교실을 [illegible] 수개월내에 신축하여지난 십육일에 락성식을거행하엿다한다

〈그림 45〉 조선일보 1931년 12월 23일자

함께 성인여성을 위한 교육기관을 표방했으나 1930년 7월 입학생은 20여 명의 아동이었다.[106)]

나카가우치군(中河內郡) 후세쵸(布施町) 거주 한인들도 1930년 12월 16일 공제(共濟)학원을 개교해 미취학 한인 아동교육을 실시했다. 공제학원은 개교 당시 별도의 교사를 갖추지 못했으나 아동이 50명으로 늘어나자 1931년 10월 학원신축위원을 선정하고 300원을 모금해 12월 16일 낙성식을 가졌다. 기사에서 학교 설립 주체를 '오사카조선노우회'로 표현한 점을 볼 때 한인노동조합과 관련성을 알 수 있다.[107)] 1934년 미나토구(港區)에 설립한 야간 간이학교가 성황을 이뤘다는 기사도 찾을 수 있다.[108)]

당시 오사카의 대표적인 교육기관은 관서공명학원이다. '관서의 자랑'이라 부를 정도로 한인사회의 관심과 애정을 모았던 학교였다. 동아통항조합과 전협 등 대표적인 운동단체 임원들이 설립했고, 한인의 기금으로 최초로 교사(校舍)를 마련했다. 1931년 4월, 히가시나리구 관내 3개 조선부락에 거주하는 한인 2만여 명은 관서공명학원 설립을 결의하고 4월 28일, '공명학원발기인회'를 조직했다. 정철(鄭澈), 신경규(辛璟奎), 김재수(金在秀)를 비롯한 10여 명의 발기인들은 모금한 1,700여 원으로 기타나카하마쵸(北中濱町)에 토지를 매입한 후 건물을 세웠다. 건물을 세운 곳은 조선부락지구인데, 무산진료소를 병설할 계획까지 가지고 있었다. 건물(건평 37평)은 그해 12월 1일에 낙성식을 갖고 이듬해 1월 개교식을 가졌다.[109)]

인근 거주 미취학 아동 150명을 교육했는데, 조선어 등 기본 교육 외에 '계급적 자각을 환기하는 프로그램'도 운영했다. 일본프로레타리아음

106) 『조선일보』 1930년 7월 31일자.
107) 『조선일보』 1931년 12월 23일자.
108) 『조선중앙일보』 1934년 12월 2일자.
109) 『大阪每日新聞』 1931년 12월 9일자.

악가연맹원의 연주회나 프로키노영화 상영회 개최, 무산자문화운동과 연계 행사 등이다.[110] 관서공명학원은 지역 운동단체의 관심과 지원 속에 출발했고 조선부락이라는 토대 속에서 유지회의 후원 아래 안정적으로 운영했다. 지역의 한인 단체·운동세력과 관서공명학원의 관련성은 발기인과 운영 주체의 면면을 통해 알 수 있다. 학원장인 김상구는 1928년 오사카조선노동조합 동북지부가 개설한 가모야학교(성인노동자 대상)의 강사를 역임했고, 신간회 오사카지회장과 오사카조선노동조합에서 활약했다. 발기인 중에는 학우회 회장을 지낸 신경규와 도쿄조선노동조합원으로 1928년 치안유지법 위반으로 불기소처분을 받은 적 있는 김용기(金龍基)도 있었다. 교사들도 단체와 깊은 관련을 맺고 있었다. 오성무(吳成武)는 1931년 전협에 가입한 조합원이며, 김동택(金東澤)도 1930년 센슈일반노동자조합대표를 지냈고 1932년부터 전협 토건에 가입해 활동했다.

이같이 관서공명학원은 전협 활동가들이 학교운영을 주도했다. 그러므로 오사카시 차원의 교육기관으로 만족하지 않았다. 교사인 오성무는 전협 토건 활동가인 정팔용(鄭八龍)과 함께 오사카부 한인야학의 통일운동을 전개했다. 이를 위해 오사카부 사카이(堺)시의 미미하라(耳原)학원과 제휴했다. 미미하라학원은 1932년 2월 사카이시 센슈일반노동자조합 미미하라 지부가 반(半)비합법적 교육기관으로 개설했다. 조합원과 자녀를 대상으로 가르쳤으며, 윤봉관(尹鳳官), 김인선(金仁善), 강상근(姜尙根) 등 지역 활동가들이 운영을 맡았다.[111] 미미하라학원을 설립한 센슈일반노동자조합은 1930년 10월 신간회 오사카지부 활동가들이 결성했다. 관

110) 內務省 警保局, 「社會運動ノ狀況」, 『在日朝鮮人關係資料集成』 3, 711쪽; 司法省 刑事局, 「治安維持法違反に依り起訴せられたる朝鮮人に關する調査その他」, 『在日朝鮮人關係資料集成』 3, 908쪽.

111) 內務省 警保局, 「社會運動ノ狀況」, 『在日朝鮮人關係資料集成』 3, 711쪽.

서공명학원 교사 김동택이 소속 활동가였고, 김상구 학원장과도 밀접한 관계에 있었다. 40명의 학생들에게 조선역사와 인도독립운동사들을 강의하면서 민족의식을 고양하려 했다. 교육의 결과 미미하라학원 출신 학생들 가운데 관서 지역의 대표적인 활동가(丁岩右)를 배출했고, 학원출신자를 중심으로 애국청년회 사건도 일으켰다.[112]

이같이 1920년대 후반 오사카조선노동조합이나 신간회에 결집한 인맥을 중심으로 재일노총과 신간회 해산 후인 1932년에도 민족적 교육활동 전개와 교육기관 통일을 모색하는 움직임은 관서공명학원을 중심으로 이어졌다.[113] 당국은 즉각 대응했다. 1932년 8월 1일, 반전데이를 맞아 관서공명학원 학생 2명이 격문 산포 중 검거되자 8월 13일, 오사카부 특고과는 학원장 김상구 이하 12명 직원 전원을 검거했다.[114] 검속 이유는 학생들에게 격문살포 행동대원을 맡긴 점과 '좌익적 학교 운영' 등 두 가지였다. 근거는 오성무, 김재수, 방남희(方南熙), 정순제(鄭淳悌) 등 교사들이 학원비용으로 노동사전, 자본주의 및 사회주의관련 서적을 구입해 사상연구에 심취해 아동에게 계급의식을 침투시켰고, 1932년 5월 중순에 방남희와 김재수가 일본프로레타리아음악가연맹원 3명을 초청해 연주회를 개최했으며 러시아혁명가를 가르치거나 '계급의식이 있는 영화(프로키노영화)'를 보여주었다는 것이다.[115]

8월 25일, 관서공명학원이 문을 닫았고, 9월 미미하라학원도 사카이경

112) 정암우는 1934년에 전협일본토목건축노동조합 오사카지부 책임자가 되어 붕괴된 조직 재건에 성공했다. 일본공산당원이기도 한 정암우는 1936년 3월 피검되었다가 출옥 후 다시 일본공산당 재건운동을 하던 중 1938년 7월 피검되어 1939년 12월 징역 4년형을 선고받고 오사카형무소에 복역했다. 1942년 6월 형기가 만료되었으나 전향을 거부해 예방구금대상자가 되어 다시 가수용되었다.

113) 伊藤悦子, 「1930年代を中心とした在日朝鮮人教育運動の展開」, 39쪽.

114) 『大阪毎日新聞』 1932년 8월 16일자.

115) 內務省 警保局, 「社會運動ノ狀況」, 『在日朝鮮人關係資料集成』 2, 566쪽.

찰서의 단속이 심해지자 해산을 발표했다. 그러나 전략적 해산이었다. 표면적으로 해산을 발표하고 비밀리에 운영하다가 1933년 5월에 다시 센슈조합 본부에 노동학원을 설치했다. 1935년 2월 윤봉관과 김인선은 노동학원 출신 청소년을 중심으로 조합청년부를 결성하고자 했다. 책임자 이용선(李容先)은 미미하라학원 출신의 박종덕(朴鐘德, 19세)·허영(許英, 20세)·김인만(金仁万, 21세)·정암우(21세)·장상준(張相俊, 19세) 등을 조합원으로 확보하고 이들을 중심으로 '애국청년회'를 결성했다.

이들은 극비리에 모여 '(1) 현재 세계정세는 제2차 세계대전의 전야이고 민족독립의 기운이 멀지 않다 (2) 조선민족 궐기의 시기는 일본이 세계대전의 와중에 들어서 경제공황이 밀려오는 시기다 (3) 이를 위해 조선민족의 혁명역량을 집중시키고 그 준비로서 전국 주요 도시에 연락원을 파견해 동지를 획득함과 동시에 그 지방에서 한인차별압박상태를 조사할 것 (4) 우리 5명은 활동의 지도체를 구성할 것' 등을 결정했다. 이들은 7월까지 총 6회에 걸쳐 구체 방침을 협의하고 7월 말에 허영과 박종덕을 도쿄에, 9월 중순에 김인만과 정암우를 나고야에 파견했다. 그 후 미미하라학원 출신인 안상재(安商載, 21세), 한형우(韓炯愚, 18세), 조성욱(趙誠煜, 20세)을 규합했으나 당국에 탐지되어 10월 초에 모두 검거되었다. 이 사건은 치안유지법을 적용한 최초의 민족주의운동 사건이다.[116)]

오사카부 당국은 관서공명학원을 해산한 1932년 8월부터 1933년 10월까지 관내 한인이 경영하는 모든 야학에 폐교 명령을 내렸다. 1931년경에 설립했다고 알려진 니시나리구의 동명(東明)학원도 이 시기에 문을 닫았다. 동명학원의 설립자는 1927년 오사카조선노동조합 집행위원을 역임했고, 1930년대 관서 지역에서 근애소비조합과 노동조합인 판남노동

116) 内務省 警保局, 「在留朝鮮人運動」, 『在日朝鮮人關係資料集成』 3, 543~544쪽.

자조회(阪南勞働自助會)를 설립한 박영근(朴永根)이다. 판남노동자조회는 1933년 4월 결성한 노동조합인데, 재일노총 해산 후 박영근이 전협 일본화학 오사카지부 오르그 이종석(李鐘錫)과 협의한 후 자주적 투쟁기관을 설립하기로 하고 결성한 단체다. 그러므로 당국은 판남노동자조회를 전협 산하단체는 아니지만, '전협과 긴밀한 관계 속에서 활동하는 단체'로 분류하고 예의 주시했다.[117]

이후에도 당국은 한인아동교육기관을 허용하지 않았다. 1935년 5월 아동을 대상으로 교육하기 위해 히가시나리구에 동광(東曠)야학소가 문을 열었으나, 당국의 탄압으로 3개월만인 8월 23일 폐쇄되었다.[118] 그렇다고 한인들의 아동교육 의지가 사라진 것은 아니었다. 탄압에도 야학의 문은 계속 열렸다. 민중시보 기사에 의하면, 한신(阪神)소비조합 아오키(靑木)출장소는 1935년 1월 15일 야학부를 설립해 출장소 책임자 김병선(金炳善)과 교직원들이 아동교육에 노력한 결과 취학 아동이 날로 늘어났다고 한다. 8~18세의 야학생이 몰려와 80명 정원을 초과하자 한인들은 10월 20일 야학부가 개최한 운동회에 참석해 운영기금을 쾌척했다.[119]

### (5) 다양한 방법으로 통제의 고삐를 조이는 당국

1932년 관서공명학원과 미미하라학원을 폐쇄한 당국은 여세를 몰아 한인아동교육 통제에 나섰다. 내무성 사회국은 1933년 오사카에서 한인문제 간담회를 열고 1934년 4월에 조직된 오사카부지사의 자문기관인 오사카부 내선융화사업조사회에서도 한인대책을 재정비했다. 이러한 과정을 볼 때 한인학교의 폐교는 만주침략 후 일본이 전시체제를 준비하는

117) 『特高月報』 1933년 1월분, 789쪽.

118) 『民衆時報』 1935년 9월 15일자(제9호).

119) 『民衆時報』 1935년 11월 15일자(제10호).

상황에서 한인 정책의 변화와 깊은 관련을 보인다.

1931년 만주사변 후 각 신문이 앞다투어 군부의 행동을 열광적으로 지지하는 등 일본 여론은 국가주의의 기운을 드높였다. 이러한 가운데 문부성 내에 설치한 학생사상문제조사위원회는 1932년 5월 '학생사상문제에 대한 근본적 대책에 대한 답신'에서 언론과 사상에 대한 단속 강화를 주장했다. 이에 근거해 문부대신 관리의 연구기관으로 국민정신문화연구소를 설치해 일본문화와 국체 사상의 체계 수립 방향으로 나아갔다.[120] 이런 상황에서 당국은 조선의 민족적 정서를 공유하고 계급의식을 확산하는 한인사회의 아동교육을 용인할 수 없었다. 한인 학교의 폐교는 바로 황민화 교육의 출발이자 협화 사업의 시작을 의미하는 신호탄이었다.

당국의 한인교육정책을 대표하는 지역은 오사카였다. 다수의 한인 거주지역이자 한인을 대상으로 하는 당국의 통제시스템도 잘 갖추어진 지역이기 때문이다. 당국은 1924년에 내선협화회를 오사카에 설치했고, 1936년에 전국 조직으로 확대했다. 오사카부의 한인교육정책이 가장 크게 변화한 시기는 1934년부터다. 1933년 10월에 한인이 경영하는 야학의 전폐를 명령하고 11월부터 준비를 거쳐 1934년 4월에 오사카부 내선융화사업조사회를 발족한 후 적극적으로 교육문제에 관여하기 시작했다.

1934년을 기점으로 변화한 한인교육정책은 '일시동인(一視同仁)의 기치 아래 평등적 대우'를 내세우고 '충군애국 정신을 고취한 일본 신민화' 교육이었다. 이를 실천하기 위해서는 기류부 없이 한인 아동을 취학시키는 '유연한 정책'이 필요했다. 이미 1931년 10월 오사카부 취학장려협의회에서 '1932년부터 기류부에 없는 자도 입학시킨다'는 취학 장려방침을 채택했으나 적극적 실천을 위해 오사카부 내선융화사업조사회가 나섰

120) 가타기리 요시오 · 기무라 하지메 외 지음, 이건상 옮김, 『일본 교육의 역사』, 논형, 2011, 210~211쪽.

다. 1934년 9월, 오사카부 내선융화사업조사회 총회는 한인아동의 미취학상태를 해결하기 위해 기류수속 등을 할 수 없는 아동 수용 방안(간이학교제도 등)을 가결했다.[121] 총회 의결 후 내선협화회는 10월 12일 쓰루하시 · 도요사키(豊崎) · 기즈가와(木津川) 등 한인 밀집지역 3개소 인보관에 한인 아동만을 위한 2년제 간이학교(1개교당 정원 50명)를 설립하고 8~14세 아동 133명을 수용했다. 주 3일 3시간씩(오후 6시~9시) 국정교과서나 조선총독부 편찬 교과서를 사용해 가르쳤다.

내선협화회도 1920년대에 교육 대상자로 성인을 설정했다가 1930년대에 아동으로 전환한 한인사회와 같은 길을 걸었다. 간이학교를 세운 지역 가운데 쓰루하시와 도요사키는 1924년 내선협화회가 성인을 대상으로 설치 운영한 야학교 6개소 설립지역과 동일하다. 인보관의 건물을 이용한 점도 일치했다. 설립지역과 사용한 건물은 같았으나 성인야학교와 아동간이학교의 교육내용은 달랐다. 간이학교에서 가르친 교육내용은 국어(일본어)와 수신, 산술, 기타(체조 · 창가 · 수공)로 당시 심상소학교 과정에 해당했다. 성인야학교에서는 조선어를 가르쳤으나 조선어는 찾을 수 없었다.[122]

이렇게 출발한 당국의 오사카 간이학교는 1935년에 사카이와 1937년에 이마후쿠 · 이마미야를 거쳐 1938년에는 고노하나간이학교를 개설했다. 설립지역은 모두 조선부락이며, 이전에 한인들이 경영하던 야학이 있던 곳이었다. 이들 간이학교는 의무교육을 받지 못하던 한인 아동 가운데 일부만을 수용했으나 당국의 정책 창구로 활용했다. 한인 아동이 공교육체제에 편입된다는 것은 민족교육(조선어와 조선역사)의 기회를

121) 塚崎昌之, 「1930年代以降の在阪朝鮮人教育－内鮮'融和'教育から'皇民化'教育へ」, 『在日朝鮮人史研究』 44, 2014, 24쪽.

122) 塚崎昌之, 「1930年代以降の在阪朝鮮人教育－内鮮'融和'教育から'皇民化'教育へ」, 『在日朝鮮人史研究』 44, 2014, 24쪽.

잃고 황민화 교육의 대상자가 된다는 의미다. 이를 위해 당국은 1930년대 중반에 전국적으로 한인이 경영하는 한인 아동 민족교육기관(야학)을 폐지한 것이다.

이토(伊藤悦子)가 정리한 내용에 따르면, 1920년부터 1944년까지 일본 각지에 한인이 설립한 아동 대상 야학은 총 68개소다. 이 가운데에는 협화회나 상애회 등 당국이 '융화친목계열'로 분류한 학교 외에 민족주의계, 공산주의계, 기타 등등 성격은 다양하다.[123] 이 목록에는 조선보성학교가 폐쇄된 1936년 이후에도 한인이 운영하는 아동교육기관(오사카의 誠信會야학 · 無名야학 · 大友町야학, 교토의 교토向上館, 야마구치의 東和會, 가나가와의 요코하마노동야학, 효고의 槿華청년회, 岐阜의 正和會 등 8개소로 추정)이 있다. 1935년 당국은 한인이 경영하는 아동교육기관 폐쇄조치를 단행했는데, 어떻게 한인아동교육기관 운영이 가능했을까.

1930년대 중반 당국의 대대적인 한인아동교육기관 철폐 정책에 대응해 한인사회가 할 수 있는 일은 '존속을 허용받는 합법단체나 친목단체장의 이름을 빌려서 운영하는 방법'과 '비밀리 지하활동으로 운영하는 방법' 두 가지였다. 1936년 이후에 한인이 운영한 학교는 두 가지 방법 모두 해당했다.

〈표 16〉 1936년 이후 운영한 한인아동교육기관(야학)

| 지역 | 학교명 | 운영 내용 | 연혁 및 성격 | 존속 기간 |
|---|---|---|---|---|
| 오사카 | 성신회<br>(誠信會)<br>야학 | 조선어와 조선역사를 가르치는 야학을 표방했으나 실제로는 한인무산자 자제에게 조선의 독립과 국가 건설 필요 | 1934년에 설립된 용진(勇進)야학회에 관여했던 이봉춘(李奉春)이 이카이노 조선부락에 개설. 1936년부터 김주삼(金柱三, 1936), 김성종(金性鐘, 1938), 고 | 1934.7~<br>1943 |

[123] 伊藤悦子, 「1930年代を中心とした在日朝鮮人教育運動の展開」, 55~58쪽.

| | | | | |
|---|---|---|---|---|
| | | 성 등을 교수. 아동을 대상으로 했으나 20~30명의 노동자를 대상으로 했음 | 갑득(高甲得, 1940)이 운영에 참가. 조선부락의 여러 곳을 이동하며 개인집에서 운영한 비밀야학 | |
| | 무명(無名) 야학 | | 성신회야학을 운영했던 김성종이 2개소에 개설. 이카이노 조선부락에 개설한 비밀야학 | 1938.1~1942.8 |
| | 오토모마치(大友町) 야학 | | 성신회야학을 운영했던 김주삼이 개설. 이카이노 조선부락에 개설한 비밀야학 | // |
| 교토 | 교토향상관(向上館) | 간이학교와 보육원, 진료소 등 다양한 사업 병행 운영 | 1936년 1월 보육원을 확장한 후 당국의 정책에 따른 간이학교(주간 1936년 10월, 야간 1940년) 개설. 교토거주 한인과 일본인 유지가 운영. 일본당국이 민족주의계로 분류 | 1936.10~1944[124] |
| 야마구치 | 동화회(東和會) | 아동 44명. 산술·조선어·일본어 교수 | | 1937.1~3 |
| 가나가와 | 요코하마 노동야학 | | 경판(京阪)조선인단체협의회, 공친(共親)친목회 경영 | 1936.6~ |
| 효고 | 근화(槿華) 청년회 | 조선어만 교수. 전협일본화학노동조합원 이명팔(李命八) 등이 교사. '민족의식주입의 혐의가 농후하고 내선융화에 미치는 악영향이 적지 않다'는 이유로 폐교명령을 받음 | 일본당국이 공산주의계로 분류 | 1936.3~1936 |
| 기후 | 정화회(正和會) 야학 | 박경준(朴景準)이 다카야마(高山)지부 내 30개소에 개설한 야학회. 야학 1개소당 수 명이 모여 학습. 1937년 1월 박경준 등 간부 40명이 일제 검속되면서 폐쇄 | 정화회는 1931년에 친목단체로 창립했으나 1936년 5월에 다카야마지부를 설치한 박경준이 나고야합동노동조합과 연계. 박경준은 다카야마지부 내에 비밀지도부를 조직하고 비밀야학을 개설 | 1936~1937.1 |

자료: 伊藤悅子, 「1930年代を中心とした在日朝鮮人教育運動の展開」, 47~49쪽; 淺田朋子, 「京都向上館について」, 『在日朝鮮人史研究』 31, 2001, 79쪽

124) 伊藤悅子는 간이학교 폐쇄 시기를 1941년으로 파악했다. 그러나 淺田朋子 연구에 의하면, 당국이 보육원을 제외한 모든 사업(진료소, 간이학교 등)에 중지 명령을 내린 최종 시기

〈표 16〉에서 오사카의 야학은 1934년부터 이카이노의 조선부락을 중심으로 비밀리에 이어간 야학들을 계승한 형태다. 아동교육기관을 표방했으나 실제로는 노동자 교육기관이었다. 조선부락을 근거지로 비밀야학으로 운영했으므로 일제말기 당국이 공습에 대비해 조선부락을 해체할 때까지 존속할 수 있었다. 조선부락의 저력을 확인할 수 있는 사례다.

오사카와 함께 비밀야학의 성격으로 운영했던 기후현의 정화회야학은 정화회의 궤멸과 함께 1937년에 사라졌다. 당국이 나고야합동노동조합과 연계된 교육기관을 남겨둘 리 없었기 때문이다. 합법적 교육기관을 표방했던 교토와 야마구치 등 오사카를 제외한 지역의 한인교육기관은 대부분 1930년대 중반에 폐쇄되었다. 〈표 16〉에 포함하지 않았으나 가와사키 애생(愛生)학원(야간)도 1938년 11월 민족교육 실시를 이유로 폐교되었다.[125)]

당국의 통치목적에 따라 운영하던 간이학교의 운명도 다르지 않았다. 일본은 중일전쟁 발발 이듬해인 1938년 오사카내선협화회 간이학교 폐쇄를 시작해 1941년 전선이 확장되면서 국민동원을 위해 '국민학교' 체제로 전환하는 과정에서 전국의 간이학교를 폐쇄했다. 전 국민의 초등교육 의무화가 시작되면서 관변단체의 아동교육기관은 필요 없게 되었기 때문이다. 이 가운데 가장 긴 생명력을 가졌던 교육기관은 교토향상관이었다. 국민학교체제가 정착한 1944년까지 존속했다.

교토향상관은 한인이 개설했으나 당국의 방침을 선도한 교육기관이었다. 교토향상관은 1936년 1월 고광모(高光模, 교토조선중앙보육원장, 조선인친목회원)가 운영하던 향상관 보육원을 확장해 개설했다. 확장과 함께 교육기관을 넘어 교화부 · 보건부 · 공제부 · 사교부 · 인사상담부 등을

는 1944년이다. 淺田朋子,「京都向上館について」,『在日朝鮮人史研究』31, 2001, 89쪽.

125) 姜徹,『在日朝鮮人史年表』, 雄山閣, 1983, 148쪽.

운영했다. 이로써 '아동의 속성 교육과 청소년 상공 야학' 기능(교화부 담당), 산파 파견(보건부), 법률 상담과 직업 상담(인사상담부) 등 교토 거주 한인에게 필요한 여러 문제를 포괄적으로 담당하게 되었다. 이사나 감사에는 한인 최초의 교토대 교수인 이태규(李泰圭)와 비날론 발명자 이승기(李升基)를 비롯한 의학박사 · 이학박사 · 공학박사 · 변호사 등 전문가와 협화회 임원, 기업인, 민중시보 교토지사장 등 교토의 한인 유지가 망라되었다. 오사카아사히신문사 임원과 해군소장 출신의 기업인 등 일본인과 미국 선교사의 면면도 보인다.

교토의 내노라 하는 명망가들이 운영한 향상관은 오사카아사히신문사가 매년 150엔을 기부하는 등 풍부한 재원을 바탕으로 사업을 확장했다. 1936년 1월에 보육원을 확장했고 간이학교는 10월에 개교한 것으로 알려져 있다. 먼저 미취학아동을 대상으로 한 주간 간이학교를 열었다. 주간 간이학교에서는 60명의 아동에게 소학교교과서를 활용해 수신 · 국어 · 역사 · 지리 · 산술 · 주산 등 '공민으로서 필요한 교육'을 시행했다. 1940년에는 12~30세 노동자를 대상으로 하는 야간학교를 열었다. 동아신문(東亞新聞) 1941년 9월 30일자 기사에 의하면, 야간학교 학생에는 14~47세에 이르는 소녀나 '가정부인'도 있었다. 몰려드는 학생이 너무 많아 6개년을 8개 학급으로 나누어 옥상과 층계에 수용할 정도였다고 한다.[126)]

교토향상관은 협화 사업을 실천하는 모범적인 공간이었고, 간이학교는 당국의 한인아동교육방침을 철저히 준수해 1940년 5월 31일 세키야 데자부로(關屋貞三郞) 중앙협화회 이사장이 방문할 정도였다. 그러나 당국의 철퇴를 피하지 못했다. 1944년 6월 '혼간지(本原寺) 주지 대리'라는 사람이 방문해 관장 고광모에게 조선문 번역을 부탁한 후, 곧바로 특고

126) 1936년 수입은 2,135엔 8전이었다. 淺田朋子, 「京都向上館について」, 『在日朝鮮人史研究』 31, 2001, 81쪽, 83쪽.

는 고광모를 연행해 고문을 가했다. 고광모의 혐의는 '내선융화를 앞세우고 조선 근로청년들에게 조선역사를 가르치며 민족정신을 주입해 배일사상을 강조하고', '오사카산업보국회 지정 수산장(授産場) 대표로서 경판신(京阪神) 지역 군수공장에 출입하면서 내부 상황을 도시샤(同志社)대학 신학부에 보고한 점'이었다. 고광모의 연행과 동시에 교토향상관은 보육원을 제외한 모든 사업(간이학교, 산원, 진료소 등) 운영 중지명령을 받고 간이학교도 문을 닫았다.[127]

당국에서는 교토향상관이 배일사상을 강조했다고 했으나 증거는 없었다. 교토향상관은 한인 단체의 재정적 지원을 받은 적은 있으나 정치적 색채는 없었다. 1934년 11월부터 고광모가 운영하던 교토조선중앙보육원이 경영난을 겪자 1935년에 교토조선인자동차운전수친목회가 기금을 모으고 유지회를 조직해 지원한 정도였다.[128] 고광모의 행적도 정책을 위배하는 인물로 보기 어렵다. 교육내용과 방향도 당국의 정책에 근거해 운영한 학교였다. '일면식도 없는 일본인이 찾아와 조선어 번역을 부탁한다는 설정'도 함정수사의 모습이다. 고광모의 연행은 교토향상관을 폐쇄하기 위한 절차의 하나였을 뿐이다. 교토향상관의 간이학교 폐쇄를 끝으로 일본지역에서 한인이 경영하는 교육기관은 자취를 감추었다.

127) 淺田朋子, 「京都向上館について」, 『在日朝鮮人史研究』 31, 2001, 83쪽, 94쪽. 교토향상관은 1945년 11월 향상관학원이라는 이름으로 다시 입학식을 열었고, 2001년 현재 교토재일대한기독교 교토교회 옆에서 사회복지법인 향상사 보육원으로서 이어가고 있다. 교토교회가 경영 주체가 되어 원장은 교회 목사가 담당하고 있다. 보육원과 아동관을 운영하고 있다.

128) 『民衆時報』 1935년 11월 15일자(제10호). 민중시보 기사에 의하면, 교토조선인자동차운전수친목회는 교토 거주 한인의 사회문제에도 관심을 보여 '교토남선수해구제회'와 모금활동을 같이 했고, 1936년 8월에도 조선단체협의회 및 리츠메이칸(立命館)대학학우회와 함께 향토수해구원회를 결성하고 영화, 음악, 연극회를 열어 구제활동을 벌이기도 했다. 그러나 중점 과제는 자동차운전수의 실업구제와 취직알선, 사고조정 과정에서 차별 대우 문제 등 일상생활문제 해결이다.

### 3) 한인들에게 교육이란

한인교육기관이 활발하게 개설된 지역은 다수 한인의 거주지이자 한인 운동이 왕성한 지역이었다. 한인사회는 도쿄와 오사카, 아이치현 등에 백여 개소에 달하는 다양한 형태의 교육기관을 설립 운영했다. 이들 교육기관을 통해 도일한인들은 학구열을 충족했다. 학령기를 넘긴 성인들과 주간에 노동해야 했던 아동들에게 야학은 소중한 배움터였다.

한인노동조합과 사회운동단체는 한인들의 학구열을 충족하고 계급적 민족적 각성을 위해 노동자 교육을 중시했다. '고향에서 보내오는 편지라도 읽고 싶다'는 소박한 마음에 참가한 노동자들은 새로운 세상을 경험하기도 했다. 그러므로 한인들의 관심은 높았다. 여성노동자들도 적극 호응했다. 오사카 당국의 조사에 의하면, 1923년 조사 대상 여자노동자 2,696명 가운데 무학문맹자는 88%이었는데, 1930년에도 84%에 달했다.[129]

문맹률이 높은 여성들에게 노동자 교육은 세상으로 나가는 창구와 같았다. 1920년대 초, 기시와다(岸和田) 방적공장에서 한인 반장이 개설한 야학에 참가했던 여공들은 야학을 통해 민족의식과 노동자의 권리를 알게 되었다. 야학 교사가 가르쳐주는 '용감한 노래'는 삶의 활력소가 되었고, "항상 대한독립만세를 잊어서는 안 된다"는 교사의 말은 늘 귓가를 맴돌았다. 이러한 경험을 축적한 여공들은 회사 측의 거듭된 야학 폐쇄를 무릅쓰고 계속 야학의 문을 열었다.[130]

---

129) 大阪市, 「朝鮮人勞動者問題」 1924, 『在日朝鮮人關係資料集成』 1, 383~386쪽; 大阪市, 「朝鮮人勞動者の近況」 1933, 『在日朝鮮人關係資料集成』 5, 797쪽.

130) 金贊汀, 『朝鮮人女工のうた－1930年岸和田紡績爭議』, 岩波新書, 1982, 126~133쪽.

〈그림 46〉 기시와다 방적공장의 한인 여공
(재일한인역사자료관 편저, 『재일한인역사자료관도록』, 28쪽)

이같이 야학을 통한 교육은 한인 노동자가 현실에서 느끼는 민족적 차별의식과 모순을 식민지 지배라는 구조적인 문제의 인식으로 확대하고, 조직화 필요성을 절감하도록 이끌었다. 기시와다 방적의 여성노동자 조직화와 파업이 대표적 사례다. 기시와다 방적 한인 노동자들은 1922년 7월과 1923년 11월, 1929년 8월, 1930년 5월에 총 4회 파업을 일으켰다.[131] 8년간 여공들이 일으킨 파업은 성공보다 실패가 많았으나 멈추지 않았다.

131) 파업 내용은 『조선일보』 1923년 12월 10일자; 14일자; 『大阪朝日新聞』 1930년 5월 4일자; 6일자; 8일자; 27일자; 28일자; 『중외일보』 1930년 5월 6일자; 5월 29일자; 『조선일보』 1930년 6월 3일자; 파업의 구체적인 내용은 金賛汀, 『朝鮮人女工のうた－1930年岸和田紡績争議』, 岩波新書, 1982; 朴慶植, 『在日朝鮮人運動史－8.15解放以前』, 三一書房, 1979; 정혜경, 「일제하 재일한국인 민족운동의 연구－大阪지방을 중심으로」, 한국정신문화연구원 한국학대학원 역사전공 박사학위논문, 1999, 부록1, 245쪽 참조.

특히 여공들이 1922년에 노동조합의 지원도 없이 오사카 최초의 파업을 일으킬 수 있었던 배경에는 노동자 교육이 자리하고 있었다.

1920년대 노동자 교육을 중심으로 이루어지던 한인사회의 관심은 1930년대에 아동교육으로 바뀌었다. 정착 초기에 한인들은 자녀교육에 집중할 수 없었다. 주간에 노동해야 했던 아동들이나 기류제도에서 배제된 아동들에게 공교육기관의 담은 높았다. 이들에게 한인 단체들이 개설한 야간 아동교육기관은 큰 도움이 되었다. 그렇다고 1930년대 성인들의 교육열이 사라진 것은 아니었다. 여전히 교육에 목마른 한인 노동자는 교육기관의 문을 두드렸다. 1930년대 아동교육기관을 목적으로 개설한 야학(한인 단체 운영)이 성인노동자 교육기관으로 운영되기도 했다. 1940년 교토향상관이 개설한 야간 간이학교에는 소녀와 부녀자들을 포함한 노동자들이 몰려와 인산인해를 이루었다. 성인 교육열은 여전히 높았다.

한인들의 교육열은 당국의 두통거리였다. 민중시보 기사에 의하면, “조선교육문제”는 “당국자의 두통의 과제”였다.[132] 전협이나 노동조합과 연계된 한인 야학의 운영 방향은 단순 교육(언어와 역사 등)을 넘어 민족의식을 고취하는 교육을 견지했다. 민족교육을 포기하지 않고 오히려 민족·계급문제 해결에 활용하고자 하는 한인사회의 행보는 ‘융화교육’에서 ‘황민화 교육’으로 확장된 일본 교육정책과 정면으로 배치되었다. 한인사회와 당국의 입장은 충돌할 수밖에 없었다.

당국은 대응하기 시작했다. 1930년대 중반부터 한인이 운영하는 교육기관을 폐쇄하고 성인과 취학대상아동을 분리 대응했다. 아동은 간이학교를 통해 황민화 교육을 받도록 했고, 성인의 교육 기회는 제거해나갔다. 조선부락을 근거지로 어렵게 유지하던 오사카의 비밀야학은 조선부

132) 『民衆時報』 1935년 11월 15일자(제10호).

락의 와해와 함께 사라졌고, 협화정책에 충실했던 교토향상관도 1944년 문을 닫았다.

## 4. 다양한 재일코리안 대중운동

1920년대 후반부터 시작된 당국의 검거, 재일노총을 비롯한 한인 단체의 해산, 한인의 정주화는 정치운동 중심이었던 재일코리안운동의 지형을 흔들었다. 1928년 국치일기념투쟁을 계기로 시작된 당국의 공세는 정치운동을 허용하지 않겠다는 강력한 경고였다. 대규모 검거 후 합법운동의 허용 범위도 제한했다.

일본 운동단체는 개점휴업을 넘어 소멸 상태에 들어갔다. 일본공산당 계열의 전협 중앙은 1934년부터 괴멸되기 시작해 1936년 검거로 자연 소멸했고, 산하 조합도 탄압을 피하지 못했다. 다른 한 축을 이루었던 일본노동총동맹은 1937년 '성전(聖戰)에 협력하기 위해 파업 절멸을 선언'하고 1940년에 자진 해산했다. 일본 노동단체의 공식 해산 시기는 1940년이었으나 이미 1930년대 중반부터 일본인 노동자 파업은 감소 추세로 들어섰다. 〈표 6〉을 보면, 1931년 2,456건으로 정점을 찍은 일본인 노동자 파업은 1932년 2,217건을 거쳐 1938년 1,050건으로 대폭 줄었다.

한인사회의 합법운동은 1931년 만주사변 후 더욱 어려워졌다. 일본 운동단체의 소멸 상태에서 한인들의 권익 획득은 오롯이 한인의 몫이었다. 그러나 여전히 한인들의 생활실태는 냉랭했다. 이전보다 경제력은 나아졌지만 불안정한 타향살이는 계속되었다. 한인들은 경제공황과 조선부락에 밀어닥친 재해 앞에서 '바람 앞 등불' 신세였다. 이런 상황에서도 한인사회의 역동성은 여전했다. 정주화가 강화된 1930년대 초반부터 한인사회의 관심은 일본 생활에 필요한 취업 정보와 아이들 교육문제로 넓어졌다. 현실 인식도 명확해졌다. 자신들의 삶을 옥죄는 것이 식민통치라는 구조적 문제이고 굴레를 벗어나는 길은 식민지 조선의 해방이라는 점은 분명했다. 그러나 '불꽃 같은 열정'만으로 해결할 수 없음도 명확했다. 어렵게 마련한 주거지와 일자리를 지키고 지속적으로 경제력을 강화해야 할 필요성을 절감했다. 기약할 수 없지만 돌아갈 고향을 생각하면 아이들 교육도 포기할 수 없었다.

이런 상황에서 합법운동의 방식의 소비조합운동은 한인사회에서 자리를 잡아갔다. 소비조합이 있기에 김장을 할 수 있었고, 주택문제나 생활상 어려운 문제를 해결할 수 있었다. 한인사회의 또 다른 버팀목은 민족언론기관이다. 오사카와 도쿄에서 한인들이 발간한 우리말 신문은 한인사회의 메신저 역할을 했다. 한인사회가 견지해 온 민족교육을 측면에서 지원하는 또 다른 후원군이었다.

한인사회를 지탱하는 힘은 한 가지 더 있었다. 조선부락을 중심으로 즐기던 대중문화였다. 낮 동안 일본 사회에서 겪은 시름을 털어내는 과정에서 사랑받은 대상은 이야기와 노래, 판소리와 춤이었다. 한인들은 저녁이면 마을 한가운데 평상에 모여 '곰보 아저씨'의 재미난 이야기에 시간 가는 줄 몰랐다. 행상인을 통해 구한 한글본 소설이나 이광수의 신소설도 인기가 높았다. "부락 광장에서도 가끔 예인(藝人)들이 와서 육자배기나 판소리를 부르고 장고를 신명 나게 두드리며 민족무용을 추기도" 했다. 판소리만 즐기지 않았다. "목포의 눈물이나 타향살이 등 애수에 젖은 가요에도 심취했다. 노래와 춤을 함께 공연하는 악극은 인기가 높았다. 경성에서 남인수(南仁樹)라는 인기가수가 와서 센니치마에(千日前)극장에서" 공연했다. 이 극단들은 '고베와 각지의 조선부락을 순회하면서 흥업'했다.[133]

최석의가 회상한 극단에는 조선악극단도 있었다. 가수와 코메디언, 무용단으로 구성된 조선악극단은 1937년 조선의 레코드사인 OK레코드가 기획 결성했다. 손목인(孫牧人)이 음악 지휘자였고, 악사대에는 당시 유명가수였던 남인수, 고복수(高福壽), 이난영(李蘭影) 등이 참여했다. 첫 공연을 조선에서 연 후 주로 도쿄와 오사카에서 공연했다. 한인사회의 호응은 컸다. 1939년 3월 10일부터 2개월간 조선악극단이 요시모토(吉本) 흥업과 계약을 맺고 실시했던 일본 순회공연은 대성공을 기록했다. 이들은 한복을 입고 조선민요를 불렀으므로 경찰의 주목을 받았다. 한인사회에서 없애야 할 조선적인 문화와 전통을 공유하는 자리가 되었기 때문이다. 그러나 한인들의 호응에 힘입어 조선악극단의 공연은 계속되었다.

노래와 춤을 즐기던 오락거리에 연극과 영화가 추가되었다. 이에 힘입어 도쿄와 교토, 오사카 등지에서 본격 조선어 연극을 공연하는 한인 극단이 탄생했다. 한인 극단은 순수공연만을 지향하지 않았다. 프롤레타리아문화운동의 기치 아래 계급문화예술운동의 일환으로 운영한 극단도 있었다. 관객들의 요구는 아니었다. 한인들은 그저 조선어 공연을 즐기려 공연장을 찾았다. 1930년대 공적인 공간에서 조선어 사용이 금지되어 일반 집회에까지 경관이 임석해 조선어를 사용하지 못하도록 했다. 이런 상황에서 허용된 조선어 연극이었으므로 한인 극단의 공연은 금지된 조선어를 공식적으로 접하는 기회였다.

물론 우리말 공연 허용은 한시적이었다. 1930년대 중반부터 오락과 예술에 관해서도 통제는 강화되었다. 1936년 오사카부 경찰부는 "일본과 조선의 동화 운동에 지장이 있는 것과 많은 조선인이 집합함으로써 여러 가지 불결한 점이 있다"는 이유로 영화 '홍길동전'의 상영을 금지했다. 1939년

133) 崔碩義, 「大阪, 小林町朝鮮部落の思い出」, 『在日朝鮮人史研究』 20, 1990, 53~54쪽.

조선악극단의 공연 당시에는 태극기와 유사한 무대장치가 불온하다는 핑계로 철거하고 조선어 사용을 금지했다. 1940년대에 들어서는 연극에서 조선어 사용 금지 방침을 명확히 했다. 심지어 "조선옷을 입고 무대에 오르는 것은 재미없다는 이유로 공연금지처분"을 하기도 했다.[134)]

### 1) 언론기관을 통한 대중운동

식민지 시기 한인의 대표적 언론매체는 신문이다. 물론 당시 신문은 국한문 혼용체였으므로 한자를 모르는 한인은 읽기 쉽지 않고, 구독료도 부담스러울 수 있다. 그러나 라디오 보급률이 낮은 상황에서는 대체 불가능한 언론매체였다. 1928년 일본의 라디오 보급수는 50만 대에 불과했다.[135)] 라디오가 있어도 일본어 방송을 송출했으므로 한인 청취자는 제한적이었다.

한인들은 도일 후 동아일보나 조선일보 등 조선에서 발행되는 신문에 의지해 조선의 소식을 접할 수 있었다. 김문준을 비롯한 한인 지도자들이 신문 지국을 운영할 정도로 한인사회에서 언론매체의 중요성은 컸다. 그러나 정주화가 진행되면서 한인사회는 조선에서 발행되는 신문으로만 만족할 수 없었다. 한인사회의 소식을 전하는 언론매체의 필요성이 높아졌다. 이러한 필요성을 채운 대표적인 한인 신문(조선어 신문)은 오사카의 민중시보(民衆時報)와 도쿄의 조선신문(朝鮮新聞)이다. 이들 신문은 비록 단기간 존속했으나 한인 실생활에 도움을 주고, 세상으로 창구가 되었다.

134) 『동아일보』 1936년 7월 24일자; 姜徹, 『在日朝鮮人史年表』, 雄山閣, 1983, 152쪽; 안우식 저, 심원섭 역, 『김사량 평전』, 문학과지성사, 2000, 117쪽; 外村 大, 『在日朝鮮人社會の歷史學的研究』, 綠陰書房, 2004, 181쪽.

135) 구로다 이사무 지음, 서재길 옮김, 『라디오 체조의 탄생』, 강, 2011, 40쪽.

(1) 민중시보

시기적으로 먼저 세상에 나온 신문은 민중시보였다. 민중시보는 '일본 내에 거주하는 조선인 민중의 생활권 확립과 옹호 신장에 이바지할 것' 등을 강령으로 내걸고 1935년 6월 창간했다. 발간 동인은 대표간사인 김문준을 비롯해 김경중(金敬中, 阪神소비조합회장), 정재영(鄭在英, 대동소비조합회장), 김달환(金達桓, 센슈일반노동조합), 박봉주(朴鳳柱, 고베합동노동조합 · 阪神간 재류조선인단체연합기성회), 정태중(鄭泰重, 교토조선인친목회집행위원장), 홍순일(洪淳日, 신간회 오사카지회) 등이 있었다. 그 외 김광수(金光洙, 조선일보 오사카지국장), 김정국(金廷國, 동아일보 오사카지국장), 이호태(李鎬泰, 매일신보 오사카지국장), 박윤석(朴尹錫, 중앙일보 오사카지국장) 등도 참여했다.

1930년대 오사카를 비롯한 관서지방 한인들은 취업 · 주택 · 교육문제 등 현안에 관심이 높았다. 조선부락에서 언어를 둘러싼 세대 간 갈등 문제도 대두되기 시작했다. 이를 위해 민중시보는 생활권리 확보는 물론이고 민족적 관습의 보존을 위한 노력도 병행했다. 1936년 1월 1일자 「각계인사의 연두소감」에 기고자인 이민선(李民善)과 김순희(金善嬉)는 「한글을 직히자」와 「자녀에게는 조선문과 조선어를」이라는 글에서 조선어 교육의 필요성을 지적하고 실천을 촉구했다. 조선어 교육을 강조하는 내용의 기사는 지면 곳곳에서 볼 수 있다.[136] 당국이 전개하는 내선융화사업(또는 협화 사업)에 대응하기 위해 한인의 대동단결을 주장하는 논설과 기고문을 게재했다.

민중시보의 기사를 성격별로 살펴보면, 크게 네 가지다. 첫째, 정주 한인의 생활권을 옹호하는 내용이다. 도일 후 일자리와 주택을 구하는 문제

136) 『民衆時報』 1935년 9월 15일자(제6호); 10월 15일자(제8호); 1936년 1월 1일자(제13호).

부터 공동구매 요령, 소비조합 이용법, 법률문제, 건강 상식 등 생활에 필요한 사항을 문답식이나 기고의 형식을 통해 상세히 보도했다. 둘째, 반봉건적 유습 철폐를 위해 미신 타파와 조혼 금지 등에 관한 글이다. 셋째, 한인의 대동단결을 도모하고 동화단체를 배격하는 내용이다. 고국 소식과 한인의 강제송환, 경찰의 탄압을 고발하는 내용도 빠질 수 없었다.

민중시보 기사는 민족의식을 깔고 있었고, 한글신문은 어린이들에게 조선어를 가르치는 효과를 가져왔으므로 내선융화를 지향하는 당국에게는 '눈의 가시'와 같은 존재였다. 도쿄의 조선신문이 민중시보와 합동을 통해 전국적으로 영향력을 확산하려 시도하자, 당국은 '도쿄와 오사카의 치안유지법 위반 경력자들이 뭉치려' 한다고 판단하고[137] 폐간 절차에 착수했다. 1936년 5월 22일, 민중시보 창간자이자 한인 지도자였던 김문준의 사망 후 기자였던 이신형(李信珩, 김문준의 사위)이 운영을 이어갔다. 그러자 특고경찰은 1936년 9월 25일, 이신형 주간과 기자 등을 모두 검거하고 9월 21일자(제27호)를 마지막으로 폐간했다.

경찰은 검거 이유를 "좌익조선인의 지원 아래 운영되며, 민족운동의 지도적 역할을 담당하고, 민족운동의 주체를 결성하는데 광분"했다고 지적했다. 구체적으로는 1936년 5월 25일 이신형이 주간이 되면서 '활동이 더욱 노골화되어 각 친목단체나 노동단체 등의 대동단결을 기도하고 민족운동의 주체를 결성하고자 노력'했다는 점을 들었다. 또한 '도항·주택·기타 내선교풍회의 동화정책 폭로·민족주의단체 결성과 한신소비조합·노농구원회를 통해 공산주의운동에 의해 대중 획득을 하고 민족운동에 결집하고자 노력'했다는 이유도 제시했다.[138]

민중시보의 폐간과 함께 창간 주역들도 재일코리안운동사에서 사라졌

137) 內務省, 「社會運動の狀況」, 『在日朝鮮人關係資料集成』 3, 1460~1461쪽.
138) 『特高月報』 1936년 11월분, 553쪽.

다. 이신형 주간의 모습도 볼 수 없었다. 민중시보의 폐간 후 한인의 단합과 이익을 도모하는 여러 단체에 대한 당국의 탄압은 거세져 이후 한인들의 자주적 활동은 더욱 어려워졌다. 그리고 일본은 중일전쟁을 일으켜 침략전쟁에 깊이 빠져들었다.

### (2) 조선신문

1936년 2월, 조선신문(사장 및 편집 발행인 이운수, 영업국장 박태을, 발행소 도쿄시 淀橋區 上落合町 2-692번지)이 세상에 나왔다. 1935년 10월 출옥한 김천해가 이운수, 박태을, 김정홍, 김윤필 등 동지들과 협의한 후 창간했다.[139] 창간에 앞서 1935년 12월 31일 창간준비호를 발간하고 1936년 2월 1일자로 창간호를 발행했다. 창간 당시에 이미 와세다(早稻田)와 요도바시(淀橋) 지국 등 도쿄 내 6개 지국을 확보했다. 창간호에 게재한 사고(謝告)에 의하면, 창간준비호는 발매금지 압수처분을 당해 세상에 나오지 못했다.[140]

창간인 이운수와 박태을은 도쿄에서 1920년대 한인 운동을 주도했고, 1930년대에 김천해와 함께 투옥 생활을 극복한 동지였다. 함남 북청 출신의 이운수(1899~1938)는 1925년 도일 후 1926년 도쿄조선노동조합에 가입해 1928년 위원장을 맡았고, 고려공산청년회 일본부 일원으로 활동하던 중 김천해와 함께 치안유지법 위반 혐의로 검거되어 징역 3년형을 언도받았다. 아키타 형무소에서 투옥 생활 중이던 김천해와 동북지방의 살인적인 추위 속에서 동고동락했다. 1934년 출옥 후 조선신문을 창간하고 다시 김천해와 투옥되었다가 이듬해 보석으로 석방되었으나 옥중에서 받은 고문을 이기지 못하고 사망했다.[141] 조선신문의 영업국장을 지내

139) 樋口雄一, 「資料紹介－金天海 自專的記錄(草稿)」, 『在日朝鮮人史研究』 43, 2013, 199쪽.

140) 『朝鮮新聞』 1936년 2월 1일자 謝告(朴慶植, 『朝鮮問題資料叢書』 제5권, 三一書房, 1983, 634쪽).

박태을도 고려공산청년회 일본부 일원으로 활동하다가 1931년 검거되어 3년간 옥고를 치렀다.

이 같은 당대 도쿄의 투쟁가들이 만든 조선신문은 1936년 2월 1일 창간호에서 "제군들아 노력하라!"는 제목의 창간사를 통해 '한인들이 노력해야 할 과제를, 건강과 배움을 토대로 한 전체주의적 시각 등 세 가지'를 들었다. 특히 "도처에 흥성한 야학"이 있어 "문맹이 없"고 "생활에 필요한 지식은 얼마든지 학습할 수 있다"고 강조하며, 지식 향상을 위해 노력하자고 주문했다. 교육 목적은 "자기 자신만을 본위로 하는 교육이 아니라" "사회적 **적 정신을 위한 것"이 되어야 한다고 촉구했다.

당국은 조선신문이 "재일조선인 특히 노동자의 문화 향상과 이들에게 사회적 · 계급적 · 민족적 자각을 환기한다는 점을 표방하고 창간"했다며 주목했다. 조선신문은 월 1회 발간했으나 발행 부수는 4천 부에 달했고, 배포지역도 광범위했다. 지면은 아동교육 문제, 도항 문제, 주택문제, 차별대우 문제, 취직과 실업문제에 관한 기사로 채웠다. 고국 소식도 빠지지 않았다. 그러나 가장 강조한 지면은 국제적 반파시즘 움직임과 일본공산당 세력에 대한 당국의 탄압이었다.[142]

김천해가 조선신문 발간과 보급을 주도하는 것에 대한 당국의 경계는 날카로웠다. 당국은 5년간 투옥생활을 한 김천해가 출옥 후 처음 한 일이 바로 조선신문의 창간과 노동자 조직화였다는 점을 주목했다. 당국은 "사실을 과대 왜곡 보도하고 민족의식을 유발 앙진"한다는 이유로 창간 준비호와 제4호(4월 15일자)를 발매반포금지처분했다. 그러나 조선신문

141) 김천해는 전기에서 '참혹한 고문'을 견디지 못하고 사망한 동지 이운수를 특별히 언급하며 애통해했다. 樋口雄一, 「資料紹介－金天海 自專的記錄(草稿)」, 『在日朝鮮人史研究』 43, 2013, 198쪽, 200쪽.

142) 內務省, 「社會運動の狀況」, 『在日朝鮮人關係資料集成』 3, 1460쪽; 『朝鮮新聞』 1936년 2월 1일자 謝告, 朴慶植, 『朝鮮問題資料叢書』 제5권, 三一書房, 1983, 636쪽.

의 영향력은 전국적으로 확대되어 갔다. 당국은 김천해가 신문사 지국 설립을 한인 조직화 실천 방법의 하나로 삼았다고 파악했다. 김천해가 지국 설립 과정에서 오사카의 "치안유지법위반사건 형여자(刑余者) 김문준이 발행하는 민중시보"와 합동을 도모하고 조선신문을 통해 전국적 계몽신문지를 만들고자 한 점에 주목했다. 이 계획은 5월 김문준의 사망으로 좌절되었다.[143]

당국이 날카로운 칼날을 겨누는 상황에서, 김천해는 정양(静養)을 핑계로 전국을 순회해 노동자 조직화 및 노동실태조사를 벌이면서 신문 확장에 노력을 기울였다. 그는 나고야, 기후, 오사카, 교토 등지를 다니며 연설하고 동지를 규합하며 조선신문 지국 설치를 독려했다. 그 결과, 도쿄에서 발행한 조선신문이 가나가와 · 나가노 · 니가타 · 아이치 · 이시카와 · 도야마 · 나라(奈良) · 나고야 등 동북과 관서지방에 총 11개 지국을 설치할 정도가 되었다. 그러자 당국은 1936년 7월 31일부터 관계자 검거에 나서 김천해와 박태을, 이운수 등 17명을 검거하고 9월 4일자로 폐간했다. 피검 당시 조선신문은 제8호 발간을 준비 중이었다. 조선신문을 통해 재일코리안운동의 재건을 기도했던 김천해는 1936년 8월 3일, 오사카에서 검거되어 경시청으로 압송된 후 다시 기나긴 투옥 생활에 들어가 1945년 10월 10일까지 세상으로 나오지 못했다. 1935년 10월 출옥 후 10개월 만에 맞은 투옥이었다.

당국은 검거 이유로 조선신문사 측이 "신문배포망을 이용해 분산된 좌익분자의 규합과 통일"을 시도했고, "융화 친목 단체에 잠입해 민족의식의 유발 앙진을 도모"함으로써 "공산주의 재대두의 토대를 구축"했다는 점을 들었다.[144] 당국은 한인 언론기관이 담당하고자 했던 역할과 방향

143) 內務省, 「社會運動の狀況」, 『在日朝鮮人關係資料集成』 3, 1460~1461쪽.
144) 內務省, 「社會運動の狀況」, 『在日朝鮮人關係資料集成』 3, 1460쪽.

을 '민족운동'과 '좌익운동의 재건'으로 파악했다. 두 가지 문제 모두 총동원 전쟁을 앞둔 일본으로서는 묵과할 수 없었으므로 신문을 폐간한 것이다. 조선신문의 폐간과 함께 창간 주역들도 재일코리안운동사의 뒤안길로 사라졌다. 광복을 맞아 김천해는 석방되었으나 공직추방으로 1950년 일본을 떠났고, 동지 이운수는 1938년에 사망했으며, 박태을의 행적도 찾을 수 없게 되었다. 민중시보와 조선신문은 모두 같은 길을 걸었다.

## 2) 문화와 예술을 통한 대중운동

### (1) 문화와 예술에 대한 한인사회의 갈망

"東亞 · 朝鮮 · 中央 三新聞社 大阪支局과 本社 後援으로
在留同胞慰安音樂演奏會
朝鮮 藝術界의 精華 三十餘名 出演
京阪神 三大 都市에서 演奏
出演藝術家는 모다 朝鮮의 자랑
世界的 水準에 올녀도 遜色업는 管絃樂團
第一着의 演奏會는 來八九兩日間 大阪國民會館에서
京都는 朝日會館에서
神戶는 昭和館에서
東亞 · 朝鮮 · 中央 三新聞과 本報讀者는 優待
레코-드 交換券 豫賣"

1936년 2월 1일자 민중시보 제16호 제2면 전면을 장식한 기사 제목이다. 민중시보는 총 4면 중 1면을 할애해 보도했다. 본문의 기사만 8꼭지이고, 행사 내용을 알려주는 사고(社告)는 별도로 실었다. 행사의 비중을 짐작할 수 있게 해준다.

OK축음기회사가 주최하고 민중시보와 3대 신문사 오사카지국 후원으로 열리는 음악연주회는 2월 8일부터 13일까지 오사카·교토·고베 지역 순회 행사였다. 매회 1일 5시간씩 2회 공연이었다. 연주회 입장료는 1인당 80전인데, 민중시보 독자는 60전이며 오사카에서는 정가 40전짜리 레코드를 선물로 주었다, 당시 "조선 노동자 하루 벌이가 1원"이라는 점을 감안하면 결코 저렴한 입장료는 아니었다.[145)]

평소 오락거리가 부족했던 한인들은 초청 가수의 공연과 음악회를 통해 삶의 애환을 위로받았다. 그러나 비용이 부담스러웠고 기회도 많지 않았다. 그러므로 단체에서는 고국에서 일어난 수·풍해를 돕고 한인사회를 위한 모금 방법으로 대중문화공연을 활용했다. 1936년 8월 조선단체협의회와 리츠메이칸(立命館)대학학우회, 교토자동차운전자조합은 향토수해구원회를 결성하고 모금을 위해 영화·음악·연극회를 열었다. 그해 10월 19일 도쿄음악가협회가 조선일보 도쿄지국 및 각 대학 조선유학생동창회 후원으로 조선풍수해구제음악회를 개최해 순익 103엔 15전을 고국으로 보냈고, 도쿄조선유학생연합이 결성한 조선풍수해구제회도 11월 10일 음악연극의 밤을 개최해 이익금 314원 30전을 조선에 보냈다.[146)]

모금을 위한 공연은 한인들에게 큰 인기였다. 그러나 다양한 공연 프로그램을 마련하거나 인기 높은 예술가를 유치하는 일은 쉽지 않았다.

> "재작년에 남조선수해구제를 하려고 할 때 모 무용가가 수재 구제를 할 때에도 '댄스' 한번 하면, 돈만 재촉하여 가지고 가버리고 최근에도 어떤 지방에서는 조선사람들이 경영하고 있는 야학의 비용이 없어서 그것을 얻으려고 그 무용가에게 하룻밤의 무도를 청했는데 그 무용가는 시일이 없다는 핑계로 거

145) 『朝鮮新聞』 1936년 3월 1일자(제2호).

146) 姜徹, 『在日朝鮮人史年表』, 雄山閣, 1983, 114쪽.

절해놓고, 그 후에 다른 돈 있는 조선사람 단체에 팔려간 관계상, 처음에 교섭을 간 단체에서는 펵이나 분개하여서 항의를 하였다는 사실까지 있었다."(현대문-인용자)-'일본에 잇는 우리들의 문화생활-그 비참한 일면' 중에서[147]

대중문화공연은 "고단한 심정을 음악으로 위안"[148] 받으려는 한인들이 고대하는 잔치이자 단체가 한인 대중들과 만나는 자리이기도 했다. 한인들은 한인 단체가 개최하는 각종 예술과 대중문화공연에 크게 호응했다. 음악회와 위안회라는 이름의 공연은 늘 대성황이었다. 행사마다 수천 명이 운집했는데, 경찰이 미처 손을 쓸 수 없을 정도로 많은 군중이 몰리기도 했다. 1929년 2월 재일노총 산타마(三多摩)조합이 개최한 위안회는 2천 명의 군중이 몰려 수십 명의 경관을 급파해 금지하려 했으나 '군중의 공기가 험악하여 수수방관'하고 말았다.[149]

이러한 모습은 1930년대에 더 활발했다. 1935년 11월 23일 교토조선인유학생학우회가 도시샤대학에서 개최한 가극대회도 한인사회가 기대한 행사였다. 민중시보는 "최근 관서지방 조선인학생이 문화적으로나 사회적으로나 은근자와 같이 사회인과 교섭을 끊고 침묵을 지키고 있는 분위기를 박차고 나오는 것인 만큼 각 방면의 촉망은 매우 크다"고 높이 평가했다.[150] 문화 행사는 단체의 단결력과 존재감을 보이는 기회로 활용되기도 했다.

대중문화의 공유는 한인이 조선과 연결고리를 강화하고, 조선적 정서를 만끽하는데 큰 도움이 되었다. 특히 1930년대 합법운동이 불가능한 상황에서 대중공연은 한인 대중이 모이고, 공감하는 자리였다. 그러나

147) 『朝鮮新聞』 1936년 3월 1일자(제2호).
148) 『동아일보』 1929년 10월 20일자.
149) 『조선일보』 1929년 2월 3일자.
150) 『民衆時報』 1935년 6월 15일자(제1호); 1935년 11월 15일자(제10호).

고국에서 예인들을 초청하는 공연은 한인들에게 큰 위로와 즐거움을 주었지만 어쩌다 찾아오는 연중행사였다. 지속적인 공연을 위해서는 한인사회가 운영하는 극단이나 연회단이 있어야 했다. 연극과 영화에 대한 갈망에 힘입어 극단이 문을 열었다.

> "조선사람들은 퍽이나 조선사람들 자신의 영화나 연극을 갈망하고 있다. 일상 젊은 사람들은 일본영화를 구경한다. 학생이나 지식층의 젊은이들은 일본 신극이라든가 기타 서양영화를 구경하고 있다. 그 반면 조선사람들의 자신의 영화라는 것은 구경할 수가 없으니 자연 조선에서 연극이라든가 혹은 활동사진이 온다면 좋으나 나쁘나 구경을 가는 지경이다. 그러나 눈 있는 사람으로 볼 때에는 그 사진이 퍽이나 유치하고 벌써 일본으로 치고 보면 수십년 전에나 볼만한 사진을 지금 와서 보는 셈치고 구경하는 모양이다."(현대문-인용자) '일본에 잇는 우리들의 문화생활-그 비참한 일면' 중에서[151]

한인들은 당시 범람했던 일본의 신극과 영화, 서양영화라는 환경의 영향을 받아 예술 공연에 관심은 높았다. 그러나 접할 기회는 많지 않았고, 특히 조선어 영화나 연극을 볼 기회는 제한적이었다. 그러므로 고국의 예술인 공연이라든가 영화가 상영되면, 비싼 입장료를 감수하고 몰려갔다. '조선적인 문화'에 대한 한인사회의 갈망은 조선어연극운동의 토대가 되었다.

### (2) 조선어 연극운동

최초의 한인 연극단체는 1920년 도쿄에서 결성된 극예술연구회다. 조명희(趙明熙), 홍해성(洪海星), 김우진(金祐鎭), 고한승(高漢承), 최승일(崔承一) 등 20여 명의 유학생이 만든 극예술연구회는 초기에는 서양 고전

151) 『朝鮮新聞』 1936년 3월 1일자 제2호.

및 근대극 작품 연구 활동을 주로 했다. 그러던 중 1921년 조선고학생동우회의 제안으로 하기조선순회공연을 조직하면서 공연을 시작했다. 조선순회공연은 고학생동우회관 건립기금 마련과 조선의 노동운동 촉진이 목적이었다. 1921년 7월 9일~8월 18일까지 조선고학생동우회 임원들과 함께 부산·김해·마산·경주·대구·목포·경성·평양·진남포·원산을 순회 공연했다.[152]

공연 프로그램은 조명희 극본 '김영일(金英一)의 죽음', 홍난파(洪蘭坡)의 자작 소설을 극화한 '최후의 악수'를 비롯해 윤심덕(尹心悳)의 노래와 홍난파의 연주 등이었다. 군중이 운집해 지역마다 대성황을 이뤘고, 경성에서는 종로경찰서의 경관대가 군중을 해산시킬 정도였다. 도쿄에서 고학하는 유학생의 이야기를 다룬 '김영일의 죽음'은 "10년 전에는 자유가 있었을지 모르지만 지금은 자유가 없다"는 대사 때문에 평양공연에서 중지 처분을 받기도 했다.[153]

이듬해인 1922년 도쿄에서 김기진(金基鎭)·이서구(李瑞求)·박승희(朴勝熙) 등이 문학예술 동호회 토월회(土月會)를 결성했다. 토월회는 1923년 경성의 조선극장에서 두 차례 공연했으나 일본 공연은 하지 못하고 회세가 기울었다. 조선의 공연이 성공하지 못했기 때문이다.[154]

그 외 도쿄에는 송경(松京)학우회와 형설회 극단이 있었다. 송경학우회는 1921년 7월에 고한승(극예술연구회 출신)이 중심이 되어 개성좌에서 공연했다. 형설회 순회공연극단은 기숙사건축부채를 갚기 위한 기금 마련을 목적으로 유학생 가운데 연극인 수십 명을 모아 조직했다. 1922년 여름에 순회공연을 기획했으나 자금 부족으로 겨울에 도쿄에서 음악회를

152) 仁木愛子, 「1920~30年代在日朝鮮人の演劇運動」, 『在日朝鮮人史研究』 12, 1983, 30쪽.
153) 『동아일보』 1921년 8월 7일자.
154) 仁木愛子, 「1920~30年代在日朝鮮人の演劇運動」, 『在日朝鮮人史研究』 12, 1983, 31쪽.

개최해 기금을 마련했다. 형설회 순회극단에는 극예술연구회의 순회극단 참가자도 일부 참여했다. 순회공연 코스는 1923년 7월 극예술연구회의 순회극단과 같았다.[155)]

이들 극단은 유학생들이 결성했으므로 이들의 귀국으로 활동이 단절되었고, 공연 대상도 한인사회가 아니라 조선의 민중들이었다. 당시 일본에서 한인사회는 형성 과정이었기 때문이다. 1920년대 중반까지 극단 운영이나 공연의 중심이 조선으로 이동하면서 재일 한인극단은 공백기를 맞았다. 그러나 극예술연구회 순회극단의 공연 목적(노동자 대상의 위안공연)과 공연 방식(이동 순회공연)은 이후 재일 한인연극단체의 특징으로 자리 잡았다.

1920년대 한인들의 프롤레타리아문화운동을 토대로 1927년 9월 10일 조선프롤레타리아예술동맹(KAPF) 도쿄지부 결성 후, 카프 도쿄지부 연극부의 활동 내용은 재일노총 산하 노동조합이 주최하는 노동자위안회와 밀접했다. 카프 도쿄지부 연극부는 1927년 10월 15일 '도쿄지방노동자위안회', 10월 29일에 우에노(上野)자치회관에서 열린 '노동위안회'에서도 공연했다. 이 행사는 도쿄조선노동조합이 주최하고 신간회 도쿄지회, 각 사회단체가 후원했는데, 1천여 명이 운집해 1부(조선 단가 독창, 단소 타령)와 2부(조선 정악 연주), 3부(카프 연극부의 연극 싱클레어 작 '2층의 남자')의 공연을 즐겼다.[156)]

카프 도쿄지부는 1927년 초부터 시작된 한인들의 프롤레타리아문화운동이 토대가 되어 1927년 10월 탄생했다.[157)] 결성 당시 문학부 · 연극부 ·

155) 『동아일보』 1923년 6월 13일자; 『조선일보』 1923년 6월 20일자; 『동아일보』 1923년 7월 2일자.

156) 카프기관지, 『藝術運動』 1호(仁木愛子, 「1920~30年代在日朝鮮人の演劇運動」, 『在日朝鮮人史研究』 12, 1983, 32~33쪽 재인용).

157) 한인 프롤레타리아문화운동은 1927년 3월에 유학생인 홍효민(洪曉民), 홍양명(洪陽明), 조

미술부를 두었다.[158] 카프 도쿄지부의 결성은 조선 민중을 대상으로 공연하는 극단이 아니라 한인을 대상으로 한 연극 활동의 출발을 의미했다. 1929년 코민테른의 1국 1당주의 원칙이 문화 분야에도 적용되어 1932년 카프 도쿄지부가 해산에 들어가자 한인 예술가들은 일본프롤레타리아문화연맹(KOPF 코프) 산하 일본프롤레타리아예술동맹(프로토) · 일본프롤레타리아미술가동맹(야프) · 일본프롤레타리아작가동맹(나르프) · 일본프롤레타리아영화동맹(프로키노)에 가입했다.

코프는 강령으로 '식민지 속령에서 제국주의의 문화지배 반대, 민족문화의 자유'를 내걸었다. 코프 중앙협의회 서기국은 1932년 2월 조선협의회 설치를 결정했고, 조선협의회는 세 가지 목적을 내걸고 활동했다. 첫째 문화를 통해 재일 한인 노동자를 획득해 전 동맹의 활동을 통일시키는 것, 두 번째 카프의 확대 강화에 따라 카프 확립을 위한 조선 내 문화단체 · 클럽 원조, 세 번째 조선 민족의 문화 연구다. 조선협의회는 '반파시즘의 문화투쟁을 통해 한인 노동자를 조직하고 일본인 노동자에게 조선 문제를 소개해 관심을 고양하며 조 · 일프롤레타리아의 혁명적 제휴를 강화'하는 방침을 세우고 활동에 들어갔다.

극예술연구회 순회공연단에서 시작한 이동극장 형식의 공연 방식은

중곤(趙重滾), 고경흠(高景欽), 이북만(李北滿) 등이 제3전선사를 조직하면서 시작되었다. 제3전선사는 10월 카프도쿄지부가 결성되자 1929년 11월에 해체하고 무산자사로 합류했다. 당시 무산자사는 무산자극장이라는 산하 전문극단을 운영 중이었다. 무산자 극장은 연출부와 연기부, 각본부, 미술부, 영화부 등 5개부를 설치해 공연을 준비했으나 성과 없이 무산자사의 해산과 함께 사라졌다. 『중외일보』, 1930년 5월 25일자; 민영욱, 『일제 강점기 재일한국인의 연극운동』, 연극과인간, 2000, 34쪽.

158) 카프도쿄지부는 1925년 8월 경성에서 결성된 카프가 1927년 9월 제2회 총회에서 '계급운동의 부문운동인 무산계급예술 전개'를 강령으로 내건 직후인 9월 10일에 탄생했다. 仁木愛子, 「1920~30年代在日朝鮮人の演劇運動」, 『在日朝鮮人史研究』 12, 1983, 32쪽. 카프도쿄지부도 1929년 7월에 이동부대(연출가 : 安漠, 李炳璨)를 파견해 경성을 비롯해 전국을 대상으로 하는 순회공연을 준비했으나 대본 문제로 실현되지는 못했다. 『동아일보』 1929년 7월 16일자.

1930년대에도 이어졌다. 도쿄조선어극단(도쿄조선프롤레타리아연극연구회의 후신)은 1931년 11월부터 이동극장 형식의 연극운동을 시작해 단막극 '짐차' '도적놈' '삼림(森林)' 등을 상연했다. 1932년 1월 토목노동자 집회에서 공연하는 등 주요 공연장은 도쿄 인근 한인 밀집지역이었다.[159] 카프 해산으로 카프도쿄지부 연극부가 프로토에서 활동한 후에도 이동극장 형식의 공연 문화는 계속되었다. 프로토 가맹 각 동맹지부 가운데 가장 활발한 활동을 보인 한인 지부는 도쿄지부였고, 소속 한인 극단은 3.1극단(극장)과 스코프 극단이었다. 기타 지역에서는 나고야혁신극장, 교토조선어극단준비회가 활동하고 있었다. 이들 극단도 조선부락을 찾아다니며 조선어 연극을 상연하는 이동극단형식을 취했다. 1932년과 1933년에 도쿄 · 오사카 · 규슈 · 교토 · 나고야 등지 조선부락에서 코프 조선협의회가 주최하는 조선어 연극을 상연했고, 1932년 국제노동자연극데이에서도 조선어 연극 '짐차'를 상연했다.[160]

① 도쿄지역의 한인 극단

주요 극단의 연혁을 살펴보면 다음과 같다.

□ 3.1극단 : 1930년에 결성한 도쿄프롤레타리아예술연구회와 도쿄조선어극단의 후신이다. 1931년 2월 프로토에 가입하면서 3.1극단으로 개칭했다. 이홍종(李洪鍾), 김파우(金波宇) 등 20여 명이 결성해 '재일본민족연극의 수립'을 위해 각종 공연과 이동 선전 공연, 혁명적 조직 운동 등을 전개했다. 대표적인 공연은 1934년 2월 15일 시바우라(芝浦)회관에서 상연한 '재경조선인위안의 밤' '사돈(飼豚)' '만경촌(万頃村)'과 5월 25 · 26일

159) 민영욱, 『일제 강점기 재일한국인의 연극운동』, 연극과인간, 2000, 36쪽.

160) 『プロレタリア文化』 1932년 2월호; 『働く婦人』, 1932년 4월(仁木愛子, 「1920~30年代在日朝鮮人の演劇運動」, 『在日朝鮮人史研究』 12, 1983, 35쪽 재인용).

쓰키지(築地)소극장에서 공연한 '빈민가' '아편전쟁' 등이 있다.[161]

3.1극단은 1934년 9월 프로토가 해산하자 「프로토의 해산 후 우리 3.1극장의 새로운 출발에 즈음하여」를 발표하고, '순수한 연극 예술자 집단이자 재일조선민족연극의 선두부대인 고려극단'으로 재출발했다. 그러나 1935년 1월 경제적 기반의 부재와 지도적 문학가의 부재, 좌익 편중주의의 잔존 등 문제로 해산했다.[162] 3.1극단 해산 후 도쿄의 한인연극예술집단은 도쿄신연극연구회와 조선예술좌, 학생예술좌 등 세 그룹으로 분리되었다.

□ 도쿄신연극연구회 : 3.1극단 구성원 가운데 최병한(崔丙漢)과 김선홍(金善洪)이 1935년 2월, 일부 단원을 규합해 '과거 조선민족문화의 재검토와 신연극예술의 창조수립을 기할' 목적으로 결성했다. 이들은 "민족고전연극예술의 국제적 소개와 신연극운동의 올바른 이론적 연구를 임무"로 설정하고, 그간 일본에서 전개한 한인 연극운동을 "모두 정치주의적 편중, 희곡에 대한 이데올로기 과중 평가, 거기에서 나타난 희곡의 고정화로 인해 예술적 가치를 말살하고 신연극의 매력을 손실시켜온 경향"이었다고 분석했다. 이러한 반성을 토대로 "그러한 태도를 버리고 올바른 예술 분야를 쫓아 조선 민족의 고유문화를 재연구하고 신연극의 확고 수립을 기하는" 향후 활동 방향을 설정하고 활동을 시작했다.

그러나 현실은 쉽지 않았다. 당국의 탄압 속에서 연기자의 부족, 재정 악화 등 위기는 계속되었다. 1935년 도쿄신연극연구회는 무라야마 도모요시(村山知義)를 통해 조선예술좌에 합동을 제의하고, 논의 끝에 1936년 1월 조선예술좌로 통합했다.[163]

---

161) 金正明, 『朝鮮獨立運動』 4, 原書房, 1967, 1046쪽.

162) 金正明, 『朝鮮獨立運動』 4, 原書房, 1967, 501~503쪽; 姜徹, 『在日朝鮮人史年表』, 雄山閣, 1983, 102쪽.

□ 조선예술좌[164] : 도쿄신연극연구회에 참여하지 않았던 김보현(金寶鉉, 金波宇) 등이 김두용, 허원(許源) 등과 함께 순수 흥행극단을 목표로 만든 조선어극단이다. 이들은 '프로토의 영향에서 벗어나 조선 민족의 오랜 연극의 전통을 계승하고 새로운 연극의 창조수립'을 목표로 예술적인 기술자를 중심으로 한 흥행극단 창립을 준비했다. 준비과정으로 5회에 걸쳐 '울릉도' '보통학교선생' '선술집' '빈민가' 등을 준비공연으로 상연하고 1935년 5월 조선예술좌를 결성했다. 결성 당시 동아일보는 "도쿄 조선인 대중의 연극적 위안과 욕구에 충실히 성찬하여 온 3.1극장과 고려극장의 전통을 계승한 연극인과 새로운 연극 기술자층의 결합단체"로 높이 평가했다.[165]

당국의 평가도 동일했다. 당국은 "1934년 7월 당시 객관적 정세의 중압을 받아 지도 모체(*프로토 – 인용자)가 해체하자 표면적으로는 순응해 극좌편중주의의 청산을 선언하고 고려극단으로 개조했다가 조선예술좌와 도쿄신연극연구회로 분열해 전자는 '신연극의 창조수립'을, 후자는 '기술자 중심의 순연한 흥행극단'을 표방하고 별개의 활동을 하다가 〈중략〉 양극단을 합체해 명실상부 3.1극장을 재현"했다고 파악했다.[166]

조선예술좌는 3.1극단과 인적 구성이 같았고 공연 내용에도 3.1극단 상연 작품을 포함했다. 차이점은 이동공연보다 상설 극장을 중심으로 공연했다는 점이다. '빈민가'는 3.1극단에서 최초로 상연한 국내 창작극인데, 한인들에게 조선의 현실을 보여주고자 하는 목적에서 여러 차례 상연했다.[167]

163) 坪江仙二, 『朝鮮民族獨立運動秘史』, 巖南堂書店, 1966, 394쪽.

164) 조선예술좌와 통합 조선예술좌의 성격에 대해서는 정혜경, 「1930년대 재일조선인 연극운동과 학생예술좌」, 『한국민족운동사연구』 35, 2003 참조.

165) 『동아일보』 1936년 1월 1일자.

166) 『特高月報』 1937년 1월분, 『在日朝鮮人關係資料集成』 3, 794쪽.

〈표 17〉 통합 이전 시기 조선예술좌의 주요 공연 현황

| 일시 | 성격 | 상영작 | 상영장소 |
|---|---|---|---|
| 1935.3.3~4일 | 제1회 준비공연 | 울릉도(허원 작)<br>보통학교선생(村山知義 작, 오정민 각색)<br>조정재판 | 시바우라(芝浦) 회관 |
| 1935.3.18 | 제2회 준비공연 (玉川소비조합 총회 기념) | 울릉도(허원 작)<br>보통학교선생(村山知義 작, 오정민 각색)<br>선술집(이운방 작) | |
| 1935.3.23~24일 | 제3회 준비공연 | 보통학교선생(村山知義 작, 오정민 각색)<br>선술집(이운방 작)<br>빈민가(유치진 작) | 宮仲구락부 |
| 1935.4.26 | 제4회 준비공연 | 빈민가(유치진 작) | |
| 1935.5.4 | 제5회 준비공연(中野조선인 친목회 후원 '대만 지진 구제의 밤') | 빈민가(유치진 작)[168] | 中野園회관 |
| 1935.11.25~26일 | 창립공연(추계공연) | 서화(이기영 작)<br>서낭당(한태천 작) | 쓰키지(築地) 소극장 |

조선예술좌는 결성 후 '성화' '토곽성' 등 가을 공연의 흥행에 성공하고, 1935년 3월 18일 다마가와 소비조합 총회 기념공연과 5월 4일 '대만(臺灣) 지진 구제의 밤'에 출연해 '빈민가' 외 2막을 상연했다. 1935년 6월 10일에는 기관지로 『우리 무대』를 발간하는 등 활발한 활동을 전개했다.[169]

1936년 1월 5일, 조선예술좌는 도쿄신연극연구회와 합동을 선언하고 통합 조선예술좌로 출발했다. 통합 조선예술좌는 합동 모임에서 "재일본 조선민족의 연극운동을 수행하고 재일조선인의 문화적(연극) 요구를 충

167) 김파우, 「우리는 빈민가를 어떻게 상연하였나」, 『예술』 1, 1935년 1월.

168) 국내 신문에는 '빈민가'만을 보도했으나 『朝鮮新聞』 1936.2.1일자(창간호)에는 2건의 공연 기록이 있다.

169) 『朝鮮新聞』 1936.2.1일자(창간호); 안우식 저, 심원섭 역, 『김사량 평전』, 문학과지성사, 2000, 103쪽.

족함과 동시에 조선의 진보적 연극의 수립을 기한다"는 목적을 내걸고, 위원장에 김두용을 선임했다. 산하에 문예부와 연기부를 두었다. 통합 후 1936년 1월과 2월에는 우라타(浦田)·다마가와(玉川)·시바우라(芝浦) 등 도쿄 외곽의 조선부락을 중심으로 '토성랑'(김사량 작) '서화(鼠花)' '소(유치진 작, 김두용 연출)' 등을 상연했다. 공연 외에 비판회와 연구회 등을 개최하며 연극의 이론적 연구·연기기술의 연구 등에도 관심을 기울였다. 연구회는 1936년 중순에 16~17회 정도 열릴 정도로 통합조선예술좌가 주력한 사업이었다.[170)]

그러나 1936년 8월 중순부터 김두용과 김삼규, 김봉원(金鳳元)이 검거되고 10월 29일 한홍규(韓弘奎)와 안정호(安禎浩), 이홍종, 김용제 등 간부 전원이 치안유지법 위반으로 검거되면서 해산했다. 피검 이유는 '예술운동을 빙자해 사상운동을 했다는 혐의'였다. 조선일보 기사에서 피검자는 12명이다. 한홍규(26세, 韓弘台로 잘못 기재), 김창복(金倉福, 23세, 金相福의 잘못 기재), 김이배(金彌培, 31세), 김삼규(39세), 김시창(金時昌, 23세, 김사량의 본명), 김고수(金高殊, 21세), 박찬봉(朴贊鳳, 24세), 안정호(23세, 安英一), 통명영(統明泳, 27세, 黃明淳의 오기), 박달모(朴達模, 24세), 안기석(安基錫, 25세), 김용제(28세), 김봉원(26세), 이홍종(19세).[171)] 12명 가운데 김두용·김삼규·이홍종은 검사국으로 송치되었고, 나머지는 2~3개월간 미결수 생활 후 석방되었다. '토성랑'의 원작자이자 도쿄제국대학 문학부에 재학 중이던 김사량도 10월 28일에 검거된 후 '100일 남짓' 구류 생활을 경험했다.[172)] 통합 조선예술좌 주요 구성원의 약력은 다음과 같다.

170) 『朝鮮新聞』 1936년 3월 11일자.
171) 『조선일보』 1936년 10월 30일자.
172) 안우식 저, 심원섭 역, 『김사량 평전』, 문학과지성사, 2000, 107쪽.

〈표 18〉 통합 조선예술좌 주요 구성원의 약력[173)]

| 성명 | 활동 단체 | 기타 |
| --- | --- | --- |
| 김두용 | 신인회, 반제동맹, 카프도쿄지부, 재일본조선노동총동맹, 무산자사, 동지사, 조선신문사, 조선예술좌 | 피검, 송국, 전향, 월북 |
| 김삼규 | 무산자사, 카프서울지부, 조선예술좌 | 피검, 송국, 전향 |
| 김선홍 | 3.1극단, 도쿄신연극연구회, 조선예술좌 | |
| 김용제 | 프롤레타리아시인회, 일본프롤레타리아작가동맹, 일본공산당 청년동맹, 조선예술좌 | 피검, 전향 |
| 김보현 (김파우) | 도쿄 메자마시대(メザマシ隊), 도쿄프로연극단, 동지사, 일본공산당, 코프조선협의회, 프로토동경지부장, 조선예술좌 | |
| 안정호 | 3.1극단, 조선예술좌 | 피검 |
| 이홍종 | 코프조선협의회, 3.1극단, 조선예술좌 | 피검, 송국 |
| 최병한 | 신쓰키지(新築地)극단, 카프도쿄지부, 도쿄프로연극단, 3.1극단, 동지사, 코프조선협의회, 고려극단, 도쿄신연극연구회, 조선예술좌 | |
| 한홍규 | 카프도쿄지부, 도쿄조선프롤레타리아연극연구회, 동지사, 코프조선협의회, 3.1극단, 고려극단, 조선예술좌 | |

통합 조선예술좌 주요 구성원의 약력을 통해 두 가지 특징을 찾을 수 있다. 첫째, 다수가 극단 활동 전후에 사회운동이나 정치활동 경험자였다. 대표적인 인물은 김두용이다.[174)] 그는 무산자사와 동지사 활동 경험자이자 재일노총 해산을 주도했다. 김용제와 김보현은 일본공산당 소속이었고, 김삼규도 무산자사에서 활동했다. 구성원들은 모두 카프나 코프조선협의회 소속이었다. 사상적 경향성을 알 수 있다.

173) 內務省 警保局, 「社會運動ノ狀況」 1937년판, 『在日朝鮮人關係資料集成』 3, 1069쪽; 『特高月報』 1937년 1월분, 『在日朝鮮人關係資料集成』 3, 794~795쪽; 한국정신문화연구원, 『민족문화대백과사전』; 강만길 · 성대경편, 『한국사회주의운동인명사전』, 창작과비평사, 1996; 近代日本社會運動史人物大事典 編輯委員會, 『近代日本社會運動史人物大事典』, 日外アソシエーツ株式會社, 1997.

174) 김두용은 재일한인 프롤레타리아문화운동뿐만 아니라 1920년대 후반부터 재일한인운동사에서 중요한 역할을 담당했으나 1936년 피검 후 수형생활 중 전향했다.

둘째, 전문성이 높았다. 김두용을 제외하면, 모두 전문적인 예술가(연기자, 문필가)로 평생을 지냈다. 김두용도 1929년 무산자사와 재일노총 활동 기간을 제외하면 대부분을 예술분야에 집중했다. 구성원들은 프로 예술운동의 입장을 가진 인텔리 출신의 예술가들이었으므로 연극을 통해 대중들에게 즐거움과 위안을 줌과 동시에 사회적 메시지를 전달하고자 했다.

이러한 의도에 대해 당국의 대응은 신속했다. 당국은 조선예술좌의 활동 영역이 관서 지역으로 확대될 것을 우려했다. 관서는 다수의 한인이 조선부락을 중심으로 결속력을 보이고 다양한 운동을 전개하던 지역이었기 때문이다. 당국의 우려는 핵심 인물의 검거 과정에서 추측할 수 있다. 김삼규는 관서지방에서 활동하던 중 체포되었다. 도쿄를 활동 지역으로 하던 조선예술좌의 활동이 관서로 확대하는 것에 대한 당국의 적극적인 대응이었다.

□ 학생예술좌[175] : 3.1극단의 일원이었던 주영섭(朱永涉)과 박동근(朴東根), 마완영(馬完英), 한덕선(韓德宣), 이진순(李眞淳), 이해랑(李海浪), 김영수(金永壽) 등 도쿄 유학생 15명이 결성했다. 이들은 3.1극단 해산 후 1934년 6월 24일, "조선에 순정한 예술좌의 수립을 기하고 그것을 위해 회원 상호간 종합적 예술적 연구와 조선방문공연 및 일본에서 조선향토예술을 소개한다"는 등 총 15개 항의 규약을 정하고 결성했다.[176] 결성 후 문예부 · 연기부 · 미술부 · 음악부 · 계획부를 설치하고, 상무위원제도

175) '도쿄학생예술좌 사건'에 대해서는 정혜경, 「1930년대 재일조선인 연극운동과 학생예술좌」, 『한국민족운동사연구』 35, 2003 참조.

176) 결성일에 대해 김정명과 강철 등 일본에서 발간된 문헌에는 6월 30일로 파악했으나, 심문조서에는 24일로 기재되어 있다. 「東京學生藝術座事件」(국사편찬위원회 소장 MF 07770-07772), 3쪽; 金正明, 『朝鮮獨立運動』 3, 原書房, 1967, 634쪽; 姜徹, 『在日朝鮮人史年表』, 雄山閣, 1983, 102쪽.

를 두었다. 1936년에는 영화부도 신설했다.[177)]

주도층의 면면에서 알 수 있듯이 학생예술좌는 연구단체로 출발했다. '창작극을 통한 극작가의 양성과 신극의 건설, 세계연극문화의 흡수, 번역극의 현대적·조선적 해석'을 목표로 했다. 그러므로 창립 후 실천사업으로 연극 공연의 참가와 일본극단 연구소 참가 활동, 각본 낭독회에 주력하고, 공연은 1935년부터 시작했다. 1934년 라디오방송극으로 첫 공연을 한 후 1935년 6월 쓰키지소극장에서 '나루(건너는 곳, 주영섭 작)' '소(유치진 작)' 등을 상연했다.

가입대상은 학생이었고, 구성원들은 대부분 와세다대학과 니혼(日本)대학, 호세(法政)대학 재학생들이었다. 구성원들은 극단을 창립 직후 '적극적 연극을 배우기 위해' 약 1년간 일본신극훈련을 받았다.[178)] 신극훈련을 바탕으로 1935년 6월 4일에 '조선의 신극 수립은 창작극에서'라는 슬로건 아래 제1회 창립공연(주영섭 작 '나루', 유치진 작 '소')을 하고 본격적인 극단으로 출발했다. 특히 조선예술좌 해산 이후 극단으로서 면모를 강화했다.

1935년 6월 첫 공연으로 상연한 '소'는 유치진이 1934년 동아일보에 발표한 식민지 치하의 궁핍한 농촌을 묘사한 장막극인데, 도쿄 쓰키지극장에서 공연해 호평을 받았다. 일제에 의해 사상이 불온하다는 이유로 작가인 유치진과 박동근 등이 검거되어 3개월 이상씩 옥고를 치렀으나 공연을 계속했다.[179)] 1936년 이동극장 공연을 했고, 1937년과 1938년에도 '춘향전'과 '광야' '지평선' 등을 상연했으며, 기관지 『막(幕)』(총 3호)을 발

177) 「東京學生藝術座事件」, MF자료, 9~10쪽.

178) 이해랑, 『허상의 진실』, 새문사, 1991, 260~261쪽.

179) 이상일, 「극예술연구회와 怡山 김광섭(1904-1977)」, 한국민족운동사학회 월례발표회 발표문, 200년 11월 16일, 3쪽.

간했다. 1939년 6월 제4회 공연으로 '문'과 '유명(幽明)'을 준비했으나 각본이 불허되면서 상연은 취소되었다. 이 과정에서 일부 단원(주영섭·한적선·임호권·마완영·이해랑·김동혁·이진순·장규원·홍성인·박용구·신영·박의원·허남실)이 귀국했으나 검거를 피하지 못했다.[180)]

1939년 8월, 당국은 박동근, 주영섭, 마완영, 이영수(李榮秀), 김동혁(金東爀), 윤형련(尹瀅鍊), 임호웅(林虎雄), 이해랑, 김영수 등 9명을 '연극을 통해 좌익사상을 고취했다'는 이유로 검거했다. 종로경찰서가 검사국에 송치하면서 보낸 의견서의 검거 사유는 '일본 유학 시절에 좌익서적을 탐독하고 선배에게 감화되어 공산주의를 신봉했으며, 이를 통해 국체(國體) 변혁과 사유재산제도 부인을 목적으로 실행운동을 간절히 희망해 신극단을 조직해 활동'한 점이다. 특히 당국은 '신극단이 일본에서 가능한 합법 부문이고, 조선으로 돌아가서도 계속할 수 있는 용이함이 있었으므로 택'하게 되었다고 파악했다.[181)]

학생예술좌는 피검자 중 박동근과 주영섭, 마완영, 이영수 외 나머지 회원이 풀려난 후 명맥을 유지하다가 1940년 12월 1일 강제해산으로 해체되었다. 기소된 주영섭과 박동근은 실형을 선고받았으나 주영섭은 집행유예로 풀려났고, 대표인 박동근만이 8개월간 감옥살이 후 풀려났다.[182)]

학생예술좌는 당국이 허가하지 않는 조선의 실정을 담은 각본(소)을 상연하고, '민족의 얼을 부흥'시키려는 의도는 있었으나 극단을 통해 정치적 메시지를 전달하고자 노력하지는 않았다. 그러나 해산을 피할 수 없었다. 검거를 피한 단원들은 일본대학예술과 학생들과 형상좌(形象座)

180) 『막』 3, 1939년 6월, 57쪽(민영욱, 『일제 강점기 재일한국인의 연극운동』, 연극과인간, 2000, 31쪽 재인용).

181) 「東京學生藝術座事件」, MF자료, 2~3쪽, 19~25쪽.

182) 「東京學生藝術座事件」, MF기록; 姜徹, 『在日朝鮮人史年表』, 雄山閣, 1983, 174쪽.

를 결성해 활동하다가 1940년 12월 총검거로 해산했다. 검거 당시 이들은 대본 독해와 연기연출 연구회를 하며 공연을 준비 중이었다.[183)]

〈표 19〉 학생예술좌 주요 구성원의 약력[184)]

| 성명 | 최종 학력 | 활동 단체 | 기타 |
|---|---|---|---|
| 김동혁 | 일본대 중퇴 | 도쿄松竹大船영화촬영소 영화배우학교, 극연좌(劇研座, 조선) | 피검 |
| 김영수 | 와세다대 졸업 | 학생예술좌, 조선일보, 동양극장 | |
| 마완영 | 호세(法政)대 졸업 | '좌익극단', 학생예술좌 | 피검, 송국 |
| 박동근 | 일본대 | 학생예술좌(검거 당시 대표) | 피검, 송국, 8개월 수형 |
| 윤형련 | 메이지(明治)대 졸업 | 학생예술좌, 극연좌(劇研座, 조선) | 피검 |
| 이영수 | 일본대 졸업 | 3.1극단, 학생예술좌 | 피검, 송국 |
| 이진순 | 일본대 졸업 | 학생예술좌, 극연좌(劇研座, 조선) | |
| 이해랑 | 일본대 | 학생예술좌, 극연좌(劇研座, 조선) | 피검 |
| 임호웅 | 일본대 졸업 | 학생예술좌 | 피검 |
| 주영섭 | 호세대 졸업 | 극단 신건설, 학생예술좌, 현대극장 및 부설 국민연극연구소 | 피검, 송국, 월북 |

183) 형상좌는 일본대학 예술과에 재학중인 徐萬一과 許執 등의 주창으로 1939년 7월 3일 일본예술대학 강당에서 동지 10여 명이 회합한 후, 동지를 20여 명 확보해 9월 중순에 '예술과 제2부'라는 이름으로 결성한 후 10월 3일에 형상좌로 개칭했다. 지도자는 강사 鈴木英輔·책임자 李秀若·문예부 서만일·연출부 허집·연기부 金鐘玉·회계 成久洙 등이다. 金正明, 『朝鮮獨立運動』 3, 原書房, 1967, 762쪽; 許南鉉, 「극단 '형상좌' 회상」, 『藝協』 1호, 1946년 6월호(朴慶植, 『在日朝鮮人關係資料集成－戰後編』 10권, 不二出版, 2002, 428쪽 수록).

184) 「東京學生藝術座事件」(국편 소장 MF 07770-07772); 한국정신문화연구원, 『민족문화대백과사전』; 강만길·성대경 편, 『한국사회주의운동인명사전』, 창작과비평사, 1996; 近代日本社會運動史人物大事典 編輯委員會, 『近代日本社會運動史人物大事典』, 日外アソシエーツ株式會社, 1997. 상세한 연보는 정혜경, 「1930년대 재일조선인 연극운동과 학생예술좌」, 『한국민족운동사연구』 35, 2003, 부록1 참조. 학생예술좌의 구성원을 통한 성격에 대해서는 정혜경, 「1930년대 재일조선인 연극운동과 학생예술좌」, 『한국민족운동사연구』 35, 2003 참조.

② 관서지방의 한인 극단

한인 극단은 관서에도 존재했다. 1934년 11월 문재신(文在新)·정종한(鄭宗漢)·박태기(朴泰基)·류순자(柳順子) 등이 교토에서 결성한 삼천리극단, 1936년 1월 27일 오사카에서 첫 공연을 했던 오사카협동극단, 1936년 5월 삼천리극단 단원 중심으로 교토에서 결성한 반도예술연구회, 1936년 7월 교토에서 탄생한 화월(花月)극단, 11월 박상기(朴相基) 등이 문을 연 신연극단체 백예단(白藝團), 1937년 1월 백예단 출신의 엄지순(嚴智順, 조선예술좌 출신)이 결성한 예술단체 조선신흥단 등이다.[185)]

이 가운데 당국은 백예단에 주목하고, "신문배달인 박상기가 조선어극단 중심분자였던 김잠만(金岑万)과 함께 극단 결성을 준비하던 중 관심을 가진 토목공사장 감독 보조 문재신, 신문배달부 정종한과 박태기, 릿츠메이칸대 재학생 조영주(曺永柱), 위대준(魏大駿), 자수직공 류순자 등을 규합해 결성"했다고 파악했다. 당국은 교토조선인유학생학우회 손용주(孫容舟)와 조선어극단 출신인 박형서(朴亨瑞)가 주도권을 쥐고 있음을 주시하고, "교토지방에서 프로토의 재건을 기도한 조선어극단(趙南錫, 박형서, 김잠만, 문재신)"의 후신인 백예단이 "옛 조선어극단의 혁명적 전통을 계승해 극단을 통해 민족의식의 유발 고양을 도모"한다고 파악했다. 백예단은 1936년 12월 15~16일에 교토기독교청년회관에서 창립공연을 열었다. 공연 내용은 재즈밴드공연(일본인 연주자)과 연극(눈먼 동생), 민요 공연, 연극(가정철학)이었다. 조선예술좌 단원이었던 엄지순이 출연해 호평을 받았다.[186)]

185) 『民衆時報』 1936년 2월 1일자(제16호); 『特高月報』 1937년 1월분, 『在日朝鮮人關係資料集成』 3, 795쪽; 姜徹, 『在日朝鮮人史年表』, 雄山閣, 1983, 126~132쪽. 강철은 백예단을 화월극단의 후신으로 파악했다.

186) 『特高月報』 1937년 1월분, 『在日朝鮮人關係資料集成』 3, 795쪽; 『特高月報』 1937년 2월분, 『在日朝鮮人關係資料集成』 3, 797쪽.

당국이 주목한 대로 '옛 조선어극단의 혁명적 전통을 계승해 극단을 통해 민족의식의 유발 고양을 도모'했다는 정황은 찾기 어렵다. 그렇다고 전문 연극인 외에 다양한 직업 종사자들이 지속적으로 조선어로 연극을 하는 극단을 결성했다는 점은 연극에 관심과 흥미만으로 설명하기 어렵다. 인적 구성원으로 보면, 백예단과 당국이 지칭하는 '조선어극단'과 연관성은 깊어 보인다. 1939년 이후 이시와라 간지(石原完爾)의 동아연맹론에 공명한 조영주도 이 시기에는 일본적색구원회에서 활동했다.

백예단의 제1회 공연 후 엄지순은 동지 9명과 함께 조선신흥단을 결성하고 1937년 1월 13~14일 교토시 외곽 아사히관(旭館)에서 기념공연을 열었다. '추월색(秋月色)'과 '천소아(天笑兒)'라는 2건의 연극은 모두 조선어 연극이었다. 입장료가 1인당 30전이었고 당일 입장객이 350명이었다. 그러나 흥행에 실패해 손실은 컸다. 당국은 조선신흥단은 '사상적 분자가 개재하지 않'았고, 엄지순이 흥행을 목적으로 백예단에서 이탈했다고 파악했다.[187]

"현금 침체하였던 공기를 박차고 문화적 각 방면에서는 활발한 진로로 점차 향하고 있다. 일반근로민중의 불평불만을 압살하고 진보적 문화면을 무찌르며 있던 파쇼기운에 반기를 내걸고 국제적으로 제기하였던 문화옹호운동을 계기로 일본 국내에서도 학예자유동맹 작가구락부 등 진보적 문화단체의 결성이 문제되고 극운동의 국면에서도 이러한 기운이 발생하면서 있는 요즘, 대판극단계에서도 다년 현안으로 있던 극단통일문제가 해결되고, 新人극장 新鄕극장들이 합류하여 대판협동극장을 결성하고 지난 27일 文樂座에서 제1회 공연으로 고 이기원 작 '에골 불으이조호'라는 세계대전 중 동부전선에서 러시아군의 실패와 자기 이익을 꿈꾸고 있던 자본가층이 정부에 대한 불만, 기아와 무의미한 생활에 대한 일반민중의 폭발적 분위기, 국회의 정치적 쟁탈전

187) 『特高月報』 1937년 2월분, 『在日朝鮮人關係資料集成』 3, 797쪽.

등의 역사적 사실을 배경으로 부르조아지의 숙명적 인생관에 대한 허무염세를 느끼며 부패 몰락 허위 위선의 가면을 쓰고 있는 종교에 대한 증오를 가지고 자기의 딸에게 현실생활을 역역히 보여주고 새로운 생활을 지시하는 동시에 죽음의 최후까지 자기의 모순을 벗어나지 못하고 '불으이조호'는 죽었으며, 이 개인의 죽음은 결국 그 사회계급의 죽음을 표증하는 것을 공연하였다는데. 장내는 입추의 여지가 없어 초만원을 이루고 대성공리에 만세삼창으로 막을 닫었다더라"(민중시보 1936년 2월 1일자, 제16호)

오사카협동극단은 구체적인 결성 시기는 알 수 없으나 민중시보 기사에 따르면, 극단 통일운동의 과정에서 탄생한 신인(新人)극장과 신향(新鄕)극장의 통합체다. 오사카협동극단은 합법적 극단 활동을 목표로 출범했으나 공연 내용은 계급운동을 담고 있었다.

③ 한인사회와 조선어 연극

1934년 7월 프로토 해산 후 한인 극단은 합법적 연극을 계속하기 위해 노력했다. 대표적인 극단이 도쿄의 조선예술좌와 학생예술좌였고, 교토와 오사카의 백예단과 오사카협동극단이었다. 1930년대 조선예술좌와 학생예술좌가 해산당한 후 도쿄 한인 극단의 맥은 형상좌로 이어졌다. 그러나 형상좌는 단 한 번의 공연도 하지 못한 채 신극인 총검거로 문을 닫았다.

당시 한인 극단은 조선어 연극을 고수하고자 노력했다. 조선어 연극이라는 방향성은 조선예술좌와 학생예술좌, 형상좌 모두 동일했다. 조선예술좌 출신의 안정호와 조문현(趙文硯), 이강복(李康福) 등이 소속한 신협극단(新協劇團)도 조선어 연극 전통을 유지하고자 했다.[188] 신협극단이

188) 신협극단은 공산주의비밀결사인 연구소를 설치하고 '근로대중을 목표로 연극 활동을 통한 공산주의 선전 선동'을 토대로 한 좌익조직의 재건을 목적으로 활동하며 최병한이 소

1938년 8월 국내 순회공연에 '춘향전'을 올린 것을 보면 조선어 연극 전통은 이어가려 한 듯하다. 그러나 이후 조선어 연극 상연 여부는 알 수 없다. 당국은 1939년 6월 학생예술좌가 준비한 공연의 조선어 각본을 금지하고 공연을 불허했다. 일본의 조선어 연극은 1938년 학생예술좌 공연 이후 찾을 수 없다.

한인 극단은 극예술연구회의 전통인 이동공연도 꾸준히 시도했다. 공연 내용을 통해 직·간접적으로 식민통치의 폐해와 노동자계급의 각성을 촉구했다. 극예술연구회의 공연작품 가운데 하나인 유치진의 작품 '토막'은 1920년대 토막을 짓고 사는 빈민지대를 무대로 항일독립투사의 가족을 주인공으로 설정했다. 당시 짓눌리고 가련한 토막민들의 모습을 통해 피압박민족의 입장을 표현했다. 오사카협동극단이 상연한 이기원 작 '에골 불으이조호'는 계급운동을 촉구하는 작품이었다.

조선어 연극이 한인사회에 미친 영향은 무엇일까. 첫째는 한인 노동자의 의식을 각성하는 효과다. 한인 극단은 한인 소비조합이나 단체가 주관하는 행사에서 조선적 정서를 바탕으로 한 조선어 연극을 공연 무대에 올렸다. '민중을 감정상으로 쉽게 인도'하는 연극의 속성상 노동자 집회나 위안회에서 상연하는 조선어 연극은 한인 노동자의 실천성을 높이는 데 기여했다.[189] 그러나 가장 큰 영향은 조선적 정서 유지였다. 김사량은 조선어 연극의 힘을 인식했기에 조선예술좌 공연에 올릴 희곡을 쓰려 노력했다. 그가 "조선가요의 밤이라든지 야담이나 무용제 등을 보러" 다

속했던 신쓰키지(新築地)극단과 창작좌(創作座) 등 극단의 연구생을 획득해 조직 확대를 꾀했다. 연구소에는 일본인 외에 신현섭(申鉉燮)과 황정구(黃正九) 등 한인도 가입했다. 찻집을 경영하면서 좌익 문헌을 구비한 도서실을 설치하고 연극 소재를 계급적 반제국주의적인 내용으로 하는 등 구체 내용을 협의해 활동에 들어가기 직전 검거되었다. 坪江仙二,『朝鮮民族獨立運動秘史』, 巖南堂書店, 1966, 397; 姜徹,『在日朝鮮人史年表』, 雄山閣, 1983, 174쪽.

189) 민영욱,『일제 강점기 재일한국인의 연극운동』, 연극과인간, 2000, 16쪽.

니며 “조선말을 들으며” 향수병을 달랬던 경험을 대중들과 나누는 방법은 희곡이었다.[190]

물론 1930년대 조선어 연극운동은 들불처럼 일어나 일본 전역을 휩쓸 정도의 영향력을 발휘한 대중운동은 아니었다. 몇몇 극단이 한인 밀집 지역을 찾아다니며 상연한 몇 차례의 순회공연이 전부였다. 주머니를 털어 공연을 관람한 한인들도 민족 운동가는 아니었다. 하루 벌어 사는 불안한 노동자의 생활 속에서 강한 생존 의지를 보이는 서민이었고, ‘국가’와 ‘민족’보다 개인의 일상이 소중한 민중이었다. 그러나 자신의 의지와 상관없이 이질적인 존재로서 통제와 감시의 대상이자 민족차별을 절감하던 약자였다. 한인들은 위안을 얻고 ‘문화적 욕구를 충족하기’ 위해 연극 공연장과 극장을 찾았다. 그러나 공연을 통해 한인들이 얻은 것은 오락과 예술적 감성만은 아니었다. 조선어 연극은 식민지 본국인 일본에서 살아가는 한인들에게 한인이라는 인식을 환기하는 자극제가 되었다.

> “내지에 거주하는 수만 명의 조선인 노동자가 그들 자신의 문화적 욕구를 충족시키기 위해 어떠한 수단이나 시설도 주어져 있지 않은 것이 대부분이라는 것은 두말할 것도 없다. 그럼에도 그들의 열렬한 욕구는 ‘장한가’ ‘아리랑’ ‘쌍옥루’ 등의 반동적 영화가 그들 사이에 반입되는 엄청난 요인을 형성하고 있다”－『사회운동통신』 1933년 2월 25일자 ‘맹렬한 탄압하에 있는 선어극단(鮮語劇團)의 현세(現勢)’ 중에서.

당국의 입장에서 한인의 ‘열렬한 욕구’는 ‘불온한 행동’이었다. 당국의 한인 통제정책의 방향에 따르면, ‘조선어와 조선 문화, 조선적 풍습’은 배격해야 할 대상이었다. 그런데 한인들은 조선어 연극을 통해 조선적 관

190) 안우식 저, 심원섭 역, 『김사량 평전』, 문학과지성사, 2000, 95쪽.

습과 문화를 공유하고 있었다. 이러한 추세는 당국이 한인을 대상으로 펼쳤던 통제정책의 핵심인 '조선어와 조선교육 포기요구'를 정면으로 거스르는 활동이었다. 노동자계급의 각성을 촉구하는 공연 내용도 통치의 걸림돌이었다. 당국이 원하는 '조선인 만들기'의 방해 요인이었다.

1930년대 한인사회를 둘러싼 상황의 변화와 관심의 확장은 다양한 대중운동을 낳았다. 언론매체를 통한 대중운동과 예술과 문화를 통한 대중문화운동은 1930년대 재일코리안 대중운동의 중심으로 자리 잡았다. 한인들이 의도적으로 조선적 문화와 관습을 유지하기 위한 운동으로 인식한 것은 아니었다. 특히 한인사회에서 대중문화의 영향력은 자연스러웠다. 우리말 연극은 조선어 대본과 함께 '스토리 전개'를 통해 자연스럽게 민족적 아이덴티티를 견지하는 역할을 했다. 대중문화가 갖는 파급력과 조선어 공연의 영향력으로 인해 대중문화는 재일코리안운동의 하나로 자리매김했다.

## 5. 경찰과 관변단체를 통해 옥죄는 일본 당국

### 1) 촘촘한 경찰의 감시망

강제병합 직후부터 재일 한인은 당국의 감시와 통제의 대상이었다. 감시와 통제는 한인 도일 역사와 동시에 시작되었다는 표현이 적절할 것이다.

일본 국립공문서관 소장 자료의 하나인 『경찰청공문서』 가운데 내무성 생산 문서인 「내지재주조선인관계자료」를 보자. 이 자료에는 「1911년 조선인 관련 조사자료(明治44年中內地在留朝鮮人ニ關スル件)」가 들어 있다.

간단한 통계표인데 결재 종류에 따라 '내무대신결재서류'와 '경보국장결재서류' 등 두 가지다. 통계표는 여러 형식인데, 하나는 「내지재주조선인직업별조(內地在住朝鮮人職業別調)」라는 제목으로 거주 한인의 직업을 19개 항목으로 분류하고 홋카이도에서 오키나와까지 44개 도도부현별 거주 상황을 조사한 자료다. 또 다른 양식의 통계표는 「내지재주조선인청부현별호수급인원조(內地在住朝鮮人廳府縣別戶數及人員調)」이다. 호를 구성해 거주하는 한인의 거주 인원수를 파악한 자료다.[191] 간단한 통계표이지만 강제병합 직후부터 일본에 거주하는 한인을 대상으로 관리에 들어갔음을 보여주는 사례다. 1911년 당국이 파악한 일본 거주 한인은 2,527명에 불과했다.[192]

1910년대 초반은 당국이 체계적이고 일관된 통제정책을 수립한 것은 아니지만 일본에서 한인의 규모가 늘 것이라 예상하고 대비했다. 경찰조직을 담당하던 내무성을 중심으로 대응시책을 마련해 실시했다. 대표 사례는 1910년 한국병합과 관련한 「조선인인구 직업별인구표의 건」이나 「조선인명부 조제(調製)의 건」, 「요시찰조선인시찰내규」 등 한인을 대상으로 하는 관리체제다.

이러한 감시의 역사는 이후에도 변함이 없었다. 1910년대 중반 이후 한인이 늘어나자 당국은 크게 도항정책과 거주 한인에 대한 통제정책으로 틀을 갖추어나갔다. 단기 유학생과 정주 노동자 구분 없이 한인에 대한 감시와 통제는 촘촘하고 끈질기게 이어졌다. 한인을 감시하는 중심 기관은 경찰이었다. 1911년 조사통계표 작성 주체는 경찰조직을 운영하던 내무성(경보국)이었고, 한인을 대상으로 한 조사보고서를 작성한 주

191) 상세한 내용은 福井讓, 「明治44年中內地在留朝鮮人ニ關スル件」, 『在日朝鮮人史研究』 33, 2003 참조.

192) 田村紀之, 「內務省警報局調査による朝鮮人人口(1)」, 『經濟と經濟學』 46, 1981, 60쪽.

체도 경찰이었다.

경찰은 기능에 따라 일반경찰과 보통경찰·고등경찰과 특별고등경찰(특고)로 구분했다. 일반경찰과 보통경찰이 '형사, 보안, 교통, 소방, 위생 등'을 담당했다면 고등경찰과 특고는 국가와 사회 전체의 안녕질서에 관한 사항을 담당했다. 그러므로 고등경찰과 특고는 주로 공산주의와 무정부주의 사상이나 독립운동을 단속하는 업무를, 일반경찰과 보통경찰은 일상적으로 관할 지역 한인의 동태를 파악하고 감시하는 업무를 담당했다.[193]

한인을 대상으로 업무를 수행한 경찰이 남긴 기록은 특고기록과 일반경찰기록이다. 고등경찰과 특고가 남긴 대표적인 자료는 공개자료인 『특고월보』다. 그에 비해 일반경찰과 보통경찰의 기록은 많이 알려지지 않았다. 그 가운데 하나는 후쿠이 유즈루(福井讓)가 발굴한 1933년과 1934년 한인 조사 관련 자료다. 이 자료를 통해 1911년 조사표 작성 이후 20여 년이 지난 이후에도 여전히 경찰이 한인 신원조사보고서를 작성했음을 알 수 있다.

1933년 가나가와현 거주 한인에 관한 조사자료는 국사편찬위원회가 소장하고 있는 검찰관계자료(일제검찰편철문서) 수록 자료다. 일본의 행정기관이 조선 내 각 사법기관을 비롯한 조선총독부의 관계 부처와 경찰서에 보낸 각종 문서다. 약 240개 항목에 달하는 통첩과 연락사항 등 문서와 치안유지법위반사건에 관한 조서, 훈시와 보고 등 다양하다. 이 문서철 가운데 「가나가와현하 재주 조선인 조사표 송부의 건(神奈川縣下在住ノ朝鮮人調査表送付ノ件)(1933년 6월 26일)」과 「선특비발 제562호－조

193) 萩野富士夫, 『特高警察』, 岩波新書, 2012, 34쪽; 허광무, 「일제말기 경찰기록으로 본 일본지역 강제동원 조선인노무자의 관리와 단속－'도주'노무자 수배가 갖는 역사적 의미를 중심으로」, 『한일민족문제연구』 35, 2018, 73쪽.

선인 조사표(鮮特秘發第562號－朝鮮人調査表)(1933년 5월말 현재)」는 가나가와현 거주 한인을 대상으로 한 조사보고서다. 경찰이 작성한 후 요코하마지방재판소검사국을 통해 경성지방법원검사국으로 송달한 자료다. 7종류의 양식에 호수와 인원 상황, 분포상황, 직업상황, 이동상황, 범죄상황, 집단취업장소 상황 등을 상세히 기재했다. 중요한 것은 지역 한인 거주민을 취업지 관할 경찰서 단위로 집계했다는 점이다. 후쿠이는 이 조사표를 경찰이 매월 집계한 것으로 추정했다.[194)]

가나가와현은 김천해의 활동 지역이었으므로 한인 노동운동이나 사회운동단체가 활발했다. 거주 한인 규모는 1930년 9,794명, 1931년 9,483명, 1932년 10,525명, 1933년 12,976명이었다.[195)] 인근 지역인 도쿄에 비하면, 20%에 불과한 인구 규모였으나 도쿄 인근 지역이라는 점과 김천해의 활동 지역이라는 점을 볼 때 경찰의 긴장감과 감시망을 짐작할 수 있다.

1934년 돗도리(鳥取)현 한인 조사자료는 이와이(岩井)경찰서가 작성한 한인신원조회조사문서(昭和9年 朝鮮人關係綴)다. 지역 말단의 경찰기구에서 한인 대상 조사 작업이 중심 업무였음을 알 수 있는 자료다. 특히 일본 현지 경찰서가 거주 한인 출신 지역 경찰서(조선)와 긴밀하고도 빈번한 정보교환을 통해 관할 거주 한인을 관리해왔음을 보여준다.[196)] 1930년대 돗도리현 거주 한인은 1930년 836명, 1931년 1,022명, 1932년 1,078명, 1933년 1,209명으로 소수였다.[197)]

위원회가 2014년에 한러정부 합의에 따라 남사할린에서 발굴한 화태

194) 福井譲, 「資料紹介－朝鮮人調査表(神奈川縣, 1933年 6月 15日)」, 『在日朝鮮人史研究』 34, 2004, 167~168쪽.

195) 田村紀之, 「内務省警報局調査による朝鮮人人口(1)」, 『經濟と經濟學』 46, 1981, 78~81쪽.

196) 福井譲, 「在住朝鮮人の'身元調査'－岩井警察署 '朝鮮人關係綴'をもとに」, 『在日朝鮮人史研究』 40, 2010, 129~143쪽.

197) 田村紀之, 「内務省警報局調査による朝鮮人人口(1)」, 『經濟と經濟學』 46, 1981, 78~81쪽.

청(樺太廳) 소장 경찰서 기록물에 따르면, 자료는 「요시찰 조선인 행동시찰보고」 또는 「조선인 행동시찰보고」와 「조선인월보」 등 두 종류다. 모두 거주 한인 관할 경찰서가 월별로 동향을 조사해 보고한 자료다. 각각 3개 항목(이름 · 직업 · 시찰개요)과 5개 항목(거주지명 · 전 월말 현재 전입수 · 전출수 · 월말 현재)으로 구성했다. 이 내용을 통해 관할 지역 한인 유출과 유입, 동향을 월 단위로 파악하고 특별히 관찰이 필요한 대상에 대해서는 주요 활동을 조사해 관리하고 있었음을 알 수 있다.[198)]

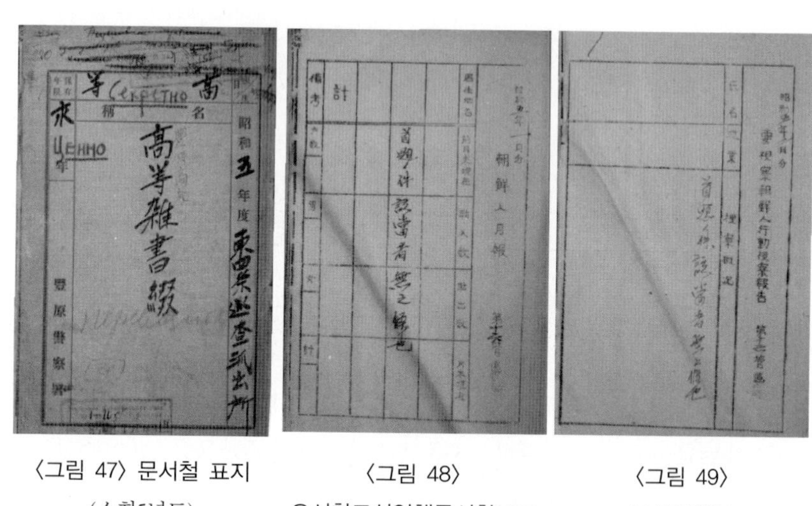

〈그림 47〉 문서철 표지 (소화5년도)

〈그림 48〉 요시찰조선인행동시찰보고

〈그림 49〉 조선인월보

화태청 소장 경찰서 기록물은 화태청 도요하라 경찰서가 생산해 일본 본토와 조선 등 제국 일본 영역에 배포한 문서이다. 사할린에서 거주지를 이탈한 한인은 물론, 일본 18개 도도부현의 강제동원 작업장에서 탈출한 한인을 수배할 목적으로 발송했다. 수배문서이므로 수배 대상자의

198) 허광무, 「일제말기 경찰기록으로 본 일본지역 강제동원 조선인노무자의 관리와 단속－'도주'노무자 수배가 갖는 역사적 의미를 중심으로」, 『한일민족문제연구』 35, 2018, 76~78쪽.

기본 인적사항 외에 '신장, 인상, 체격, 목소리' 등 인상특징을 꼼꼼히 기재했고, 신장은 ○척(尺) ○촌(寸) ○분(分) 단위나 미터법 1/10cm 단위에 이르기까지 실측치에 가깝게 정확도를 기했다.

당국은 무단으로 관할 지역을 이탈한 한인에 대해서는 일본 본토와 남사할린, 조선 등지에 수배요청을 내리는 등 꼼꼼하고 철저했다. 동일인에 대해 소재가 파악될 때까지 여러 차례 수배령을 내렸다. 국가총동원체제 이전 시기에는 한위건 · 홍도 · 송성철 · 박춘화 등 조선, 일본, 중국 상하이 · 베이징, 블라디보스톡 등지에서 활동하는 독립운동가에 대해서도 여러 차례 수배문서를 발송했다. 심지어 안광천과 같이 1931년 이후 행방불명된 운동가에 대해서도 1935년에 총 6차례 수배령을 내리며 감시와 통제를 소홀히 하지 않았다. 강제동원 실시 후에는 한인을 집중 감시대상으로 설정했다.

전남 제주도 신우면 하귀리 출신의 고승호(高承好)의 사례를 보면, 그는 오사카시 히가시나리구에서 직공으로 일하고 있었다. 자료에서 '소재불명 요시찰 조선인'으로 분류한 고승호는 1934년 1월 27일과 1935년 6월, 1935년 7월 17일 등 세 차례에 걸쳐 찾을 수 있다. 이 가운데 두 번째 기록인 1935년 6월 기록은 고승호를 발견했다는 보고 문서이고, 세 번째 기록은 색인목록의 기록이다. 경찰이 오사카시 거주 한인 고승호를 사할린까지 수배한 것은 1933년 10월 23일부터 행방이 묘연했기 때문이다. 고승호는 단체에서 활동한 적도 없는 직공이었으나 관할 지역을 이탈했으므로 수배 공문에 이름이 오르게 되었다. 키와 얼굴 모습의 특징, 두발 모습 등을 상세히 기재했다. 경찰은 고승호의 소재가 불명해진 지 3개월 만에 수배령을 내렸고, 1년 5개월 만에 소재를 확인했다.[199]

199) GIASO 1i-1-29-16, GIASO 1i-1-29-113, GIASO 1i-1-29-147.

1934년 1월 27일자 기록(GIASO 1i-1-29-16)
이름 : 고승호
본적 : 전남 제주도 신우면 하귀리 220
주소 : 大阪市 東成區 南中道町 2-53 金桂凉 方
직업 : 직공
연령 : 당 26세
인상 특징 : 키 5척 3촌, 얼굴이 둥글고 얼굴색이 하얗고 눈이 가늘며 두발이 길다
소재불명시기 : 1933년 10월 23일

동일인에 대해 소재가 파악될 때까지 여러 차례 수배령을 내린 기록도 적지 않다. 하나의 사례인 충남 연기군 출신 강도야지(姜刀也之, 1908년생)의 수배 기록은 2건(1934년 4월 10일, 5월 30일)이다. 강도야지는 '공산운동 요시찰' 대상인데, 도쿄 후카가와(深川)구에 살면서 토건노동자로 일하고 있었는데, 1932년 7월 17일 이후 소재를 확인하지 못했다. 당국은 강도야지가 '전협 토건에 가입한 공산주의 신봉자인데, 잠행 활동 중'이라 판단했다. 경찰이 밝힌 인상특징에 의하면, 키가 5척 2촌이고 비만한 체격에 얼굴이 둥글며 눈이 작고 얼굴색은 검은 편이다.[200] 강도야지와 같이 1인을 대상으로 여러 차례 수배를 내린 경우는 9.9%에 달했다.

당국은 아시아태평양전쟁 발발 이후 이러한 경찰의 통제시스템을 더욱 강화했고, 내선(內鮮)경찰의 활동도 활발해졌다. 경보국 보안과 소속 이사관 내선경찰 다네무라 가즈오(種村一男, 1902~1982)가 작성한 『(극비)國民動員計劃に伴ふ移入朝鮮人勞務者並在住朝鮮人の要注意動向(1944년 10월)』에서 일본 경찰의 입장을 볼 수 있다.[201]

200) GIASO 1i-1-29-24, GIASO 1i-1-29-51.

다네무라는 "조선인의 사상 동향은 1931년 만주사변 후 점차 호전을 보여 사변을 계기로 더욱 그런 경향이 현저해지고 있으나 〈중략〉 이를 두고 조선인 문제를 이미 해결되어 내선일체의 영역에 들어왔다거나 혹은 적어도 조선인이라는 이유로 특별히 경계 단속할 필요가 없다고 하는 것은 아직 조급한 판단"이라며 경계심을 늦추지 않았다.[202]

이같이 한인사회는 당국·일본 사회의 감시와 적극적 통제정책에 대응해야 하는 어려운 상황에 놓여 있었다. 당국이 한인을 바라보는 시각은 이중적이었다. 한인은 민족차별과 일본인 노동자보다 낮은 임금으로 인한 낮은 생활 수준을 벗어나기 어려웠다. 그러나 당국은 이러한 구조적 문제를 한인의 '생활양식, 풍습, 언어 등 특수한 성질의 이문화'와 '이문화(조선인 고유문화)를 고집하는 자세' 탓으로 돌리고 '내지에 적응시켜야 하는 대상'이라는 인식을 강하게 유지했다.[203]

### 2) 1920년대 증가하는 정주 한인, 촘촘해진 통제정책

재일 한인의 증가와 정주화 현상은 거스를 수 없는 현상이었다. 한인의 증가 추세는 앞에서 소개한 〈표 3〉과 〈표 4〉를 통해 알 수 있다. 당국은 한인의 증가를 막기 위해 다양한 도항억제정책을 사용했으나 도항과 밀항을 통해 한인은 늘어났다.

도항 정책 다음 단계는 일본 현지의 통제정책이다. 당국은 경찰을 통해 감시를 지속하는 한편, 다양한 방식으로 감시와 통제시스템을 운영하

201) 『種村氏內鮮警察參考資料』 제107집(국립공문서관 소장, 아시아역사자료센터에서 온라인으로 공개).

202) 허광무, 「일제말기 경찰기록으로 본 일본지역 강제동원 조선인노무자의 관리와 단속－'도주'노무자 수배가 갖는 역사적 의미를 중심으로」, 『한일민족문제연구』 35, 2018, 81쪽.

203) 허광무, 『일본제국주의 구빈정책사 연구』, 도서출판 선인, 2011, 176쪽.

고자 했다. 가장 대표적인 사례는 관변단체의 활용이다.

당국의 감시와 통제정책을 지원하고 충실히 대행하고자 한 단체는 1921년에 결성한 상애회였다. 그러나 당국은 상애회에 만족하지 않고 관동지진의 발발을 기점으로 통제정책을 재정비했다. 한인학살을 은폐하고 안정화되어 가는 한인사회를 통제하기 위해, 그리고 임금과 노동조건을 둘러싼 한인의 투쟁을 약화하고 한인 노동자를 저임금노동 구조 속에 묶어두기 위해서는 좀 더 체계적인 정책이 필요했기 때문이다. 3.1운동으로 조선 민중의 저항력을 실감한 당국은 관동지진 한인학살사건이 재일 한인에게 미칠 영향에 대해 고민하고 오사카에 내선협화회(內鮮協和會)와 한인대책조직을 설립했다.

당국이 오사카에 주목한 이유는 한인이 가장 많이 거주하고 밀집 지역을 형성하고 있었으므로 강한 결속력을 우려했기 때문이다. 관동지진 직후 도쿄에서 대책협의를 가진 사이토 총독은 귀임 길에 오사카부에 들러 구체적 시책을 지시했다. 이 지시에 따라 내선협화회를 만든 야나기하라 기치베(柳原吉兵衛)는 당시 총독이 관변단체 필요성을 엄중하게 여겼다고 회상했다.

"1923년 9월 하순이라고 하면 저 무서운 관동대지진이 일어난 직후로 전 국민이 한창 초토(焦土)의 여진(餘震)과 싸우던 시기였습니다. 당시 조선 총독 사이토 각하가 귀임하던 중 오사카에 들렀을 때 나에게 "오사카호텔로 오라"는 전보가 있었습니다. 나는 그 때 부지사 도키 가헤이(土岐嘉平)와 함께 황급히 호텔로 갔는데, 이야기 내용은 내선문제였습니다. 특히 '선인의 보호문제'에 대해서는 그 장래성에 대해 심심한 고려의 말씀이 있었습니다. 그래서 유지(有志)와 부 당국이 기탄없이 논의한 결과, 조선인 보호구제사업을 실시하게 되었습니다. **물론 이것은 국가적 사업과 다름없지만** 그렇게 하면 제 때에 급히 처리할 수 없고 그렇다고 개인적인 미력으로 추진할 수도 없는 일이므

> 로 식견이 높은 유식자와 논의하여 부 당국의 보조금으로 내선협화회라는 지금도 여전히 이 방면에서 유력한 관민합동의 사회사업단체가 창립된 것입니다."(굵은 표시－인용자)

1924년 5월 5일, 당국은 오사카부청 내에 오사카부 내선협화회를 설치하고, 1925년에는 가나가와와 효고현에도 설립했다. 내선협화회는 설립 취지와 규약을 통해 한인의 복리증진과 내선융화를 표방하고 숙박소와 진료소 기능을 가진 직업소개소, 야학교를 설립했다. 그러나 별다른 성과는 거두지 못했다. 한인의 외면과 경제공황, 당국의 운영 미숙, 규모가 작고 설비가 부족했기 때문이다. 오사카 경우에도 거주 한인 수에 비해 내선협화회의 사업 예산은 매우 적었고 형식적이었으므로 한인 문제 해결 방향과 거리가 있었다. 문제는 재정에 그치지 않았다. 재정 곤란과 함께 일본인 사회의 차별적 상황은 해소되지 않았다. 내선협화회가 한인 숙박 시설을 설치하려던 가나가와현 관할 마을에서는 지방민들의 반대가 맹렬하여 중지했고, 요코하마 시내의 지역에서도 같은 일이 일어났다.[204]

관변단체에 대한 한인사회의 거부감도 컸다. 한인이 늘어나면서 여러 단체를 토대로 조직력을 확대하고, 조선부락을 바탕으로 역량을 강화하던 한인사회와 관변단체의 지향점은 명확히 달랐기 때문이다. 한인사회는 조선부락을 중심으로 조선적 문화와 관습을 유지하고 한인을 위한 교육에 노력을 기울였다. 이에 반해 관변단체는 조선적 문화와 관습을 버리고 일본 사회에 동화교육을 지향했다. 재일노총 결성 후 당국이 주도하는 관변단체는 타도의 대상이 되었다.

한인대책조직은 내선협화회의 결성 직후 각 지역 경찰서가 중심이 되어 조직했다. 내선협화회와 마찬가지로 한인대책조직 설립의 직접 계기도

204) 樋口雄一, 『協和會－戰時下朝鮮人統制組織の硏究』, 社會評論社, 1986, 13쪽, 23쪽.

관동지진이었다. 경찰 당국은 '조선인 보호지도'라는 명분을 내세운 통제를 위해 한인 다수 거주지역 관할 경찰서에 조선어 강습을 받은 경찰관을 배치하고 다양한 명칭의 대책조직을 만들었다. 오사카부를 보면, 쓰루하시경찰서장을 회장으로 설치한 쓰루하시내선자치회(1925년 8월), 나카모토(中本) 경찰서장을 회장으로 설치한 죠도(城東)협화회(1928년 9월), 가시와라(栢原)경찰서 소속 가시와라일선자치회(1926년 2월), 오와다(大和田) 경찰서장을 회장으로 한 오와다내선동애회(1929년 11월) 등이 있었다.[205)]

〈표 20〉 재일 한인의 정주화 현상

| 연도 | 거주 한인수 | | | 정주인원 비율(%) | 비정주 인원(명) | 비정주 비율(%) | | | |
|---|---|---|---|---|---|---|---|---|---|
| | (1) | (2) | (3) | | | 전국 | 오사카부 | 도쿄부 | 후쿠오카현 |
| 1920 | 30,189 | 40,755 | 40,755 | 16.44 | 26,505 | 83.56 | 93.49 | 66.25 | 98.76 |
| 1925 | 129,870 | 187,102 | 214,657 | 22.53 | 105,909 | 77.47 | 84.29 | 78.02 | 66.95 |
| 1930 | 298,091 | 419,009 | 419,009 | 44.86 | 158,628 | 55.14 | 59.37 | 56.72 | 49.92 |
| 1934 | 537,695 | 689,651 | 559,080 | 65.25 | 186,848 | 34.75 | 43.80 | 41.97 | 27.65 |
| 1935 | 625,678 | 720,818 | 615,869 | 75.26 | 154,785 | 24.74 | 23.23 | 33.30 | 29.68 |
| 1936 | 690,501 | 780,528 | 657,497 | 75.83 | 166,898 | 24.17 | 23.06 | 33.23 | 27.71 |
| 1937 | 735,689 | 822,214 | 693,138 | 77.02 | 169,031 | 22.98 | 24.91 | 32.46 | 25.25 |
| 1938 | 799,878 | 881,347 | 796,927 | 73.88 | 208,945 | 26.12 | 28.07 | 32.44 | 26.44 |

(1) 『日本帝國統計年鑑』 해당연도
(2) 朴在一, 『在日朝鮮人に關する綜合調査研究』, 新紀元社, 1957, 23~29쪽
(3) 田村紀之, 「內務省警保局調査による朝鮮人人口(1)」, 『經濟と經濟學』 46, 1981, 58쪽
(4) 內務省警保局, 『朝鮮人概況』 1920; 『社會運動の狀況』 해당연도(外村 大, 『在日朝鮮人社會の歷史學的研究』, 綠陰書房, 2004, 93쪽 표 2-26, 2-27 재인용 및 수정)

한인대책조직의 성격은 경찰 기능 자체를 대행하는 기관이면서 거주 한인을 교화하는 기능을 가진 외곽단체를 겸하고 있었다. 그러므로 내선

205) 大阪府, 『大阪府社會事業要覽』, 1934년판(樋口雄一, 『協和會－戰時下朝鮮人統制組織の研究』, 社會評論社, 1986, 45쪽 재인용).

협화회보다 더 적극적으로 경찰 기능을 대행하고 한인 교화 기능을 수행했다. 경찰 당국은 한인 대책을 치안대책으로 인식하고, 한인을 치안대상자로 간주하는 경찰이 직접 입안해 실행했으므로 한인에 대한 일방적 단속만 존재했다. 1920년대 후반에 들어서는 치안대책의 일환으로 한인 교화를 중시했다. 일본 국경일에 한인 가옥에 일본 국기를 게양하도록 배포하기도 했다.

그러나 이 조직도 경찰 당국이 예상한 기대를 충족하거나 한인의 호응을 얻지 못했다. 한인 전체를 대상으로 한 조직화에도 성공하지 못했고 경찰서가 설치했으나 한인에게 강권을 발휘할 수 있는 기능도 제대로 갖추지 못했다. 따라서 경찰 당국은 늘어나는 한인에 대한 효율적 통제를 담당할 새로운 조직체계가 필요하게 되었다. 다양한 명칭과 성격부터 통일할 필요성을 인식하고 내세운 단체는 교풍회다.

### 3) 침략전쟁 시기, 한인 통제 기관을 정비하라

내선협화회와 한인대책조직을 중심으로 운영하던 1920년대 통제정책이 성공을 거두지 못하자 새로운 정책이 필요했다. 경제공황을 겪는 가운데 일본인의 일자리를 잠식하는 한인에 대한 국내 여론을 무마하고 국민적 일체감을 도모하기 위해서도 한인 격증에 따른 대응책 마련은 시급했다. 더구나 일본은 1931년 관동군이 만주침략을 단행하면서 아시아태평양전쟁을 시작했다. 전시 상황에서 당국의 재일 한인 통제정책은 변화할 수밖에 없었다. 변화의 산물은 바로 1934년 10월 30일 각의결정 「조선인이주대책의 건」과 실천항목인 「조선인이주대책요목」이다.[206]

---

206) 內務省 警保局, 「特高警察通牒」, 『在日朝鮮人關係資料集成』 3, 12쪽.

각의결정은 총독부와 내무성 사회국 · 경보국, 척무성 등 재일 한인 관계관청의 협의에 따라 작성되었으므로 한인에 대한 당국의 통일적 방침이었다. 내용의 핵심은 한인을 사회적 불안 요인으로 판단했다는 점이었다. 앞에서 소개한 다네무라의 지적을 연상하는 내용이다.

조선인이주대책요목은 "1. 조선 내에 조선인을 안주시킬 조치를 강구할 것 2. 조선인을 만주와 북선(北鮮)지방에 이주시킬 조치를 강구할 것 3. 조선인의 내지(內地) 도항을 감소시킬 것 4. 일본에서 조선인의 지도 향상과 내지 융화를 도모할 것" 등 4개 항목이다. 4개 항목 가운데 제4항은 재일 한인 통제 내용으로 이후 재일 한인 통제정책의 기본 방향으로 자리했다.

제4항에 대해 히구치 유이치는 '권력이 한인의 조직화와 통제를 주도하고 한인 전체를 치안대상으로 간주해 거주지역별로 대책을 마련하며 일본에 동화시킨다'는 방침이라고 해석했다.[207] 제4항의 내용은 1) 조선인 보호단체의 통일 강화를 도모함과 동시에 지도, 장려, 감독의 방법을 강구할 것 (2) 조선인 밀집지대의 보안, 위생 기타 생활상태의 개선 향상을 도모할 것 (3) 조선인을 지도 교화하여 내지에 동화시킬 것 등 세 가지였다.

그런데 오사카에서는 각의결정을 통한 당국의 통일된 방침이 수립되기 전부터 내선협화회 보완 작업에 들어갔다. 한인 거주자가 많고 실태조사도 비교적 잘 이루어지고 있었으므로 보완 작업도 선도적이었다. 오사카부는 1934년 4월 고시를 발령해 내선융화사업조사회(大阪府內鮮融和事業調査會. 이하 조사회)를 설치했다. 지사를 조사회장으로, 간사는 부청 사회사업주사 3명과 부 경찰부 3명이 맡았다. 구성원은 오사카부 경

207) 樋口雄一, 『協和會－戰時下朝鮮人統制組織の研究』, 社會評論社, 1986, 30쪽.

찰부장과 과장 등 경찰 인력, 오사카 시청과 검사, 내선협화회 인력, 부회와 시회의원, 방면의원, 신문사 등 다양했다.

오사카부는 방대한 규모의 조사회 설치 목적으로 '조선인의 보호와 내선융화방책에 관한 중요한 사항을 조사, 심의'를 내세웠다. 조사회 결성으로 재일 한인 문제를 협의하고 검토하기 위한 기능은 조사회가 담당하고, 시행기관은 내선협화회가 담당했다. 여기에는 상애회도 참가했다. 오사카부 조사회 설립에 즈음해 특고경찰은 '조선인 증가로 내선융화를 저해하고 치안대책상 좋지 않아' '경찰적이고 사회적 입장에서' 조사회를 설치했다고 밝혔다.[208]

조사회는 분과회를 개최해 주요 사항에 대해 조사·검토·결의를 한 후 총회에서 결의하는 형태로 정리했다. 주요 사항은 다음과 같다.

- 조선인이주문제에 관한 사항
- 내선융화사업의 지도행정기관 조직에 관한 사항
- 내선융화 및 보호단체의 지도통제에 관한 사항
- 교육시설의 창설·확충에 관한 사항
- 오사카 거주 조선인의 내지화·생활개선 등 교화방법에 관한 사항
- 보호시설의 확충에 관한 사항

1934년부터 1937년간 조사회 총회 결의사항은 한인 도일저지와 관변단체 및 교육기관을 이용한 한인 동화가 주된 내용이었다.[209]

이 내용을 통해 조사회가 한인들이 조선부락을 중심으로 민족적 아이덴티티를 보존하고자 하는 노력을 억압하고 한인의 집단거주지를 철폐하고자 하는 목적을 그대로 드러냈음을 알 수 있다. 아울러 한인 단체를

208) 內務省 警保局, 『特高月報』 1934년 6월호, 『在日朝鮮人關係資料集成』 3, 233~235쪽.
209) 樋口雄一, 『協和會－戰時下朝鮮人統制組織の研究』, 社會評論社, 1986, 31~34쪽.

불량단체와 우량단체로 구분해 관변단체를 제도적으로 보호하고 민족운동적 성향이나 저항적 요소가 있는 단체는 억압하겠다는 의지를 엿볼 수 있다. 특히 당국은 한인 아동교육에 비중을 두고 일본사와 일본어 교육을 통해 일본 사회에 동화되도록 했다. 일본어를 일상어로 사용하기 시작한 한인 아동을 '황국 청년'으로 만든다는 방침이었다.[210]

조사회와 함께 정비한 1930년대 한인 통제조직은 생활개선조합 교풍회(矯風會)다. 교풍이란 '나쁜 풍속을 고쳐서 바로 한다'는 의미다. 당국이 한인의 풍속을 나쁜 풍속으로 간주하고 동화시키려는 의도에서 사용했음을 알 수 있다. 경찰이 운영하던 한인대책조직을 교풍회로 통일한 것은 1934년 9월 오사카부 내선협화회가 교풍회를 편입하면서부터다. 1934년 7월, 조사회 제5분과위원회 결의사항에서 '생활개선조합 조직 결성'의 필요성을 제기한 후 교풍회 결성작업에 들어가 1935년 오사카부협화회 하부조직으로 출발했다.[211]

오사카부는 1934년 9월 이즈미오(泉尾)·이마미야·쓰루하시교풍회를 경찰서 관내에 설치했다. 교풍회는 조직적인 면에서 한인대책조직 시기와 동일하며 경찰활동의 형태를 취하고 있었다. 각 경찰서장을 회장으로 경찰 특고과가 관내 한인을 대상으로 구체적 지도를 담당하는 방식이었다. 협화회 조직으로 편입된 후에 사업 범위를 확대했다. 직업소개·상담지도·보호·진료·주택·보육소·간이학교·교화시설 사업 등이 주요 사업이다. 그러나 실제 활동은 '일본국기게양 장려·조선풍습 금지·강연회와 영화회의 개최·교풍회 하부조직강화'가 중심이었다. 한인의 풍습과 생활방식을 개선해야 한다는 전제 아래 풍속개선과 생활개선, 교육을 통한 일본인화, 교화에 두었다.

---

210) 재일코리안의 일상어에 대해서는 제6절에서 언급.

211) 樋口雄一, 『協和會關係資料集』 4, 社會評論社, 1991, 121~130쪽, 218쪽.

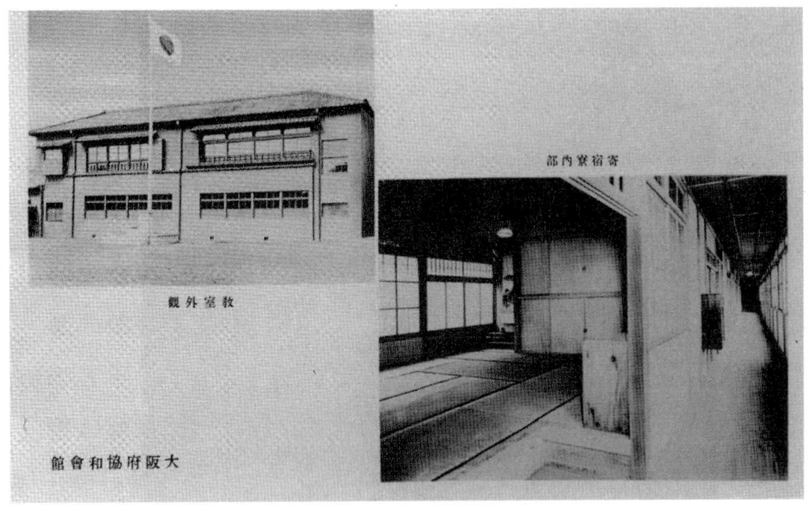


〈그림 50〉 오사카부 협화회관
(재일한인역사자료관, 『재일한인역사자료관도록』, 63쪽)

교풍회는 조직 확대를 통해 지부를 증설하고 오사카 한인 전원을 사업 대상으로 하는 조직으로 성장했다. 특히 1938년 4월 국가총동원법 발효 후 교풍회 활동은 전시체제의 총후를 강화하는 방향으로 전개했다. 1938년 8월 4일 오사카부 협화회는 교풍회를 통해 신체 건장한 한인 청년(만 17세 이상 20세 미만) 100명을 소집해 강제 교화훈련을 실시하기도 했다. 훈련의 목적은 전선에 내보내기 위한 사전 교육이었다.[212] 이러한 교육과 훈련은 이후에도 협화회의 주요 사업으로 자리 잡았다.

### 4) 지방협화회에서 중앙협화회로

오사카의 조사회와 교풍회 활동을 통해 한인 대응방침을 검증한 당국

212) 姜徹, 『在日朝鮮人史年表』, 雄山閣, 1983, 146쪽.

은 1936년에 본격 대책에 들어갔다. 첫 번째 조치는 한인 대책비의 예산 책정(1936년도 5만 엔)이고, 두 번째는 한인 단속 강화 지시였다. 당국은 1936년 6월부터 11월까지 전국경찰부장사무협의회(6월 6일)와 전국학무부장사무협의회(7월 3일) 등 각종 정부 회의를 통해 단속 강화 지시를 시달했다.

이 조치를 토대로 8월에 기본방침을 정하고 내무성 사회국을 중심으로 전국적 사업으로 지방협화회 조직을 확립해 나갔다. 8월 31일 내무성이 지방장관에 내린 「협화사업실시요지(協和事業實施要旨)」는 기본방침을 명시한 통첩이다. 통첩에서는 재일 한인에 대한 기본통치방침을 '재일조선인 전체에 대한 동화방침'이라 명시하고 구체적 실천 방안으로 6개 항목의 협화사업실시요목을 제시했다.

- 내지 거주 반도인의 생활상황에 관해 조사할 것
- 교육, 교화시설의 확충을 도모하고 특히 국민정신 함양에 노력할 것
- 풍속과 주거 등 생활 전반에 걸쳐 개선 향상을 촉진할 것
- 경제보호, 의료구호, 일반구호 등에 관해 여러 사회시설에 의한 보호구제에 노력할 것
- 귀국자 보호, 범죄 방지, 위생시설의 이행 등 경찰 보호의 철저를 기할 것
- 협화 취지의 철저한 보급에 노력하고 국민 융화의 촉진을 도모할 것

6대 요목은 협화회를 전국 각 부현에 설립할 때 사업 계획의 방향으로 작용했다. 지방협화회는 이 6대 요목에서 구체성이 부족한 부분에 관해 17개 항목의 세부 활동을 각 부현에 지시 통첩했다. 주요 내용은 동화와 내지화 정책 강조다.

일본 정부는 이러한 명확한 방침 아래 '전국적으로 동일한 취지'에 따른 한인 대책을 주도했다. 대표적 사례가 1937년 5월 내무성 사회국이

개최한 제1회 협화사업강습회다. 전국의 사회과원과 특고경찰과원 108명이 오사카에 모여 사업 추진을 협의했다. 정부의 강력한 방침을 지방에 전달하면서 한인 다수 거주 지역부터 협화회를 설립하기 시작해 1936년에는 총 23개 부현에 설치했다. 각 부현의 협화회는 경찰서 단위 조직이었던 오사카의 교풍회를 모델로 기구를 구성했다. 경찰서 내에서는 특고과와 내선계가 협화회를 담당했다. 협화회 하부조직은 교풍회, 협화회 ○○ 지부 등으로 부르다가 나중에는 경찰서 관내구역명을 붙여 '협화회 ○○ 지회'로 통일했다.[213]

이같이 협화회는 경찰서 단위로 구성해 치안대책조직의 성격을 강하게 띠고 있었으나 가장 큰 사업은 교화정책의 수행이었고, 이를 위해 교육 사업에 주력했다. 특히 학령아동에 대한 취학 장려와 성인 대상의 간이학교 운영에 주력했다. 오사카와 가나가와를 비롯한 한인 다수 거주지역에 간이학교를 설치, 운영했다.

한인 다수 거주지역을 대상으로 협화회 조직을 확대했으나 사업 방침 실천에서 지역별 편차가 심했고, 모든 한인 거주지역에 설치한 것도 아니었다. 협화회에서 지도를 담당했던 후생성 사회국 소속 다케다 유키오(武田行雄)는 중앙협화회 설립의 목적이 '동일 정신하에서 동일하게 보조를 맞추어 각지에서 일제히 사업을 전개하는 것'이라고 밝혔다.[214] 그는 총독부가 발간한 『조선』 277호(1938년) 기고문에서 "내선인간 융화의 전망을 기대하기 어렵고" "반도출신자들은 사회생활에서 유리한 존재"이므로 "국민 총원의 일치단결을 현저히 저해하고 국운 진전에 미치는 영향이 심대"하다고 평가했다.[215]

213) 樋口雄一, 『協和會－戰時下朝鮮人統制組織の研究』, 社會評論社, 1986, 67~70쪽.
214) 중앙협화회 설립 과정에 대해서는 武田行雄, 「協和讀本第1回」, 『協和事業』 1940년 5월호 참조.
215) 武田行雄, 「內地在住半島人の協和事業」, 『朝鮮』 277, 1938년 6월호, 18쪽.

〈협화회 조직도〉

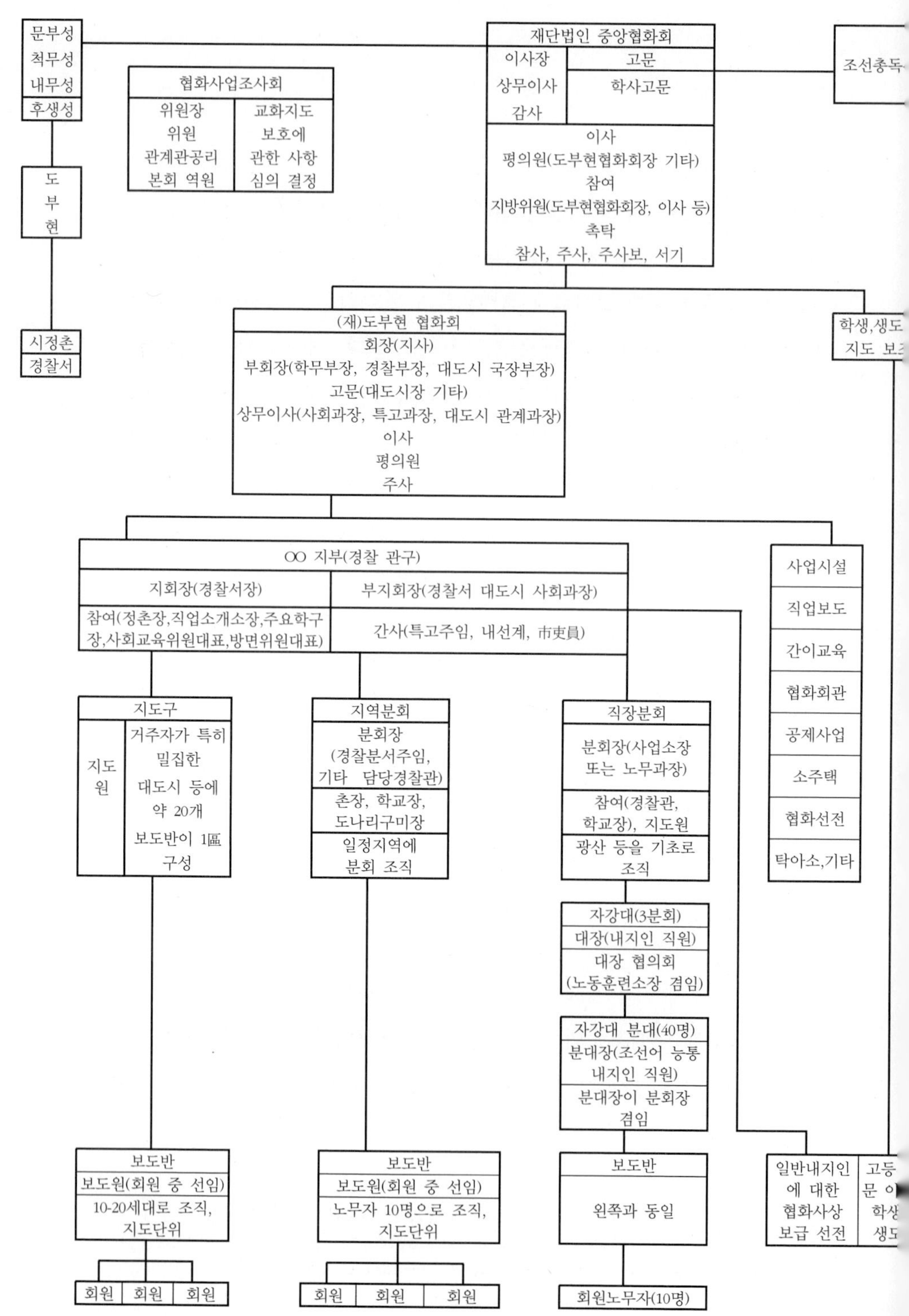


(樋口雄一, 『協和會－戰時下朝鮮人統制組織の硏究』, 社會評論社, 1986, 93쪽)

이러한 방침과 목적에 따라 당국은 1938년 중앙협화회를 설립했다. 11월 9일 개최한 창립발기인을 보면, 내무성 경보국장 · 척무성 관리국장 · 총독부 정무총감 · 문부성 전문학무국장 · 후생성 사회국장 · 귀족원 의원 2명 · 후생차관 등이다. 발기인회는 이사장에 내무관료 출신으로 조선총독부와 타이완총독부 고위직을 역임한 귀족원 의원 세키야 데이사부로를 선출했다. 설립 주무 부처는 후생성 사회국 생활과였다. 그러나 1941년 협화회 관제 시행에 따라 초대 협화관을 지낸 다케다에 따르면, 중앙협화회의 실질적 사업담당자는 경찰이며 특고과가 주관했다.

> "어떤 기구, 어떤 기관이 협화사업을 실시하는가는 두 가지로 대별할 수 있습니다. 하나는 행정기관이고 다른 하나는 민간단체입니다. (1) 먼저 행정기관에 관해 말씀드리면, 중앙에서는 후생성 사회국이 협화사업의 주관 관청이며 내무성, 문부성, 척무성, 조선총독부 등이 주요 관계 관청입니다. 특히 내무성 경보국은 협화사업이 치안과 표리관계에 있으므로 각별한 연계를 가지고 있습니다. 지방에서는 도부현청이 중심이며 학무부 사회과 및 경찰부 특고과가 강력히 협력하여 시정촌 및 경찰서를 지휘하여 사업 수행을 담당합니다. (2) 다음으로 민간단체로는 사업의 특수성에 비추어 지휘계통이 확실하고 또한 전국적으로 긴밀하고 강력히 사업 수행을 할 필요가 있으므로 민간유력가 및 관계관청의 협화사업관계 관리와 합작으로 특수한 민간단체로 협화회가 전국적으로 설치된 것입니다."

다케다는 행정기구와 민간기구로 구분해 설명했으나 민간유력자라 해도 경찰기구를 담당하던 내무관료 출신자가 중심이었으므로 순수 민간기구와는 거리가 있었다. 이러한 경찰기구와 관련성 때문에 히구치 유이치는 협화회를 '특무기관적'이라 규정했다. 더구나 사업 예산은 일부 기부금을 제외하면 모두 국가와 부현 예산으로 충당했고, 사무소를 후생성에 두고 사무를 후생성 직원과 촉탁이 담당했다. 중앙협화회는 재단법인의 형식을 취하고 있었으나 협화사업 기구표를 보면, 근간이 되는 분회와 지도구(오사카)는 경찰서 관구 내 경찰분서나 주재소에 설치하여 직장과 지역을 불문하고 재일 한인 전체를 협화회 조직에 편입시키고 1945년까지 한인을 통제했다.

발기인회 개최 후 반년이 지난 1939년 6월 29일 중앙협화회 설립 총회가 열렸다. 총회에서 채택한 설립취지서에 재일 한인을 '국민생활의 협화상 심히 우려할만한 존재'로 인식했다. 이러한 인식 아래 한인 통제와 억압의 실무를 각 경찰서에 위임하고 조직 자체 확대 강화, 연락 및 조정, 내선일체 이데올로기 보급, 한인 통제방침과 방법 지도 등의 기능을 중점 담당했다.

협화회 체제를 확립한 후 당국은 기존의 한인 '융화친목단체'[216]를 재편하는 형태로 협화회에 통합했다. 1934년에 749개(참가인원 123,508명), 1935년에 757개(86,755명), 1936년 696개(78,846명), 1937년 663개(131,824명)였던 '융화친목단체'는 중앙협화회가 설립된 1939년에 241개(29,309명)로 줄기 시작해 1942년에는 41개(3,302명)만 남았을 뿐이다.[217]

중앙협화회는 당시 '여권'과 같은 기능을 가진 '협화회 수첩'을 통해 한인의 취업과 이동을 통제했다. 통제체제는 1944년 11월 중앙협회회가 중앙흥생회로 바뀌었으나 재일 한인의 통제기구라는 점에서는 변함이 없었고, 오히려 통제체제는 강화되었다.[218]

---

216) 내무성 경보국은 재일한인 단체를 공산주의계(극좌파, 좌익파), 사회민주주의계, 국가주의 내지 국가사회주의계, 무정부주의계, 민족주의계(주로 유학생, 종교단체), 융화친목계 및 기타 등 총 6개로 구분해 매년 현황을 보고했다. 융화친목단체는 관변단체와는 성격이 다르다. 당국은 일본사회와 거리를 두고 재일한인의 권리를 일상적으로 지키고자 한 단체와 일본 사회와 융화하려는 단체를 모두 포괄해서 융화친목단체로 분류했다.

217) 히구치 유이치, 「재일조선인의 융화문제와 융화단체」(한일공동심포지엄 자료집 '식민지기 재일조선인사회의 형성과 단체활동의 전개', 2009년 6월 5일), 48~49쪽.

218) 樋口雄一, 『協和會－戰時下朝鮮人統制組織の研究』, 社會評論社, 1986, 91~98쪽.

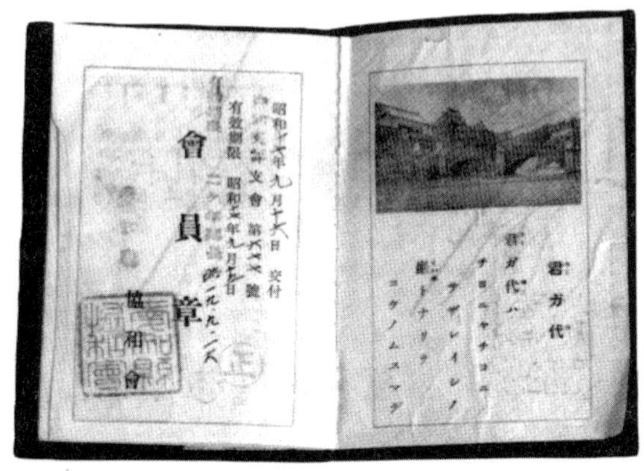


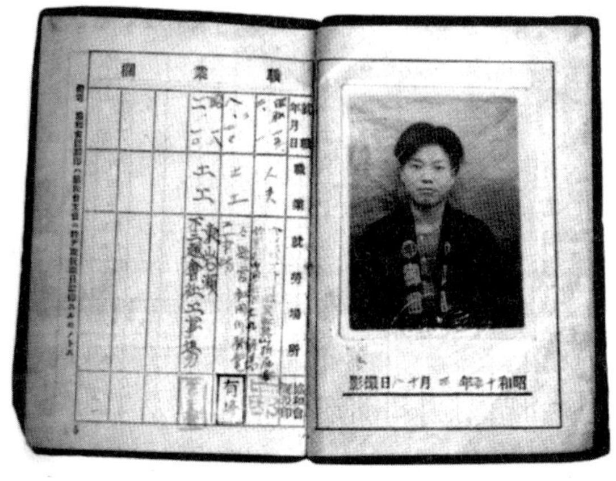

〈그림 51〉 협화회 수첩

(재일한인역사자료관, 『재일한인역사자료관 도록』, 63쪽)

협화회 조직도에서 하부조직은 분회의 지도를 받는 보도반이다. 당국은 보도반을 구성하는 보도원(또는 지도원, 찬조원)을 “덕망과 교양있는 자” “사상이 온건하고 비교적 내지인화 된” 한인으로 임명해 일본인 임원을 보좌하도록 했다. 협화회 조직 가운데 가장 말단에 속하는 보도원·지도원·찬조원은 협화 사업 수행과정에서 가장 중요한 존재였다. 특히 당국은 보도원을 지역과 직장에서 가장 일상적으로 한인과 접촉하면서 협화회 사업과 이념을 전달할 주체로 생각했다.

그렇다면 협화회 보도원을 했던 한인들은 모두 '사상이 온건하고 비교적 내지인화 된' 인물이었는가. 그 가운데에는 상애회에 참가했거나 동화단체에 소속해 천황제를 지지하고 당국에 협력한 이들이 있었다. 그러나 1920년대 한인노동운동을 이끌었던 리더나 재일노총 소속원의 이름도 볼 수 있다. 그러므로 '협화회 임원=일본국가 시책 협력 한인'으로 보기 어렵다.

시즈오카현 시다군(志太郡) 후지에다초(藤枝町)에서 나고 자란 진금선(1930년생)의 아버지는 협화회 일을 했다. 금선의 집안은 지방에서 풍족한 생활을 하고 있었다. 시내 중심에서 생활하면서 언니와 함께 현립 후지에다 여학교를 다녔는데 한인은 자매가 유일했다. 경찰은 한인의 동향을 염탐하기 위해 금선의 아버지를 찾았다. 동포에게 불리한 정보를 알리는 일은 없었지만 동포들의 의심을 사고 비난을 받기도 했다. "'저거 협화회니까 저쪽에 붙어 있어.' 그렇게 생각되었던 거 같아요. 할 사람이 없어서 한 일인데 말이죠."[219]

진금선은 아버지가 협화회 일을 한 이유를 '할 사람이 없어서'라고 표현했다. 그렇다면 한인들은 어떤 이유로 협화회 일을 하게 되었을까. 행정당국의 지명으로 또는 거절할 수 없었던 사람들이 다수였을 것이다. 그러나 적극성을 띤 이도 있었고, 상거래나 생활상 이유로 이익과 편의를 위해 참여한 이들도 있었다. 당시는 민중 생활 전반을 행정당국이 통제하고 있었으므로 당국과 협조 체제를 경제적 상승의 기회로 받아들인 이들이었다. 실제로 "경찰 당국과 손을 잡고 있으면 어떤 일에서건 유리하다는 단순한 타산에서 보도원이 된 사람이 많았고" "보도원이 됨으로

219) 가와타 후미코 지음, 안해룡 · 김해경 옮김, 『몇 번을 지더라도 나는 녹슬지 않아』, 바다출판사, 2016, 81~82쪽.

써 신용을 얻었기 때문에" 경제적으로 성공을 거둔 사람도 생겨났다.[220]

1940년대 일본 전시체제기에 한인 운동의 세가 약화된 상황에서 동포를 위한 역할이라는 입장에서 받아들인 이들도 있었다. 1941년 도쿄부 보도원이 되었던 김종재는 '마지못해' 보도원이 된 과정을 밝혔다.

> "주재소장인 오카다 마사루(岡田勝) 순사부장이 끊임없이 나한테 와서 도쿄 협화회 후추지부의 보도원을 해달라고 설득했다. 〈중략〉 나는 '그럴만한 그릇이 못 되고 인권옹호의 입장에서 운동하는 처지에 경찰서에 출입하는 것은 취지에 맞지 않는다'며 계속 고사했다. 그런데 어느 날 다마가와 강변에 사는 동포들이 5~6명이 함께 왔다. 들어보니 '우리도 모두 보도원이 되기로 승낙했으니 김씨도 꼭 승낙해서 보도원이 되어 달라'며 담판을 지으러 온 것이다. 그들은 '우리는 일본 경찰에게 협력하는 것이 아니다. 이 조직을 이용해서 어떻게든 조선인 노무자들을 돌보아주겠다는 것 아닌가? 모든 민족운동이 무너져버린 지금에 와서는 민족을 지키기 위해서 이러한 방법밖에 없지 않은가?' 하며 저마다 다그쳤다. 나도 결국 그들의 열의에 눌려 마지못해 보도원을 받아들이기로 했다."[221]

물론 진금선이나 김종재의 구술은 전후의 회상이므로 자기 입장의 발화일 수 있다. 그러나 당시는 당국이 주도한 황민화 정책에 드러내놓고 거부하거나 민족주의적 입장을 표출하는 것 자체가 불가능한 시절이었다. 이런 상황에서 협화회 보도원은 한인의 선택 가운데 하나였고, 전후 이들은 재일코리안사회의 차가운 눈총을 피할 수 없었다.

220) 外村 大,『在日朝鮮人社會の歷史學的研究』, 綠陰書房, 2004, 333쪽.
221) 金鍾在述, 玉城素編,『渡日韓國人一代』, 圖書出版社, 1978, 103쪽.

### 5) 협화회 체제의 붕괴와 흥생회의 탄생

1931년 만주침략에서 시작한 일본의 아시아태평양전쟁은 중일전쟁(1937년 7월)과 미국 진주만 공격(1941년 12월) 직후 보여주었던 승전 상황을 유지하지 못했다. 1942년 6월 미드웨이 해전 패전 이후 태평양 전선에서 일본군은 패퇴하기 시작했다. 그러나 전쟁은 여전했으므로 감당할 수 없을 정도의 넓은 전선에 보내야 할 장병의 수는 늘었고, 보급해야 할 무기와 군수품도 늘었다. 당연히 많은 노동력이 필요했다. 조선에서 일본으로 동원되는 한인은 늘었고, 동원 대상에는 재일 한인이 포함되어 있었다. 총 1,020,125명의 일본지역 노무동원 규모 가운데 1944년에 가장 많은 한인을 동원했다. 총동원 규모의 57%에 달하는 580,936명이었다.

〈표 21〉 일본지역 노무동원 연도별 현황[222)]

| 국민징용 | | 할당모집·관알선 | | | | | |
|---|---|---|---|---|---|---|---|
| | | 석탄광산 | 금속광산 | 토목건축 | 항만운송 | 공장기타 | 소계 |
| 1939 | | 24,279 | 5,042 | 9,479 | | | 38,800 |
| 1940 | | 35,441 | 8,069 | 9,898 | | 1,546 | 54,954 |
| 1941 | 4,895 | 32,415 | 8,942 | 9,563 | | 2,572 | 53,492 |
| 1942 | 3,871 | 78,660 | 9,240 | 18,130 | | 15,290 | 121,320 |
| 1943 | 2,341 | 77,850 | 17,075 | 35,350 | | 19,455 | 149,730 |
| 1944 | 201,189 | 108,350 | 30,900 | 64,827 | 23,820 | 151,850 | 379,747 |
| 1945 | 9,786 | | | | | | |
| 소계 | 222,082 | 356,995 | 79,268 | 147,247 | 23,820 | 190,713 | 798,043 |
| 1,020,125 | | | | | | | |

222) 국무총리 소속 대일항쟁기강제동원피해조사 및 국외강제동원희생자 등 지원위원회, 『위원회 활동결과보고서』, 2016, 135쪽.

이 과정에서 협화회는 재일 한인 동원과 관련한 행정 지원과 보조업무를 담당했다. 징용령서 발부는 물론 근로보국대와 근로봉사대 훈련 업무도 협화회의 역할이었다. 후생성은 협화회에 훈련 경비를 지급하며 독려했다. 1938년 조선인육군특별지원병 실시 결정 후에는 지원병 지원과 헌금 납부와 무기 헌납을 독려하는 일도 하도록 했다.

조선인육군특별지원병제도가 발표되자 각지 협화회 지부는 '감사'의 뜻을 표명하는 행사를 열고 청년훈련도 시작했다. 오사카부 협화회는 1938년 4월 4일 밤, 사나다야마(眞田山) 육군묘지에 있는 '지나사변전사병몰재영령비(支那事變戰死病沒諸英靈碑)' 앞에서 한인 청년 1300여 명을 모아 지원병제도감사제를 열었다. 4월 8일에는 조선총독부 보안과장, 관내 경찰서장 등과 같이 회의를 열고 소학교 출신의 한인을 청년학교에 입학시켜 교육 훈련을 받도록 결정했다. 한인을 지원병으로 내보내기 위한 준비의 하나였다. 1940년에는 전국의 한인을 대상으로 53만 엔이 넘는 돈을 모아 육군과 해군에 전투기, '협화호' 10기를 헌납했다.[223)]

징병제 도입 과정에서도 협화회는 적극 나섰다. 1943년과 1944년 예비비 지출 문서에 의하면, 당국은 협화회에 한인 노무자의 '지도유액'과 징병제실시를 위한 지도 훈련 예산을 지출했다. 강연과 영화 상영, 여성의 1일 입영 체험 등 다양한 행사 예산도 반영했다. 협화회를 이은 흥생회에서도 1945년 1월에 가장 중요한 사업으로 징병준비교육과 노무자 지도를 열거했다.[224)]

이러한 동원과 통제 아래에서도 전황의 열세는 명확했고 미국과 현격한 국력 차이와 원료 고갈상태에서 도죠 히데키(東條英機) 총리는 '정신

223) 樋口雄一, 『皇軍兵士にされた朝鮮人』, 社會評論社, 1991, 23~24쪽.

224) 하종문, 「2007년도 일제강점하강제동원피해진상규명위원회 연구용역 보고서－전시기 일본 본토지역 노무동원정책에 관한 기초 연구」, 49쪽.

승리'를 강조하며 전쟁을 독려했다. 그러나 1944년 7월, 도쬬 내각이 무너지고 조선 총독 출신의 고이소 구니아키(小磯國昭)내각이 문을 열었다. 도쬬 내각의 붕괴는 협화회 체제의 붕괴로 이어졌다. 심각한 노동력 부족 상황에서 한인의 협조가 절실했기 때문이다. 처우개선을 도외시했던 경찰 특무기관적 성격의 협화회 체제에 대한 한인의 불만을 잠재우기 위해 협화회 체제의 체질 개선은 불가피했다.

고이소 총리가 제85회 제국의회에서 '조선 타이완 출신자의 처우개선 도모'를 언명한 후 각의는 11월 4일 「조선 및 타이완 재주민의 처우 개선에 관한 건」을 결정했다. 이를 통해 한인은 정치 참여의 기회를 얻었다. 12월 22일에는 재일 한인의 처우와 관련한 「조선 및 타이완 동포에 대한 처우 개선에 관한 건」을 각의결정했다. 각의결정에서 제시한 총 8개 항의 처우개선요령 제5항과 구체 보강 조치 제5항은 협화회의 개조 확충 내용을 담고 있었다.

당국의 재일 한인 처우개선 방침에 따라 중앙협화회는 1944년 11월 20일 중앙흥생회로 개편했다. 그렇다고 협화회의 사업 목표를 포기한 것은 아니었다. '흥생'이라는 용어로 바꾸었으나 오히려 조직을 강화하고 억압 체제를 정비하는 계기로 삼았다. 당국은 흥생회 발족으로 이어지는 체제 개편 과정에서 다섯 가지 과제를 제시했다. 이 가운데 이전과 달라진 점은 후생성에 전담 과로 민생과를 두었다는 것과 한인 중에서 역원과 지도원 역할을 하는 사람들을 선발한 것이다. 이 방침에 따라 상부 지도층에 한인이 등장했다. 그러나 이러한 조치는 전반적인 한인 처우개선과 관련성이 없었다. 오히려 같은 동포를 통제하는 역할을 한인에게 부여한 것이다. 해방 직후 재일코리안사회에서 친일파 축출 움직임이 있었던 배경이다. 후생성에 민생과를 설치했으나 특고체제는 그대로 유지했으므로 한인에 대한 탄압과 통제는 사라질 수 없었다. 진정한 협화회 체제의

붕괴는 1945년 8월 일본이 패전을 맞으면서 이루어졌다.[225)]

## 6. 한인이여, 황국신민이 되어라?

### 1) 일상어인 모국어를 포기한다는 것은

도일 당시 한인이 유지하던 조선적 문화와 관습, 언어 가운데 언어는 문화의 모습을 규정하는 가장 큰 요인이다. 1920년대 한인의 언어에서 조선어 비중은 매우 높았다. 특히 조선의 교육 여건으로 인해 노동자로 도일한 경우에는 교육의 경험을 가진 이들이 적었으므로 일본어 구사 비율은 더욱 낮았다. 당국은 1941년 3월 국민학교령을 공포했으나 일본 패망까지 조선에서 한인의 초등의무교육은 적용하지 않았다. 월사금(月謝金)이라 불렀던 수업료는 농민들에게 부담스러웠고, 어린이의 일손도 귀한 노동력으로 쓰이던 농촌에서 아동들의 교육 기회는 쉽지 않았다. 그러므로 야학에서 한글을 배우는 조선 농민들이 많았다.[226)]

1920년대 오사카 도일노동자를 대상으로 한 조사에서 무학문맹자 비율은 1923년 53%, 1924년 54%, 1929년 54%, 1930년 52%로 평균 50%를 넘었다.[227)] 한글을 깨치지 못한 노동자가 반수에 달한다는 의미다. 무학문맹율이 50%가 넘었으므로 일본어 해독능력이 이보다 높을 수는 없었다. 그런데 당국의 일본어 조사결과는 무학문맹율 이상이다. 〈표 22〉에 따르

225) 樋口雄一, 『協和會－戰時下朝鮮人統制組織の研究』, 社會評論社, 1986, 195~200쪽.

226) 1922년 교육령에 규정된 보통학교의 수업료는 1개월에 1원 이내이다. 이만규, 『조선교육사』Ⅱ, 거름, 1988, 180쪽.

227) 大阪市社會部, 「朝鮮人勞動者問題」 1924, 『在日朝鮮人關係資料集成』 1, 383~386쪽; 大阪市社會課, 「朝鮮人勞動者の近況」 1933, 『在日朝鮮人關係資料集成』 5, 797쪽; 朝鮮總督府, 「阪神・京浜地方の朝鮮人勞動者」 1924, 『在日朝鮮人關係資料集成』 1, 415~416쪽.

면 ①과 ②의 비율에서 1924년은 전년도에 비해 높아졌으나 ③의 경우는 12% 낮아졌다.

무학문맹율보다 높은 일본어 해독능력은 무엇을 의미하는가. 조사자와 조사 기준이 영향을 미쳤다고 생각한다. '일본어 해독능력 기준' 자체가 주관적이고 명확하지 않다. 대면조사가 아닌 상태에서, 실제 거주 한인의 일본어 해독능력을 확인하기는 어려웠을 것이다.

〈표 22〉 오사카 거주 재일한인의 일본어 해독 비율(단위:%)

| 연도/조사대상자 | 1923년 | | 1924년 | | 1932년 |
|---|---|---|---|---|---|
| | 남 | 여 | 남 | 여 | |
| ①일본어에 익숙한 경우/상 | 14 | 0.9 | 19 | 1.4 | 22.57 |
| ②조금 해독이 가능한 경우/중 | 27 | 2.8 | 30 | 5 | 54.24 |
| ③해독이 불가능한 경우/하 | 41 | 12 | 32 | 10 | 23.19 |
| 조 사 인 원 수 | 18,191명 | | 26,848명 | | 11,835세대 |

* 1932년은 상, 중, 하로 구분

자료: 大阪市社會部, 「朝鮮人勞動者問題」1924, 『在日朝鮮人關係資料集成』 1, 383~386쪽.
金贊汀 · 方善姬, 『風の慟哭』, 76쪽.
大阪府 學務部, 「在阪朝鮮人の生活狀態」, 『朝鮮問題資料叢書』 3, 191쪽.

한인 성인의 일본어 해독능력은 이후 어떤 변화를 가져왔는가. 협화사업을 주도한 다케다 유키오는 "국어(일본어－인용자)의 이해 정도는 사회생활을 원만하게 하는가 여부에 중요한 열쇠가 되므로 특히 유의해야 하는 문제"라고 전제하고, 한인의 일본어 독해 가능 정도를 제시했다. 다케다가 파악한 1936년 기준 '일본어를 이해하는' 한인은 30%이고, '조금이라도 이해하는 자'는 37%이며 나머지는 전혀 이해하지 못하는 한인이다.[228] 〈표 23〉과 비슷한 결과다. 그러나 〈표 23〉의 ③에 해당하는 '이해

228) 武田行雄, 「內地在住半島人の協和事業」, 『朝鮮』 277, 1938년 6월호, 17쪽.

못함' 비율에서 지역별 시기별 편차는 큰 편이었다.

이유는 무엇일까. 가장 큰 이유는 조선부락의 집단 거주 방식이었다. 조선말은 모국어이자 일상어였다. 한인에게 모국어가 갖는 힘은 소통 이상이었다. 민족이라는 뿌리를 깊이 내리게 하고 가지를 번성시켰다. 조선부락은 조선말을 사용하고 조선적 문화와 관습을 유지하는 곳이었다. 이를 위해 재일 한인은 1920년대부터 조선부락 부근에 야학과 학원을 설립해 우리말과 역사를 가르쳤고, 한인노동조합도 조선부락 아동을 대상으로 학교를 운영했다. 이러한 교육을 통해 조선어는 조선부락에서 일상어로 확고한 위치를 가졌다. 조선부락이 유지되는 한, 한인의 일본어 실력이 늘기는 어려웠다. 한인의 일터도 일본어 학습이 필요할 정도로 일본인과 교류가 많은 경우는 드물었다.

〈표 23〉 재일 한인의 일본어 해독 상황[229)]

| 조사기간 | 대상자 | | 이해력 높음(정통) | 약간 이해(보통) | 이해 못함 | 소계 | 비율 (이해못함) |
|---|---|---|---|---|---|---|---|
| 1926 | 고베시 | 독신자 | 816 | | 398 | 1,214 | 32.80 |
| | | 세대자 | 387 | | 83 | 470 | 17.70 |
| 1927 | 시모노세키항 상륙자 | | 2,990 | 3,823 | 4,331 | 11,154 | 38.80 |
| 1929 | 고베시 | | 1,931 | 1,446 | 2,674 | 5,784 | 46.20 |
| 1932 | 오사카시(세대주) | | 2,671 | 6,419 | 2,745 | 11,835 | 23.20 |
| 1935 | 전국 | | 167,842 | 213,589 | 209,609 | 591,040 | 35.50 |
| 1936 | 전국 | | 187,583 | 233,647 | 195,549 | 616,779 | 31.70 |
| 1937 | 전국 | | 211,081 | 267,305 | 197,322 | 675,708 | 29.20 |
| 1938 | 전국 | | 230,573 | 288,131 | 211,092 | 729,796 | 28.90 |

한인 성인의 일상어는 정주 이후에도 조선어가 일반적이었다. 그렇다

229) 外村 大, 『在日朝鮮人社會の歷史學的硏究』, 綠陰書房, 2004, 171쪽.

면 일본에서 태어난 아이들의 경우는 어떠한가. 〈표 23〉에서 1935년부터 1938년간 추이를 보면, '이해못함' 비율은 점차 낮아지는 것을 볼 수 있다. 일본에서 태어났거나 유소년기에 일본에 도일해 일본어 환경 속에서 자란 사람이 늘어난 결과로 볼 수 있다. 앞 장에서 살펴본 취학아동비율의 증가도 영향을 미쳤다.

이러한 추이를 통해 재일 한인의 일상 언어가 조선어에서 일본어로 변화하는 경향성, 가족 구성원들의 일상 언어를 둘러싼 다양성을 볼 수 있다. 당시 이러한 경향성과 다양성에 주목한 이들이 있었다. 일본 국가권력에 안주한 한인들이었다.

> "내가 오사카에 있었을 때 이카이노마치에 머물렀는데 그 근처에 조선 아이가 많다. 대개는 모두 소학교에 다니고 있는 것 같은데. 그들은 같은 조선 아이들과 놀고 있어도 조선말을 조금도 쓰지 않는다. 그들에게 물어보니 조선말을 잘하지 못한다는 것이다. 그들은 집안에서 노는 시간보다도 밖에 나와 노는 시간이 많다. 그들은 부모들과 말할 기회보다 친구끼리 말할 기회가 많다. 이리하여 그들은 국어(*일본어－인용자)를 차츰 익혀가는 동시에 조선말은 점점 잊어가는 것이다."[230]

'오사카와 반도인'이라는 책을 남긴 고권삼(高權三)은 1938년경에는 조선부락이 있었던 오사카시 이카이노 주변 아이들의 일본어도 일상어였다고 표현했다. 장혁주가 경험한 도쿄 조선부락 아이들의 일상어에도 일본어가 스며들기 시작했다.

> "12,3살에 소학교 제복을 입은 아이가 화살처럼 달아나자 그 뒤를 몽둥이를 든 어머니가 따라간다. 4,5분간 추격 끝에 어머니는 돌아선다. 아이는 일본어

230) 高權三, 『大阪と半島人』, 東光商會, 1938, 6쪽.

로 뭐라고 소리치고, 어머니는 조선어로 욕을 퍼부어댄다." [231]

조선부락은 우리말과 우리 풍습이 온존한 곳이었다. 일본인 거주자는 거의 없었으므로, 굳이 서툰 일본어를 할 필요도 없었고, 당국의 눈치를 볼 일도 없었다. 그런데 이런 곳에서도 아이의 일상어는 조선말이 아니었다. 이 모습을 보며 친일의 길에 들어선 장혁주의 심경은 복잡했다.[232]

고권삼이나 장혁주의 주장은 근거가 없으므로 검증이 필요하다. 그러나 당시 조선에서도 이러한 경향성을 볼 수 있는 언론기사가 있는 점으로 보아 일반적 추세가 아닐까 생각한다. 1936년 조선일보는 '일본 내지에서 중학교와 전문학교를 마친 사람 등이 조선어를 잊어가는 경향'을 지적하고, 대학을 나와도 조선어로 감상문 하나 제대로 쓸 수 없다고 개탄하는 기사를 실었다. 아이가 있는 재일 한인 가정에서 일본어를 사용해야 하는 상황이 많아졌음을 지적한 기사도 있다. "조선인 어른끼리도 조선사람이 모인 곳에서 보통은 조선말을 쓰지마는 또 일본말도 쓴다. 조선말을 할 때 일본말을 하였다고 하여 그것은 꾸지럼하지 아니하는 모양이다. 반조선말 반일본말이 통용되는 지경"이 당시 모습이었다.[233]

아동들의 일본어 일상어 경향은 교육제도를 통한 한인학교 탄압과 조선어 통제가 나은 산물이었다. 1930년대 중반부터 한인이 운영하는 교육기관을 폐쇄하고 아동의 일본학교 취학률을 높이기 위해 노력했고 미취학아동은 간이학교를 통해 황민화 교육을 받도록 했다. 중요한 것은 일

231) 野口赫宙, 「朝鮮人聚落を行く」 1937(『在日朝鮮人』, 新人物往來社, 1978, 270~271쪽).

232) 장혁주가 친일문학작품을 발표한 것은 1939년부터다. 그러나 1934년에 발표한 글(나의 포부)과 1937년에 발표한 평론(조선의 지식인에게 호소함)에서 이미 일본으로 경도된 모습을 보였다는 평가를 받고 있다. 안우식 저, 심원섭 역, 『김사량 평전』, 문학과지성사, 2000, 39쪽, 59쪽.

233) 『朝鮮新聞』 1936년 3월 1일자, 「일본에 있는 우리들의 문화생활」; 『조선일보』 5월 5일자, 「경판신 조선인문제좌담회」; 5월 6일자, 「경판신 조선인문제좌담회」.

상어의 변화가 아동을 넘어 성인들에게까지 영향을 미쳤다는 점이다. 가장 큰 원인은 당국이 오랜 기간에 걸쳐 시도한 한인의 일상 언어를 바꾸려는 노력이다. 이미 공연이나 공식 석상에서 조선어는 금지어가 되었다. 당국의 탄압으로 일본의 조선어 연극은 1938년 학생예술좌 공연 후 찾을 수 없게 되었다. 1937년 교풍회의 사업지침에도 '국어의 사용 지도'가 높은 비중을 차지하고 있었다.[234]

일상어 변경을 둘러싼 당국의 탄압에 대해 저항하는 한인의 움직임도 찾을 수 있다. 1939년 1월 교토 리츠메이칸대학유학생동창회 및 도시샤대학유학생학우회는 1938년부터 실시한 조선어사용금지반대운동과 민족문화 옹호를 통해 민족의식의 각성 투쟁을 전개했고, 도쿄에서도 유학생 윤영근(尹永根) 등 3명이 조선어사용금지반대운동의 일환으로 민족문화옹호와 시국비판회를 통한 투쟁을 벌이기도 했다. 다음 달인 2월 4일에도 와세다대학조선유학생동창회 졸업생 송별식 석상에서 민족문화수호를 주장하며 조선어사용금지를 비판하던 하기락(河岐洛) 등 6명이 치안유지법위반으로 체포되었다.[235]

그러나 이미 한인사회의 일상어 변화는 시작되었다. 일본 거주기간이 늘어나면서 한인이 일본인과 접촉할 기회가 늘어나고, 가정 내에서 아이들의 일본어 사용이 미친 영향이다. 조국의 독립은 요원해 고국으로 돌아갈 전망은 어둡고 전시체제로 들어선 상황에서 한인사회에 불어온 일상어의 변화는 문화와 정체성에도 영향을 미치게 된다. 한인이 간행하던 조선신문 1936년 3월 1일자 '일본에 있는 우리들의 문화생활'을 통해 그 과정을 잘 알 수 있다.

234) 樋口雄一, 『協和會－戰時下朝鮮人統制組織の硏究』, 社會評論社, 1986, 58쪽.

235) 姜徹, 『在日朝鮮人史年表』, 雄山閣, 1983, 150쪽.

"일본 땅에 와서 있는 조선사람들은 일본에 와서 있는 관계상으로 한편으로는 일본의 문화의 영향을 받고 있고 또 한편으로는 조선 0사의 그것을 받고 있다. 사례를 든다면 언어의 문제이다. 조선사람이 모인 곳에서 보통은 조선말을 쓰지마는 또 일본말도 쓴다. 〈중략〉 주목되는 것은 아린 아해들의 용어 문제이다. 여계 오서 있는 어린 아해들은 일본 어린 아해들과 노는 관계상 부지불식간에 일본말을 배우게 된다. 집에 들어와서 제 부모에게서 조선말을 배우지마는 그것이 불충분할 때에는 일본말을 쓰게 된다."

이같이 일본 정주 기간이 길어지고 귀국에 대한 전망이 줄어드는 상황은 한인사회에 또 다른 고민을 안겨주었다. 일상어의 변화가 가져오는 민족적 아이덴티티의 약화다. 일상어의 변화는 단지 언어만의 변화가 아니다. 문화의 변용과 의식의 변화로 이어진다. 식민지 체제의 모순을 개인이 부담해야 상황을 맞은 것이다. 앞에서 소개한 김사량과 다른 길을 걸었던 한인들이 나타나기 시작했다.

일본어를 일상어로 사용하고 일본문화의 영향을 받는 한인들이 처한 복잡성을 대표하는 당대 인물은 장혁주다. 장혁주는 일본어 작가에 머물지 않고 일본 국적을 취득해 일본인 작가로 인정받는 길을 택했다. 이 선택은 자신의 의지였다. 조선에서 작가 생활을 하다가 1932년 소설 '아귀도(餓鬼道)'가 잡지 『개조』의 현상모집에 당선되면서 문단에 나온 장혁주는 1935년 영주를 결심하고 도쿄로 왔다. 1932년 일본 문단에 데뷔한 후 줄곧 일본어 작품을 발표한 장혁주는 1937년 10월 『일본평론』에 발표한 소설 '우수(憂愁)인생'과 소설 '골목'(개조 1938년 10월호)을 통해 한인의 복잡성을 드러냈다. 두 소설 모두, 결론에 이르는 과정을 통해 일본에서 태어나 일본어를 사용하고 일본인의 아이덴티티를 공유하려 노력하면서도 일본인도 조선인도 아닌 존재로 살아가는 어정쩡한 인간상을 보여주었다.[236)]

장혁주가 일본 작가가 되는 길을 택한 결과 '친일 작가'라는 이름을 얻었다면, 김사량은 일본어 소설을 썼으나 '항일' '민족작가'로 우뚝 섰다. 김사량은 총독부 전매국장을 지낸 형과 같은 권력의 길을 걸을 수 있었으나 자신의 의지로 정반대의 삶을 살았다. 장혁주가 "제 나라를 억압하는 민족에게 구걸한 피억압 민족작가"로 '굽신거리며 타협하고 항복하고 배반하는' 길을 택한 데 비해 김사량은 소설 제목과 같이 스스로 끊임없이 '빛 속으로' 나아가기를 희구하며 강렬한 빛을 발해 실천으로 옮겼다. 민족해방과 독립을 지향하는 항일투쟁의 길, 화북조선독립동맹 소속 조선의용군에 투신한 행동이다. 김사량은 『빛 속으로』 소설집 후기와 『노마만리』 서문에 식민지 질곡으로부터 탈출을 꿈꾼 식민지 청년을 표현했다.[237]

"현실의 중압 속에서 나의 눈은 아직도 괴로운 곳만 향하고 있다. 그러나 나의 마음은 언제가 명암 속을 떠다닌다. 긍정과 부정의 한 가운데를 누비며 언제나 어슴푸레한 불빛을 찾아 해메고 있다. 빛 속으로 빨리 나아가고 싶다. … 그러나 빛을 맞이하려면 나는 아직 어둠 속에 웅크리고 앉아 눈동자만 빛내고 있을 수밖에 없을지도 모른다." —소설집 『빛 속으로』 후기

"이제 와 돌이켜보면, 그것도 옛날의 어렴풋한 꿈으로밖에는 생각되지 않는다. 그러나 내게 있어 그것은 생명까지 바치려 했던 혁명에의 지향이었으며 그 출범이었다. 그것은 거침없이 흐르는 탁류의 한가운데를 헐떡이며 맴돌았던 생활이라든가. 그야말로 도시 인텔리의 습성인 무사안일을 꾀하는 데에 급급했던 태도와 양심의 날개 그 어두운 그림자 밑에서 언제까지나 살그머니 숨어지내려 하는, 움켜쥐면 금방 부서질 정도로 연약한 유리구슬과 같은 정신. 이런 것 모두와 나 자신과의 결별을 의미했다." —『노마만리』 서문

236) 장혁주에 대해서는 任展慧, 『日本における朝鮮人の文學の歴史』, 法政大學 出版局, 1994 참조.
237) 안우식 저, 심원섭 역, 『김사량 평전』, 문학과지성사, 2000, 18~22쪽.

일상어를 일본어로 사용하게 된 한인이 맞이하게 된 현실도 '일본어 작가' 두 사람이 걸어간 각기 다른 길과 다르지 않았다. 김사량의 소설 '빛 속으로' 등장인물을 통해 알 수 있다.[238] 등장인물은 한인이지만 다양한 문화의 주인공들이다. 조선말밖에 하지 않는 이씨의 어머니, 조선을 싫어하는 남편 때문에 일본어로 말하지만 능력이 충분하지 않은 정순, 조선 이름을 쓰고 조선어와 일본어를 사용하는 이씨, 일본어밖에 하지 않는 야마다 하루오 등, 이들이 습득하는 문화는 다양하다. 민족적 아이덴티티와 문화의 귀속의식도 다르다. 소설에서 작가인 김사량은 '완전한 문제 해결'을 제시하지 않았지만 등장인물들이 민족적 연결의 회복이나 민족문화를 유지하고 살아가는 자세를 보여주었다.[239] 장혁주의 작품에서 내린 결론과 정반대의 모습이다. 김사량이 한인사회에 전하고 싶은 메시지였다.

### 2) 조선 이름을 대신한 통명

통명(通名)이란, 통칭 부르는 제2의 이름, 통칭명을 의미한다. 닉네임·예명·자(字) 등과 같이 본명 외에 세상 사람들에게 통용되는 이름이다. 가명(假名)이라고도 한다. 일반적으로 작가나 연예인들이 많이 사용한다. 이름이 마음에 들지 않거나 발음이 어렵다는 등 다양한 이유로 본명 대신 다른 이름을 사용하는 일반인들도 있다. 이런 이들에게 통명은 선택사항이다. 그러나 자신의 의지와 무관하게 통명을 사용하는 이들이 있다. 재일코리안이다. 식민지 시기에는 작업 현장에서 일본 감독자

238) 김사량의 소설 '빛 속으로'와 '노마만리' 등은 최근 출간한 김석희 옮김, 『빛 속으로』(녹색광선, 2021)가 모두 수록하고 있다.

239) 外村 大, 『在日朝鮮人社會の歷史學的研究』, 綠陰書房, 2004, 341~342쪽.

들이 편의상 통명을 부여하거나 취학이나 취업 등 생활의 편의를 위해 통명을 사용했고, 해방 후에는 이름으로 인한 차별을 피하려 통명을 사용하고 있다. 형식상으로는 선택사항이지만 상황적으로 보면 어쩔 수 없이 사용해야 하는 이름이기도 하다.

국내에서 일반인이 사용하는 통명과 재일코리안 통명의 차이점은 한 가지 더 있다. '조선 이름'이 아니라는 점이다. 한인이라는 점을 감추려면 일본인 풍의 이름을 사용해야 했다. 일본인 풍의 이름이라는 기준은 명확하지 않으나 조선인의 성에서는 사용하지 않는 한자나 2자 이상의 성, 조선인 성으로 존재하는 글자이지만 일본인에게 드문 성(南, 林, 柳 등)이 될 것이다. 성은 조선인 성을 유지하면서 이름만 일본식으로 부여하기도 했다. 주로 식민지 시기에 사용한 통명이다.

'재일 한인이 사용하는 통칭명의 성씨는 일제강점기에 조선인이 강요당했던 창씨개명의 일본식 성'이라 설명한 사전도 있다. 정확한 설명인가. 통명과 창씨개명은 본명인 조선 이름을 대신한 이름이라는 점에서는 유사점이 있다. 그러나 성격은 명확히 다르다. 통명이 호적 등 공적 기록인 공부(公簿)에 본명을 유지하는 데 비해, 창씨개명은 공적 기록에서 본명인 성(姓)에 줄을 긋고 일본식 씨(氏)를 등재하는 방식이기 때문이다.

먼저 통명을 살펴보자. 재일코리안 통명의 역사는 언제부터인가. 한인 노동자 도일의 역사와 무관하지 않다. 식민지 시기 신문기사나 사망기록인 매화장인허증 등 자료에서 일반도일한인(강제동원 이전에 도일한 한인)의 이름은 조선 이름과 통명이 섞여 있다. 이름만으로 민족을 구분하기 어려우므로 본적지를 통해 한인임을 확인해야 한다. 이들은 어떤 과정을 통해, 왜 통명을 사용하게 되었을까.

시기적으로 보면, 도일 초기에는 한인 노동자를 사용하는 작업 현장에서 관리자들이 일방적으로 부여하는 경우가 많았다. 청부업자의 고향을 따서 성으로 하고, 청부업자에 속한 노동자들을 한 줄로 세운 후 일방적으로 번호를 부여하는 방식이었다. 청부업자의 출신지가 효고라면, 순식간에 효고 이치로(兵庫一郎)에서 쥬지로(十郎)까지 십수 명의 이름이 탄생했다. 관리자의 편의를 위한 통명 부여 방식이었으므로 한인 노동자의 의지와는 무관했고, 관리자만이 사용하는 이름이기도 했다. 노동자가 아닌 아이들도 통명을 사용했으나 일본인 풍의 이름에 별다른 감상은 없었다. 그저 '불리는 이름'이라는 의미가 강했다.

1930년대 어머니를 따라 젖먹이 남동생과 함께 히로시마현 고누군(甲奴郡) 시나미무라(階見村)에 온 김분란(1927년생, 경남 출신)은 숯 굽는 일을 하며 연명했다. 한인들은 숯을 구워 후쿠야마(福山) 영림서(국유림을 관리하는 지방사무소, 산림청의 기능)에 납품하며 살았다. 김분란 가족의 거처는 한인 일곱 가구가 함께 사는 판잣집이었다. 눈보라가 몰아쳐 들어올 정도로 엉성한 집이었다. 이곳에서 김분란은 하나코(花子)라는 이름으로 살았다. 이런저런 도움을 주던 여교사가 지어준 이름이었다. 당시 일본에 사는 한인 여자아이들에게 익숙한 이름이었다. "진짜 유행했어. 아무나 하나코야. 틀림없이 그냥 하나코로 하면 된다고 했어."[240)]

1918년 경남 함양에서 태어나 1930년대 초 후쿠오카현 오카와무라(大川村)로 온 강해윤도 일본에 도착하자마자 '가네코(金子)'라는 일본 이름을 받았다. 학교에 다니기 위해서였다. 도쿄의 요쓰야(四谷)중학교에 입학해서 가네코라는 이름으로 학교에 다녔다.[241)]

재일 한인의 정주 생활이 깊어지면서 통명 사용 비율이 늘어났고 일방적 통명 부여 방식이 아닌 자기 의지를 담은 통명 사용 사례도 늘어났

240) 가와타 후미코 지음, 안해룡·김해경 옮김, 『몇 번을 지더라도 나는 녹슬지 않아』, 바다출판사, 2016, 133~134쪽.

241) 이붕언 지음, 윤상인 옮김, 『재일동포 1세, 기억의 저편』, 동아시아, 2009, 240쪽.

다. 오사카시가 조사한 결과를 보면, 1932년 세대를 구성한 한인 가운데 6.31%가 통명을 사용했다. 그러나 1935년 교토시 거주 한인 세대주의 45.1%가 통명 사용자로 나타났다.[242] 조사 방법의 차이가 있을 수 있지만 교토시 거주 한인 세대주의 반 가까이가 일본식 성(姓)을 사용했다는 의미이다.

다케다 유키오도 '반도인의 내지화 상황' 가운데에서 '내지 이름 사용'을 가장 좋은 성과로 꼽았다. 당국에서도 "일반 정세를 사찰한 결과, 1937년 말 이후 출생아에게 내지 이름을 짓는 것은 차질 없이" 진행되고 있다고 자평했다.[243] 이러한 점은 기사에서도 찾을 수 있다. "일본 내지사람들과 같은 성명을 쓰려는 이유는 회사 사무원과 상점의 점원, 공장의 직공 등이 직업 생활을 하는데 있어 조선인 성명을 사용하는 것보다 일본 내지 사람의 성명을 사용하는 것이 대우와 대접이 훨씬 좋기" 때문이다.[244] 이같이 한인에게 통명은 '생활을 위한 전략'이 대부분이었다.

### 3) 성을 포기하고도 차별을 감내해야 했던 창씨개명

이에 비해 창씨개명은 법령을 통해 실시한 식민지 지배정책이었고, 차별문제 해결과 무관한 정책이었다. 통명이 일본에서 생활을 위해 일본 이름을 병용하는 것이라면, 창씨개명은 본명의 포기였다.

> "과거 우리나라의 식민지 지배에 의해 한반도의 여러분들이 학교에서 모국어 교육의 기회를 빼앗기고 자신의 성명을 일본식으로 개명해야 하는 등 참

---

242) 大阪府 學務部 社會課,『在阪朝鮮人の生活狀態』, 1934, 75쪽, 92쪽; 京都市 社會課,「市內在住朝鮮出身者に關する調査」(1937),『在日朝鮮人關係資料集成』3, 1208쪽.

243) 武田行雄,「內地在住半島人の協和事業」,『朝鮮』277, 1938년 6월호, 18쪽.

244)『조선일보』1937년 5월 10일자,「재류조선인 중에 변성명 제출이 속출」.

으로 다양한 형태로 견디기 어려운 슬픔과 고통을 겪어야만 했던 것과 관련하여, 그러한 행위를 깊이 반성하고 마음으로부터 사과를 드립니다."

1993년 11월 7일 경주에서 열린 한일정상회담 공동 기자회견에서 호소카와 모리히로(細川護熙) 총리의 담화 중 창씨개명 관련 내용이다.[245] 호소카와 총리가 사과한 이유는 창씨개명이 법령을 제정해 시행한 식민지 지배정책 가운데 하나였기 때문이다.

창씨개명은 두 가지 내용을 담은 정책이다. 하나는 씨(氏)를 새로 만드는 것, 창씨(創氏)다. 다른 하나는 이름을 바꾸는 것, 개명이다. 이것만을 놓고 보면 통명과 차이를 느끼기 어렵다. 그러나 차이는 컸다.

첫 번째 차이는 임의적 행위인 통명과 달리 창씨개명은 법령에 근거해 공권력이 주도한 행위라는 점이다. 당국은 1939년 11월 7일 각의를 열어 창씨개명을 결정하고, 11월 10일 조선민사령을 개정 공포(제령 제19호)했다. 개정 조선민사령을 시행하기 위해 12월 26일 조선총독부는 '조선인 씨명에 대한 건'과 '조선인의 씨 설정에 따른 호적사무취급방법에 관한 건' 등을 공포하고 시행에 들어갔다. 조선민사령 개정 내용은 가(家)의 칭호로써 씨를 붙이고, 호주는 씨를 설정해 조선민사령 시행일(1940년 2월 11일)부터 6개월 이내에 신고하도록 했다. 설정 창씨[246]라고 한다.

만약 신고하지 않으면 창씨를 하지 않은 것인가. 그렇지 않았다. 신고하지 않아도 호주의 성을 씨로 간주해 호적관리자가 직권으로 호적에 씨를 기재하도록 했다. 신고하지 않아도 씨는 창설한다는 의미이다. 법정 창씨[247]라고 한다. 간혹 조상이 창씨개명을 하지 않았다고 주장하는 이

245) 水野直樹, 『創氏改名』, 岩波新書, 2008, 2쪽.
246) 1940년 2월 11일부터 10일까지 호주가 씨창설 신고를 한 경우.
247) 1940년 8월 10일까지 씨창설 신고가 이루어지지 않은 경우 1940년 2월 11일 시점에서 호주의 성을 그대로 가의 씨로 자동적으로 설정하는 제도. 제령 제19호 부칙 제3항에 명시.

들이 있다. 신고기간 중 스스로 씨를 신고하지 않았다는 이유이다. 그러나 이 주장은 창씨개명 여부와 무관하다. 법정창씨에 따라 자신의 의지와 무관하게 호적에는 창씨가 되어버렸기 때문이다.

조선민사령 개정에 따라 당연히 재일 한인도 창씨개명 정책의 대상이 되었다. 다만 조선과 차이점은 접수창구가 다르다는 점이다. 조선에서는 지방 행정관청의 호적계가 접수 처리했으나 일본에서는 경찰서가 담당했다. 1910년 강제병합 이후 재일 한인을 통제하고 담당한 관청은 경찰조직이었고, 거주 기록도 경찰이 작성하고 있었다. 한인의 기류부를 작성한 것은 한인이 징병대상자가 된 1943년이었으므로 한인의 창씨개명은 경찰의 담당업무였다.[248)]

두 번째 차이는 창씨개명이 단지 이름을 바꾸는 것을 넘어 가족제도의 존재 양상을 바꾸려는 정책이었다는 점이다. 창씨를 통해 만드는 새로운 씨는 조선의 성(姓)과 다르다. 부계혈통으로 대대로 이어온 종족집단 대신 천황을 중심으로 하는 새로운 가(家, 이에)를 만드는 것이다. 창씨개명은 천황을 종가(宗家)로 하고 그 아래 천황의 신민인 가장(家長)이 이끄는 각 이에(家)가 분가(分家)로 존재한다는 일본의 시스템을 정착하려는 정책이다. '이에 제도'는 종족집단이 종가를 이루는 조선의 제도와 차이가 있었다. 이 정책을 통해 조선 사회에 강고하게 존재하는 종족집단을 해체하려는 의도였다.

세 번째 차이는 일본인과 한인을 구별해 '차이를 남기는 방향성'을 작동한 정책이라는 점이다. 조선의 가족·친족제도를 개편하고 이에의 관념을 강화하기 위해 씨제도를 창설할 필요는 있지만 단속을 위해서는 일본인과 한인을 구별할 수 있는 조치가 필요했다. 당국은 조선에 창씨개

248) 樋口雄一, 『日本の朝鮮·韓國人』, 同成社, 2002, 102~119쪽.

명 정책을 시행하기 이전부터 일본인과 한인의 '차이'를 중요하게 생각했다. 강제병합 후 당국은 조선에서 성명 등록을 다양한 방식으로 제한했다. 1911년 10월 26일 조선총독부가 공포한 법령 '조선인의 성명 개칭에 관한 건'(조선총독부령 제124호)을 통해 개성개명을 신고제에서 허가제로 바꾸었다. '일본인과 혼동하기 쉬운 성명'으로 바꾸는 것을 금지하기 위해서였다. 이러한 방향은 창씨개명 정책 시행 과정에서도 변함이 없었다.

당국은 창씨를 의무화하고 간편하게 신고하거나 신고와 무관하게 법정 창씨를 통해 설정하도록 했으나 개명은 복잡한 허가를 받도록 했다. 이름을 일본인 풍으로 바꾸려면 재판소의 허가를 받은 후 신고를 하고 호적상 이름을 바꾸어야 했다. 절차도 복잡하지만 허가가 나지 않으면 개명은 불가능하다는 의미가 된다. 창씨는 쉽지만 개명은 어려운 과정이었다. 가능한 개명을 하지 못하도록 한 것이다. 총독부는 창씨개명 정책을 집행하는 과정에서 '일본인과 구별이 불가능해지는' 상황을 심각하게 우려하고, 단속과 통치에 방해가 되는 방향으로 가지 않도록 개명을 제한했다.[249] 당국의 정책 방향과 의도는 차별을 피하고 생활상 전략을 위해 통명을 택했던 한인에게 큰 의미가 없었다. 창씨만으로는 일본인과 구분이 쉬웠기 때문이다.

249) 水野直樹, 『創氏改名』, 岩波新書, 2008, 15쪽.

# 제4장

# 아시아태평양전쟁,
# 재일코리안을 동원하라

# 제4장
# 아시아태평양전쟁, 재일코리안을 동원하라

## 1. 일본의 전시동원체제, 침략전쟁의 한복판으로

### 1) 제1차 세계대전으로 접하게 된 일본의 총동원체제

1931년 만주사변으로 일본은 15년에 걸친 아시아태평양전쟁의 서막을 올렸다. 1938년부터 일본과 일본의 식민지와 점령지 등 모든 제국 영역은 총동원체제에 들어섰다. 일본의 총동원체제는 제1차 세계대전에서 얻은 잘못된 교훈이었다. 민간인을 포함해 약 천만 명이 목숨을 잃은 제1차 세계대전이 인류에 남긴 교훈은 전쟁 방지와 평화를 위한 노력이었으나 인류는 교훈을 얻지 못하고 제2차 세계대전을 맞았다. 일본도 마찬가지였다. 제1차 세계대전을 통해 자국과 식민지 등 제국의 모든 인력과 물자, 자금을 총동원하는 '총력전' 사상을 접했다.

총력전 사상이란, 제1차 세계대전 후 세계적으로 확산한 근대 전쟁관이었다. 제1차 세계대전 말기 프랑스가 총력전(guerre totale) 용어를 사용한 후 1935년 독일에서 『총력전』을 출판했고, 1937년에 영국에서도 'total war'를 사용했다. 총력적이라는 용어가 세계적으로 확산한 것은 1930년대 후반이었으나 총력전 사상의 출발 시기는 제1차 세계대전이었다.

제1차 세계대전을 통해 총력전 개념이 출현하게 된 이유는 이전과 다른 전쟁 상황 때문이었다. 이전에는 병사들의 전투가 중심이었으므로 병사의 질과 양이 전쟁의 승패를 결정하는 가장 중요한 요소였다. 그러나 제1차 세계대전을 통해 대형 폭탄과 기관총·전차 등 대량 살상무기가 발달했다. 이에 따라 전투원들의 희생은 폭발적으로 늘었고, 많은 탄약과 연료가 필요했다. 이제 전쟁은 전선의 문제나 우수한 병사만의 문제가 아니었다. 많은 무기와 연료를 제공하기 위해 우수한 무기를 생산할 기술력과 자금이 필요했다. 외교력도 뛰어나야 했고, 국민이 전쟁을 감수할 의지도 있어야 했다. 쉽지 않은 일이었다. 그러므로 각국은 다양한 방법으로 국민을 설득해야 했다. 이같이 제1차 세계대전 이후의 전쟁은 군사, 정치, 경제, 사상, 문화 등 국력을 뒷받침한 국가의 총력이 필요한 시기가 되었다.

제1차 세계대전 참전을 통해 새로운 전쟁의 양상을 확인한 일본은 총동원체제 만들기에 뛰어들었다. 1918년 12월 육군임시군사조사위원회 제2반은 국가총동원 개념을 담은 문서 「교전 제국의 육군에 대하여」를 만들었다. 문서는 국가총동원이 국민동원과 공업동원을 포함해 병사들만의 문제가 아니라는 점을 명확히 담았다. 내각은 제1차 세계대전이 진행중이던 1918년 4월 육군의 독려 아래 군수공업동원법을 제정했다. 총력전 수행을 위해 평상시부터 전 국가의 자원을 조사하고 전쟁이 일어났을 때 보급 계획을 세울 수 있는 법이었다. 그리고 그 해 6월 1일, 군수국을 신설해 업무를 담당하도록 했다.

1919년 12월에는 군수조사령을 제정하고 '조선과 타이완'을 대상 지역으로 포함했다. 1924년 3월 육군이 수립한 「대정 13년도 육군군수공업동원 중앙계획안」에 일본 총동원체제의 구상을 마련했다. 1925년 4월 국가총동원기관설치위원회를 설치했고, 1929년에 자원조사법을 제정했다. 만주침략 후 일본 자원국은 1930~1932년에 참정총동원기간계획 및 1932~1933년간 응급총동원계획, 1934~1935년간 제2차 총동원기간계획 등을 책정했으나 중일전쟁이 일어나기 전까지는 실시하지 않았다. 1936~1938년간 책정한 제3차 총동원기간계획이 중일전쟁 시기에 일부 실시되었으나 본격적 개시는 1938년이었다. 1937년 중일전쟁 후, 1938년 4월 군수공업동원법을 대신한 국가총동원법을 제정해 국가총동원체제를 확립했다.[1)]

### 2) 침략전쟁을 일으켰다 - 만주침략과 중일전쟁을 넘어 태평양전쟁으로

1931년 일본은 전쟁을 일으켰다. 1931년 9월 18일, 관동군은 중국 선양(瀋陽) 부근 류타오거우(柳條溝)에서 침략전쟁의 신호탄을 터트린 후 중국 관내(중일전쟁)를 거쳐 태평양전쟁(1941년)으로 몰아갔다.

제1차 세계대전 종결 후 일본 군부는 전쟁을 자립경제를 이루는 길이라 착각했다. 남의 것을 빼앗아 일본의 경제 자립을 이루겠다는 계획이었다. 관료들이 군부의 생각을 지지하자 용기를 낸 군부의 맨 앞에 이시와라 간지 중좌가 있었다. 이시와라 간지는 1931년 9월 18일, 일본 육군 관동군 작전주임 참모 자격으로 만주침략에 나섰다. 당시 일본은 러일전쟁 후 러시아로부터 획득한 관동주의 방비와 러시아로부터 넘겨받은 중동 철도의 남쪽 지선인 남만주 철도를 보호할 목적으로 관동군을 파견하고 있었다. 관동군은 일본 측 철도의 선로 일부를 스스로 폭파하고 중국

1) 안자코 유카, 「조선총독부의 '총동원체제'(1937~1945) 형성 정책」, 고려대학교 사학과 박사학위논문, 2006, 23~24쪽, 34쪽, 〈표 1-2〉.

十八日午後十時부터

日中軍遂衝突

民國兵이 滿鐵線을 爆破한故닭에

日本守備隊가 곳應戰砲擊햇다고

日本軍奉天城占領

【東京十九日發電通】外務省十八日午後十一時半着電＝滿鐵本線柳城口(北大營附近)의 鐵橋를 十八日午後十時半 爆破한者잇서 中國兵의 所爲라認하고 日本守備隊가 出動하야 北大營附近에서 日中交戰中이라는 警察報告에接하얏다

【奉天十九日發聯通電報】十八日午後十時中國兵이奉天의北方北大營에서 滿鐵線을 爆破하고 日本의 ○○守備隊를 襲擊하얏슴으로 日本兵은 곳此에應戰하야 大砲로써 北大營의 中國兵營을砲擊하고午後十一時 二十分에 그一部를 占領하얏는데 激戰은아즉도繼續中이다

【奉天十九日發電通】北大營을 完全占領한 日本軍은 更히進擊하야 十九日午前一時四十五分 奉天城內를 保障占領하얏다

關東軍司令部를

急遽奉天에移轉

遼陽師團과安東部隊도出動

【旅順十九日午前四時二十三分發至急電報通】關東軍司令部는 急遽히 奉天으로옴기게되어 本庄軍司令官은 幕僚와 步兵○○名을 引率하고 ○○日 午前○○○ 臨時列車로 奉天에急行하얏다

【奉天十九日發聯合】第○師團司令部는 ○○日午前○○○○○에 遼陽發奉天에 向하야 進發하얏다



〈그림 52〉 동아일보 1931년 9월 20일자 1면

소행으로 뒤집어씌우는 방법으로 도발하고, 선전포고도 없이 만주를 점령했다. 당시 신문기사를 보면, 마치 중국군이 철로를 폭파하고 일본군을 공격한 것으로 되어 있다.

9월 21일, 군부는 군 통수권자(쇼와 천황)에게 보고도 없이 독단적으로 조선 북부에 있던 조선군(조선에 주둔한 일본군)까지 파견했다. 내각은 당황했으나 와카쓰키 레이지로(若槻禮次郞) 총리는 애매한 입장으로 확전을 막지 않았다. 더구나 22일, 쇼와 천황은 '조선군 파견을 추인하고, 이번에는 어쩔 수 없으나 앞으로 주의하라'는 분부를 내렸다. 명령체계를 무시한 독단행동을 용인한 1주일 후에는 관동군의 중국 진저우(錦州) 공습을 재가했다.[2] 그리고 1932년 1월 8일, "짐은 깊이 그 충렬을 가상히 여긴"다는 내용의 칙어를 내려 관동군 장병에게 영예를 부여했다.

만주를 차지한 일본 군부는 공격 대상을 중국 본토로 설정했다. 1937년 중일전쟁은 반짝 승리를 안겨주었다. 상하이와 난징(南京)을 거쳐 전선을 확장하자 일본 민중은 환호했다. 승리에 도취한 군부는 3개월 이내에 전쟁을 끝낼 것이라 호언장담했다. 그러나 1938년 10월, 우한(武漢) 3진을 점령하고 1939년 2월 중국 남부 하이난도(海南島)를 차지한 후 전선은 교착상태에 빠졌다.

승전보와 진군이 멈추자 민중들의 불만은 쌓이기 시작했다. 길어지는 전쟁이 민중들의 삶의 질을 떨어트리고 희생을 요구했기 때문이다. 한커우(漢口) 점령 후 전쟁이 끝날 것이라 기대하던 민중들은 실망했고, 늘어난 통제에 거부감도 늘어났다. 식량을 비롯한 각종 일용품의 배급제도는 일상을 조이는 불편함이었다. 매달 배급통장에 정해준 양만 살 수 있었으므로 돈이 있어도 양말 한 개도 마음대로 살 수 없었다. 일상의 불편함이 늘어나자 전쟁에 대한 염증이 높아지고 사회 분위기는 침체했다. 돌파할 방법이 필요했다. 1939년 9월 1일, 유럽에서 제2차 세계대전이 일어나자 일본도 움직였다. 1940년 9월 22일, 일본군은 불령 인도차이나 북부지역으로, 그리고 이듬해에는 남부 인도차이나를 점령했다. 동아시아를 벗어난 일본군이 갈 곳은 미국이었다.

2) 허버트 빅스 저, 오현숙 역, 『히로히토 평전』, 삼인, 2010, 271~277쪽.

“제국 육해군은 오늘 8일 미명(未明), 서태평양에서 미국 · 영국군과 전투 상태에 들어갔다” 1941년 12월 8일 오전 6시, 라디오는 대본영육해군부 발표를 보도했다. 그리고 그날 천황은 선전(宣戰) 조서를 내렸다. 무모한 전쟁의 시작이었다. 개전 당시 미국의 국민 총생산은 일본의 12배에 가까웠다. 중화학공업과 군수산업의 기초가 되는 철강은 일본의 12배, 자동차 보유는 160배, 석유는 776배나 되었다. 누가 보아도 열세였으나 군부는 이 점을 이용해 위기를 강조하고 국민을 결속시키고자 선동했다.

선동은 통했다. 천황의 선전 조서를 접한 지식인들은 “역사는 만들어졌다. 세계는 하룻밤 사이에 변모했다. 감동에 몸을 떨면서 무지개처럼 흐르는 한 줄기 빛의 행방을 지켜보았다. … 일본국민의 결의는 하나로 불타올랐다. 상쾌한 기분”이라며 감격을 감추지 못했다. 농민들도 “드디어 시작된다. 몸이 바싹 긴장되는 것 같다”며 농사일을 쉬고 신문을 읽었다.[3)]

### 3) 한반도를 총동원하라[4)]

침략전쟁으로 일본의 민중과 식민지 · 점령지 민중들은 고통을 겪어야 했다. 아시아태평양전쟁을 치르기 위해 일본 본토와 식민지 및 점령지, 전쟁터에서 다수의 인적, 물적 자원과 자금을 동원했다. 강제동원이다. 강제동원은 전시동원이며, 당시 일본이 점유한 모든 지역에서 일어났다.

아시아태평양전쟁은 총동원전쟁이다. 국가총동원체제는 국가총동원법을 모법으로 각종 통제법령을 통해 효력을 발휘했다. 인적 · 물적 · 자금 동원을 규정한 국가총동원법(1938.4. 공포. 1938.5. 시행)은 전쟁 수행

3) 가토 요코 지음, 윤현명 · 이승혁 옮김, 『그럼에도 일본은 전쟁을 선택했다』, 서해문집, 2018, 360~365쪽.

4) 상세한 피해 내용에 대해서는 정혜경, 『일본의 아시아태평양전쟁과 조선인 강제동원』, 동북아역사재단, 2019 참조.

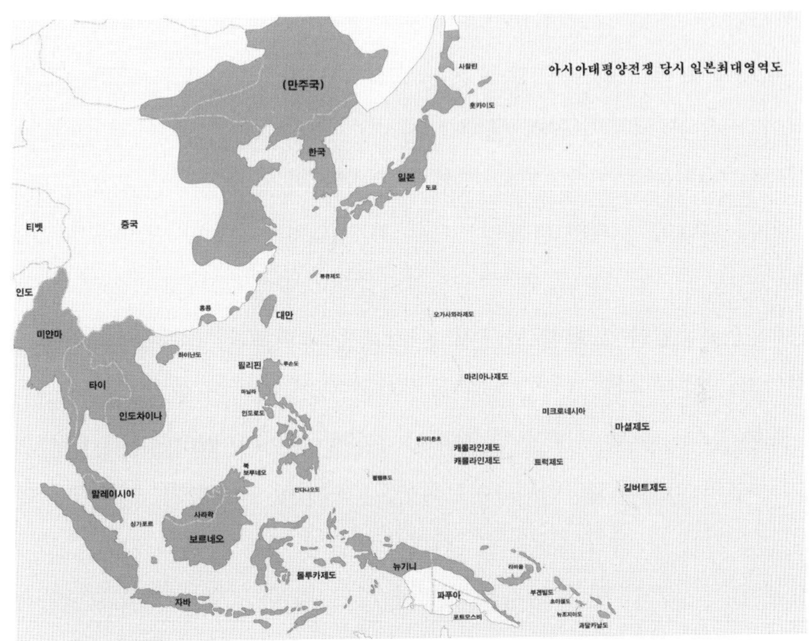


〈그림 53〉 아시아태평양전쟁 당시 일본제국의 최대 영역도
(일제강점하강제동원피해진상규명위원회, 『강제동원명부해제집』 1, 2009)

을 위해 총동원을 규정한 전시수권법이다. 국가총동원법의 하위 법령은 칙령(勅令)과 각령(閣令), 성령(省令), 고시(告示) 등의 형식으로 제정 시행했다.

(1) 인력과 물자의 동원

아시아태평양전쟁은 일본이 통치하던 모든 영역의 사람과 물자, 자금을 총동원해서 치른 전쟁이었다. 재일 한인은 물론, 식민지였던 조선의 사람과 물자, 자금도 동원했다. 세 가지 가운데에서 한국 사회가 피부로 느끼는 피해는 인력동원이다. 당국은 연인원 780만 명이 넘는 한인을 군인 · 군무원 · 노무자 · 일본군위안부로, 한반도와 일본, 남사할린, 태평양과 동남아, 중국 관내와 만주지역으로 동원했다.

현재 한국 정부의 공식 인력 동원 피해규모는 위원회가 산출한 7,804,376명이다. 일본 정부의 공식 통계를 분석한 결과이며, 일본군위안부 등 피해자는 제외한 수치다. 일본 정부가 공개한 여러 통계수치 가운데 최소 수치를 채택해 통계를 만들었으므로 최소 수치다. 780만 명이라면, 당시 조선 인구 열 명 가운데 세 명이 동원되었다는 말인가. 그렇지 않다. 780만 명은 중복동원을 포함한 규모이다. 강제동원 피해는 피해자 1인이 동원 지역과 유형에 따라 여러 차례 동원되곤 했기 때문이다.

현재 한국 정부는 200만 명 정도로 추산할 뿐이다. 200만 명은 당시 조선 인구의 10%에 해당한다. 이토록 많은 인원이 필요한가. 전쟁은 군인만으로 치를 수 없기 때문이다. 전쟁에 필요한 것은 물자와 인력, 그리고 자금이다. 무기를 만들 물자가 있어야 하고, 물자를 생산할 원료(탄광석, 전력 등)도 있어야 하며, 물자를 가공한 원료 군수품을 생산할 노동력이 있어야 하고, 비용이 있어야 한다.

당시 일본에서 병사 한 명을 전쟁터에 내보내는데 필요한 민간 노동력은 13~18명이라 했다.[5)] 병사가 사용해야 할 무기는 물론, 옷이나 양말, 신발도 필요했고, 트럭이나 비행기, 군함도 필요했다. 모두 후방에서 민간인이 만들어야 하는 물품이다. 군수물자를 만들기 위해 기계를 돌리려면 석탄이 있어야 했다. 군함과 비행기를 만들기 위해서는 철강이 옷감이 필요했다. 석탄이나 군수공장에서 만든 물품을 화물차와 선박에 실어야 했다. 비행장과 도로, 철도 건설도 사람의 손을 빌리지 않으면 불가능했고, 병사들의 식량도 생산해야 했다. 이 같은 물자와 노동력을 토대로 병사들은 전쟁을 수행했다.

5) 津田剛, 「勞務者と思想」, 『朝鮮勞務』 1-1, 1941, 38~40쪽.

공출 물자 가운데 중요한 것은 쌀이다. 총독부는 매년 조선 전체에서 생산되는 쌀의 약 50~60%를 공출하도록 했다. 그러나 공출 물자는 쌀에 그치지 않았다. 국가총동원법에 규정한 총동원 물자는 군용 물자(병기 · 함정 · 탄약 기타), 피복 · 식량 · 음료 · 사료, 위생용 물자(의료품 · 의료 기계 기구 등), 운수용 물자(선박 · 항공기 · 차량 등), 통신용 물자, 토목 건축용 물자, 조명용 물자, 연료(석탄과 광물자원)및 전력 등 총 여덟 가지였다. 한인이 조선 땅에서 감당해야 할 물자였다.[6]

(2) 노무자

일본 국가권력이 동원한 한인 가운데 다수는 노무자였다. '노무동원'이란 국가총동원법에 따라 정책적 · 조직적 · 집단적 · 폭력적 · 계획적으로 동원한 각종 산업 현장의 인력을 의미한다. '전시노무이입자(戰時勞務移入者)'나 '공출(供出)'을 공식 용어로 사용했다.

동원된 지역은 한반도 · 일본 · 중국(만주, 중국 관내) · 남사할린 · 동남아시아 · 중서부 태평양 · 타이완이었다. 직종별로는 군수공장 · 군공사장 · 토목건축현장 · 석탄광산 · 금속광산 · 항만운수 · 집단 농장 · 기타(염전 등) 등이 있다. 석탄광산으로 간 사람이 가장 많았다. 여성들도 동원되었다. 직종에 따라 노동실태는 달랐다.

당국은 일본 정부 책임 정도에 따라 노무자 동원경로를 모집(1938.5~1945.6), 징용(1939.10~1945.4), 관알선(1942.2~1945.6)의 세 종류로 구분했다. 세 가지 동원경로의 공통 사항은 '한인을 고용하고자 하는 고용주(일본기업)가 신청한 인원수를 일본 정부가 조정해 배당하고, 조선총독부와 조정해 확정'하는 것이다. 모두 공권력에 의해 이루어졌으므로 강제성에

6) 허광무 외, 『일제강제동원 Q&A(1)』, 도서출판 선인, 2015, 198쪽.

서 차이는 없었다. 차이는 사고나 사망에 대한 국가책임 여부였다. 징용은 정부가 사고나 사망에 대한 책임을 지는 제도였다. 이에 비해 모집은 사고나 사망에 대한 책임을 기업이 전담했다. 징용은 1939년 10월부터 1945년 4월 국민근로동원령 발효까지 한인에게 적용되었다. 다만 초기에는 일본인이든 한인이든 기술직이 해당되었으므로 소규모였다.[7] 그러므로 한인에게 징용은 1944년에 처음 적용되었다거나 세 가지 동원경로의 강제성이 차이가 있다는 생각은 적절치 않다.[8]

세 가지 동원경로를 운영하고 주관하는 담당 기관은 일본 정부 부처, 조선총독부, 남양청 등 통치기관이다. 총독부도 법령과 예규, 사무분장 등 각종 규정을 마련하고 업무를 담당하는 행정부서를 설치해 운영했다. 지방에서는 도와 부 · 군 · 도(島), 읍과 면에 이르기까지 내무부(도) · 내무과(부) · 내무계(군과 도) · 노무계(또는 권업계)가 관련 부서인 소방서와 해항보호사무소, 경찰서, 철도국 영업과의 협조를 얻어서 관련 업무를 수행했다. 이 과정에서 관련 기업은 물론, 관련 단체인 직업소개소와 조선노무협회, 동아여행사 등이 업무를 보조하거나 지원했으나 모든 과정은 총독부가 주관했다.[9]

---

7) 노무동원 경로에 대해서는 정혜경, 「국민징용령과 조선인 인력동원의 성격–노무자와 군속의 틀을 넘어서」; 「노무원호제도와 조선인노무동원」, 『일본제국과 조선인 노무자 공출–조선인 강제연행 · 강제노동연구Ⅱ』, 도서출판 선인, 2011; 정혜경 외, 『반대를 론하다–'반일종족주의' 역사부정을 넘어』, 도서출판 선인, 2019 참조.

8) 이상의는 징용제도를 육해군요원 징용(1941)과 학도징용(1943)을 제외한 현원징용(1944)과 일반징용을 '국민징용'으로 파악해 1944년 이후부터 실시했다고 정리했다. 이상의, 『일제하 조선의 노동정책 연구』, 혜안, 2006, 306~309쪽. 그러나 정리한 내용에서 '국민징용' 규정을 제외하면 朴慶植의 저서 『朝鮮人强制連行の記錄』(未來社, 1965)의 내용과 동일하다. 박경식은 국민징용의 범주에 육해군요원징용을 포함한 통계를 '국민징용' 통계로 제시했는데, 이상의는 박경식이 제시한 통계와 동일한 통계를 수록하면서 제목만 '일반 · 현원징용 상황'으로 변경했다.

9) 상세한 내용은 정혜경, 「조선총독부의 노무동원 송출관련 행정조직 및 기능 분석」, 『일본제국과 조선인 노무자 공출–조선인 강제연행 강제노동연구Ⅱ』, 도서출판 선인, 2011 참조.

〈표 24〉 노무동원 규모

| 국민징용 | | | 할당모집, 관알선 | | | | |
|---|---|---|---|---|---|---|---|
| 일본 | 한반도 | 남방 | 일본 | 한반도 | 남사할린 | 남양군도 | 만주 |
| 222,082 | 303,824 | 135 | 798,043 | 6,184,643 | 16,113 | 5,931 | 3,658 |
| 526,041 | | | 7,008,388 | | | | |
| 총계 : 7,534,429 | | | | | | | |

(3) 일본의 군복을 입은 한인 청년들

한인 청년들은 육군특별지원병령(1938.2.22)을 근거로 일본군이 되었다. '조선군'에 배속되어 조선에 주둔하는 경우가 많았으나 '지나군(중국에 주둔한 일본군)'과 '관동군' '남방군(동남아시아와 태평양에 주둔한 일본군)'의 이름으로 중국과 동남아·태평양 전선에서 다수가 목숨을 잃었다. 일본에서는 농경근무대 등 후방에서 특수 임무를 수행하기도 했다.

한인 청년들은 처음에는 지원병이라는 이름으로, 전쟁 말기에는 징병이라는 이름으로 일본 군복을 입었다. 단계별로 동원한 이유는 무엇인가. 군인은 무기를 소지하므로 민간인인 노무자와 달리 식민지 청년의 군인 동원은 매우 민감한 문제였기 때문이다.

당국은 일찍부터 이 점을 고민했는데 정부와 군부는 이견을 보였다. 정부는 한인을 병력으로 동원한다는 가정 아래 준비가 필요하다고 생각했다. 교육제도 개정이었다. 전쟁터에서 한인이 일본군에게 총구를 겨누지 않게 하려면 황민화 교육을 강화해 일본인으로 인식하도록 세뇌하기 위해서였다. 군부는 한인 징병 문제에 쉽게 동의하지 않았다. 중국 전선의 승리에 도취한 군부에서 '조선인이 우리 등 뒤에서 총을 겨누게 하려는 것인가' '피는 우리가 흘리고 과실은 조선인과 나누라는 것'인가 하는 반발이 컸다.

그러다가 중일전쟁이 장기화하자 병사가 될 식민지 청년이 필요했다.

그렇다고 곧바로 징병제도를 실시할 수는 없었다. 한인이 권리를 요구하고 나올 염려가 있었고, 조선의 행정 체계도 미비했다. 징병제도를 적용하기에는 준비하고 보완해야 할 점이 많았다. 징병 대상자의 소재를 파악하기 위해서는 국민등록제도인 기류제도가 필요했으나 한인은 적용 대상이 아니었다. 그래서 나온 방안이 육군특별지원병 제도였다.

지원병과 징병을 포함해 일본의 군복을 입은 한인은 몇 명인가. 일본 정부가 밝힌 규모는 총 209,279명이다. 그러나 입대했음에도 일본 정부의 자료에서 이름을 찾을 수 없는 이들이 있다. 1945년 5월 입대한 최동언도 그 가운데 한 명이다. 2013년 12월 6일, 동생은 일본 후생노동성을 방문해 돌아오지 않는 형의 행방을 문의했다. 그런데 입대한 형의 기록은 찾을 수 없었다. 후생노동성 관계자는 1945년 1월~8월까지 한인 징병 명부 중 일부는 존재하지 않는다고 답했다.[10]

1945년 1월 이후 입대한 한인들 가운데 얼마나 많은 기록이 증발했는지는 알 수 없다. 이런 일이 가능한 이유는 당국이 군 관련 기록을 없앴거나 병적 관리를 제대로 하지 못했기 때문이었다. 대본영은 1945년 8월 14일 포츠담 선언 수락 서명 이후 공식 항복문서 조인이 이루어진 9월 2일까지 각종 자료 소각 작업을 지시했다. 소각 명령은 조선에도 내려졌으므로 면사무소가 담당한 병사업무기록이 남아 있기를 기대할 수 없다. 자료가 없으니 학계에서도 약 40만 명으로 추산할 뿐이다.

1938년 국가총동원법 공포 후 제국 일본의 영역에 사는 사람들은 총동원의 대상이었다. 이곳이 아니면 저곳으로, 지원병이 아니면, 징용이나 징병으로 언제든지 가야 했다. 1938년 2월, 조선 청년을 대상으로 육군특별지원병 제도를 실시하기로 하자 조선 땅에는 대대적인 '지원의 바람'이

10) 『연합뉴스』 2013년 12월 24일자, 「日정부, 조선인 군인 군속 '명부 증발' 은폐 · 방치」.

불었다. 당국은 각도별로 할당 인원을 책정하고, 경찰력을 동원해 선전과 회유, 종용 활동에 나섰다. 관변단체도 행정기관의 지원을 받아 군과 면에서 독려했다. 가정형편이 어려운 이들에게 군인 봉급은 큰 수입이었고, 제대 후 일자리가 제공될 것이라는 기대는 강력한 유혹이었다.

1943년에는 실시한 학도지원병 제도는 그간 입영이 연기되었던 전문학교 학생을 대상으로 병력을 동원하는 방식이었다. 조선 학생도 예외가 아니었다. 당국은 적격자 100% 지원을 목표로 각종 방법을 동원했다. 유학지인 일본은 물론, 부관연락선과 항구 등지에서 대대적인 미지원자 색출작업을 벌였다. 가족을 협박하기도 했다.

지원을 독려하는 방법 가운데 하나는 시국강연회를 통한 설득과 회유였다. 1923년 평북 의주에서 태어나 만주에 살면서 일본 교토대학 경제학부에 다니던 백종원은 1943년 학도지원병 제도 실시 당시에 나이가 부족해 '학도 출진'은 면했으나 가나자와(金澤)에서 징병검사를 받고 학우들이 강의실을 떠나는 모습에 비장감을 느꼈다. 마침 메이지 대학 강당에서 한인 학생을 대상으로 시국강연회가 열린다는 소식에 '구원의 메시지'라도 찾겠다는 절실한 심정으로 강연장을 찾았다. 그러나 최남선과 이광수 등의 강연에 실망을 넘어 분노를 억누르지 못했다. 당대 인기 작가이자 역사가가 한인 학생을 찾아 "이제 사지로 내몰리지 않으면 안 될 조선의 학생들에게 한마디 위로라든가 의미 있는 말은커녕, 일본 지배자들과 한목소리로 성전 승리를 위한 전장에서 피를 흘리는 것이야말로 조선인으로서의 영광"이라고 강조했기 때문이다.[11]

당국의 강압으로 조선의 전문대학 재학생의 96%가 지원서에 서명했으나 당국이 정한 목표 100%는 달성하지 못했다. 1943년 11월 21일 학도지

11) 백종원, 『조선사람－재일조선인 1세가 겪은 20세기』, 삼천리, 2012, 179~181쪽.

원병 모집을 마감했을 때, 지원서에 서명하지 않은 4%가 있었기 때문이었다. 1944년 일본 제국의회 자료에서 기피자 규모는 125명이었으나, 위원회에서 파악한 수는 400명 이상이었다. 당국은 이들을 '학도징용'이나 '응징학도'라는 이름으로 징용했다.[12)]

지원병 외에 징병(conscription)이 있다. 징병은 국민에게 국가를 방위할 병역 의무를 강제하는 제도다. 전쟁 초기에 당국은 한인을 징병제도에 포함하지 않으려 했다. 근대 국민국가에서 징병이란 국민의 의무이자 권리를 수반하기 때문이었다. 당국은 한인을 징병할 경우 병역의 의무를 지우는 대신 한인이 일본국민으로서 권리를 요구하는 빌미를 제공한다고 판단했다. 실제로 징병 대가로 자치권을 요구하는 적극 협력자들도 있었다. 현영섭(玄永燮)이나 이광수 등이다.

이러한 부담에도 전세가 급박해지자 당국은 한인을 징병 대상에 포함했다. 1942년 1월, 조선군사령부는 제19 · 20사단 징병주임참모에게 조선청년들의 체격과 일본어 실력 · 호적 정비 상황을 확인한 후, 1942년 5월, 내각은 한인 징병제실시를 결정했다. 각의에서 결정한 내용은 1944년부터 실시였다. 이 결정에 따라 가장 먼저 교육제도를 정비했다. 제3차 교육령(1938년 3월 공포)이 육군특별지원병 창설을 위한 것이었다면, 제4차 교육령(1943년 3월)은 징병을 준비하기 위한 절차였다. 일본어를 포함해 황국신민으로써 철저한 정신교육을 실시했다. 이에 앞서 국민학교규정을 공포(1941년 3월 31일)했고, 1942년 12월에는 의무교육제도 시행 계획(1946년 예정)도 발표했다. 초등교육을 받지 못한 청년들을 대상으로 조선청년특별연성소를 세워 교육했다.

징병 적령자가 어디에 있는지 확인하는 준비도 필요했다. 징병 적령자

12) 상세한 내용은 조건, 『일제의 학도지원병 제도 및 동원부대 실태조사보고서』, 행정안전부 과거사관련업무지원단, 2017 참조.

란 '1923년 12월 2일부터 1924년 12월 1일까지 사이에 출생한 자'이다. 일명 '갑자 을축생'이다. 당국은 조선기류령을 공포하고, 호적을 정비해서 징병 적령자 파악에 나섰다. 조선기류령은 본적지를 떠나 다른 지역에 사는 징병 적령자를 파악하기 위한 제도였다. 2년에 걸친 준비 기간을 거쳐 1944년 9월 1일부터 조선 청년들은 징병이라는 이름으로 입대했다.

### (4) 군이 부린 민간인, 군무원

군무원은 현대 용어다. 당시에는 군속(軍屬)이나 군부(軍夫)라 불렀고, 법률상 용어는 군속이었다. 사전을 보면, 군속은 "군대 구성원으로 육해군에 복무하는 군인(장교, 하사관, 병)이외의 자", 즉 군(軍)이 동원한 민간인이다.

군무원 동원경로는 세 가지였다. 첫째는 각종 법령(해군징용공원규칙, 국민징용령, 육군군속선원취급요령, 군수회사징용규칙, 선원징용령, 의료관계자징용령 등)에 의한 동원이다. 두 번째는 현지 지휘관의 판단에 따른 차출과 신분을 전환하는 방식이었다. 주로 상황이 급박한 전선에서 적용했다. 세 번째는 포로감시원과 같이 지원하는 방식이었다.

군무원은 맡은 역할에 따라 군노무자(군에 소속된 노무자)와 기타 군요원(軍要員)으로 나눌 수 있다. 군노무자는 군무원 가운데 다수를 차지하는데 군부(軍夫)나 고원(雇員), 용인(傭人)이라 부르기도 했다. 기타 군요원은 문관, 운전수, 간호부, 포로감시원 등이다. 이 가운데 군노무자와 가장 큰 차이를 보이는 업무 종사자는 포로감시원이다.[13]

---

13) 포로감시원에 대해서는 허광무 외, 『일제강제동원 Q&A(1)』, 도서출판 선인, 2015; 조건, 「전시 총동원체제기 조선 주둔 일본군의 조선인 통제와 동원」, 동국대학교 사학과 박사학위논문, 2015 참조.

## 2. 동원에서 벗어날 수 없었던 재일코리안

일본이 국가총동원체제에 들어서면서 일본의 한인 규모는 팽창하고 구성도 다양해졌다. 한반도에서 한인들을 동원하면서 새로운 성격의 한인을 추가했기 때문이다. 그러므로 이 시기에 재일코리안은 '기주한인(일반 도일한인)'과 '이입노무자(강제로 동원된 한인)'로 구분해서 보아야 한다.

### 1) 노무작업장의 재일코리안

#### (1) 동원과 통제의 대상이 된 재일코리안

총동원체제는 전시체제이자 비상체제다. 일본은 전쟁 수행을 위해 법령과 제도를 통해 '제국'의 인력과 물자, 자금을 동원했다. 평시에는 '제국 신민'이면서도 호적법에 따라 구별된 존재로서 일본 사회에서 차별과 탄압을 받았던 한인도 총동원체제 아래에서는 '황국신민'으로서 의무를 수행해야 했다. 평소 특고를 통해 동향 파악을 게을리하지 않았던 당국은 1939년에 구체적인 노무동원계획을 실행하면서 한인을 통제와 동원의 틀 안에 몰아넣었다.

당국은 1931년 만주침략 개시 후 재일 한인 통제정책을 재정비했다. 1934년 10월 각의결정(조선인 내지이주 대책의 건)과 협화사업 실시다. 중일전쟁 이전에 당국은 한인 노동자를 '실업문제의 제공자'이자 '일반 노동시장의 교란자'로 정의했다. 일본 정부의 경제정책 실패와 경제공황으로 인한 대량 실업 사태의 화살을 한인에게 돌린 것이다. 그러다가 중일전쟁이 일어나자 통제의 고삐를 당길 필요를 느꼈다. 중일전쟁 발발 직후인 7월 17일에는 내무성이 통첩 「치안 유지에 관한 건」을 발동해 다수의 한인이 종사하는 공장이나 군수공장 소속 한인에 대한 사찰과 단속 강화를 지시했다.

동시에 동원에 대한 구상도 구체화하기 시작했다. 1937년 7월 27일 내각이 결정한 「총동원계획 실시에 관한 건」에 따라 노무동원을 담당하는 사회국이 사전 작업을 했고, 7월 31일에는 육해군성과 협의를 거쳐 구체 지침인 「군수노무요원 충족에 관한 취급요령」을 제정했다. 이러한 조치를 통해 당국은 일반도일자의 통제와 동원시스템 구축을 지향했다. 그러나 즉각적인 대규모 동원으로 이어지지는 않았다. 1938년 국가총동원법 제정 당시에도 중국 전선은 연일 승전보를 보내고 있었기 때문이다. 국가총동원법 공포 직후 당국이 주목한 것은 동원이 아니라 기주한인의 이직에 대비한 통제 강화였다.

> "금번 물자의 사용 제한 내지 금지에 의해 상당수의 조선인 노동자가 이직하게 될 것으로 판단되는 것과 관련하여 향후 조선인의 고용에 관해서는 내지 재주조선인 보호의 견지에서 기업가 기타 고용자를 유시(諭示)하여 조선에서 신규고용을 보류하고 오로지 내지의 이직 조선인 노동자로 충당하고자 하는 바, 이러한 취지를 양지하고 협화사업 단체, 직업소개소 기타 관계기관과도 밀접한 연락을 취하여 신속히 적절한 조치를 강구함으로써 협화사업 수행에 만전을 기하길 바란다."(1938년 7월 8일자 내무성 통첩, 내지재주조선동포의 제2차 일제조사실시에 관한 건을 정함)[14]

이를 위해 특고는 관내 한인의 인적사항을 세밀히 파악하고 명부를 작성해 한인이 타지로 이동할 때마다 정리해 해당 경찰서에 통보해 '항상 소재를 분명히 파악'하도록 했다.[15] 그 후 1939년 7월 4일 각의결정과

14) 일본 국립공문서관 소장, 「內地在住朝鮮同胞ノ第二次一齊調查實施ニ關スル件ヲ定ム」.

15) 內務省 警保局, 『特別高等警察執務心得』(하종문, 「2007년도 일제강점하강제동원피해진상규

9월「조선인 노무자 내지 이주에 관한 건」(내무성·후생성 차관 정책 통첩)을 공포해 노무동원계획을 실행하면서 1939년 10월부터 이입노무자가 일본 땅을 밟았다. 이 시기부터 기주한인도 모집의 대상이 되었으나 작업장에서 다수는 강제동원된 한인(이입노무자)이었다. 당국은 중일전쟁 이후에도 기주한인의 동원에는 적극성을 띠지 않았다. 1940년 교토시는, 관내 한인의 대부분이 "시내에 거주하고 토목·섬유공업·염색세척직공·고물상 기타 잡업 등에 종사한다. 군수공업 관계 부분은 여전히 문호 폐쇄의 상태에 있어 여기에 직접 취로하는 자는 지극히 소수이며 그 외는 잡역에 종사하고 있다"고 파악했다.[16]

그러나 1941년 12월 대미전쟁은 이입노무자와 기주한인동원 정책과 규모에 변화를 가져왔다. 당국은 전쟁 발발 직전인 1941년 12월 6일 공포 시행한 노무조정령을 거쳐 1942년 2월 13일 각의결정「조선인 노무자 활용에 관한 방책」을 계기로 기주한인을 징용이나 국민근로보국대에 동원한다는 방침을 정했다.[17]

- 기주조선인 노동자는 물론 신규 도항노동자도 노무조정령과 기타 통제법령을 적용해 인가를 받도록 한다.
- 담당 관청은 국민직업지도소장과 경찰서장이 되며 인가는 양자의 협의를 거쳐 국민직업지도소장의 이름으로 내린다. 국민직업지도소장 이외의 관청에서 인가하도록 한 통제법령의 운용도 이에 준한다.

명위원회 연구용역 보고서－전시기 일본 본토지역 노무동원정책에 관한 기초 연구」, 33쪽 재인용).

16) 京都府,「府知事引繼文書」(1940),『在日朝鮮人史研究』6, 1980, 124쪽.

17) 하종문,「2007년도 일제강점하강제동원피해진상규명위원회 연구용역 보고서－전시기 일본 본토지역 노무동원정책에 관한 기초 연구」, 35쪽. 이 조치는 할당모집에서 관알선 제도로 전환하는 근거이기도 하다.

1942년 3월 31일 기획원 제3부가 관계부처에 발동한 각서에 담긴 내용이다. 동원과 통제를 동시에 하는 정책이다. 또한 경보국장은 7월 22일자로 경시총감과 지방장관에게 통첩(조선인의 이동방지에 관한 건)을 내려 협화회 수첩·회원증의 전국 일제조사 실시 방침을 전달했다. 이 방침은 8월 10일에 육군성과 해군성에도 전달해 산하 공장과 사업장에 주지시켰다. 통첩에 따라 전국 일제조사를 통해 1941년 말 643,416명(협화회 회원증 미소지자 68,468명 도주자 6,096명, 부정도항자 8,026명, 기타 45,681명 포함)을 조사했는데, 이 수치는 당시 한인 노무자 총수 665,277명에 육박할 정도였다.[18]

당국은 1943년도 국민동원계획을 수립하면서 기본방침에 "조선인 노무자의 내지 이입은 대략 전년도와 같이하며 내지 재주 조선인, 화인(중국인－인용자), 포로 및 형무소 재감자 등에 대해 활용을 도모하여 국민동원실시계획에 탄력성을 갖는"다는 내용을 포함했다. 또한 "내지 재주 조선인에 대해서는 주로 도시 재주의 조선인을 대상으로 계획산업에 공출을 도모"하며 "국민징용제외를 해제"한다고 했다. 기주한인을 적극적으로 국민징용에 포함하겠다는 의미였다. 규모에서도 이입노무자 12만 명에 기주한인 5만 명을 추가했다. 5만 명은 1943년 총 동원 규모 17만 명의 29.4%에 해당한다.

이러한 정책을 실행하기 위해 1943년 4월, 일본 정부는 지방장관회의 석상에서 "일반 내지 재주 조선인에 대해서도 중요산업방면으로 전직이나 근로봉사 등을 종용해 조선인 노무자의 근로체제를 강화함으로써 전시하 생산증강에 기여하도록 특단의 힘을 기울일 것"을 지시했다.[19]

18) 內務省 警保局, 「社會運動の狀況」, 『在日朝鮮人關係資料集成』 4권, 934~937쪽.

19) 『國家總動員史－資料編 第二』(하종문, 「2007년도 일제강점하강제동원피해진상규명위원회 연구용역 보고서－전시기 일본 본토지역 노무동원정책에 관한 기초 연구」, 37쪽 재인용).

군수공장으로 다수의 재일 한인을 동원한 시기는 국민징용령 제3차 개정(1943년 7월 20일 공포, 8월 1일 시행. 조선과 타이완, 남사할린, 남양군도에서는 9월 1일 시행)을 통해 당국의 노무동원 정책이 '몽땅 동원(국민징용)'으로 전환한 시기다. 당국은 국민징용령 제3차 개정을 통해 국가적 성격을 강조하고 '응징사' 제도를 규정하고 '고용주 징용' 규정도 포함했다.[20)]

1943년 9월 8일 이탈리아의 항복과 태평양 전선에서 일본 해군이 연이어 패퇴하는 등 전선의 상황은 계속 악화했다. 이러한 전국(戰局)에 따라 당국은 1943년 하반기에 노동력 투입과 통제경제 정책을 확대, 강화했다. 1943년 10월 2일 공포한 재학징집연기임시특례를 통해 학생의 징병유예를 정지해 전선으로 내보냈고, 18일과 31일에 통제회사령과 군수회사법을 공포했다. 1944년에는 「제2중공업부분기업정비조치요강」(각의결정)에 의해 군수 관련 공업의 기업계열을 정비하고(1.18), 군수회사법에 따라 미쓰비시(三菱)중공업(주) 등 149개 사를 군수회사로 지정했으며(1.18), 2차로 424개 사를 지정해 총 573개 사로 확대했다.[21)]

군수회사법에 의한 군수회사 지정은 군수회사 소속 노동자를 현원징용했음을 의미한다. 현원징용이란 '현인원 징용' '현종업원 징용'의 줄임말이다. 초기에는 일부 기술직을 대상으로 했던 징용제도로 대규모 현원징용을 실시하지 않다가 군수회사법을 통해 군수회사로 지정하면서 활성화한 것이다. 그러므로 일본지역 국민징용자 222,082명에는 당연히 573개

20) 정혜경, 『징용 공출 강제연행 강제동원』, 도서출판 선인, 2013, 75~76쪽.

21) 군수회사법(1943.10.28 법률 제108호 공포)은 주요 민간회사를 군수회사로 전환해 군수성 휘하에 두고 국가가 직접 지배하는 법이다. 군수회사 지정대상은 병기, 함정, 항공기, 선박, 차량 및 부속품, 철강, 경금속, 비철금속, 희귀금속, 기타 중요 광산물, 액체연료, 윤활유, 석탄, 가스, 코크스, 전력, 중요화학공업품, 중요기계기구 및 부품, 운수, 창고, 건설, 배전회사, 기타 주무대신이 지정하는 사업이다.

사 소속 작업장에서 일하던 기주한인이 포함되었다. 현재 통계에서 한인이 국민징용령의 대상이 되어 일본으로 동원된 시기는 1941년부터다. 4,895명의 한인이 징용령서(징용장)를 받았다.

〈표 25〉 한인 국민징용 규모

| 연도별 | 일본 | 남방 | 한반도 | 계 |
|---|---|---|---|---|
| 1941 | 4,895 | | | 4,895 |
| 1942 | 3,871 | 135 | 90 | 4,096 |
| 1943 | 2,341 | | 648 | 2,989 |
| 1944 | 201,189 | | 173,505 | 374,694 |
| 1945 | 9,786 | | 129,581 | 139,366 |
| 소계 | 222,082 | 135 | 303,824 | 526,041 |

그렇다면 기주한인은 언제부터 징용되었을까. 최초의 징용은 군 징용으로써 1942년 9월 21일 해군이 발동한 징용령 요구이다. 「해군 제146차 신규요원 징용 실시에 관한 건」(1942년 9월 22일)과 「내지재주조선인징용에 따른 협화회의 지도에 관한 건」(1942년 9월 23일)을 살펴보자.[22)]

- 징용대상자의 조사등록은 '불급산업 방면'종사자로 하며, 담당 부서 및 부현 협화회(지회)와 연락해 지구별 할당을 고르게 하고 회원명부를 이용하여 적격자의 등록에 힘쓴다.
- 출두요구서는 반드시 지방장관의 이름으로 발부하며 징용령서는 전형 후 즉시 본인에게 교부한다.
- 국민직업지도소장은 경찰서장(협화회 지회장)에게 협화회 회원 명부의 열람과 사상 경향에 대한 질의 등을 연락한다.
- 경찰 혹은 협화회가 인선과 추천을 주도한다는 느낌을 주지 않도록 주의

22) 內務省 警保局, 「社會運動の狀況」(1942年), 『在日朝鮮人關係資料集成』 4권, 934~937쪽.

하며, 전체적으로도 경찰관의 관여가 표면에 드러나지 않도록 한다.

이 징용령은 해군 진수부 소속 직할 사업장에 필요한 토목건축 관련 노동자를 확보하기 위해 발령한 최초의 징용이었다. 일본어에 정통하고 사상과 성행이 양호하며 30세 미만의 독신 생활자를 기준으로 5,203명을 징용해 군무원으로 채용하고자 했다. 그러나 성과는 목표 미달이었다. 총 17,188명에게 출두명령을 내렸으나 겨우 9,818명이 출두했고, 이 가운데 4,293명만이 징용령서를 수령했다. 이 상황에 대해 경찰 당국은 '징용 후 가족의 생계 곤란, 임금 지급이나 징용기간, 징용 후 업태와 장소 등에 대한 염려와 불안으로 기피자가 속출'했다고 파악했다. 또한 경찰은 "재주조선인 청장년의 시국인식이 아직 지극히 낮다"며 향후 징병제실시에도 영향을 미칠 것이라 우려했다.

그러나 이 상황의 배경에는 제도적 결함이 자리하고 있었다. 출두명령을 받은 인원의 40% 이상이 불참한 것은 소재 파악을 하지 못해 '징용령서 송달이 불능'했기 때문이다. 당시 기주한인의 호구조사는 경찰이 담당하고 있었으나 "경찰력 부족으로 철저하게 할 수 없었"다.[23] 한인에게 기류제도를 적용하지 않았던 상황에서 수시로 일자리를 찾아 이동하던 한인의 소재 파악은 쉬운 일이 아니었다. 이러한 상황은 이후에도 해결되지 않았다. 기주한인의 동태 파악이 어려워짐에 따라 징용은 해당 구역에 정주하며 생업을 영위하는 '비교적 성실한 사람'에게 편중되었다.[24]

이런 행정의 허점을 노리고 징용령서를 피해 일본 전국을 방랑한 기주한인도 있었다. 그러나 징용을 피해 다니는 생활은 고단했고, 결국에

23) 內務省 警保局, 「社會運動の狀況」(1942年), 『在日朝鮮人關係資料集成』 4권, 900~904쪽.

24) 하종문, 「2007년도 일제강점하강제동원피해진상규명위원회 연구용역 보고서-전시기 일본 본토지역 노무동원정책에 관한 기초 연구」, 45쪽.

는 군공사장으로 가야 했다. 1921년 경남에서 태어나 1938년 동생과 함께 도일해 오사카 유리공장에서 일하던 김진하는 1941년 태평양전쟁이 일어나자 전쟁에서 도망치고 싶었다. 그는 오사카, 도쿄, 후쿠이를 다니다가 우연히 이시카와현 가나자와시에 도착했다. 쌀부대 나르기부터 막일까지 닥치는 대로 하며 살았으나 결국 후쿠이현 산속 군용기 공장 공사장에서 일하다가 해방을 맞았다. 군수공장 징용을 피하려다 결국 산속의 지하공사장에서 해방을 맞은 셈이다.[25)]

일본 패전 당시 후쿠이현에는 미쓰비시 사바에(鯖江) 지하공장, 샤쿠다니(笏谷) 지하공장, 일본국제항공공업 엔신(円心) 제작소 지하공장 등 3개소의 지하공장이 건설 중이었고, 오시마(大島) 해군특공기지 건설공사장이 있었다. 이 가운데 하나가 김진하가 일했던 '군용기 공장 공사장'이었다.[26)]

기주한인의 징용 출두율은 점차 높아져서 1944년에는 61%가 되었다. 그러나 동시에 무단 장기 결근자 비율도 늘어났다. 1944년 2월 중순부터 말까지 나고야 기주한인 징용자의 무단 장기 결근자 비율은 36%에 이르렀다. 이러한 현상은 도쿄에서도 마찬가지였다.

> "반도 출신자는 내지인에 비해 일반적으로 징용 기피적 경향이 강해 불출두자에 대해 보면, 내지인 1할 9푼에 비해 반도인은 4할 5푼이다. 이들 불출두자 중에는 주소 부정자가 많다는 점도 상당히 있다. 또 응징 후의 수입 감소를 꺼려 부정 임금이나 암거래에 의한 이익을 좇아 행동하는 상황이다."[27)]

기주한인들의 탈출과 현장 이탈 사례는 그치지 않았다. 기주한인은 불

25) 이붕언 지음, 윤상인 옮김, 『재일동포 1세, 기억의 저편』, 동아시아, 2009, 224~226쪽.
26) 정혜경 조사자료.
27) 勞働運動史料委員會 編, 『日本勞働運動史料』 제9권, 1965, 464쪽.

출두자 비율도 반수(4할 5푼)에 달할 정도로 높은데, 출두 후 현장 기피 현상도 높았다. 이들이 징용 현장을 기피한 이유는 대부분 자유노동이나 장사에 종사하며 비교적 고액의 수입을 거두던 이들을 징용하고 징용범위를 확대해 30세 이상 세대주 중심으로 옮긴 결과였다. 징용으로 수입이 격감하게 되면서 결근 현상은 심해졌다.[28]

당국 입장에서는 고액의 수입을 거두는 한인을 징용에 종사하도록 하는 관리도 쉽지 않았는데, '상당한 지위의 사람'들을 징용하자 기피 현상은 더욱 커졌다. 물론 당시 일본인의 징용 기피나 불성실함도 마찬가지였다. 1941~1942년간 내무성 경보국과 사법성 형사국 조사에 따르면 일본 민중의 징용에 대한 불만은 매우 높았다. 불만 내용은 임금과 식료, 주거 등 생활에 관한 문제, 징용 공장의 규율과 긴 노동시간, 작업내용의 위험성 등 노동환경의 문제를 포함해 광범위했다. 당국은 이러한 민중들의 불만이 유언비어와 연결되면서 '장래 징용의 원활한 운용을 저해할 정도의 우려'라고 파악했다.[29] 경찰이 파악한 '불량화' 사례를 살펴보자.

"늑골이 아프다 하여 숙소에서 쉬게 하였는데, 본인이 희망하여 오늘 도요하라청 병원에 진료를 받으러 연행 도중 대합실에서 진료시간을 기다리던 중 감시원의 눈을 피해 도주" -홋카이도 출신 선석국홍(仙石國弘)의 사례

"도주자는 5,6일 전부터 오른쪽 발바닥에 종기가 생겨 미하시(三橋) 병원에서 통원 치료를 받던 중 4월 12일 오전 8시 반경 미하시 병원에서 화장실에 간다고 한 뒤 뒷문으로 도주" -효고현 출신 천안고일(川岸庫一)의 사례

28) 思想對策係, 「半島人問題」(1944년 8월), 水野直樹, 『戰時期植民地統治資料』 7권, 柏書房, 1998(하종문, 「2007년도 일제강점하강제동원피해진상규명위원회 연구용역 보고서-전시기 일본 본토지역 노무동원정책에 관한 기초 연구」, 46쪽 재인용).

29) 佐佐木啓, 「徵用制度下の勞資關係問題」, 『大原社會問題硏究所雜誌』 568호, 2006, 25쪽.

"함바(*노무자 합숙소)의 변소 창문을 뜯고 도주하여 즉시 4,5명이 추적했으나 함바 남쪽 수풀 속에서 종적을 감추었다." —충북 출신 한인 금본삼랑(金本三郞) 사례[30)]

1943년 국민징용령 제3차 개정으로 몽땅 동원과 응징사 체제에 들어선 1944년에도 기주한인을 대상으로 한 징용 운용은 당국의 골치거리였다. 기주한인의 현장 이탈은 빈번했다. 1916년 경북 달성군에서 태어나 일본에서 노동자로 일하던 남편을 만나 도일한 박선이는 야마가타현(山形縣)에서 폐품회수업을 하면서 구두나 냄비 등을 수선하거나 군밤 행상을 하면서 생활했는데, 남편이 징용령서를 받고 군수공장에서 일하게 되었다. 생계 걱정에 군수공장이 공습 목표가 될 것을 염려한 부부는 해군이 지바현 다테야마(館山)에 지하비밀공장(다테야마 특공기지—인용자)을 세운다는 소문에 다테야마로 갔다. 방공호에 숨어 지내며 터널을 파다가 해방을 맞았다.[31)]

기주한인의 노무동원 투입은 징용제도에 그치지 않았다. 근로보국대와 근로봉사대원이라는 이름의 동원 형태도 있었다. 태평양전쟁 이후 일본의 전선이 넓어지면서 후방의 군수물자 생산이라는 역할은 더욱 강조되었다. 1944년 3월 후생성 건민국은 협화회 관계자 회의에서 다음과 같이 지시했다.

"기주조선인의 노동력 활용에 관해서는 근로보국대 내지 근로봉사대의 공출 등에 의해 각각 배려하고 있으며, 내년도에는 이들의 공출에 즈음하여 예

30) 남사할린 경찰 자료(허광무, 「일제말기 경찰기록으로 본 일본지역 강제동원 조선인노무자의 관리와 단속—'도주'노무자 수배가 갖는 역사적 의미를 중심으로」, 『한일민족문제연구』 35, 2018, 74쪽 재인용).

31) 이붕언 지음, 윤상인 옮김, 『재일동포 1세, 기억의 저편』, 동아시아, 2009, 193~194쪽.

비훈련을 지방협화회에서 실시하게 해 이에 필요한 경비를 교부하기로 했으므로 그 운영에 한층 힘을 쏟아주길 바란다."

이 지시를 뒷받침하는 조치는 같은 해 6월에 이루어졌다. 후생성 건민국장은 각 지방장관에게 통첩(내지재주 조선인의 근로보국대, 근로봉사대원 등의 훈련비 국고 보조에 관한 건)을 내렸다. 통첩은 "내지재주조선인 특히 기주조선인으로 하여금 중요산업 방면에 정진하게 하여 전력 증강에 적극적으로 기여하도록 하는 동시에 그 근로를 통해 황민화를 철저히 하는 것은 시국하 극히 긴요한 일"이라 전제하고 훈련의 필요성도 강조했다.[32)]

근로보국대 동원은 협화회 일을 하고 있어도 피할 수 없었다. 부친이 협화회 말단 임무를 맡아던 진금선은 시즈오카현 후지에다 여학교 1학년 때 누마즈(沼津) 해군 조병창에 동원되었다. 기숙사 5인실에서 초라한 이불을 덮고 자면서 부실한 식사를 해야 했다. 쌀은 얼마 안 들어가고 으깬 콩이나 감자가 들어간 밥에 토란을 건더기로 한 된장국이 고작이었다. 밥 대신 고구마를 말린 가루로 만든 찐빵을 준 적도 있었다. "좋은 부모를 만나 걱정 없이 자랐"던 소녀에게는 불편한 일이었다. 기숙사의 소녀들은 매일 아침 기상나팔 소리에 맞추어 5시에 일어나 방공 두건과 철모를 쓰고 집합 장소에 가서 점호를 마친 후 식사를 하고 공장으로 향했다. 비행기 조립공장에 배치된 진금선은 비행기 배선에 쓰이는 피복선을 자르는 작업을 했다. 반년 정도 지나 후지에다에 군수공장이 생기자 전근 조치 되어 기름투성이 상태로 선반에서 철봉 자르는 일을 했다. 전쟁이 끝날 때까지 1년 반 동안 소녀가 경험한 공장 생활이었다.[33)]

---

32) 樋口雄一, 『協和會關係資料集』 3, 39쪽.

33) 가와타 후미코 지음, 안해룡 · 김해경 옮김, 『몇 번을 지더라도 나는 녹슬지 않아』, 바다출

진금선은 무사히 해방을 맞았으나 동원 중 목숨을 잃은 어린이들도 있었다. 그 가운데에는 당국이 정한 규정에도 미치지 못하는 어린 나이에 동원되어 목숨을 잃은 소녀도 있었다. 전남 순천에서 태어나 지붕의 기와를 이는 기술자였던 아버지를 따라 도일해 히로시마에서 국민학교에 다니던 1931년생 성례는 학도근로대 동원 대상이 아니었다. 학도근로대란 1944년 8월 23일 일본 정부가 공포한 학도근로령에 따라 실시한 제도인데, 학도근로령 규정에 따르면, 만 14세 이상 ~ 60세 미만의 남성과 만 16세 이상 ~ 40세 미만의 배우자 없는 여성이 동원 대상이었다. 열세 살 소녀인 성례는 학도근로대에 동원 미달이었다. 그러나 상급학교에 다니던 아들을 지키려 한 아버지의 결단으로 오빠 대신 군수공장에 갔다. 집에서 떨어진 미나미칸온마치(南觀音町)에 있던 미쓰비시중공업㈜ 히로시마조선소가 일터였다. 공장 숙소에서 지내며, 매주 일요일에 잠시 집에 들렀다. 1945년 8월 6일, 히로시마에 원자폭탄이 투하되었을 때, 성례는 사망자가 되었다. 공장이 바로 폭탄이 투하된 폭심지에 있었기 때문이다. 시신 일부가 새까맣게 숯처럼 타버려 형체를 알 수 없었으나 명찰을 보고 확인했다.[34]

해군비행장의 근로보국대로 동원된 소녀도 있었다. 1931년 8월 경남 함양에서 태어난 정자는 가족이 일본으로 이주해 나라(奈良)현 야마베(山邊)군에 있는 학교에 다니다가 1944년 7월 근로보국대로 비행장에 끌려갔다. 나라현 덴리(天理)시에 있는 해군 야나기모토(柳本) 비행장이었다. 열세 살 정자는 비행장에서 모래를 이고 자루에 담거나, 흙을 나르는 일을 했다. 여름 내내 힘든 일을 하는 딸이 안쓰러운 아버지는 학교에 다니지 않으면 일하러 가지 않아도 될 것 아니냐며 중퇴하라고 했다. 학

판사, 2016, 79~80쪽.

34) 정혜경, 『아시아태평양전쟁에 동원된 작은 사람들』, 섬앤섬, 2019, 110~111쪽.

교를 중퇴한 지 며칠 후 정신대로 시즈오카조선소에 가라는 통보가 왔다. 시즈오카는 나라현에서 먼 곳인데, 그곳으로 보낼 수 없다며 아버지가 손을 써서 오사카에 있는 비행기부품공장으로 가도록 했다. 하루 12시간씩 공장일은 힘들기도 했지만 위험했다. 공장에서 기계에 넘어져 얼굴에 흉터가 남고 한쪽 귀가 들리지 않게 되었다. 비행장 공사장을 피해서 간 오사카의 군수공장에서 얻은 것은 부상이었다.[35]

〈그림 54〉 당시 정자가 조성한 야나기모토 비행장 방공호
(위원회 『강제동원 구술기록집 6-수족만 멀쩡하면 막 가는거야』, 2007, 193쪽)

### (2) 노무자로 전쟁에 동원된 재일코리안 규모

기주한인 가운데 동원된 인원은 어느 정도인가. 이에 대한 정확한 통계는 확인할 수 없으므로 추론에 그칠 수밖에 없다.

먼저 기주한인(1938년 이전 도일자) 가운데 인적동원 대상 현황을 추산해보자. 일본제국통계연감을 비롯한 인용할만한 통계자료에서 확인한

35) 정혜경, 『아시아태평양전쟁에 동원된 작은 사람들』, 섬앤섬, 2019, 308~309쪽.

1938년 당시 일본에 거주하던 한인은 약 80만 명이다. 그러나 1945년 일본 패전 당시 수치는 210만 명(박재일 통계)으로 급증한다. 수치로만 비교해보면, 120~130만 명이 증가한 셈이다.[36]

120여만 명 가운데 밀항자 및 가족(여성, 노인, 아동)을 제외해도 큰 규모의 한인이 일본 땅에서 4천여 개가 넘는 강제동원 작업장(위원회 조사결과 4,117개소)에서 일했다는 결론이 나온다. 그렇다면 1938년 당시 일본에 거주하던 80여만 명의 기주한인은 국가총동원체제 아래에서 인적동원을 피할 수 있었는가, 강제동원된 동포들(이입노무자)과 어떤 관계를 유지했는가.

1938년을 기점으로 한 한인 인구의 현황에서 차이는 120~130만 명이다. 1938년까지 인구수에는 다수의 여성과 아동, 노인이 포함되어 있다. 김광열이 정리한 통계(국세조사보고)를 통해 본 여성 비율은 1920년 10월 기준 12%, 1930년 10월 기준 29%, 1940년 10월 기준 40%이다. 남성의 아동 및 노인(15세 이하 및 60세 이상) 비율은 5.8%(1920년 10월 기준), 16.8%(1930년 10월 기준), 33.6%(1940년 10월 기준)이다.[37] 전체 한인 거주 인구 중 1940년 여성과 남성 중 아동 및 노인의 비율은 73.6%에 달한다. 이들을 동원 대상에서 제외한다면, 1939년에 동원 대상 일반도일자는 최대 26.4%(32만 명)라는 추론이 가능하다.

두 번째로 현재 공개된 통계를 토대로 일본지역에 동원된 한인 전체의 현황을 살펴보자. 앞에서 언급한 바와 같이 위원회 공식 통계에서 군인을 제외한 일본지역 피동원자는 1,027,338명(군무원 7,213명,[38] 징용 222,082명,

---

36) 1938년 말 인구는 799,878명(일본제국통계연감), 796,927명(田村紀之, 「內務省警報局調査による朝鮮人人口(1)」, 『經濟と經濟學』 46, 1981, 58쪽), 881,347명(朴在一, 『在日朝鮮人に關する綜合調査硏究』, 新紀元社, 1957, 23~29쪽) 등이다.

37) 김광열, 『한인의 일본이주사 연구 - 1910~1940년대』, 논형, 2010, 241쪽.

38) 일본지역 군무원 69,997명에서 국민징용자 수 62,784명을 제외한 수.

기타 노무자 798,043명)이다. 군인은 배치지역이 변동되므로 유동적이다.

세 번째로 120~130만 명에 포함될 구성원을 살펴보자. 그 가운데 가장 큰 비중을 차지하는 한인은 이입노무자다. 이입노무자의 규모는 어느 정도일까. 이들은 대부분 조선에서 1939년부터 시작해 국외 송출제도 자체가 폐지(1945년 4월 17일자)되어 연락선 수송이 중단되는 시기까지 일본에 동원되었다.[39] 1,027,338명에 기주한인이 포함되어 있을 가능성은 크지 않다고 생각한다. 일본으로 동원된 1,027,338명(중복자 포함) 가운데 국민징용자를 제외한 한인은 고향을 떠난 한인을 중심으로 한 통계이기 때문이다.

1938년 이후 도일한인 가운데에는 소수이지만 비정규 형태의 도일자라 칭했던 일부 밀항자(취업자)의 존재도 있다. 강력한 단속에도 불구하고 매년 수천 명이 이입노무자와 다른 형태로 도일했다. 50명 이상 적발 건수만을 대상으로 한 일본 내무성 통계에서 보면, 1939년 7,400명, 1940년 5,885명, 1941년 4,705명, 1942년 4,810명을 찾을 수 있다. 물론 이들 가운데 대부분은 조선으로 송환(1939년 송환자 6,895명, 1940년 4,870명, 1941년 3,784명, 1942년 3,701명)되었으나 적발되지 않은 비정규 형태의 도일자를 포함할 수 있다.[40]

그 외 이입노무자의 가족도 고려해야 한다. 제한적이기는 했지만 1940년부터 일본 내무성은 탄광산에 동원한 이입노무자를 대상으로 노무관리의 효율성을 도모하기 위해 가족동반을 허용했다.[41] 물론 가족동반은 탄

---

39) 정혜경, 「조선총독부의 노무동원 송출관련 행정조직 및 기능 분석」, 『일본제국과 조선인 노무자 공출－조선인 강제연행 · 강제노동연구Ⅱ』, 도서출판 선인, 2011, 114~115쪽.

40) 森田芳夫, 『數字が語る在日韓國 · 朝鮮人の歴史』, 明石書店, 1996, 75쪽.

41) 1941년 2월 27일, 내무성 경보국 보안과장은 한인 노무관리의 효율성을 위해 가족을 불러오는 방법의 촉진을 명했다. 朴慶植, 『在日朝鮮人關係資料集成』 4, 14~15쪽. 그러나 1940년 4월자로 후쿠오카현에 있던 메이지(明治)광업(주) 히라야마(平山)광업소가 작성한 문건 「移住半島勞働者呼寄家族名簿」(국가기록원 소장 「일제하피징용자명부」 편철 문서)을 볼 때,

광산 등 특수 직종으로 제한했고, 가족동반 허용 기준도 제한적이었다. '성실한 근무 자세와 실적'이 중요했으나 동반 가족 중에 가동노동력도 중시했다. 도일 규모의 공식 통계를 확인할 수 없으나 이입노무자의 가족 동반 자격이 제한적이었으므로 소수에 그쳤을 것으로 추정한다.

이상의 내용을 통해, 1938년 당시 재일 한인 통계 80여만 명은 1945년 일본 패전 시 210만 명으로 증가했고, 이입노무자와 가족 및 비정규 도일자, 기주한인 가족 증가분이 포함된 수치라는 점을 알 수 있다. 앞에서 살펴본 바와 같이 기주한인의 동원 규모에 대해서는 단편적인 통계(1942년 국민징용 4,293명, 1943년 동원 계획수 5만 명 등)만 존재한다. 기주한인의 강제동원 피해 규모를 정확히 파악할 수 있는 통계는 찾을 수 없다.

### (3) 기주한인과 이입노무자의 연대와 투쟁의 경험

1939년 10월부터 이입노무자가 일본 땅을 밟기 시작했다. 당국은 「조선인노무자 내지이주에 관한 건」을 하달한 후 조선에서 동원한 이입노무자를 일본 각지 탄광산과 군수공장, 토목건축공사장에 배치했다.[42] 주로 조선의 농민 출신의 이입노무자는 도시에서 생활하는 기주한인과 달랐고, 언어와 음식 등 생경한 부분이 많았으므로 적응은 쉽지 않았다. 더구나 이입노무자를 바라보는 일본 사회의 시선은 싸늘했다.

전쟁 이전 시기에도 한인에 대한 일본 사회의 인식은 민족차별과 타자화 등 두 가지였다. 국가총동원체제기에 당국은 표면적으로는 다른 모

이전 시기부터 시행된 것으로 판단된다. 1938년 7월 내무성과 총독부가 맺은 「내선(內鮮) 협정」, 「조선인 노동자의 증명에 관한 건」(내무성 경보국장이 각 청부현 장관 앞으로 보낸 통첩), 1939년 7월 28일 내무·후생 차관 명의의 통첩 「조선인 노무자 내지 이주에 관한 건」 하달 등 한인의 도항 제한을 해제할 때에도 광산과 탄광 등 특수한 직종을 제외하고는 가족 도항을 금지했다.

42) 니가타현 사도광산과 같이 1939년 2월에 동원한 경우도 있다.

습을 보였다. 원활한 동원시스템 운영을 위해 '내선일체'를 강조했고, 일본 민중들도 당국의 방침에 수긍했다. 일본 장정들이 전쟁터로 나가느라 비운 작업 현장을 대신해주는 존재가 한인이었기 때문이다. 그렇다고 현장에서 민족차별이 사라진 것은 아니었다.

이입노무자에 대한 착취와 비인간적 대우는 1938년 이전 시기부터 기주한인을 고용했던 작업장에서 더욱 심했다. 1940년 2월 후쿠시마(福島)현 고교쿠(高玉) 광산에 입산한 이입노무자들은 '처음에는 대우가 좋았으나 네 번째 이입자가 온 후부터 나빠졌다'고 한다. 처음에 좋았던 이유는 한인을 고용한 경험이 없었으므로 일본인과 동등하게 대우했기 때문이었다.[43]

작업장 내 업무 성격이나 식량 배급 등에서도 차별은 여전했다. 탄광의 갱내에서도 광맥을 찾아내고 발파하는 일이 일본인 담당이라면, 채탄하고 운반하는 일은 한인 차지였다. 식량 배급에서 민족차별은 일본의 연구 성과를 통해 입증되었다.[44] 이 시기에 전개한 다양한 파업 이유에서도 식량 배급과 관련성이 있는 사례가 다수인데, 한인들이 문제 제기한 식량 배급 문제는 단지 배급량에 국한하지 않았다. 일본인과 차별이 주된 배경을 이루고 있었다.

그렇다면 이입노무자와 동원지역 현지민(기주한인, 일본인)과 관계성을 생각해보자. 남성 인구를 보면, 동원 현장에서 이입노무자들은 다수였다. 일본인 남성들이 전장으로 나가서 부재하거나 남성이라 해도 노인과 부상자가 대부분이었기 때문이다. 이입노무자들이 일본인이나 기주

43) 山田昭次・古庄正・樋口雄一, 『朝鮮人戰時勞働動員』, 岩波書店, 2005, 30~31쪽.

44) 守屋敬彦, 「アジア太平洋戰爭下日曹天塩鑛業所朝鮮人寮第1,2尙和寮の食糧事情」, 『在日朝鮮人史研究』 36, 2006; 守屋敬彦, 「기업자료 중 각종 명부류의 기술내용에서 알 수 있는 조선인 강제연행자에 관한 사실」, 『2009 네트워크 관계자 초청 워크숍 자료집』, 일제강점하강제동원피해진상규명위원회, 2009.4(『한일민족문제연구』 16, 2009.6월 재수록).

한인 사회와 완전히 격리된 생활만을 한 것은 아니었다. 비록 소수이지만 합숙소와 주변에서 일본인이나 기주한인들과 접할 기회도 있었다. 그렇다고 기주한인과 이입노무자 간 교류가 활발한 편이 아니었다. 특히 이입노무자들은 조선부락이 밀집한 대도시보다 홋카이도나 규슈 등 탄광지역에 주로 동원되었으므로 만날 기회는 많지 않았다. 같은 지역에 있더라도 마을에서 가족과 생활하던 기주한인과 달리 통제가 심한 집단 합숙소에 거주하고 있었으므로 연계가 어려웠다. 노동 현장에서도 기주한인들이 이입노무자를 감독하는 역할을 담당하는 경우가 많았으므로 상호 공감대를 형성하기는 어려웠다.

그러나 기주한인과 이입노무자 사이에 아무 연계가 없었던 것은 아니었다. 서로 다른 일을 하면서도 같은 작업장 내에서 노무자와 작업반장, 노무자와 노무계, 또는 노무자와 서사(書士)로 연관을 맺는 경우가 많았다. 기주한인은 작업장에서 일본어를 모르는 이입노무자를 관리하는데 가장 적합했다. 서사는 노무자의 편지를 대필해주고, 출근부 관리를 담당했으므로 노무자들의 의존도는 높았다. 서사는 일방적으로 노무자를 통제하는 역할만 한 것은 아니었다. 서사는 기업 측과 노무자 사이에서 발생할 수 있는 불미스러운 상황을 방지하는 기능과 타향에서 어려움에 처한 노무자에게 도움을 주는 존재이기도 했다.[45]

이들 사이의 관계에 대해 확실한 결론을 내릴만한 근거는 없다. 기주한인이 '일본인 감독관보다 더욱 포학하게 굴었다'는 이입노무자의 구술도 있다. 일본인 감독관은 기주한인 중심의 한인작업반장을 통한 간접관리방식을 이용해 민족적 유대감을 해체하고 노동생산성을 강화하고자 했다. 이 과정에서 기주한인인 작업반장이 이입노무자에게 폭력을 행사

45) 정혜경, 「식민지 시기 조선인의 도일과 강제동원」, 『재일코리안 디아스포라의 형성-이주와 정주를 중심으로』, 도서출판 선인, 2013, 156~157쪽.

하는 일도 있었다.

주목할 점은 당국이 가능한 기주한인과 이입노무자 간 접촉을 피하고자 했다는 점이다. 홋카이도 유바리(夕張)탄광에는 중일전쟁 이전부터 근무하던 기주한인이 약 60명 정도 있었는데, 노무과의 방침은 이들을 이입노무자 관리에 투입하지 않는 것이었다. 본사에 "내지재주 조선인(이주한인－인용자)은 내지 사정에 정통해 가동 중인 이입조선인(이입노무자－인용자)에게 이런저런 선전을 하는데 악영향을 미쳐 지도와 관리 차원에서 지장을 초래한 사례가 있으므로 이후 전형에서는 채용하지 않았으면 좋겠다"고 요청했다. 탄광 노무과가 추진하는 성과를 내기 위해서는 이입노무자를 기주한인과 격리해야 한다고 판단한 것이다.[46]

실제로 현장에서 유바리 탄광 노무과가 우려하던 일은 빈번했다. 당국의 골칫거리였던 노무자 탈출은 기주한인이 없었다면 불가능했다. 일본어가 능숙하고 지리와 사정에 밝은 기주한인이 탈출로를 알려주기도 하고, 다른 일자리를 소개해주기도 했다. 탈출을 기도하던 노무자들은 기주한인과 조선부락을 통해 목적을 달성했다. 이러한 사례는 수없이 많다.

1928년 황해도 곡산에서 태어나 1944년 5월, 사가(佐賀)현 독구스에(德須惠) 소재 스미토모(住友)탄광에 동원된 이흥섭(李興燮)은 딸과 공동 작업으로 남긴 체험기 『아버지가 건넌 바다』에 탈출 경험을 생생히 남겼다. 그가 1945년 1월, 탄광을 탈출해 해방을 맞을 때까지 가라스(唐津)에서 후쿠오카까지 여러 곳을 전전하면서도 무사할 수 있었던 것은 곳곳에 있었던 조선부락과 기주한인 덕분이었다.[47]

이같이 조선부락은 강제로 동원된 한인(이입노무자)의 피난처이자 지

46) 하종문, 「2007년도 일제강점하강제동원피해진상규명위원회 연구용역 보고서－전시기 일본 본토지역 노무동원정책에 관한 기초 연구」, 46쪽.

47) 상세한 탈출 과정은 李興燮, 『アボジがこえた海』, 葦書房, 1987, 91~108쪽 참조.

원세력으로 역할 했다. 이입노무자들은 '인근에 조선부락이 큰 규모로 자리 잡고 있었던 지역에서는 노동 현장에서 한인 대우가 열악하지 않았다'는 회상을 남겼다. 이입노무자들이 작업장에서 받은 담배를 들고 나가서 식량이나 돈으로 바꾸는 곳도 조선부락이었고, 허기를 채울 수 있는 곳도 조선부락이었다고 구술했다.

아시아태평양전쟁이 한복판에 들어서고, 조선에서 이입노무자들이 일본 땅을 밟은 이후에도 한인들의 작업장 탈출과 파업은 그치지 않았다. 무시무시한 특고와 협화회의 감시와 통제 아래에서 외부의 지원은 생각할 수 없었으나 이입노무자들은 탈출을 감행했다. 일본 내무성 조사에 의하면, 1939~1942년간 이입노무자 가운데 25만 7,907명이 탈주를 시도했다. 연도별 탈출 비율을 보면, 1939년의 2.2%에서 1940년에는 18.7%, 1941년에 34.1%, 1942년에 38.3%, 1943년에는 39.9%에 달했다.[48)]

이 시기 한인들은 2,554건의 노동운동을 일으켰고, 그 가운데 이입노무자들이 벌인 파업과 태업은 1,784건에 달했다. 특히 이입노무자들이 이 시기에 매년 300건이 넘는 파업과 태업을 벌였고, 1만여 명이 넘는 인원이 참가했다. 언어와 환경에 적응하기 힘들었던 이입노무자들이 단독으로 파업을 일으킨다는 것은 쉬운 일이 아니었다. 직간접적으로 기주한인의 노동운동의 경험이 영향을 미쳤다고 생각한다.

한인 가운데에서 기주한인과 이입노무자를 비교해보면, 1940년부터 근접하다가 1941년부터는 이입노무자가 급증한다. 여기에서 주목할 점은 1943년과 1944년 등 탄압과 단속이 극심한 시기에도 노동운동을 전개했다는 사실이다.

48) 內務省 警保局, 『特高月報』 및 內務省 警保局, 『社會運動の狀況』, 해당연도 참조.

〈표 26〉 일본 총동원체제기 노동자 파업 현황(단위 : 건/명)

| 연도 | 일본지역 파업 상황(한·일 총수) | | 한인의 파업 | | | | | | 일본인의 파업 | |
|---|---|---|---|---|---|---|---|---|---|---|
| | 건수 | 참가인원 | 건수 | | | 참가인원 | | | 건수 | 참가인원 |
| | | | 한인 전체 | 기주 한인 | 이입노무자 | 한인 전체 | 기주 한인 | 이입노무자 | | |
| 1939 | 1,305 | 142,034 | 185 | 153 | 32 | 13,770 | 9,630 | 4,140 | 1,120 | 128,264 |
| 1940 | 1,419 | 96,735 | 687 | 349 | 338 | 41,732 | 18,349 | 23,383 | 732 | 55,003 |
| 1941 | 933 | 55,788 | 588 | 96 | 492 | 38,503 | 4,997 | 33,526 | 334 | 17,285 |
| 1942 | 735 | 38,878 | 467 | 172 | 295 | 24,505 | 8,499 | 16,006 | 268 | 14,373 |
| 1943 | 741 | 31,484 | 324 | - | 324 | 16,693 | - | 16,693 | 417 | 14,791 |
| 1944 | 599 | 25,292 | 303 | - | 303 | 15,230 | - | 15,230 | 296 | 10,062 |

자료: 일본 내무성 경보국, 『특고월보』·『사회운동의 상황』 각 해당연도.

지역적으로는 홋카이도가 다수를 차지하고 있으며, 파업 원인의 대부분이 식량문제와 폭력, 빈발한 사고였다. 일본 국가총동원체제가 작동하던 시기 한인 노동운동의 특징은 일본노동단체와 연대가 아닌 작업장 단위의 개별적 차원이 중심이라는 점이다. 전협 중앙은 1936년 검거로 자연 소멸했고, 일본노동총동맹은 1937년 '파업 절멸 선언' 후 1940년에 자진 해산했기 때문이다.

### 2) 군무원과 황군병사가 된 재일코리안

#### (1) 군무원

한인은 언제부터 군무원이 되었을까. 최초의 군노무자 동원 사례는 해군 공원이었다. 해군징용공원규칙(1940.11.19)을 근거로 동원했다. 일명 육해군징용이다. 또 다른 사례는 해군의 작업애국단(作業愛國團)이다. 작업애국단은 특별 편성된 군무원인데, 해군징용공원규칙에 근거해 동원했다. 해군의 작업애국단은 1941년 12월 8일에 남방(南方) 경영지의 기지 설영(設營)을 목적으로 파견을 결정하고 일본 국내와 한반도에서 모집해 1942년에는 현지에서 작업을 시작했다.

국가총동원법을 공포하기 이전에도 한인 군무원 기록을 볼 수 있다. 1934년 중국 동북지구에서 벌어진 전투에서 전사한 통역은 평북 출신의 김선행(金宣行)이다. 총독부는 1937년 중일전쟁 후 군이 총독부에 알선을 의뢰하거나 직접 채용한 한인이 598명이라 밝혔다. 운전수 391명, 통역 111명, 안내인 4명, 군부(군노무자) 20명, 기타 72명 등이다.[49] 국가총동원법 발효 이후 한인 군무원의 동원은 더욱 늘었다. 이 가운데 기주한인은 몇 명이며, 언제부터 동원되었을까.

기주한인 군무원에 대한 기록은 구술이나 당국이 선전용으로 보도한 전사 기록 외에는 찾기 어렵다. 1942년 8월 해군군무원 임일만(林村一萬)의 장례 기록이 있다. 000 방면에서 전사한 임일만의 장례식은 8월 10일 기후현 가니(可児)군 미타케쵸(御嵩町) 국민학교에서 거행되었다. 전사 장소는 군 기밀이라 밝히지 않았으나 일본 국내는 아니었다. 장례식은 마을장(町葬)으로 치뤘으므로 학교를 이용했고, 사망자는 '명예의 전사자'로 평가받았다. 당시 한인 전사자의 마을장은 예외적인 일이었으므로 당국이 일본인들에게 내선일체의 사례로 알리는 기회로 삼은 것이다. 육군 군무원의 사망기록도 볼 수 있다. 1943년 오사카 출신의 결성기의(結城基義)가 전사하자 3월 5일 재향군인회 분회, 협화회 지회 간사장(특고과장)과 특고과원 등 많은 이들이 장례식에 참석했다.[50]

도쿄에 살고 있던 박동현(1921년 경북 청도군 출생, 1929년 도일)은

49) 大野錄一郎文書 1276, 朝鮮人志願兵制度施行に關する樞密院於ける想定質問及び答辯資料(樋口雄一,『皇軍兵士にされた朝鮮人』, 社會評論社, 1991, 12~13쪽 재인용).

50) 樋口雄一,『皇軍兵士にされた朝鮮人』, 社會評論社, 1991, 115~116쪽.

1943년 인도네시아 할마헤라섬 비행장 건설공장에서 일했다. 해군군무원이었다. "스무 살 때 운전면허를 안 땄더라면 징용에서 빠졌을지도 모를" 일이었다. 운전면허 때문에 해군에 차출된 것이다. 두 척의 호위함과 한 척의 구축함이 일행을 할마헤라섬에 데려다주었다. 마닐라 항에 들어가기 직전 미군 잠수함이 발사한 어뢰가 구축함에 명중했다. 구축함이 침몰 지경을 맞이하자 승조원은 일제히 바다에 뛰어들었다. 옆에 있던 호위함이 폭뢰를 발사했지만 미군 잠수함에 미치지 못했다. "그것을 이 눈으로 지켜보면서 정말 무서웠소. 다시는 일본에 못 돌아갈 것으로 생각"했다. 장비나 물량 모든 면에서 압도하는 미군을 보며 전쟁은 이길 수 없다고 생각했다.[51)]

### (2) 일본 군복을 입은 재일코리안 청년들

당국은 1938년 2월 22일 조선인육군특별지원병령을 공포했다. 법령 제1조에 '호적법의 적용을 받지 않는 연령인 17세 이상의 제국신민 남자로서 육군의 병역에 복무하기를 지원하는 자는 육군대신이 정한 장소에서 전형한 후 현역 혹은 제1보충역에 편성할 수' 있다고 규정했다. '호적법의 적용을 받지 않는 제국신민 남자'란 한인을 의미한다. 한인이 육군특별지원병이라는 이름으로 일본 군복을 입게 된 것이다.

일본에서 태어나거나 학교에 다닌 기주한인들은 당국의 정책에 따라 일본어를 일상어로 구사하며 '황국 청년'으로 성장하고 있었다. 이들에게 조선은 부모의 고향이었고, 조선적 관습은 조선부락에 국한한 것이었다. 더구나 1930년대 말 대부분의 재일코리안운동가들이 검거되고 재일코리안운동이 비합법운동으로 지하화하는 상황에서 황군이 되려는 기주한인

51) 이붕언 지음, 윤상인 옮김, 『재일동포 1세, 기억의 저편』, 동아시아, 2009, 148~149쪽.

청년들을 말리는 목소리는 두드러지기 힘들었다.

2012년 8월 10일, 서울역사박물관에서 열린 전시회, '열도 속의 아리랑'은 재일한인역사자료관이 주최한 자리였다. 전시관 정면에 배치한 전시물은 강덕상(姜德相) 관장의 영상물이었다. 1932년 경남 함양에서 태어나 1934년에 도일한 강덕상도 '황국 청년'으로 성장했다. 영상은 소년지원병에 지원했으나 탈락한 아픔(?)을 안은 채 일본 패전을 맞았을 때 느꼈던 당혹감을 잘 보여주고 있다. 당시 이런 경험을 가진 재일 한인 청소년은 강덕상만이 아니었다.

앞에서 소개한 이명숙도 충실한 '황국 소녀'였다. "일본이 싱가포르 함락인가 했을 때, 깃발을 흔들면서 목숨을 걸었다." 교사가 이끄는 전승축하행렬에서 일장기를 흔들며 자신에게 했던 맹세였다. 학교에서 차별과 왕따는 심했으나 그럴수록 더욱 '황국 소녀'가 되어 난관을 극복하고자 했다. 노력 끝에 소학교를 졸업할 무렵에는 스스로 황국 소녀가 되어 있었다고 표현할 정도였다. 그런데 소학교를 졸업한 해에 일본이 패전했다. 일본의 패전 앞에서 황국 소녀 명숙은 자신의 믿음이 밑바닥부터 무너지는 듯 심한 불안에 휩싸였다. "부모는 기뻐했어. 독립했다고. 나는 왠지 끔찍하게 부정되는 듯 했다. 나는 어디에도 기댈 곳이 없었어. 일본인도 아니고 한국인도 아니야. 도대체 어떻게 하면 좋은지." 조국은 독립했으나 세상은 황국 소녀에게 절망과 혼란을 주었다.[52)]

전쟁의 광풍이 몰아치는 일본에서 협화회의 독려 활동이 이어지면서 육군특별지원병에 지원하는 청년들이 생겨났다.

"실시발표 후 경찰서, 헌병대, 시구정촌역장(市區町村役場) 등에 출두하여

52) 가와타 후미코 지음, 안해룡 · 김해경 옮김, 『몇 번을 지더라도 나는 녹슬지 않아』, 바다출판사, 2016, 37~38쪽.

지원 수속의 교시(教示) 또는 수속알선방법신청이 이어져 교토, 오사카, 시가(滋賀), 기후, 이시카와, 돗토리, 오카야마(岡山), 히로시마, 야마구치, 와카야마, 도쿠시마(德島), 에히메, 고치(高知), 후쿠오카, 오이타(大分), 사가의 각 현에 속출하고 그 수가 150명에 달하는 상황이고, 이 가운데에는 〈중략〉 매명(賣名)적 행위로 인식되는 경우도 있지만 대부분은 매우 진지하게 국방 제1선 참가를 열망하고 있다. 그러나 교육 정도 등에 비추어 적격자는 매우 소수일 것으로 보인다."[53]

1938년 4월, 내무성 경보국이 발간한 『특고월보』는 '지원을 열망하는 한인 청년'이 적지 않으나 자격을 갖춘 적격자가 적은 '실태'를 담았다. 설사 '지원을 열망하는 한인 청년'이 많아도 지원으로 이어지는 것은 아니었다. 지원 절차가 복잡했다. 지원 수속은 본적지나 경성에서 이루어졌으므로 여러 차례 부관연락선을 타야 했고, 비용은 자기부담이었다. 면장의 보증서가 포함된 서류를 갖추는 일도 쉽지 않았다. 그러므로 복잡한 과정을 거쳐 합격한 재일 한인 청년들은 소수에 그쳤다.

한인 청년들은 왜 이렇게 많이 지원했을까. 1922년 경남에서 출생해 1937년 도일한 권태용은 현 고베시 나가타(長田)구에서 가족과 함께 지내던 중 1942년 육군특별지원병에 지원했다. 자신의 의지와 무관했다. 당시 협화회 지도위원이 찾아와 "남자 형제가 다섯이나 있는데도 누구 한 사람 지원하지 않다니 너무하지 않느냐. 한 사람 정도는 내놓으라"고 압박했다. 아버지의 설득에 막내인 그가 할 수 없이 지원했다. 형들은 가족들의 생활을 지탱하기 위해 필사적으로 일하고 있었고, 형들에게 걸림돌이 되고 싶지 않았다. 수백 명의 환송을 받으며 가고시마 육군 제10부대 통신

53) 樋口雄一, 『皇軍兵士にされた朝鮮人』, 社會評論社, 1991, 26쪽에는 '1938년 1월'로 되어 있으나 조선인육군특별지원병령이 2월에 공포되었고, 지원신청이 4월 3일부터 가능했으므로 착오로 보인다.

부에 입대한 후 폭력과 괴롭힘으로 흐느껴 울며 청춘을 보냈다.[54] 협화회의 압박이 없었다면 겪지 않아도 될 고통이었다.

당국은 지원한 한인 청년들을 당시 협화회 잡지나 신문에 크게 보도하면서 홍보의 수단으로 삼았다. 1940년 11월, 중앙협화회가 소개한 청년은 윤만광(尹萬鑛) · 김창연(金昌淵) · 이상열(李相烈) 등 3명이다. 협화회는 윤만광(전남 정읍 출신, 1920년생)이 오사카에서 가장 먼저 지원했고, 특고과장이 선물한 일본도를 들고 입소했다고 소개했다. 김창연(경남 밀양 출생, 1919년생)은 제1회 지원병 모집에 지원했다가 키가 작아 불합격했으나 청년학교를 다니면서 표창을 받은 후 다시 지원해 합격했다고 한다. 이상열(경남 사천 출신, 1919년생)도 오사카 시립청년학교 재학 중 우량청년으로 추천을 받아 합격했다고 했다. 당시 협화회는 청년학교 운영에 관여하고 있었으므로 이들의 합격 배경에 협화회의 추천과 보증이 있었음을 알 수 있다.

황국 청년 양성과 협화회의 압박이라는 두 가지 그물망 속에서도 학도지원병을 거부한 기주한인이 있었다. 1921년 경남 남해에서 태어나 1940년 도일한 황찬홍이다. 도쿄에 도착한 열아홉 살 황찬홍은 일에 재미를 느끼지 못하고 오사카 이카이노 6정목에 있는 철공소에 다니면서 고노하나 상업야간학교를 다녔다. 주경야독의 생활이었다. 손재주가 있어서 볼트나 너트 만드는 일도 적성에 맞았다. 그러던 어느 날 급우 한 명이 오더니 "이봐. 하라다(황찬홍의 통명)! 학도지원병 권유서가 전교생에게 배부된다는데 넌 어떻게 할 거야?"라고 물었다. 이름만 지원병일 뿐 강제 조치였다. "난 도망갈 거야." 황찬홍이 대답했다. 일본을 위해 죽고 싶지 않다고 생각한 그는 다음 날 바로 학교를 그만두고 도야마로 가서

54) 이붕언 지음, 윤상인 옮김, 『재일동포 1세, 기억의 저편』, 동아시아, 2009, 70쪽.

항공기 부품을 만드는 철공소에 취직했다. 처음에는 기술이 좋다고 대우도 잘 받았다. 그러나 경찰이 징용령서와 징병영장을 들고 찾아왔다. 어느 것이든 선택해야 했다. 다행히 철공소 사장이 "하라다가 끌려가면 공장이 안 돌아가고 항공 부품을 만들 수 없게 되니 절대 안 된다"고 해서 징병은 피할 수 있었다.[55] 황찬홍도 적극적인 의지로 황군이 되는 길은 피했으나 무기를 생산하는 징용의 길은 피하지 못했다. 개인의 노력으로 벗어날 수 없었던 시절이었기 때문이다.

1942년 5월 8일, 일본은 각의결정을 통해 1944년부터 한인 징병제실시를 결정했다. 징병은 법령에 따라 1944년 당시 20세 남성을 대상으로 하는 제도였으므로 선택의 여지가 없었다. 당국은 각의결정 직후인 5월 11일 조선총독부징병제시행준비위원회 규정을 공포하고 10월 20일에 조선징병제도실시요강을 결정했다.[56]

각의결정 후 징병 실시까지 2년 가까운 시간이 남았으나 한인을 징발하기 위해서는 사전 준비가 필요했다. 사전 준비의 하나는 교육제도 마련이었고, 다른 하나는 대상자를 파악해 행정적으로 관리하는 일이었다. 이를 위해서는 호적 정리와 기류부 마련이 필요했다. 조선에 호적을 올린 한인이 일본 어디에 거주하고 있는가 파악해야 하기 때문이다. 재일 한인은 1910년 강제병합 후 경찰의 일원적 통제 아래 놓였다. 내무성은 병합 직후 경보국장 명의로 각 지방에 통첩 「조선인 호구 직업별 인원표의 건」을 내리고 1911년에 다시 「조선인 명부 조정의 건」을 지시했다. 경찰서에서 명부를 작성하도록 한 조치였다. 이 조치에 따라 작성한 명부 1부를 상급기관에 제출해 한인의 언동과 사상을 조사하며 이동시에는 행선지를 즉시 보고하도록 했다. 그러므로 시정촌에서는 재일 한인의

55) 이붕언 지음, 윤상인 옮김, 『재일동포 1세, 기억의 저편』, 동아시아, 2009, 361~362쪽.
56) 정혜경, 『일제강점기 조선인 강제동원 연표』, 도서출판 선인, 2018, 132쪽.

명부와 호적을 취급하지 않았고, 1943년 징병제실시를 위해 처음 기류부 작성을 시작했다.[57]

한인 징병을 위해 실시한 기류부 작성은 노무동원 강화에도 영향을 미쳤다. 거주지를 확인하면 징용 출두명령서를 전달하지 못할 일은 줄어들기 때문이다. 1943년 4월 후생차관이 주재한 지방장관회의 훈시 내용은 "징병제 시행의 준비 및 노무자 지도훈련의 강화 철저와 더불어 지방협화회 하부조직의 정비 확충에 각별히 힘을 쏟을 것"이었다. 그해 8월 정부가 작성한 문서(시국하 내지재주조선인 문제)에도 "1943년도의 징병제실시에 즈음하여 장정 훈련을 실시"하게 되었다고 밝혔다.[58] 징용 운용 과정에서 원활하지 않았던 한인을 징병제도 적용이라는 점을 활용해 적극적으로 통제하고 동원하는 계기가 마련된 것이다.

## 3. 불타는 일본 열도, 해체되는 조선부락

### 1) 일본 전쟁에 협력하지 않는 조선부락

일본이 침략전쟁을 수행하는 한 일본의 한인은 국가총동원체제를 벗어날 수 없었다. 기주한인과 이입노무자는 삶의 경험에서 그리고 작업현장에서 이질적이었으므로 강한 공감대나 연계성을 보이지는 않았다. 그러나 조선부락은 이입노무자들의 피난처이자 지원세력으로 역할 했다. 지명이 낯설고 언어가 서툰 이입노무자들의 탈출이 가능했던 배경이

57) 樋口雄一, 『日本の朝鮮・韓國人』, 同成社, 2002, 102~119쪽.

58) 하종문, 「2007년도 일제강점하강제동원피해진상규명위원회 연구용역 보고서－전시기 일본 본토지역 노무동원정책에 관한 기초 연구」, 47쪽.

다. 조선부락에서는 당시 엄격히 금지되었던 우리말을 사용하고 있었고, 비밀리에 우리말 교육을 하고 있었으며, 이입노무자들과 전시통제체제의 틈새를 공유했다. 탈출과 작업 태만, 작업 거부 등의 방법이었다. 조선부락은 이입노무자에게 해방구였다.

이 시기에 조선부락의 대응 가운데 하나는 일본에 비협조정책을 유지함으로써 전쟁 협력을 거부하고, '반전(反戰)적'이라 할 수 있는 사회를 운영했다는 점이다.[59] 특히 당국이 협화회를 통해 황민화 정책을 정착시키기 위해 노력하던 상황에서 한인 여성들의 비협조는 협화회 내부에서도 큰 우려 상황이었다. 협화회는 한인의 '내지인화'를 위해 기모노 입는 법이나 신사참배 방법, 국기에 대한 예의, 식사 방법 등 일본식 생활습관을 전달하는 강습회를 전국적으로 개최했다. 협화회의 중점 사업이었다. 특히 의복을 '내지식 생활에서 중요한 부분'이라 판단하고 강력한 의지로 '생활쇄신강습회'를 개최하며 강요했다. 행사는 협화회의 경찰 특고 내선계가 주최했는데, 한인 여성들은 배급이나 작업 등을 이유로 참가를 거부하는 일이 적지 않았다.[60]

1940년 3~5월까지 오카야마현 협화회는 16개 지부에서 강습회를 개최했다. 중앙협화회 기관지 『협화사업』 1940년 11 · 12월 합호에 실린 내용을 보면, 주최 측은 참가율을 높이기 위해 원거리 이동 시간을 참작해 개최시간을 오전 10시로 정했다. 그러나 강습회를 정각에 엄수한 지회는 한두 군데에 불과했고, 대부분은 1시간 이상 지난 후에야 열 수 있었다. 경찰 특고과가 소집한 강습회였음에도 원활하지 않았다. 이런 상황은 오사카에서도 마찬가지였다. 1941년 7월에 협화회가 주 2회(월, 수) 개최한

59) 상세한 내용은 樋口雄一, 「協和會と朝鮮人の世界－戰時下在日朝鮮人の抵抗について」, 『海峽』 6, 1977 참조.

60) 樋口雄一, 「戰時下在日朝鮮人女性の非同調行動」, 『海峽』 17, 1995, 45쪽.

생활개선강습회에 첫날에는 60명 정도의 여성이 참석하였으나 다음 강습회에는 6명으로 줄었다.[61]

이들의 불참 사유는 배급 수령, 가사 노동 등이었다. 참석률 저하는 당국이 한인의 현실을 간과하고 일해야 하는 시간을 잡은 탓도 있다. 그러나 더 큰 문제는 참석자들의 황민화 정도였다. 참석자들의 복장이 당국의 기대에 미치지 못하는 수준이었기 때문이다. 주최 측의 강조에도 불구하고 오카야마현은 일부 지회만이 90% 정도 입었을 뿐, 일본 옷 착용은 10% 정도에 그쳤다. 당국은 평균적으로 일본 옷 착용 달성률을 30%로 파악했다.

협화회는 '원래 복장은 언어와 함께 본 사업 수행에 가장 중요한 점'임을 강조하고 일본 옷 착용에 각별한 지도를 기울여야 한다며, 한인의 비협조를 우려했다. 강습으로만 부족하다고 파악한 당국은 경찰을 동원해 강압적 방법으로 조선 옷 단속에 나서기도 했다. 길거리에서 조선 옷에 먹물 물총은 쏜다거나 공장으로 들어가서 치마저고리를 면도칼로 찢으며 '기모노 입어!'라고 일갈하는 방식이었다.[62]

한인의 황민화를 위한 생활개선강습회 외에 지역 단위에서 실시하는 방공연습에서도 한인의 참가율은 저조했다. 오사카 조선부락이 위치한 쓰루하시에서 협화회 쓰루하시 지부가 방공훈련을 주관했다. 협화회 간사인 경찰이 주최한 훈련이었다. 방공훈련은 강습회와 달리 적극적으로 참가해야 하는 훈련이었다. 주택과 인명 등 직접 피해를 입을 수 있으므로 당시 일본 사회가 매우 중요하게 생각하던 훈련이었다. 군부는 1920년대부터 총력전이 일어날 것에 대비해 민간의 방공사상을 높이기 위해 민

61) 『東亞新聞』 1941년 9월 11일자, 「부인강습에 고민」.

62) 가와타 후미코 지음, 안해룡 · 김해경 옮김, 『몇 번을 지더라도 나는 녹슬지 않아』, 바다출판사, 2016, 73쪽.

방공 체제를 수립하고 도쿄와 오사카 등 주요 도시에서 군관민 합동훈련을 실시했다. 1931년 만주침략 이후로는 방공훈련 대상 지역을 일본 본토를 비롯해 조선과 타이완, 관동주 등 일본이 직접 통치하던 지역으로 확대하고 1937년에는 방공법을 공포했으며, 방호단체를 조직하고 마을 단위까지 가정방공조직을 갖추었다. 방공연습 내용은 등화관제 및 음향관제훈련과 같은 공습 방비 훈련, 독가스 방호 및 방화·대피훈련과 같은 공습 상황하 훈련, 매몰자 구호 및 부상자 응급처치와 같은 공습 후 피해복구 훈련 등이다. 그러나 아직 일본 본토가 공습 피해를 입지 않았으므로 방공훈련은 항공 폭격 대비보다 '애국심'을 내세워 민간을 조직하고 관리해 통제하는 데 중요한 목적이 있었다.[63]

방공훈련을 마친 후 협화회 쓰루하시 지부의 보고 내용은 '여성들 인식의 결여'였다. 중요한 훈련인데도 한인들은 전등 점멸이나 화재 진압 지시를 무시하고 동참하지 않는 등 비협조적이었다는 것이다. 협화회는 한인 보도원에게 여러 차례 강한 유감을 전하며 협조를 당부했다.[64]

이러한 사례를 한인의 조직적이고 의도적인 비협조로 보기는 어렵다. 그러나 경찰이 나서서 주최하는 행사나 훈련이라는 점을 감안할 때 재일코리안 사회의 대응 정도를 엿볼 수 있다. 이들은 생활상의 곤란이나 불편을 내세워 강습회에 불참하고, 일본 옷 입기나 방공훈련에 방임하는 모습을 보였다.

일본이 아시아와 태평양 전선에서 침략전쟁을 수행하는 상황에서 한인사회의 비협조는 큰 걸림돌이었다. 전쟁 수행을 위해 후방에서 지원(총후)이 절실한 상황이었기 때문이다. 더구나 작업 현장에서 이입노무

63) 수요역사연구회, 『제국 일본의 하늘과 방공, 동원1－방공정책과 식민지 조선』, 도서출판 선인, 2012, 101쪽, 143쪽, 149쪽.

64) 樋口雄一, 「戰時下在日朝鮮人女性の非同調行動」, 『海峽』 17, 1995, 48쪽.

자를 탈출시키거나 파업을 유도하는 등 기주한인 사회는 전시체제 운용에 방해 역할을 멈추지 않았다. 이러한 한인사회의 비협조와 방해는 조선부락을 해체하지 않는 한 완전히 해결할 수 없었다. 당국이 원하던 조선부락의 해체는 연합군의 일본 본토 공습 과정에서 가능했다. 그러나 본토 공습은 조선부락 해체에 그치지 않고, 일본 민중의 피해와 패전을 가져왔다.

### 2) 불타는 일본 열도, 패배로 가는 길

후방을 대상으로 한 공습은 아시아태평양전쟁과 제2차 세계대전의 특징 가운데 하나다. 항공전은 제1차 세계대전에서 전세를 좌우하는 핵심 전력으로 자리했으나 민간인 지역의 공습은 드물었다. 후방 지역을 대상으로 한 공습은 일본의 중국 침략 과정에서 나타났다.

제1차 세계대전 당시인 1915년 9월 5일 일본 해군은 칭다오(靑島) 시내를 폭격했다. 그리고 만주침략 직후인 1931년 10월 8일, 관동군은 중국 랴오닝성(遼寧省) 서부에 있는 진저우를 공습했다. 제1차 세계대전 종결 후 첫 도시 폭격으로 많은 민간인이 살상당했으나 천황은 '당시 정황상 당연한 일'이라 발언했다. 이후에도 타이완에서 발진한 일본 폭격기는 계속 중국 본토의 민간인을 공격했다. 1937년 7월 7일 중일전쟁을 일으킨 일본은 8월 15일 해군항공대를 동원해 난징(南京)과 난창(南昌)을 공습했다. 1938년 6월, 3일간 실시한 광둥(廣東) 공습으로 1만 명 이상의 중국 민간인 사상자가 발생했다.[65] 미국이 대일본 금수 조치를 단행하게 된 배경 가운데 하나였다. 이같이 후방의 민간인 지역 공습은 일본이 먼

65) 정혜경, 『일제강점기 조선인 강제동원 연표』, 도서출판 선인, 2018, 83쪽.

저 시작했으나 일본도 공습의 대상에서 벗어날 수는 없었다.

미국은 대일전쟁에 대한 기본 전략을 마지막 단계에 육군이 일본 본토에 상륙하는 것으로 설정했다. 미군의 폭격은 미 육군이 일본에 상륙할 때 얼마나 피해를 줄일 수 있는가에 초점을 두었다. 미 공군은 폭격의 대상을 '대 선박 공격 등 봉쇄에 기여할 것, 공업적 목표, 도시 지역'으로 구분했다. 그러므로 항공기 공장이나 육해군 공창, 전기기계 공장 및 기타 무기공장은 첫 번째 목표가 되었다.

미국과 전쟁을 시작한 후 몇 달 지나지 않은 1942년 4월 7일, 도쿄·나고야·고베 등 주요 도시에 미군 B-25 폭격대가 나타나 폭격을 퍼부었으나 1944년 여름까지 일본은 공습의 안전지대였다. 일본이 동남아시아와 태평양지역을 점령했으므로 급유 문제로 미군 폭격기가 출격할 수 없었기 때문이다. 그러다가 미군이 태평양지역을 회복하면서 상황은 달라졌다. 미군은 태평양지역을 회복하기 직전인 1944년 6월부터 미국 제20 폭격사령부가 중국의 기지(成都)를 사용하게 되자 6월 15일, 기타큐슈(北九州) 지역의 군사시설 및 군수공장을 폭격했다. 제20 폭격사령부의 임무는 만주 및 기타큐슈의 제강공장 파괴였다. 야하타 제철소를 2회, 만주국 안산의 쇼와(昭和) 제강소를 3회 공습했다.[66]

미군은 사이판 상륙 다음 날, B-29 폭격기로 기타큐슈 지역을 폭격함으로써 일본 본토 공습의 막을 올렸다. 티니안을 점령한 미군은 8월 10일부터 거의 매일 일본 본토를 폭격하기 시작했다. 도쿄나 오사카 등 대도시에서 하루에 십만 명씩 죽어 나갔다. 공습 지역은 민간인 거주지역이기도 했으나 군수공장이 밀집한 지역이기도 했다. 작업장에서 일하던 한인들도 공습 피해에서 벗어날 수 없었다.

66) 김광열, 「제2차 세계대전 말기 재일한인에 대한 일본의 감시 태세」, 『재일코리안에 대한 인식과 담론』, 도서출판 선인, 2018, 119~120쪽.

〈표 27〉 1945년 일본 주요 도시별 공습 현황[67]

| 지역 | 공습 피해 |
|---|---|
| 도쿄 | 2월 15일 미 기동부대 함재기에 의한 본토 최초 공습. 군수공장이 표적. 무사시노(武藏野)의 나카지마(中島)비행기 제작소 대파<br>3월 10일 도쿄대공습 : 사망 약 8~10만 명, 가옥 소실 약 26만 8천 호<br>4월 13일 죠호쿠(城北) 대공습 : B-29 330대. 사망 2천5백 명, 가옥 소실 20만 호<br>4월 15일 B-29 202대. 사망 8백 명, 가옥 소실 6만 8천여 호<br>5월 24일 B-29 525대. 사망 7백 명. 가옥 소실 6만 5천 호<br>5월 25일 B-29 470대. 사망 3천 명. 가옥 소실 16만 6천 호 |
| 나고야 | 3월 12일 나고야대공습 : B-29 288대. 사망 6백 명, 가옥 2만 9천 호 소실<br>3월 19일 사망 1천 명, 가옥 3만 6천 호 소실<br>5월 14일 B-29 480대. 나고야성 소실<br>6월 9일 아츠타(熱田)공습 : B-29 43대. 사망 2천 명<br>6월 21일 B-29 120대. 사망 4백 명 |
| 오사카 | 3월 13일 오사카 대공습 : B-29 279대. 사망 3천 명, 가옥 13만 2천 호 소실<br>6월 1일 B-29 474대. 사망 1천 명, 가옥 6만 호 소실<br>6월 7일 B-29 250대. 사망 1천 5백 명, 가옥 5만 6천 호 소실<br>6월 15일 B-29 469대. 사망 4백 명, 가옥 4 만9천 호 소실<br>6월 26일 B-29 약 100대. 사망 5백 명, 가옥 약 9천 호 소실<br>7월 24일 B-29 약 400대 포함 약 2천대. 사망 2백 명, 가옥 554호 소실<br>8월 14일 B-29 약 100대. 사망 2백 명, 가옥 2천호 소실. 오사카성 앞에 있었던 포병공창(砲兵工廠)을 목표로 한 공습 |
| 고베 | 3월 17일 고베 대공습 : B-29 309대. 사망 2천 5백 명, 가옥 6만 5천 호 소실. 이재민 23만 6천 명<br>5월 11일 B-29 92대. 사망 1천 명<br>6월 5일 B-29 481대. 사망 3천 명, 가옥 5만 5천 호 소실. 이재민 21만 3천 명 |
| 교토 | 1945년 1월 16일 이래, 총 20회 이상의 공습으로 사망 3백 명. 다른 지역에 비해 피해가 미미 |
| 기타 지역 | 가고시마(鹿兒島) : 3월 최초 공습(군사시설 중심), 대공습(6.17, B-29 117대, 소이탄 810톤), 4월 공습<br>가마이시(釜石) : 함포사격(7.14, 1회, 5백 명 사망/ 8.9, 2회 공습)<br>가와사키(川崎) : 공습(4.15, 7.13 · 25, 8.1 · 13)<br>고쿠라(小倉) : 대공습(3.27)<br>구레(吳)군항 공습(3.19, 미 함재기 350대 / 6.22, 해군공창 폭격 / 6.28, 대공습 / 7.1-2, B-29 150대, 사망 약 4천 명 / 7.24, 군항 공습 / 7.28 미 함재기 950대, B-29 110대)<br>구루메(久留米) : 공습(8.11) |

| | |
|---|---|
| | 구마야(熊谷) 공습.(8.10, 8.14)<br>구마모토(熊本) 최초 공습.(1944.11.21.), 대공습 7.1<br>기후(岐阜) : 공습(7.9, 사망 약 천명)<br>나가오카(長岡) : 공습(8.1)<br>노자키지마(野島崎, 치바현 시라하마白浜) : 함포사격(7.18)<br>누마즈(沼津) : 공습(7.17)<br>다카마쓰(高松) : 공습(7.4 B-29 90대, 가옥 1만 8천 호 파괴)<br>다카자키(高崎) : 공습(8.5)<br>도야마(富山) : 대공습(8.2, B-29 174대, 시가지 99.5% 파괴. 히로시마와 나가사키를 제외한 지방 도시 최대의 피해)<br>도요가와(豊川) : 해군공창 공습(8.7)<br>도요하시(豊橋) : 공습(6.19-20)<br>도쿠야마(德山) : 공습(5.10, 제3해군연료창 목표 / 7.26 B-29 약 100대, 시가지 90% 파괴. 구 도쿠야마 시가지 궤멸)<br>마에바시(前橋) : 공습(8.5)<br>무로란(室蘭) : 공습(7.16), 함포사격(7.15)<br>미즈시마(水島) : 공습(6.22)<br>미토(水戸) : 공습(8.1)<br>홋카이도(北海道) : 공습(7.14-15, 미 기동부대 함재기 약 2천 대)<br>사세보(佐世保) : 대공습(6.29, B-29 141대, 소이탄 약 1천2백 톤, 이재민 6만 5천 명)<br>사이키(佐伯) : 공습(3.18)<br>사카이(堺) : 공습(7.9, B-29 약 100대, 가옥 1만 8천 호 파괴)<br>센다이(仙台) : 공습(7.10, 가옥 2만 3천 호 파괴)<br>시모노세키(下関) : 공습(6.29, 7.2)<br>시미즈(清水) : 함포사격(7.31)<br>시즈오카(静岡) : 대공습(6.19-20, 가옥 3만여 호 파괴)<br>아오모리(青森) : 대공습(7.28, 시가지 88% 파괴, 동북지방 최대의 피해)<br>야하타(八幡) : 공습(1944.6.15)<br>오다하라(小田原) : 공습(8.14-15)<br>오무라(大村) : 대공습(1944.10.25, 제21 해군항공창 목표)<br>오미나토(大湊) : 공습(8.9)<br>오이타(大分) : 공습.(3.18, 항공대 시설을 목표 / 4.21, 5.5 / 7.16-17 B-29 약 30여 대, 시 중심부에 소이탄 6천 발 투하, 가옥 2천여 호 파괴 / 8.10)<br>오카야마(岡山) : 공습(6.29, 가옥 2만 5천여 호 파괴)<br>와카야마(和歌山) : 대공습(7.9, B-29 약 100대, 사망 1천2백 명)<br>요코하마(横浜) : 대공습(5.29, B-29 475대, P-51 약 100대. 사망 3천8백 명, 이재민 32만 호, 가옥 약 3만 호 소실)<br>우사(宇佐) : 공습(3.18) |

| | |
|---|---|
| | 우츠노미야(宇都宮) : 대공습(7.12, B-29 백여 대, 소이탄 1만 2천 발, 가옥 9천 여 호 파괴) |
| | 이와쿠니(岩国) : 대공습(8.14) |
| | 스루가(敦賀) : 공습(7.12) |
| | 지바(千葉) : 공습.(6.10, 7.6) |
| | 쯔치자기(土崎, 이키타현) : 공습(8.14-15, B-29 132대, 일본 본토 최후의 공습) |
| | 쵸우시(銚子) : 공습(7.19) |
| | 츠(津) : 대공습(7.24 · 28, 사망 1천 2백 명, 구시가 전역 및 공장지대 파괴) |
| | 코마노(玉野) 공습.(4.8) |
| | 코후(甲府) : 공습(7.6 B-29 백여 대, 사망 1천 명, 가옥 1만 7천 호 파괴) |
| | 쿠시모토(串本) : 함포사격(7.25) |
| | 쿠와나(桑名) : 공습(7.17 · 24) |
| | 타이라(平) : 공습(7.26) |
| | 하마마쓰(浜松) : 공습(6.18), 함포사격(7.29) |
| | 하치오우지(八王子) : 공습(8.1) |
| | 호도지마(保戸島, 오이타현, 쓰쿠미시津久見市) : 공습(7.25) |
| | 후쿠야마(福山) : 대공습(8.8) |
| | 후쿠오카(福岡) : 대공습(6.19, B-29 2백여 대, 이재민 가옥 만여 호 파괴) |
| | 후쿠이(福井) : 공습(7.19) |
| | 히라쓰카(平塚) : 대공습(7.16, B-29 백여 대, 소이탄 만여 발, 해군화약창, 일본국제항공공업, 제2해군항공 히라쓰카분공장, 요코스카해군공창 조기부(造機部) 히라쓰카분공장이 목표. 시 면적의 80% 파괴) |
| | 히로시(光市) 공습 : 히로(光)해군공창 목표(8.14) |
| | 히타치(日立) : 공습(6.10), 함포 사격(7.17, 사망 3백 명), 공습(7.19, B-29 백여 대, 사망 2천 명) |

〈표 27〉에 의하면, 홋카이도를 포함한 일본 본토는 후방이었으나 공습 피해가 없는 지역이 없다고 할 정도로 모든 지역이 공습을 경험했다. 민간인 거주지역에 인접한 군수공장과 군이 운영하던 공창(工廠)과 수송로를 공격하기 위해 연합군의 폭격기는 1945년 일본 패전 당일까지 일본 상공을 누볐다.

공습은 '하늘이 뚫린 듯한' 폭격이었고, 폭탄이 떨어지는 모습은 융단

67) 심재욱 작성(2009년 3월 27일 직원 교육 자료). 부상 현황 제외.

이 내려오는 것 같았으며 소이탄의 위력은 강력해서 도로와 철로까지 녹일 정도였다. 소이탄이란 폭탄, 총포탄, 로켓탄, 수류탄 등 탄환류 속에 소이제(燒夷劑)를 넣었다 해서 붙인 이름이다. 강력한 화력을 가진 소이탄 피해는 가공할 정도였다. 불타는 집을 탈출해도 도로가 불에 이글거리고 있고, 열을 식히려 강물에 뛰어들면, 이미 뜨거워진 물 온도 때문에 도로 튀어나와야 했다. 미군 비행기는 저공으로 날았으나 이를 저지할 일본의 대공포는 작동하지 않았다.68)

〈그림 55〉 소이탄 모습

(도쿄대공습전재자료센터 소장 사진. 2010.2.27 수요역사연구회)

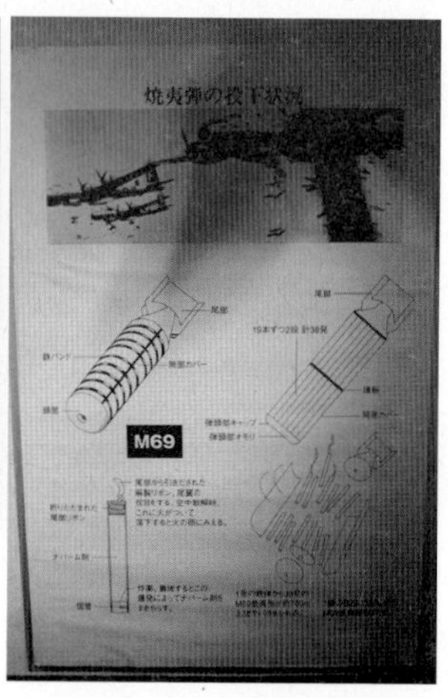


〈그림 56〉 소이탄의 구조

68) 소이탄은 사용하는 소이제에 따라 황린(黃燐) 소이탄, 터마이트(termite) 소이탄, 유지(油脂) 소이탄으로 분류한다. 일본에 투하한 것은 대부분 기름을 넣은 유지 소이탄이다. 소이탄의 크기는 여러 가지가 있으나, 직경 30cm 정도, 길이 50cm 정도의 원통형 함석이 일반적이다. 제2차 세계대전 중 필리핀 작전 시 미군이 처음 사용했고, 이후 일본 본토 공습과 한국전쟁, 베트남 전쟁에 투하했다. 150~400갤런짜리 폭탄을 투하하면 2000℃의 고열을 내므로 소이탄 한 발로 2500㎡ 면적을 태울 수 있을 정도의 화력이다.

〈그림 57〉 오사카 교바시(京橋)역에 있는 공습피해추도비(2002년 7월 6일 촬영)

### 3) 조선부락의 해체

일본의 조선인 이입노무자들은 강한 위력을 지닌 폭탄이 떨어지는 모습을 보며 큰 공포감을 느꼈다. 매일 저녁 공습경보가 울리고, 엄청난 폭음소리는 끝이 없었다. 건물이 무너져 공장을 산으로 옮기는 공사를 하기도 하고, 죽은 동료의 시신도 수습했다. 공포감을 이기지 못하고, 어렵게 공장을 탈출했지만 소용없었다. 일본 땅에서 공습을 피할 곳은 어디에도 없었다.

공습의 공포는 기주한인들도 마찬가지였다. 총동원체제기에 일본 민중이 겪은 고통은 조선부락을 비껴가지 않았다. 식량 배급과 동원, 통제

속에서 조선부락은 보이지 않는 생존을 건 투쟁을 해야 했다. 공습 피해와 그로 인한 조선부락의 강제파괴도 한인이 겪은 어려움이었다. 1945년 3월부터 본격화한 연합군의 일본본토공습은 일본의 주요 도시를 대상으로 하고 있었다.

> "오사카는 뭐, 공습이 끊임없었잖아. 발 뻗고 자 본 기억이 없어. 죽어도 좋으니까 한 번쯤은 방공호에 들어가지 않고 잠들었으면 좋겠다고 생각했어. 오늘은 아무리 그래도 절대 폭격이 없을 거라고. 방공호에 들어가지 않을 거라고 생각했어. 아이들이 있잖아. 불쌍했지."

오사카 교바시에 살았던 박윤경은 밥 먹다가도 공습경보가 울리면 내몰리듯 아이 둘을 데리고 방공호에 들어갔다. 방공호에 들어간 아이들은 무섭다고 울었으나 주변에서 '아이가 울면 음파탐자기로 감지된다'며 이불을 뒤집어씌우라고 했다. 집에 돌아오니 화장실 문은 누군가 옮겨놓은 듯 다른 곳에 있었다. 어렵게 돈을 구해 암거래로 사서 만든 음식은 천장에서 떨어진 흙과 먼지를 뒤집어써서 먹을 수 없는 지경이 되었다.[69)]

공습이 일어나면, 박윤경이 불쌍하다고 표현했던 아이들을 지키기 쉽지 않다. 니혼(日本)강관이 있는 가와사키(川崎)시 거주 한인들은 1945년 4월 4일 공습과 15일 대공습을 경험했다. 4일 공습으로 149명이 사망하고 15일에 닥친 대공습으로 10만 명이 넘는 사람이 집을 잃었다. 바다 쪽 공장은 공습으로 전멸했다. 도례의 남편은 동생과 함께 공습으로 동생을 잃고 본인도 중상을 입었다. 형제는 방공호로 피난했으나 불길이 다가왔다. 동생은 걷지 못했다. "둘 다 죽으면 어머니가 불쌍하니까 형은 도망

---

69) 가와타 후미코 지음, 안해룡 · 김해경 옮김, 『몇 번을 지더라도 나는 녹슬지 않아』, 바다출판사, 2016, 76쪽.

가!" 동생이 말했다. 동생을 등에 업을 힘도 끌어당길 힘도 없었던 형은 어찌할 수 없어 동생에게 물을 끼얹어주고 혼자 그곳을 빠져나왔다. 혼절한 상태에서 깨어난 것은 1주일 후, 리어카를 끌고 무너진 방공호를 파내 동생을 찾아냈다. 시체는 불에 타 있었다. 남편의 뇌리에서 평생 잊을 수 없는 상처이자 고통스러운 경험이었다.[70)]

공습으로 인해 얼마나 많은 재일 한인이 피해를 입었을까. 후생성 기록(육해군관계문서)은 일본 전국에서 한인 이재자를 239,320명으로, 협화회 관계서류는 250,069명으로 파악했다. 도쿄와 히로시마 등 이입노무자가 포함된 지역도 있었으나 기주한인이 많았다. 조선부락은 대도시에 있었기 때문이다. 특히 군수공장 부근이나 공장시설 부근에는 조선부락이 있었으므로 조선부락은 직접적인 공습의 피해를 당했다. 한인 이재자의 지역별 분포에서 만 명 이상을 차지한 지역은 오사카(83,900명), 도쿄(51,300명), 효고(20,500명), 히로시마(12,900명), 후쿠오카(10,200명), 가나가와(10,100명)다. 대부분 대단위 조선부락 지역이며, 가장 대표적인 조선부락이 자리하던 오사카의 피해가 가장 컸다.[71)] 작은 규모의 공습에서도 재일 한인은 피해를 입었다. 1944년 6월 기타큐슈 공습 중 재일 한인은 사망자 7명, 중경상 18명이 발생했다.[72)]

미군의 일본 대도시공습은 대도시에 자리하던 조선부락의 괴멸을 가져왔다. 연일 계속된 대공습으로 도시 전체가 폐허가 되는 상황에서 조선부락이 온전할 수 없었다. 1945년 7월 특고는 '생명의 위협을 느낀 한

70) 가와타 후미코 지음, 안해룡 · 김해경 옮김, 『몇 번을 지더라도 나는 녹슬지 않아』, 바다출판사, 2016, 68쪽.

71) 상세한 통계는 樋口雄一, 『日本の朝鮮 · 韓國人』, 同成社, 2002, 135쪽 참조.

72) 樋口雄一, 『皇軍兵士にされた朝鮮人』, 社會評論社, 1991, 138쪽. 상세한 도도부현별 한인 공습 피해자 현황은 김광열, 「제2차 세계대전 말기 재일한인에 대한 일본의 감시 태세」, 『재일코리안에 대한 인식과 담론』, 도서출판 선인, 2018, 122~123쪽 참조.

〈그림 58〉 도쿄도위령당에 모신 도쿄대공습 한인 사망자(추정) 유골함
(도쿄조선인강제연행진상조사단 제공)

인들이 고향으로 돌아가려' 한다는 정보를 수집했다. 1945년 3~5월간 귀국선을 탄 사람이 22,466명이었는데, 출발항인 시모노세키와 모지항에 "조선인 체류객이 일시적으로 수천 명에 달하여 상당히 혼잡"했다. 배를 구하기 위해 어선을 비정상적인 가격으로 구하거나 병역 징병에 관한 각종 공문서를 위조하기도 했다.[73] 공습의 여파로 당국의 의도와 무관하게 조선부락은 사라져갔다.

공습으로 인한 피해 외에 공장 자체를 공습으로 지키기 위해 조선부락을 철거하는 일도 있었다. 군수공장을 지키기 위해 인근에 화재 요인을 없앤다는 취지의 '중요시설소개공지(重要施設疏開空地)' 작전이다. 1942년 6월 미드웨이 해전 참패를 계기로 일본군은 태평양 전선을 잃기 시작했

73) 樋口雄一, 『協和會』, 社會評論社, 1986, 196~197쪽.

다. 특히 대본영의 결정에 따라 1943년 2월 1일 과달카날섬에서 일본군이 퇴각하면서 일본 본토 공습 우려는 현실이 되었다. 미군은 1944년 8월 1일 티니안섬 점령 후 8월 10일 사세보 군항을 시작으로 일본 본토와 남만주 공습(9월 8일)을 시작했다. 10월 25일 기타큐슈와 나가사키, 오무타(大矛田) 공습 이후 공습은 거의 매일 일본의 전역을 가리지 않았다.

일본 정부는 1943년 8월 27일에 '공장사업장방공긴급대책요강'을 각의결정했다. 이어서 일본본토공습이 본격화한 1944년 12월 22일 각의결정 '공가(空家)에 관한 방공강화대책요강'을 공포했고, 1945년 2월 23일에 '공장긴급소개요강'을 각의결정했다. 1944년까지 내린 각의결정의 골자는 군수공장 주변의 주택을 철거해 주택에 붙은 불이 공장으로 확산되지 않도록 차단막을 치는 것이었다. 그러나 1945년에는 야산에 지하공장을 마련하거나 공습의 위험이 적다고 예상되는 조선으로 군수공장을 이전하는 방안이었다.

당국의 정책으로 항공기 등 주요 병기공장을 산속으로 이전하는 작업을 시작했다. 도쿄 등 관동지역과 중부지역도 있었지만 관서에 집중되었다. 지금도 현장을 확인할 수 있는 대표적인 지하공장은 나가노현 마쓰모토(松本)시 외곽의 미쓰비시중공업 항공기 공장, 교토부 다카쓰키(高槻)에 가와사키(川崎)항공기공장으로 조성했던 다치소(高槻의 다, 지하의 치, 창고의 소를 조합한 당시 암호), 도쿄 아사카와(淺川)에 건설한 나카지마(中島)비행기 지하공장 등 적지 않다.

당국은 공습의 와중에 조선부락을 철거했다. 가나가와현 가와사키시 소재 니혼강관 부근에는 약 450호가 거주하던 조선부락이 있었다. 이 거주지는 1944년 8월에 철거되었다. 가와사키시의 기록(川崎空襲, 戰災의 기록)에 의하면, "소개 지도는 상당히 어려움이 있었으나 경찰의 지도로 철거가 시행되어 중요국책사업만이 지켜야 할 대상"이 되었다. 거주민들의

〈그림 59〉 마쓰모토 미쓰비시 지하공장의 내부
(2017년 3월 촬영)

〈그림 60〉 입구에만 철근 공사를 한
마쓰모토 미쓰비시 지하공장

〈그림 61〉 미쓰비시 지하공장 내부 구조물

〈그림 62〉 기어 들어가야 하는 다치소 입구

〈그림 63〉 기나긴 다치소 터널(2015년 8월 촬영)

〈그림 64〉 도쿄 주택가에 자리한 아사카와 지하공장(2013년 3월 촬영)

〈그림 65〉 도쿄 아사카와 지하공장 내부

저항에도 불구하고 당국은 '경찰의 지도(?)'라는 강압적 방법을 이용해 조선부락을 철거했고, 한인들은 각지로 흩어졌다.

이런 건물소개피해 사례는 다른 지역에서도 일어났다. 이러한 조치의 이면에는 조선부락에 가졌던 당국의 평소 곱지 않던 시각이 그대로 작용하고 있었다. 특히 특고월보에서 "이전의 관동대진재와 공습을 연결 짓는 의심의 암귀(暗鬼)"를 명시할 정도로 본토 공습이라는 혼란 시기에 한인들에 대한 불안감은 높았다. 그러므로 당국은 한인의 집단거주지를 소개라는 방법으로 괴멸(壞滅)시키고, 한인들의 구심점을 없애려 했다.

미군의 일본본토공습이 시작되기 전에 해체한 조선부락도 있었다. 1939년의 일이다. 그러나 이 경우에는 조선부락을 해체해 거주 한인을 해산시킨 것이 아니라 새로운 지역으로 이주시켰다. '아이들아, 이곳이 우리 학교란다'는 이지상의 노래와 도쿄조선제2초급학교로 알려진 고토구(江東區) 에다가와(枝川) 지역이다. 에다가와는 원래 쓰레기매립장이었는데, 1939년 도쿄시 당국이 경기장 건설부지에 살던 한인을 2천 명 정도 집단 이주시켜 조성했다.[74] 신흥 조선부락인 셈이다. 당국은 이곳을 관

74) 在日朝鮮科學技術協會, 『在日朝鮮人の生活實態』(1951)(小澤有作, 『近代民衆の記錄10－在日朝

리 대상에 두지 않은 듯 총동원체제기에도 전시통제의 기본 원칙이 잘 작동하지 않았다.

"주민의 태반은 쓰레기 소각장이나 이시카와지마(石川島) 조선소 인근의 인부로 일하고 있었다. 그리고 일부가 고철상 등을 했고, 마치코바(町공장)에 나가는 사람은 소수였다. 지식노동자는 전혀 없었다. 바라크 부락 때(집단 이주 이전–인용자) 그랬듯이 사람들은 협화회의 황민화 운동 등에는 관심도 두지 않고 조선 농촌의 생활양식을 그대로 지키고 있었다."

그렇다면 조선부락이 해체된 후 한인들은 어디로 갔을까. 많은 이들은 공습을 피해, 그리고 생존을 위해 방랑에 나섰다. 그러나 당국의 의도와 무관하게 조선부락을 떠나지 못한 한인도 있었다. 갈 곳 없는 이들은 조선부락이 있던 곳 주변에 다시 터전을 잡았다. 떠나지 못한 이들은 공습 피해를 그대로 당해야 했으나 갈 곳이 없었다. 떠나야 하지만 떠날 수 없는 처지의 한인, 조선부락은 해체했으나 관리할 여력이 없던 당국, 패전에 임박했던 일본의 민낯이다.

## 4. 강제동원 역사를 아는 노력, 평화를 지키는 길

### 1) 불편한 사실, 사실의 무게를 느끼지 못하는 한일 양국의 시민

2017년 2월 8일, 산케이(産經) 신문 1면 머리기사는 "영화 '군함도'는 거짓, 날조되었다", "소년 광부는 존재하지 않았다"였다. 제작 중인 영화 '군

鮮人』, 新人物往來社, 1978, 275~278쪽 수록).

함도'를 대상으로 한 기사였다. 이 기사를 계기로 일본 사회의 논란이 시작되었고 그해 여름, 영화가 개봉했다. 개봉 전부터 새로운 흥행 기록을 예측했으나 예상과 달리 흥행 성적표는 좋지 않았다. 관객 반응에는 '사실과 다르다'가 많았다. 기대한 '사실'과 다르다는 의미였다. 한국 사회가 기대한 사실은, '일본에게 착취당하는 조선 민중'이었으나 영화는 '일본 하수인인 한인들이 같은 동포를 착취하는 모습'도 보여주었다. 관객들은 실망했다. 그러나 관객들이 실망한 영화 내용은 기대한 사실이 아니었을 뿐, 있었던 사실(事實)이었다.

한일 양국 사회의 논란의 주인공인 군함도는 나가사키현 노모(野母)반도 서쪽에 자리한 작은 해저탄광섬, 하시마(端島)다. 1890년 미쓰비시가 사들여 최대 800명 정도의 한인이 강제 동원된 지역이자 중국인 포로들이 가혹한 생활을 하던 곳이었다. 가혹한 노동환경으로 악명이 높아 이미 19세기 말 채굴 당시부터 일본에서 '감옥섬' 또는 '지옥섬'으로 알려졌다. 탄광주는 섬으로 들어가는 입구에 '영광의 문'이라는 팻말을 달았으나 탄부들은 '지옥의 문'이라 불렀다.

2015년 7월, 독일 본에서 열린 제39회 세계유산위원회에서 일본이 신청한 '메이지 일본의 산업혁명유산, 제철 · 제강 · 조선 · 석탄산업(이하 일본산업혁명유산)'이 유네스코 세계유산 등재 후, 하시마는 한일 역사전쟁의 중심지역이 되었다. 일본산업혁명유산 등재와 관련해 유네스코 정신을 존중한 유산인가 하는 우려의 목소리가 높았다. 등재 과정에서 한국 · 중국은 '등재신청유적이 아시아태평양전쟁 피해와 관련되었다는 사실을 담으라' 요구했다. 이에 대해 일본은 '메이지 산업혁명기인 1910년 이전 시기 유산을 등재하는 것이므로 아시아태평양전쟁과 무관하다'고 맞섰다. 그러나 강제동원과 관련한 유적의 사용 시기나 전성기는 모두 메이지 이후였으니 모순이었다. 아쉽게도 2015년 2월, ICOMOS(International

Council on Monuments and Sites, 국제기념물유적협의회)는 일본산업혁명 유산 신청 후보지 심사에서 '권고'와 함께 통과시켰다.

〈그림 66〉 군함 모양의 바위섬 하시마
(2017.11 역사문화콘텐츠 공간 제공)

〈그림 67〉 하시마에서 세상으로 나가는 창구

등재 당시 한중일 3국의 감정싸움으로 오해하는 유네스코 회원국도 있었다. 그러나 한국 측이 신청유산에 연합군 포로가 가혹행위를 당한 장소가 포함되었다는 점을 강조하면서 상황은 달라졌다. 연합군 포로 피해 국가가 반응을 보였다. 주한 네덜란드 대사관이 홈페이지를 통해 '일본산업혁명유산 등재 신청지역의 연합군 포로 피해 상황'을 공개했다. 회원국들도 점차 '평화와 인권이라는 인류 보편적 가치에 반(反)하는 장소가 문제'라는 점을 인식하기 시작했다.

**일본 등재 신청 산업시설 관련 네덜란드 피해**

2015.4.30 주네덜란드대사관

| 등재신청서상 구역 | 구체 산업시설 (관련 포로수용소) | 전쟁포로 | 네덜란드인 사망자 |
|---|---|---|---|
| A6 Nagasaki | Mitsubishi #3 Dry Dock (Fukuoka #14) | 195명 (네덜란드 152명, 호주 24명, 영국 19명) | 97 |
| A7 Miike | Miike Coal Mine (Fukuoka #17) | 1,737명 (미국 730명, 호주 420명, 네덜란드 332명, 영국 250명, 기타 5명) | 41 |
| A8 Yawata | The Imperial Steel Works (Fukuoka #3) | 1,195명 (미국 616명, 네덜란드 211명, 영국 193명, 인도 132명, 중국 22명, 기타 21명) | 50 |

※ 출처: 1) http://www.powresearch.jp (일본 사이트)
2) http://srs.ogs.nl (네덜란드 사이트)

〈그림 68〉 주한 네덜란드 대사관이 홈페이지에 올린 연합군 포로 피해 실태

결국 일본은 강제동원 사실을 인정하고, 세계유산위원회의 권고('2017년 12월까지 각 시설의 전체역사를 이해할 수 있는 해석 전략을 준비')를 받아들였다. 사토 구니(佐藤地) 주 유네스코 일본대사는 7월 5일, 제39회 세계유산위원회 공식 발언을 통해 등재 대상 시설에서 일본의 강제동원

을 인정하고 '적절한 조치'를 약속했다.[75]

> "… 1940년대 일부 지역에서 그들의 의지에 반하여 가혹한 조건하에서 일하도록 강요당한 많은 한국인들과 다른 사람들이 있었고, 제2차 세계대전 동안 일본 정부 또한 요구 정책을 시행했다. …(More specifically, Japan is prepared to take measures that allow an understanding that there were a large number of Koreans and others who were brought against their will and forced to work under harsh conditions in the 1940s at some of the sites, and that, during World War II, the Government of Japan also implemented its policy of requisition.)"

일본 대표의 공식 발언 중 일부다. 당시 정부가 동원 정책을 시행했다는 점도 포함되어 있다. 일본이 최초로 국제기구에서 강제동원을 공식 인정한 사례다. 일본의 유네스코 세계유산위원회 총회 발언은 세계와 한 약속이었다. 그러나 일본 정부는 부정했고, 시민사회는 당혹스러워하며 세계유산 등재 과정에서 가장 날카롭게 문제를 제기한 한국에 대한 불편함을 드러냈다.

기시다(岸田) 외무상(현 총리대신)은 5일 일본 메이지 산업혁명 시설이 세계문화유산 등재가 결정된 직후 기자들과 만난 자리에서 사토 구니 주 유네스코 대사가 언급한 '강제징용' 표현이 '강제가 아니라 일하게 됐다'라는 자발적 노동 의미로 번역했다. 아베 총리도 10일 열린 중의원 안보법제 특별위원회에서 "(세계유산위원회) 일본 대표단의 성명에 포함된 'forced to work'는 대상자의 의사에 반해 징용된 경우도 있다는 의미"라며 "일본 정부가 강제노동 사실을 인정한 게 아니다"라고 강조했다.

75) 일본이 약속한 적절한 조치란 ① 등재 대상 시설 중 일부에서 1940년대 한국인과 기타 국민들이 자기 의사에 반하여 동원되어 가혹한 조건 하에서 강제로 노역했다는 점을 인정하고 ② 희생자들을 기리기 위한 정보 센터를 설치하겠다는 내용이다. 일본 대표의 공식 발언록(영문)은 유네스코세계유산위원회 홈페이지, 유네스코한국위원회와 한국 외교부, 각국 유네스코 위원회 공식 홈페이지에 있다.

유네스코 산업유산 등재 후 일본은 약속한 적절한 조치 가운데 두 번째 조치를 이행하지 않고 있다. 세계유산위원회에 약속한 '강제동원 현장이라는 사실'을 감추고 왜곡된 정보를 공유하면서 사실을 외면하고, 편향적 역사 인식을 이어가고 있다. 유네스코 세계위원회 권고에 따라 2020년 6월 일본이 도쿄에 설치한 일본산업유산정보센터에 별도 전시 패널을 설치한 '진실의 역사를 추구하는 하시마 도민회'의 관계자는 2015년 7월 사토 구니 일본대사가 "조선인이 가혹한 조건에서 강제로 노역했다"고 인정한 것은 잘 알지 못해 잘못 얘기한 것이라고 주장했다. 이러한 일본 측의 조치에 대해 2021년 7월에 열린 제44차 세계유산위원회는 '강한 유감'과 함께 시정조치를 담은 결정문을 채택했다.

또 다른 영화 이야기가 있다. 2018년 6월에 개봉한 영화 '허스토리'다. '허스토리'는 일본 정부를 상대로 한 소송인 '부산 종군위안부 · 여자근로정신대 공식사죄 등 청구 소송'을 다룬 영화다. 영화의 실제 주인공은 부산에서 '민족과 여성 역사관'을 운영하다가 지난 10월 작고했다. 감동적이었고 관객 반응이 좋았다. 그러나 관련 내용을 아는 사람들은 불편한 마음을 감출 수 없었다. 10월 2일, 일본시민단체인 '전후 책임을 묻고 관부재판을 지원하는 모임'은 영화 제작사에 항의 성명서를 전달했다. "재판의 진실을 전하지 못하고 원고들의 명예에 상처를 입히고 있는" 영화 내용에 대한 항의 표시였다.

영화 〈허스토리〉의 제작자에게 항의한다!

우리는 후쿠오카에 살고 있는 '전후 책임을 묻고 관부재판을 지원하는 모임'의 회원들입니다.

이 영화는 관부재판을 소재로 한 실화에 바탕한 영화라고 선전했는데, 변호사도 지원 모임도 취재하지 않았을 뿐 아니라 원고들조차 취재하지 않았습니다. 이 점을 먼저 말하고 싶습니다.

우리는 이번에 이 영화를 보고 경악했고, 분노와 슬픔을 참을 수 없었습니다. 원고들의 바람과 지원모임의 바람이 무시되고 왜곡되고 있었기 때문입니다.

관부재판은 일본군'위안부' 피해자와 근로정신대 피해자 양측이 함께 원고로서 임했던 재판입니다. 열 분의 원고 중 일곱 분이 근로정신대 피해자입니다.

그 분들은 자신들의 피해가 한국사회에서 정확히 알려지지 않은 환경 속에서 고독하게 투쟁해야 했습니다. 정신대가 곧 위안부라는 한국사회의 기존 인식 속에서 가족들과 지역사회의 편견의 눈초리를 받으며 싸워 왔고, 이제 겨우 그런 차이와 근로정신대의 피해 실태가 인식되게 된 시점에서 그간의 편견을 증폭시키는 듯 한 스토리를 만들어 근로정신대의 실태를 관부재판에서 지워버린 것은 범죄적이라고까지 말할 수 있겠습니다.

더구나, 위안부 원고들의 피해 실태에 관해서도 증언기록이 존재하는데 왜 이 재판과는 관계가 없는 몇몇 피해자들의 경험을 짜집기해서 과다하게 각색한 걸까요. 이러한 제작 자세로 보건대, 피해가 심하면 심할수록 좋다는 식의 상업주의에 감독이 사로잡혀, 피해자의 고통에 귀기울이는 작업은 하지 않고 제작한 것은 아닌가 싶고, 감독의 불성실함과 태만을 느끼지 않을 수 없습니다. 또한 최고재판소(대법원)에 이의를 제기하며 시모노세키 판결을 내렸던 재판관들의 성의와 용기에 대한 헤아림도 전혀 없어 보입니다.

절대로 픽션화해서는 안 되는, 진실이라는 것이 세상에는 존재합니다. 바로, 원고인 피해자가 목숨을 걸고 법정에서 호소한 '피해 사실'입니다.

영화 속에서, 후지코시에 근로정신대로 동원되어 위안부가 된 것으로 설정된 분은, 이 재판 원고였던 박SO 할머니입니다. 이분은 98년 당시 시모노세키 판결 얘기가 한국에 보도되면서, 지역사회와 교회 사람들로 부터 "위안부였던 거네"라는 소리를 듣게 되었고, "창피하니까 재판은 하지 말아요!"라는 말로 가족들이 애원하는 정황 속에서 분노와 슬픔으로 인해 가벼운 뇌경색을 일으키기도 했습니다. 훗날 치매 증상을 보이게 된 것은 이때 일이 계기가 된 것이 아닐까 생각하지 않을 수 없는 분이기도 합니다.

박SO 할머니는 물론 위안부가 되지 않았고, 이 분을 정신대에 보낸 것으로 설정된 스기야마 선생님은 국민학교 4학년 때 담임교사였으며 박 할머니께서 많이 존경하고 사랑해 온 분입니다. 실제로 정신대로 보낸 교사는 6학년 때 담임, 그러니까 다른 사람입니다. 그런데 영화는 스기야마 선생님과의 후쿠오카에서의 감동적이었던 상봉 장면을 완전히 다른 스토리–픽션으로 만들어 버렸습니다. 만약 박SO 할머니가 살아계셔서 이런 사실을 알았다면 얼마나 분노하고 상처받으셨을까요. 스기야마 선생님은 황민화 교육에 관계했던 자신을 깊이 후회하고, 한일간 진정한 우호를 위한 활동에 일생을 바쳐오신 분입니다. 아직 생존 중이신 스기야마 선생님이 이 영화를 우연히라도 만나는 일이 없기를 우리는 기도하지 않을 수 없습니다.

재판이 시작된 이후로, 우리는 원고 분들께 지원모임 회원들의 집 혹은 교회에서 숙박하실 수 있도록 해 드렸습니다. 그곳에서 재판 관련 회의를 했고 할머니들과 함께 식사를 했으며, 노래도 불렀고 춤도 추었습니다. 친해지면서 그때까지 누구에게도 하지 못했던 고민을 토로하실 때도 있었고, 그러면서 우리는 피해자들이 입은 깊은 상처를 만나기도 했습니다. 그 과정은, 원고들과 지원자들 간의 상호 신뢰와 사랑과 존경심이 깊어지면서 자신을 바꿔나가는 과정이었습니다. 영화에서 원고들이 여관에서 숙박한 것으로 묘사된 부분과 그곳에서 발생한 일 전부가, 감독의 황당무계한 공상일 뿐입니다.

지원모임이 바랐던 것은, 원고 피해자들과 함께하며 함께 싸우는 일, 그리고 일본사회에 그녀들의 피해를 알리면서 일본정부를 향해 해결을 촉구하는 일이었습니다. 일본 국내의 '새로운 역사 교과서를 제작하는 모임' 등의 역사수정주의자들과 싸우면서 전쟁피해진상규명법을 국회에서 성립시키기 위한 활동도 했고, 위안부 피해자에 대한 사죄배상법을 만들 수 있도록 우리 지역인 후쿠오카에서 국회의원을 배출하기 위한 선거전 등의 활동도, 부족하나마 해왔습니다. 재판을 통해 만들어진 원고들과의 소중한 인연이, 우리 모임의 역량을 넘는 싸움에까지 우리를 나서게 만들었던 것입니다. 그런데 이 영화는 원고들과 지원자들의 그런 교류와 운동은 전혀 묘사하지 않았고, 당시 전혀 존재하지 않았던 우익들의 조롱이나 시민들의 차가운 태도를 여기저기 끼워 넣어 일본사회에 대한 반감을 부채질하고 있습니다.

이 영화는, 재판의 진실을 전하지 못하고 있을 뿐 아니라 원고들의 바람과 명예에 또 한번 상처를 입히고 있습니다. 관부재판을 통해 무언가를 배우려 하지는 않았던 영화 〈허스토리〉 제작자들에게 통렬한 반성을 요구합니다!

2018년 10월 2일

전후 책임을 묻고 관부재판을 지원하는 모임

항의 성명서를 낸 이들은 1992년부터 줄곧 피해자를 위해 활동하는 일본인들이다. 그러기에 항의 성명서가 준 반향은 매우 컸다. 그런데 왜 일본시민단체는 항의 성명서를 발표했는가. 성명서 항의 내용 가운데 한 가지만 살펴보자. 영화의 배경이 된 재판의 원고는 일본군위안부 피해자 3명과 근로정신대 피해자 7명 등 총 10명이었다. 그러나 영화는 근로정신대 소녀들의 피해 내용을 왜곡했다. 영화가 왜곡한 근로정신대 피해 내용은 해방 후 지금까지 근로정신대 피해자들을 옥죄는 사슬이다. 그런데 영화는 근로정신대 피해자들이 받은 상처를 헤집고 왜곡된 내용을 사실인 듯 연출했다. 일본시민단체가 '경악과 분노와 슬픔'을 참을 수 없었던 이유다.

현재 한일 양국 관계는 최악이다. 정부 차원만의 문제가 아니다. 일본 시민들은 한국의 반응을 이해하지 못하고, 한국 시민들은 강한 거부감을 표출한다. 이해하려 하지 않고, 각자 자기 생각만 표현한다. 이같이 양국 시민들이 소통하지 못하는 이유는 모르기 때문이다. 전후 세대가 균형적 역사 인식을 갖지 못했기 때문이다. 전후 세대가 과거의 경험을 모르니 오해할 수 있고 거부감을 가질 수 있다. 고 강덕상(姜德相)은 해결의 출발점으로 '사실의 무게와 복잡다단함'을 아는 것이라 했다.[76]

'사실의 무게를 아는 노력'은 한국의 시민들이, 그리고 가해국 일본의

76) 강덕상, 「한일 역사 마찰의 배경」, 현대송 편, 『한국과 일본의 역사인식』, 나남, 2008, 261쪽.

국민과 사회가 열심히 해야 하는 일이다. 그러나 일본은 오히려 패전 후 스스로 사실을 알 기회를 닫아버렸다. 강하게 빗장을 질렀다. 그 결과, 일본 사회는 '봉인 · 망각 · 왜곡 · 미화'의 역사 인식 속에서 헤어나지 못하게 되었다.[77)]

1945년 8월 14일, 쇼와 천황의 포츠담 선언 수락 환발(渙發)과 15일 '중대 발표', 그리고 9월 2일 항복문서 조인으로 아시아태평양전쟁, 제2차 세계대전은 끝났다. 중대 발표는 일본에서 '종전 조서' '옥음방송'이라 한다. 천황(옥)의 목소리를 들려주었음을 강조한 표현이다. '항복'이나 '패배'라는 단어는 없다. 4분 37초의 옥음을 포함한 총 37분 30초의 방송(해설)을 듣고, 당시 일본 민중이 느꼈던 감상은 전후 일본 미디어를 통해 또 다른 기억을 남겼다.

> "모두가 죽어 마땅하다!" "죽음으로도 보답하지 못한다!" "싸우고 싸웠으나 충성이 부족해" "폐하, 용서해주세요. 우리는 최선을 다하지 못했습니다" "고마움이 머리카락 끝까지 스며든다" "이같이 좋은 군주가 세계에 또 어디에 있을까."[78)]

항복이든 종전이든 지긋지긋했던 15년간의 전쟁은 끝났고, 필요한 것은 침략전쟁에 대한 일본 사회의 자기 성찰 기회였다. 그러나 일본 사회는 그러한 기회를 충분히 얻지 못했다. 가토 노리히로(加藤典洋)가 『패전후론』(1977)에서 지적한 바와 같이 "일본인은 전쟁에서 지는 순간, '졌다'는 사실에서 눈을 돌렸다." 이렇게 시작한 외면과 봉인은 망각으로 이어

77) 일본 역사 인식에 대한 상세한 내용은 박진우, 『천황의 전쟁 책임』, 서울대학교 일본연구소, 2013 참조.

78) 일본 미디어의 기억 재창출 과정에 대해서는 사토 다쿠미 지음, 원용진 · 오카모토 마사미 옮김, 『8월 15일의 신화』, 궁리, 2007에 상세히 분석했다.

졌고, 뒤이어 왜곡과 미화로 굳어졌다. 일본 사회가 역사 인식을 수정할 기회는 최근 한국 사법부의 소송 결과를 계기로 더 멀어지고 있다.

### 2) 사실의 무게를 느끼는 방법, 아시아태평양전쟁유적과 만나는 길

피해를 경험하는 이들은 세상을 떠나도 유적은 현장에 남아 한국 사회에 역사적 교훈을 남긴다. 아시아태평양전쟁도 유적을 남겼다. 일본은 아시아와 태평양지역 민중을 전쟁의 화마 속으로 내몰고, 일본을 포함한 아시아와 태평양에 많은 전쟁유적을 남겼다. 전쟁유적은 전쟁이 낳은 유적이다. 전투지, 전쟁이 있었던 지명이나 건조물, 사건 유적지이니, '전쟁 관련 유적(War - Related - Sites)'이 적절하다. 일반적으로 어두운 역사(Dark History)나 '부(負)의 역사' 현장이라 한다.

아시아태평양전쟁 가해국인 일본에서 전쟁유적을 보존하려는 움직임은 오래전부터 시작했다. 도마 시이치(當眞嗣一)는 '전쟁 중 오키나와의 실태를 정확히 직시하고 과학적으로 기록하기 위해' 전적고고학(戦跡考古学)을 제창했다. 이후 전쟁유적 조사와 연구, 보존과 활용 연구는 평화운동이나 역사교육 등으로 이어졌다. 교육위원회(한국의 교육청에 해당) 차원의 전수조사도 실시했다. 1997년에 탄생한 (사)전쟁유적보존네트워크가 제시한 일본의 아시아태평양전쟁유적(이하 아태전쟁유적)은 정치행정관계 · 군사방위관계 · 생산관계 · 전투지역 및 전쟁터관계 · 주거지관계 · 매장관계 · 교통관계 · 기타 등 여덟 종류인데, 모두 시민들 주변의 생활 현장이다.[79)]

그렇다면, 한반도에 남은 아태전쟁유적은 몇 종류일까. 군사 · 생산관

79) 정혜경, 『우리 지역의 아시아태평양전쟁 유적 활용－방안과 사례』, 도서출판 선인, 2018, 20~22쪽.

계 · 식민통치 · 기타유적 등 네 가지를 제안했다. 현재 알려진 아태전쟁 유적 목록(정혜경 작성, 2019.12. 기준)은 8,611개소이다. 현재 유일한 자료이지만 정부 차원의 전수조사 결과는 아니며, 현재진행형 자료이다.

종류별 현황에서, 가장 큰 비중을 가진 유적은 생산관계(84.89%)이고, 직종별 분포에서는 탄 · 광산이 압도적 다수를 차지한다. 한반도 전역의 탄광산에서 석탄이나 금 · 은 · 구리 등 일반 광물과 특수 광물을 채굴했다. 군사유적은 군부대(군과 헌병부대, 군 소속 시설물, 군 소속 작업장, 포로수용소 등)와 각종 군사시설물(비행장, 지하시설, 방공초소 등)을 의미한다. 식민통치유적은 조선통치기관이었던 총독부 관련 유적, 조선은행과 동양척식주식회사 등 경제기관을 비롯해 일본의 식민지 조선통치와 관련한 유적을 의미한다. 기타유적은 노동자 사택, 군사방위 관련, 추도 관련, 공동창고 등이다.[80]

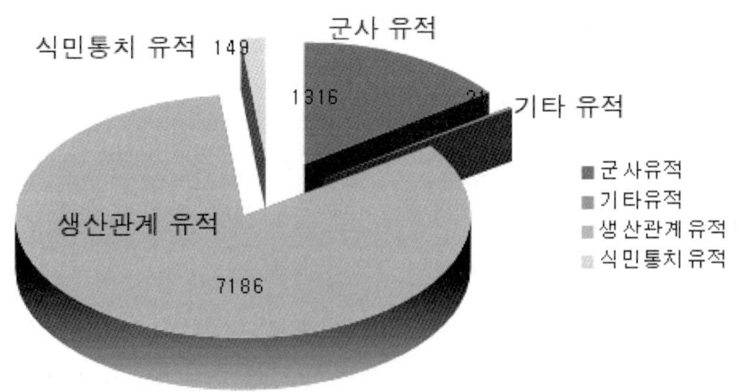


〈그림 69〉 한반도 아시아태평양전쟁유적 목록 – 종류별
(1945년 행정구역 도별, 2021.7. 기준)

80) 한반도 아시아태평양전쟁유적 현황에 대해서는 현재 작업이 진행 중이며, 일제강제동원&평화연구회 카페(https://cafe.naver.com/gangje#)에서 반년마다 수정한 현황을 공개하고 있다.

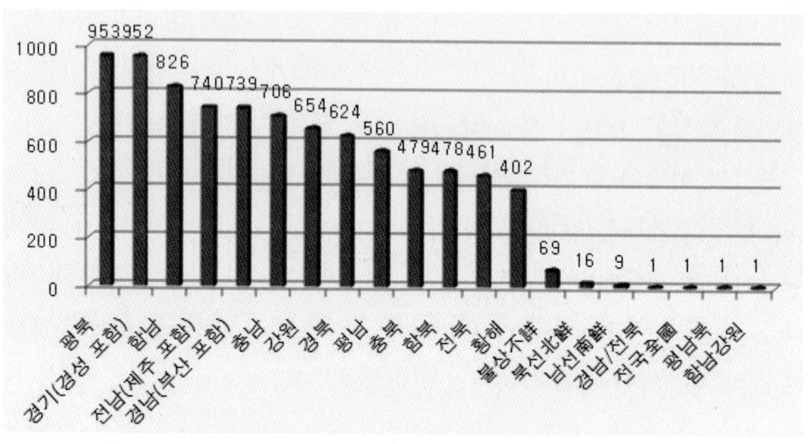


〈그림 70〉 한반도 아시아태평양전쟁유적 목록-도별
(1945년 행정구역 도별, 2021.7. 기준)

### 3) 이름을 기억하라

#### (1) 한국 사회가 기억해야 할 강제동원피해자의 이름

전쟁으로 인한 각종 피해자의 권리 회복은 인간의 기본적 권리다. 제2차 대전 후 탄생한 국제인권법(international law of human rights)에서는 인간의 기본적 권리를 '전시 · 평시 · 식민지 지배를 막론하고 문명인들 사이에 확립된 관례, 인도주의의 법칙, 공공의 양심, 국제법 등에 따라 전시 중 상병자 · 포로 · 민간인뿐만 아니라 억류자의 조속한 본국 귀환 · 송환, 사자(死者)의 유해와 묘지의 존중 및 일상생활의 회복'으로 규정했다. 그러므로 나라를 잃어 일본 침략전쟁에 동원되었던 강제동원 피해자의 이름을 기억해야 하는 이유는 인간의 기본적 권리를 찾는 길이다.

이름을 기억하는 방법에는 무엇이 있는가. 이름을 기록하는 일, 명부 작성에서 출발한다. 강제동원 피해자의 이름을 모으는 작업은 제1공화국 시절부터 정부의 몫이었다. 정부 수립 후 과제가 산적한 가운데, 정부가 강제동원 피해자들의 명부를 작성한 이유는 새 국가 건설에서 대일배상이 중요했기 때문이다. 그러나 한국 정부의 대응은 미국의 대일정책 변화라는 벽 앞에서 초라했고, 대일배상의 길은 험난했다. 1949년부터 미국의 정책이 일본과 조기 강화로 바뀌면서 한국의 의견을 전혀 반영하지 못한 채 샌프란시스코 대일강화조약이 체결되었다. 배상을 받으려면 일본을 대상으로 직접 협상해야 했다. 대한민국의 명운을 걸고 일본과 본격적으로 맞붙으려면 무기가 필요했다. 그래서 명부를 만들었다.[81)]

현재 한국 정부가 소장한 '강제동원 피해자 명부'는 2015년 말 기준 260종, 1,772,728건(중복 인원 포함)이다. 177만 건 가운데 일본 정부로부터 확보한 명부가 737,819건이고, 한국 정부가 자체적으로 생산한 명부가 총 6종 981,705건이다. 그 외 위원회 자체수집 명부 · 국가기록원과 국사편찬위원회 수집 명부는 53,204건이다. 177만 건은 모든 강제동원 피해자의 명부가 아니다. 같은 이름이 여러 번 수록되어 있으므로 실제 숫자는 강제동원 피해 규모 780만 건의 10% 정도일 것이다.[82)]

한국 정부가 소장한 177만 건의 명부는 177만 명의 이름이다. 중복자를 제외하면, 50만 명 정도다. 피해자 780만 명 중 실제 동원 규모를 200만 명으로 추산한다 해도 기록되지 않은 이름의 주인공은 훨씬 많다. 아시아태평양전쟁은 '명부 없는 노무자'와 마찬가지로 '군적(軍籍) 없는 군인'도 양산했다. 그렇다면 이들은 피해자가 아닌가.

기록되지 않은 이름은 무명씨라 한다. 이름 없는 이라는 뜻이다. 그러나 원래부터 이름이 없었던 사람은 없으니, 정확히 표현하면 이름을 찾지 못한 사람들이다. 위원회가 만든 명부 가운데에는 가해자의 기록에서

81) 정혜경, 『터널의 끝을 향해–아시아태평양전쟁이 남긴 대일역사문제 해법 찾기』, 도서출판 선인, 2017, 78~83쪽.

82) 상세한 명부 현황과 목록은 정혜경, 『일본의 아시아태평양전쟁과 조선인 강제동원』, 동북아역사재단, 2019, 179~191쪽 참조.

찾지 못한 이름이 많다. 위원회는 조사과정을 통해 가해자 기록에 없는 '무명씨'의 이름을 찾아냈고, 기록되지 않은 이름을 살려냈다. 2015년 12월 31일 위원회 폐지와 함께 한국의 진상규명 작업은 중단되었다. 이스라엘과 중국 등 제2차 세계대전의 피해국에서는 계속하고 있다. 피해자 인권회복의 길이 피해국인 한국 정부의 책무이자 몫이라는 점을 인식한다면 다시 가야 하는 길이다.

(2) 국제연대의 힘으로, 일본 시민과 어깨를 걸고

강제동원 피해는 한국만의 문제가 아니다. 당시 조선을 포함해 동남아시아와 중국, 일본, 태평양 민중들도 피해자였다. 그러므로 국제연대를 통해 전쟁 피해의 상흔을 치유하고 평화의 길로 나아가야 한다. 강제동원 문제는 남측만의 문제도 아니다. 한인이 아시아태평양전쟁에 동원될 당시 한반도는 분단되지 않았다. 그러므로 한국 정부의 공식 통계인 피해자 7,804,376명에는 현재 남측과 북측 구성원들이 포함되어 있다. 현재 한국 정부가 확보한 강제동원 피해자 명부 총 177만 건(중복 인원 포함)에도 북한지역 출신 피해자가 있다.

군인군속 공탁금 문서에서 북측지역에 해당하는 평남북 · 함남북 · 황해지역 출신 피해자 수록 비율은 평균 22.9%이다. 이 비율은 노무자도 비슷하다. 연인원 780만 명에 달하는 강제동원 피해자 규모에서 최소한 23% 이상은 북한지역 출신자가 된다. 아시아태평양전쟁유적도 남북한에 걸쳐 있다. 남한 출신자들의 다수가 북한지역의 공장과 광산 수력발전소 등 노무작업장으로 동원되었다. 멀리 전라도와 경상도에서 북한지역으로 끌려간 남한 출신 피해자들 가운데에는 돌아오지 못한 이들이 있다. 피해자 실태와 작업장 분포 현황은 일제 강제동원 피해가 남측만의 문제가 아니라는 점을 보여준다. 그러므로 아시아태평양전쟁에 동원된 한인 피해문제는 남북한 공동의 관심사이며 지속적 공동대응이 필요하다.

이 길을 걷기 위한 국제연대의 역사가 있었다. 민간 재판 이벤트인 '일본군 성노예 전범 국제법정(2000년 12월 8~12일, 일본 도쿄. 이하 2000년 국제법정)'은 대표적인 국제연대의 사례다. 2000년 국제법정이 대외적 상징성을 가졌다면, 수십 년간 전후 청산과 반전 평화의 길을 추구해온 일본 시민들이 있다. 이들이 활동하는 이유는 '일본의 현재와 미래를 위해서'이다. 이들의 활동 역사는 유구하다. 패전 후 일본에서 아시아태평양전쟁에 동원된 아시아인에 관심을 보이면서 시작되었다. 자신의 거주지에 남아 있는 강제동원의 흔적을 외면하지 않고 사실에 다가서려 노력한 이들이 주인공이었다. 처음에는 외로운 작업이었으나 조선대학교 교원이었던 박경식(朴慶植. 1922~1998)이 학생들과 함께했던 지역 조사결과를 모아 책(조선인 강제연행의 기록)을 출간하고 지역 조사에 나서자 1970년대부터 조직적으로 움직이기 시작했다.

1972년 5월, 미국령 오키나와의 통치권이 일본으로 반환되었다. 1972년은 미국과 중국의 역사적 화해가 이루어지고, 중일 간 국교정상화가 성사된 해이다. 이같이 1970년대 초반 동아시아에서 일어난 정치적 변화는 조직화에 영향을 미쳤다. 1972년 오키나와에서 전국 규모의 한인 강제동원 단체인 조선인강제연행진상조사단이 발족했다. 일본 시민들과 재일본조선인 총연합회 연대 형식으로 결성했다. 조사단을 시작으로 각지에서 탄생한 관련 단체들은 1990년대에는 200여 단체가 전국교류집회에 참석할 정도로 왕성했다. 1990년대 말부터 침체기를 겪었으나 한국에서 위원회가 발족하자 다시 활기를 되찾았다. 개점휴업 상태의 단체가 활동을 재개하거나 새로운 단체를 설립하기도 했다.[83]

83) 일본시민단체의 활동에 대해서는 정혜경, 『터널의 끝을 향해』, 도서출판 선인, 2017, 188~195쪽 참조.

### 4) 역사문화콘텐츠를 통해, 아시아태평양전쟁 역사와 마주하다

일본 제국주의 36년간 한반도 민중의 경험, 자랑할 만한 역사라 생각하는 한국인은 드물다. 다시 경험하고 싶지 않은 아픈 역사다. 일제 말기 아시아태평양전쟁에 동원되었던 경험을 돌아보고 싶어 하는 이들도 드물다. 그런데 일본의 패전으로 일본 국가권력이 한반도에서 물러난 후 우리 주변에는 일본의 침략을 받았던 역사, 전쟁의 잔재들은 너무도 많다.

우리 주변에서 볼 수 있는 아태전쟁유적은, 보는 사람의 마음을 씁쓸하게 하기도 하고 복잡하게 만들기도 한다. 왜 굳이 마음 불편한 어두운 역사 이야기와 만나야 하는가. 피하고 싶지만 피할 수 없는 우리의 소중한 경험이자 역사이기 때문이다. 이런 마음은 한국인에게만 해당하지 않는다. 근대국민국가 수립 이후 수많은 전쟁을 겪었던 지역의 사람들에게 모두 해당한다.

아태전쟁유적은 한국 사회가 피해자성을 회복할 수 있는 귀한 자산이자 평화를 위한 마중물이며 반전평화교육의 현장이다. 피해자성은 피해 역사의 진상을 규명하고 피해자에게 공감하며 이를 통해 같은 피해가 재발하지 않도록 노력하는 힘이다. 아태전쟁유적은 한반도 전역에 있으므로 남북한 공동 사업이 가능하다. 남북한이 함께 전수조사에 나서고 반전평화의 소재로 활용할 수 있다. 어떤 방법으로 가능할까. 방법의 하나는 역사문화콘텐츠다.

테사 모리스 스즈키(Tessa Morris Suzuki)는 『우리 안의 과거－미디어, 메모리, 히스토리』에서, 역사문화콘텐츠를 일반 시민들이 역사와 만나는 창구라 했다. 일반인들은 학자처럼 사료를 뒤적이는 것이 아니라 다른 사람들이 해석하고 상상력이라는 필터(소설가의 말, 사진가의 렌즈, 만화가의 그림)로 걸러서 전달한 과거의 표현을 접하기 때문이다. 그런 점에서 역사문화콘텐츠는 역사의 진지함과 만나려는 일반인들에게 도움이 된다. 역사문화콘텐츠는 답사와 다양한 문화콘텐츠를 통해 일반인들이 역사의 진지함을 찾아가도록 돕기 때문이다.

현재 시민들이 접할 수 있는 아태전쟁유적 관련 역사문화콘텐츠는 다양하지 않다. 사회적 필요성이 부족하고, 정부 차원의 현황 파악도 마련되지 않았으나 구체적 방안을 제시한 연구는 있다. 방안의 핵심은 다양한 문화콘텐츠를 만들어 사회가 공유할 수 있도록 활용도를 높이는 방법이다. 아태전쟁유적은 활용과정을 통해 역사 경험을 축적하고 축적된 경험을 다시 시민의 역사교육으로 순환하는 기능을 담당한다. 아태전쟁유적은 지역의 역사성과 유적 발생 배경, 해방 후 쌓은 한국현대사의 더께(공간의 계보학), 기존 근대유적, 보존 환경 등 다양하다. 그러므로 이를 토대로 적합한 문화콘텐츠 구축 및 활용 방안을 적용할 필요가 있다. 큰 틀의 활용 과정은 다음과 같다.[84)]

**국내 아태전쟁유적 문화콘텐츠 활용 과정**

실태조사(전수) → 연구 → 기초 Map 작성 → 필드워크(워킹투어) → 계획 수립 → 활용 가능 대상 유적 선정 → 문화재 등록제도 및 건축자산제도 활용, 적용할 문화콘텐츠 선정 → 다양한 콘텐츠 구축 → 시민사회 공유 및 활용

위에서 제시한 방안은 정부가 해야 할 역할이며, 정부 차원의 전수조사가 출발점이다. 이와 함께 시민들이 아시아태평양전쟁 관련 역사문화콘텐츠를 접하고, 평화 인식을 높이는 방법도 있다. 첫 번째는 기존의 모든 아시아태평양전쟁 관련 역사문화콘텐츠에 대해 궁금해 하고, 의심하

84) 정혜경, 『우리 지역의 아시아태평양전쟁 유적 활용－방안과 사례』, 도서출판 선인, 2018, 55쪽.

며 의문 부호를 던지는 일이다. 다음 단계는 경험하는 일이다. 책이나 영상물을 통해 그리고 지역 박물관을 통해 경험할 수 있다. 더 나아가 우리 동네에 어떤 아시아태평양전쟁유적이 있는지 관심도 두 번째 단계의 하나다. 세 번째는 이런 과정을 통해 알게 된 사실을 기억하고 실천하는 일이다. 실천 방법에는 인간 중심의 사고가 전제되어야 한다. 이러한 방법으로 아시아태평양전쟁 역사와 마주하고, 평화를 실천할 수 있을 것이다.

# 맺음말

"그들에게는 세 갈래 길이 주어져 있었다. 고개를 쳐들고 앞으로 나아갈 것이냐. 눈을 감고 절망에 빠져버릴 것이냐. 굽신거리며 타협하고 '항복하고 배반'할 것이냐. 이 세 가지가 그것이었다."

김달수가 소설 '현해탄'에서 표현한 일제 식민통치하에서 조선 민족이 살아나갈 수 있는 길이다. 세 갈래 길에서 선택해야 할 모범답안은 첫 번째 길인 '고개를 쳐들고 앞으로 나아갈 것'일 것이다. 그러나 쉽지 않은 길이다. 자신의 모든 것을 걸어야 하는 길이기에 쉽게 선택할 수 없다.

그러기에 모든 재일 한인이 고개를 쳐들고 앞으로 나아가지 못했다. 처음에는 고개를 쳐들고 앞으로 나아갔으나 일본의 파쇼 체제가 굳건해진 상황에서 고개를 떨구고 실리를 찾아 나선 이들도 있다. 처음부터 굽신거리며 타협하고 배반의 길을 간 이들도 있었다. 당국의 지도 아래 상애회와 흥생회에서 동포를 팔아 이익을 취하고 권력을 만끽하던 이들이다. 많지는 않았으나 이런 이들은 분명히 있었다. 식민지 시기 재일코리안 역사에 오점을 남긴 이들은 해방 후에도 자기 성찰의 기회를 얻지 못하고 권력의 주변을 맴돌다 추한 생을 마감했다.

모든 조선 민중은 이 세 가지 선택지를 고민하며 살아갈 수 없었다. 그럴 여유도 없었기에 아무것도 선택하지 않은 채 살아내야 했던 이들이 많았다. 대부분의 재일코리안에게 절박한 문제는 하루하루 삶을 이어가는 일이었다. 그러나 일상을 견뎌내는 과정에서 식민지배의 구조적 문제, 자본주의의 문제를 절감하면서, 한인들은 민족문제의 무게감도 함께 인식해나갔다. 재일코리안의 다수를 차지했던 노동자들의 삶이었다. 노동자들은 민족이고 독립이고 생각할 여유도 없이 생존을 위해 노력해왔다.

한인 노동자들은 1891년 처음 일본 땅을 밟은 후 일본 전역의 철도와 댐공사장, 탄광산, 공장에서 일했다. 어려운 작업 현장에서 사고로 목숨을 잃은 한인이 속출하자 기업과 당국은 1946년 1월까지, 규슈 남단에서 홋카이도 북단까지 세운 사망자를 기리는 비석에 한인을 포함했다. 저항을 염려한 행위였다. 이들은 이러한 난관 속에서 삶의 기틀을 마련하고 안정을 찾아 나갔다. 행상에서 시작해 작은 상점을 마련하고, 공장의 심부름꾼으로 출발해 가내수공업체를 꾸리게 되는 등 열심히 일한 결과 명함도 새기고 양복도 입을 수 있게 된 이들도 늘어났다. 험한 일을 하면서도 언제든 자신의 주머니를 털어 고향의 친척을 챙기고, 동고동락하는 동포들과 나누는 여유를 가진 이들이었다. 아무리 어려운 살림살이라도 고향에 수도를 놓는데 필요한 공사비나 노동조합·통항조합의 조합비, 야학 후원금을 외면하지 않았다. 운동회를 열어 학교 건축비를 마련하고, 통항조합의 연락선이 출항하는 날 항구에서 깃발을 흔들었다. 어느새 가장 강력한 재일코리안운동의 실천부대로 자리했다. 조선에서 살던 방식대로 살면서 조선에서 오는 순회공연단의 공연에 흥겨워하고, 당국의 단속을 피해 만든 막걸리로 위안 삼으며 생활하던 이들에게 김달수가 제시한 세 가지 선택지는 무관한 이야기로 여겨졌을 것이다. 그러나 이들의 삶은 '고개를 쳐들고 앞으로 나아가는' 길의 거친 돌을 치우는데 가장 큰 토대가 되었다.

어린 시절 도일하거나 일본에서 태어나 제도권 교육을 통해 황국의 신민으로 자란 아이들이 있었다. 조선의 호적에 올라 있으나 일본어를 일상어로 사용하며, 조선을 실감하지 못하며 자란 아이들이다. 차별하는 일본 사회에서 적극적으로 황국신민이 되려 했던 아이들은 일본의 패망 소식에 망연자실하기도 하고 혼란스러워했다. 교육은 재일코리안 사회가 가장 역점을 두었던 분야인데, 오히려 아동교육을 통해 황국의 아이로 성장해가는 결과를 가져왔다. 식민지 본국에 거주하며 일본 통제정책의 대상이 된 재일코리안의 숙명이기도 했다.

그런데 이런 민중과 호흡하며, 힘든 세 번째 길을 걸어간 이들이 있다. 재일코리안운동을 이끌었던 이들이다. 이들은 한인사회가 생활실태를 개선하고 결속력을 강화하는데 중심 역할을 했다. 1920년대에 노동운동을 이끌던 각지의 운동가들은 1930년대에도 반일투쟁 외에 임금과 민족차별, 주택분쟁 등 생존권을 지키는 노력을 동시에 수행해나가며 한인사회의 전폭적인 지지를 얻었다. 동북지역에서 규슈 남단까지 활동 지역은 끝이 없었다. 그러나 이들 앞에는 식민지 시기 내내 당국의 탄압과 쉽게 해결되지 않는 열악한 노동 실태, 상애회의 폭력 등 어려움이 산적해 있었다. 계속되는 검거와 기나긴 투옥 생활을 겪어야 했다. 현장에서 또는 옥중에서 목숨을 잃은 한인 활동가는 30명이 넘었다. 이들의 노력으로 1920년대 중반부터 정주 한인들은 정착할 수 있었고, 조선부락을 통해 생존권을 지키고 조선 관습을 온존하며 한인사회는 역량을 축적해 경제공황의 어려운 상황 속에서도 저력을 발휘할 수 있었으며, 당국의 통제와 동화정책에 대응할 수 있었다.

이 글은 이같이 다양하고 역동적인 식민지 시기 재일코리안의 역사를 재일코리안운동사를 통해 살펴보았다. 19세기 말 한인의 도일에서 아시아태평양전쟁 패전까지 1945년 광복 이전 재일코리안의 일상을 통해 재일코리안운동의 역사를 풍부히 담고자 했다. 이를 위해 관련 연구 성과는 가능한 충실히 반영하고자 했고, 당국의 공식기록 외에 다양한 비공식기록을 활용했다. 당시 생산된 비문헌기록을 발굴하고자 했고, 한국과 일본의 신문·잡지 기사 등도 폭넓게 반영했다. 직접 현장을 답사하며 촬영한 사진을 최대한 활용했다. 아시아태평양전쟁유적을 시민사회가 활용할 수 있는 방안의 하나로 역사문화콘텐츠적 활용 방안도 제시했다. 역사문화콘텐츠 활용 방안을 통해 역사의 진지함을 만나려는 이들에게 길라잡이가 되기를 바란다.

〈부록〉

## 강제동원 피해 규모 (중복 인원 포함)

<table>
<tr><th colspan="3">노무자동원</th><th>계</th><th colspan="2">군무원 동원</th><th>계</th></tr>
<tr><td rowspan="6">한반도 내</td><td rowspan="2">도내동원</td><td rowspan="2">5,782,581</td><td rowspan="6">6,488,467</td><td>일본</td><td>7,213</td><td rowspan="5">60,668</td></tr>
<tr><td>조선</td><td>12,468</td></tr>
<tr><td rowspan="2">관 알 선</td><td rowspan="2">402,062</td><td>만주</td><td>3,852</td></tr>
<tr><td>중국</td><td>735</td></tr>
<tr><td rowspan="2">국민징용</td><td rowspan="2">303,824</td><td>남방</td><td>36,400</td></tr>
<tr><th colspan="2">군인 동원</th><th>계</th></tr>
<tr><td rowspan="4">한반도 외</td><td rowspan="2">국민징용</td><td rowspan="2">222,217</td><td rowspan="4">1,045,962</td><td>육군특별지원병</td><td>16,830</td><td rowspan="4">209,279</td></tr>
<tr><td>학도지원병</td><td>3,893</td></tr>
<tr><td rowspan="2">할당모집<br>관 알 선</td><td rowspan="2">823,745</td><td>육군징병</td><td>166,257</td></tr>
<tr><td>해군<br>(지원병 포함)</td><td>22,299</td></tr>
<tr><th>총계</th><th colspan="6">7,804,376</th></tr>
</table>

※ 범례

1. (총계) 1인당 중복 동원 포함
2. (동원 실수) 최소 2,021,995명(한반도 노무자동원 중 도내동원 제외한 수) 이상으로 추산
3. (지역 구분)
   - (국내) 6,552,883명[노무자 6,488,467, 군무원 12,468, 군인 51,948]
   - (국외) 1,251,493명[노무자 1,045,962, 군무원 48,200, 군인 157,331]
4. 군무원 총수는 피징용자 동원수를 제외한 수
5. 일본군위안부 등 피해자 제외
6. 군인(병력)동원수 가운데 1945년 8월 기준 한반도 주둔군 숫자는 51,948명

※ 근거자료

- 大藏省 管理局 編, 「戰爭と朝鮮統治」, 『日本人の海外活動に關する歴史的調査』 통권 제10책 朝鮮篇 제9분책, 1947, 69쪽, 71쪽
- 朝鮮總督府, 「第85回 帝國議會說明資料」
- 近藤釼一 編, 「最近に於ける朝鮮の勞務事情」, 『太平洋戰下の朝鮮(5)』, 友邦協會, 1964, 170쪽
- 內務省 警報局, 『在日朝鮮人の概況』, 「第3節 志願兵制度と徵兵制による渡來」(「특심자료 제1집」, 1949)
- 朝鮮軍司令部, 『朝鮮軍概要史』(복각판, 宮田節子 編, 不二出版社, 1989)
- 朝鮮總督府, 『朝鮮事情』 1941~1943년 각년도판

# 참고문헌


## 1. 자료

內務省 警保局, 『特高月報』

內務省 警保局, 『社會運動狀況』

『日本帝國統計年鑑』

『독립신문』『미일신문』『조선일보』『동아일보』『시대일보』『조선중앙일보』『중외일보』

『九州日日新聞』『大阪每日新聞』『大阪朝日新聞』『東京日日新聞』『東京朝日新聞』

『山梨日日新聞』『信陽新聞』『報知新聞』

『日本勞働通信』『日本社會運動通信』『朝鮮』

早稻田대학 MF자료

국사편찬위원회 소장 MF 07770-07772

일본 국립공문서관 소장, 「內地在住朝鮮同胞ノ第二次一齊調査實施ニ關スル件ヲ定ム」

국가기록원 소장 「일제하피징용자명부」 편철 문서

## 2. 단행본(자료집, 연구서, 교양서, 회고록)

가와타 후미코 지음, 안해룡 · 김해경 옮김, 『몇 번을 지더라도 나는 녹슬지 않아』, 바다출판사, 2016.

가타기리 요시오 · 기무라 하지메 외 지음, 이건상 옮김, 『일본 교육의 역사』, 논형, 2011.

가토 요코 지음, 윤현명 · 이승혁 옮김, 『그럼에도 일본은 전쟁을 선택했다』, 서해문집, 2018.

강덕상 지음, 김광열 옮김, 『여운형 평전 1』, 역사비평사, 2007.

강덕상 기록 간행위원회 엮음, 이규수 옮김, 『시무의 역사학자 강덕상』, 어문학사, 2021.

강동진, 『일본의 조선지배정책』, 한길사, 1980.

강만길 · 성대경 편, 『한국사회주의운동인명사전』, 창작과비평사, 1996.

강영심 · 김도훈 · 정혜경, 『1910년대 국외항일운동2 – 중국 · 미주 · 일본』, 한국독립운동사편찬위원회 · 독립기념관 한국독립운동사연구소, 2008.

구로다 이사무 지음, 서재길 옮김, 『라디오 체조의 탄생』, 강, 2011.

국가보훈처, 『大韓民國 獨立有功者 功勳錄』 제6권, 國家報勳處, 1988.

국무총리 소속 대일항쟁기강제동원피해조사 및 국외강제동원희생자 등 지원위원회, 『위원회 활동결과보고서』, 2016.

국무총리 소속 일제강점하 강제동원피해진상규명위원회, 『강제동원 구술기록집6 – 수족만 멀쩡하면 막 가는거야』, 2007.

국사편찬위원회, 『일제하 한국 36년사』 7, 1967.

김광열, 『한인의 일본이주사 연구 – 1910~1940년대』, 논형, 2010.

김기주, 『한말 재일한국유학생의 민족운동』, 느티나무, 1993.

김동명 외, 『일제강점기 재일조선인 단체편람』, 민족문제연구소, 2011.

김사량, 『노마만리』, 실천문학사, 2002.

김영준 편역, 『적색노동조합인터내셔널의 역사』, 돌베개, 1988.

김인덕, 『식민지시대 재일조선인운동 연구』, 국학자료원, 1996.

김인덕, 『식민지시대 민족운동사자료집』 4, 국학자료원, 1997.

김인덕, 『일제시대 민족해방운동가연구』, 국학자료원, 2002.

김창순 · 김준엽, 『한국공산주의운동사』 2, 청계연구소, 1986.

나경식, 『공민문집』, 정우사, 1980.

대통령 소속 친일반민족행위진상규명위원회, 『친일반민족행위진상규명보고서』, 2009.

도미야마 이치로(富山一郞) 지음, 손지연 · 김우자 · 송석원 옮김, 『폭력의 예감』, 그린비, 2009.

민영욱, 『일제 강점기 재일한국인의 연극운동』, 연극과인간, 2000.

박수현 · 이용창 · 허종, 『한국독립운동의 역사 08－일제의 친일파 육성과 반민족세력』, 한국독립운동사편찬위원회 · 독립기념관 한국독립운동사연구소, 2009.

박진우, 『천황의 전쟁 책임』, 서울대학교 일본연구소, 2013.

백종원, 『조선 사람－재일조선인1세가 겪은 20세기』, 삼천리, 2012.

사토 다쿠미 지음, 원용진 · 오카모토 마사미 옮김, 『8월 15일의 신화』, 궁리, 2007.

소안항일운동사편찬위원회, 『소안항일운동사료집』, 1990.

수요역사연구회, 『제국 일본의 하늘과 방공, 동원1－방공정책과 식민지 조선』, 도서출판 선인, 2012.

안우식 저, 심원섭 역, 『김사량 평전』, 문학과지성사, 2000.

안해룡 기획 편집, 『조지현 사진집 이카이노－일본 속 작은 제주』, 각, 2018.

요시다 유타카 지음, 최혜주 옮김, 『아시아 · 태평양전쟁』, 어문학사, 2013.

유민영, 『우리시대 연극운동사』, 단국대학교출판부, 1990.

尹健次 지음, 하종문 · 이애숙 옮김, 『일본－그 국가, 민족, 국민』, 일월서각, 1997.

이만규, 『조선교육사』Ⅱ, 거름, 1988.

이붕언 지음, 윤상인 옮김, 『재일동포 1세, 기억의 저편』, 동아시아, 2009.

이해랑, 『허상의 진실』, 새문사, 1991.

정혜경, 『일제시대 재일조선인 민족운동연구』, 국학자료원, 2001.

정혜경, 『일본제국과 조선인 노무자 공출－조선인 강제연행 · 강제노동연구Ⅱ』, 도서출판 선인, 2011.

정혜경, 『징용 공출 강제연행 강제동원』, 도서출판 선인, 2013.

정혜경, 『터널의 끝을 향해－아시아태평양전쟁이 남긴 대일역사문제 해법 찾기』, 도서출판 선인, 2017.

정혜경, 『우리 지역의 아시아태평양전쟁 유적 활용－방안과 사례』, 도서출판 선인, 2018.

정혜경, 『일제강점기 조선인 강제동원 연표』, 도서출판 선인, 2018.

정혜경, 『아시아태평양전쟁에 동원된 작은 사람들』, 섬앤섬, 2019.

정혜경, 『일본의 아시아태평양전쟁과 조선인 강제동원』, 동북아역사재단, 2019.

정혜경 외, 『반대를 론하다－'반일종족주의' 역사부정을 넘어』, 도서출판 선인, 2019.

崔承萬, 『極熊筆耕』, 극웅최승만문집출판동지회, 1970.

최승만, 『나의 회고록』, 인하대출판부, 1985.

한국정신문화연구원 현대사연구소편, 『遲耘 金錣洙』, 1997.
한기형 · 이혜령 엮음, 『염상섭 문장 전집』 1, 소명출판, 2013.
허광무, 『일본제국주의 구빈정책사 연구』, 도서출판 선인, 2011.
허광무 외, 『일제강제동원 Q&A(1)』, 도서출판 선인, 2015.
허버트 빅스 저, 오현숙 역, 『히로히토 평전』, 삼인, 2010.
호소미 가즈유키 지음, 동선희 옮김, 『디아스포라를 사는 시인 김시종』, 어문학사, 2013.

姜德相, 『關東大震災』, 中央公論社, 1975.
姜徹, 『在日朝鮮人史年表』, 雄山閣, 1983.
高權三, 『大阪と半島人』, 東光商會, 1938.
高峻石, 『越境』, 社會評論社, 1977.
宮本憲一 외, 『日本資本主義發達史の基礎知識』, 有斐閣, 1975.
近代日本社會運動史人物大事典 編輯委員會, 『近代日本社會運動史人物大事典』, 日外アソシエーツ株式會社, 1997.
金斗鎔, 『日本に於ける反民族運動史』, 鄕土書房, 1947.
琴秉洞 編著, 『關東大震災朝鮮人虐殺問題關係史料』, 綠陰書房, 1991.
金正明, 『朝鮮獨立運動』 4, 原書房, 1967.
金鍾在述, 玉城素編, 『渡日韓國人一代』, 圖書出版社, 1978.
金贊汀, 『朝鮮人女工のうた－1930年岸和田紡績爭議』, 岩波新書, 1982.
金贊汀, 『關釜聯絡船』, 朝日新聞社, 1988.
金泰生, 『私の人間地圖』, 靑弓社, 1985.
金泰燁, 『抗日朝鮮人の證言』, 不二出版社, 1984.
勞働運動史料委員會 編, 『日本勞働運動史料』 제9권, 1965.
勞動運動史編纂委員會, 『日本勞動運動史料』 10권, 1959.
大成建設(株), 『大成建設社史』, 1963.
大阪地方勞動運動史年表委員會, 『大阪地方勞動運動史年表』, 1957
東定宣昌, 『'韓國併合'前の在日朝鮮人』, 明石書店, 1994.
朴慶植, 『朝鮮人强制連行の記錄』, 未來社, 1965.
朴慶植, 『在日朝鮮人關係資料集成』, 三一書房, 1975.

朴慶植,『在日朝鮮人運動史－8.15解放以前』, 三一書房, 1979.
朴慶植,『在日朝鮮人－私の青春』, 三一書房, 1981.
朴慶植,『在日朝鮮人關係資料集成－戰後編』 10권, 不二出版, 2002.
朴慶植 編,『朝鮮研究叢書』, アジア問題研究所, 1981.
朴在一,『在日朝鮮人に關する綜合調査研究』, 新紀元社, 1957.
北澤文武,『大正の朝鮮人虐殺事件』, 鳩の森書房, 1980.
山田昭次,『關東大震災時と朝鮮人虐殺とその後－虐殺の國家責任と民衆責任』, 創史社, 2011.
山田昭次・古庄正・樋口雄一,『朝鮮人戰時勞働動員』, 岩波書店, 2005.
山脇啓造,『近代日本と外國人勞働者』, 明石書店, 1994.
森末義彰・寶月圭吾・小西四郎,『生活史』, 山川出版社, 1969.
森田芳夫,『朝鮮終戰の記錄』, 巖南堂書店, 1964.
森田芳夫,『數字が語る在日韓國・朝鮮人の歷史』, 明石書店, 1996.
相愛會總本部,『相愛會事業梗概』, 1923.
相愛會總本部,『事業施設 概要』, 1927.
相川町史編纂委員會,『佐渡相川の歷史－通史編, 近現代』, 1995.
水野直樹,『戰時期植民地統治資料』 7권, 柏書房, 1998.
水野直樹,『創氏改名』, 岩波新書, 2008.
新潟県中魚沼郡津南町,『津南百年史』, 1977.
岩村登志夫,『在日朝鮮人と日本勞働者階級』, 校倉書房, 1972.
外村 大,『在日朝鮮人社會の歷史學的研究』, 綠陰書房, 2004.
遠藤正敬,『近代日本の植民地統治 における國籍と戶籍－滿洲, 朝鮮, 臺灣』, 明石書店, 2010.
李興燮,『アボジがこえた海』, 葦書房, 1987.(이명한 역, 도서출판 광주, 1990)
任展慧,『日本における朝鮮人の文學の歷史』, 法政大學 出版局, 1994.
立教大學史學科山田ゼミナ-ル 編,『生きぬいた証に』, 綠陰書房, 1989.
張錠壽,『在日 60年－自立と抵抗』, 社會評論社, 1989.
赤松俊秀 外,『日本古文書學講座－近代編1』, 雄山閣, 1979.
朝鮮人强制連行眞相調査團,『資料集15－關東大震災朝鮮人虐殺, 日本弁護士連合會勸告と調査報告』, 2003.11.30.

萩野富士夫,『特高警察』, 岩波新書, 2012.
統監府,『統監府法規提要』, 統監府 印刷局, 1910.
樋口雄一,『協和會－日帝下 在日朝鮮人の統制組織に關する硏究』, 社會評論社, 1986. (정혜경 · 동선희 · 김인덕 번역, 선인, 2012)
樋口雄一,『協和會資料集』, 社會評論社, 1991.
樋口雄一,『皇軍兵士にされた朝鮮人』, 社會評論社, 1991.
樋口雄一,『日本の朝鮮 · 韓國人』, 同成社, 2002.
樋口雄一,『金天海－在日朝鮮人 社會運動家の生涯』, 社會評論社, 2014.
坪江仙二,『朝鮮民族獨立運動秘史』, 巖南堂書店, 1966.
『이월송 회고록』, 연도 및 발행처 미상.
Edward W. Wagner,『日本における朝鮮小數民族』, 胡北社, 1975.

### 3. 논문과 잡지 기사, 문서

강덕상,「한일 역사 마찰의 배경」, 현대송 편,『한국과 일본의 역사인식』, 나남, 2008.
국무총리 소속 대일항쟁기강제동원피해조사 및 국외강제동원희생자 등 지원위원회 조사심의관실 조사1과,「관동지진 조선인피살문제 진상규명을 위한 업무 설계(2015.3.5)」.
국무총리 소속 대일항쟁기강제동원피해조사 및 국외강제동원희생자 등 지원위원회 조사심의관실 조사1과,「일본진재시피살자명부 조사분석 제1차 결과보고(2015.12.11)」.
국무총리 소속 대일항쟁기강제동원피해조사 및 국외강제동원희생자 등 지원위원회 조사심의관실 조사1과, 보도자료「일본진재시피살자명부 조사분석 제1차 결과보고(2015.12.11)」.
국회의원 유기홍 · 강창일 · 정청래, 관동조선인학살 진상규명 및 명예회복을 위한 특별법 제정추진위원회, 교육에서 희망을 찾는 국회의원 모임 주최,『관동학살희생자명부와 한일협정, 그리고 한일의 국가책임 토론회 자료집』(2014년 11월 3일, 국회의원회관 제2세미나실).

김광열, 「관동대지진시에 학살당한 한인과 중국인의 사후조치 고찰－피해자 보상을 위한 입론」, 『관동대지진과 조선인 문제연구』(재일코리안 국제학술대회 자료집, 2014.8.29).

김광열, 「일본내 '헤이트스피치'현상과 관동대지진시의 한인 학살」, 『일본 관동대지진 직후 한인대학살사건과 재일 한인의 현주소』(한일민족문제학회 학술대회 자료집, 2017.8.26).

김광열, 「제2차 세계대전 말기 재일한인에 대한 일본의 감시 태세」, 『재일코리안에 대한 인식과 담론』, 도서출판 선인, 2018.

김인덕, 「학우회의 조직과 활동」, 『국사관논총』 66, 1995.

김인덕, 「재일본조선노동총동맹활동에 대한 검토」, 『한국독립운동사연구』 10, 1996.

김인덕, 「1923년 관동대지진 조선인학살과 조일운동세력의 동향」, 『관동대지진과 조선인 문제연구』(재일코리안 국제학술대회 자료집, 2014.8.29).

도노무라 마사루, 「식민지기 재일조선인의 생활과 문화를 둘러싼 단체의 조직과 활동」('한일공동심포지엄 자료집－식민지기 재일조선인 사회의 형성과 단체 활동의 전개', 2009년 6월 5일).

박영규, 「3.1운동 이후 재일조선인학생의 독립운동」, 『3.1운동 50주년 기념 논집』, 1969.

성주현, 「1923년 관동대지진에 대한 국내의 동향과 전승」, 『관동대지진과 조선인 문제연구』(재일코리안 국제학술대회 자료집, 2014.8.29).

손형부, 「식민지시대 송내호 · 기호 형제의 민족해방운동」, 『국사관논총』 40, 1992.

守屋敬彦, 「기업자료 중 각종 명부류의 기술내용에서 알 수 있는 조선인 강제연행자에 관한 사실」, 『2009 네트워크 관계자 초청 워크숍 자료집』(일제강점하강제동원피해진상규명위원회, 2009, 4)(『한일민족문제연구』 16(한일민족문제학회, 2009.6월 재수록).

안자코 유카, 「조선총독부의 '총동원체제'(1937~1945) 형성 정책」, 고려대학교 사학과 박사학위논문, 2006.

염상섭, 「니가타현 사건에 감(鑑)하여 이출노동자에 대한 응급책」, 『동명』 창간호(1922.9.3) · 제2호(9.10).

이경석, 「동아시아 반전세력의 교유와 국제연대투쟁의 근대적 기반－아시아주의에 의해 말살된 연대투쟁의 재평가」(한국민족운동사학회 광복 60주년 종합학술대회 자료집－연대와 공존의 새로운 한일관계의 정립을 위한 과거사 다시 읽기, 2005.10.20).
이승일, 「일제시기 조선인의 일본국민화 연구－호적제도를 중심으로」, 『한국학논집』, 한양대학교 한국학연구소, 2000.
이형식, 「'제국의 브로커' 아베 미쓰이에(阿部充家)와 문화통치」, 『역사문제연구』 37, 2017.
정혜경, 「1910-1920년대 東京한인노동단체」, 『한국근현대사연구』 1, 1994.
정혜경, 「大阪 한인 단체의 성격(1914~1922)」, 『한일관계사연구』 4, 1994.
정혜경, 「1910년대 재일유학생의 경제문제인식－학지광을 중심으로」, 『청계사학』 13, 1997.
정혜경, 「1920년대 일본지역 조선인노동동맹회 연구」, 『한국민족운동사연구』 18, 1998.
정혜경, 「일제하 재일한국인 민족운동의 연구－大阪지방을 중심으로」, 한국정신문화연구원 한국학대학원 역사전공 박사학위논문, 1999.
정혜경, 「1930年代 초반 오사카지역 協同組合과 朝鮮人運動」, 『한일민족문제연구』 1, 2001.
정혜경, 「1920년대 재일조선인과 민족운동」, 『한국근현대사연구』 20, 2002.
정혜경, 「1930년대 재일조선인 연극운동과 학생예술좌」, 『한국민족운동사연구』 35, 2003.
정혜경, 「재일 한인의 정착과 생활(1910~1928)」, 국사편찬위원회, 『일본 한인의 역사(상)』, 2009.
정혜경, 「식민지 시기 조선인의 도일과 강제동원」, 『재일코리안 디아스포라의 형성－이주와 정주를 중심으로』, 도서출판 선인, 2013.
정혜경, 「아시아태평양전쟁에 동원된 조선인 관련 통계 자료」, 『한일민족문제연구』 29, 2015.
정혜경, 「신간회를 통해 본 식민지 조선사회의 民 의식 성장」, 『숭실사학』 39, 2017.
조건, 「전시 총동원체제기 조선 주둔 일본군의 조선인 통제와 동원」, 동국대학교 사학과 박사학위논문, 2015.
조건, 『일제의 학도지원병 제도 및 동원부대 실태조사보고서』, 행정안전부 과거사 관련업무지원단, 2017.

최승만, 「동경유학생과 2.8운동」, 『한양』 8-2, 1969.
하종문, 「2007년도 일제강점하강제동원피해진상규명위원회 연구용역 보고서 - 전시기 일본 본토지역 노무동원정책에 관한 기초 연구」, 2007.
한시준, 「이봉창의사의 일왕저격의거」, 『한국근현대사연구』 17, 2001.
허광무, 「일제말기 경찰기록으로 본 일본지역 강제동원 조선인노무자의 관리와 단속－'도주'노무자 수배가 갖는 역사적 의미를 중심으로」, 『한일민족문제연구』 35, 2018.
홍일식, 「3.1독립선언서연구」, 『한국독립운동사연구』 3, 1989.
히구치 유이치, 「재일조선인의 융화문제와 융화단체」(한일공동심포지엄 '식민지기 재일조선인사회의 형성과 단체활동의 전개', 2009년 6월 5일).

宮本正明, 「在日朝鮮人の'戰時'と'戰後'－協和會末端組織の担い手を中心に」, 『近代日本の境界を越えた人びと』, 日本經濟評論, 2019.
金廣烈, 「1930年代 名古屋地域における朝鮮人勞動運動」, 『在日朝鮮人史研究』 23, 1993.
金廣烈, 「戰間期における日本の朝鮮人渡日規制政策」, 『朝鮮史研究會論文集』 35, 1997.
金英達, 「在日朝鮮人社會の形成と1899年勅令第352號について」, 『在日朝鮮人史研究』 21, 1991.
金靜美, 「三重縣木本における朝鮮人襲擊, 虐殺いついて」, 『在日朝鮮人史研究』 18, 1988.
金浩, 「山梨縣 梁川村の朝日勞動者衝突事件(1910)」, 『在日朝鮮人史研究』 20, 1990.
武田行雄, 「內地在住半島人の協和事業」, 『朝鮮』 277, 1938년 6월호.
武田行雄, 「協和讀本第1回」, 『協和事業』 1940년 5월호.
白武, 「朝鮮人がはじめて參加した第3回メ - デー前後」, 『朝鮮研究』 40호, 1965년 6월.
福井讓, 「明治44年中內地在留朝鮮人ニ關スル件」, 『在日朝鮮人史研究』 33, 2003.
福井讓, 「資料紹介－朝鮮人調査表(神奈川縣, 1933年 6月 15日)」, 『在日朝鮮人史研究』 34, 2004.
西崎雅夫, 「朝鮮人虐殺に關する眞相解明の現狀－1100の證言から見える虐殺の實態」, 『記錄集 關東大震災95周年朝鮮人虐殺犧牲者追悼ツンポヅウム－關東大震災時の朝鮮人大虐殺と植民地支配責任』, 朝鮮大學校 朝鮮問題研究センター, 2019.
西秀成, 「1930年代 愛知縣における朝鮮人の教育運動(朝鮮普成學院(名古屋普通學校とその周邊)」, 『在日朝鮮人史研究』 35, 2005.

水野直樹,「朝鮮總督府の內地渡航管理政策－1910年代の勞働者募集取締」,『在日朝鮮人史研究』22, 1992.

守屋敬彦,「アジア太平洋戰爭下日曹天塩鑛業所朝鮮人寮第1,2尙和寮の食糧事情」,『在日朝鮮人史研究』36, 2006.

野口赫宙,「朝鮮人聚落を行く」, 1937.(『在日朝鮮人』, 新人物往來社, 1978)

外村 大,「戰前期在日朝鮮人社會の地緣結合」,『民衆史研究』51, 1991.

仁木愛子,「1920~30年代在日朝鮮人の演劇運動」,『在日朝鮮人史研究』12, 1983.

田村紀之,「內務省警保局調査による朝鮮人人口(1)」,『經濟と經濟學』46, 1981.

鮎川伸夫,「戰間期の筑豊諸炭鑛における鑛夫統轄－納屋制度から直轄制度へ」,『京都大學 經濟論叢 別冊－調査と研究』12, 1997.

佐佐木啓,「徵用制度下の勞資關係問題」,『大原社會問題研究所雜誌』568호, 2006.

津田剛,「勞務者と思想」,『朝鮮勞務』1-1, 1941.

淺田朋子,「京都向上館について」,『在日朝鮮人史研究』31, 2001.

塚崎昌之,「1920年代の在阪朝鮮人 '融和'教育の見直し」,『在日朝鮮人史研究』35, 2005.

塚崎昌之,「1930年代以降の在阪朝鮮人教育－內鮮'融和'教育から'皇民化'教育へ」,『在日朝鮮人史研究』44, 2014.

崔碩義,「大阪, 小林町朝鮮部落の思い出」,『在日朝鮮人史研究』20, 1990.

樋口雄一,「在日朝鮮人部落の積極的役割について」,『在日朝鮮人史研究』1, 1977.

樋口雄一,「協和會と朝鮮人の世界－戰時下在日朝鮮人の抵抗について」,『海峽』6, 1977.

樋口雄一,「在日朝鮮人に對する住宅差別」,『在日朝鮮人史研究』2, 1978.

樋口雄一,「在日朝鮮人部落の成立と展開」,『在日朝鮮人』, 新人物往來社, 1978.

樋口雄一,「戰時下在日朝鮮人女性の非同調行動」,『海峽』17, 1995.

樋口雄一,「資料紹介－金天海 自專的記錄(草稿)」,『在日朝鮮人史研究』43, 2013.

坂元眞一,「'明治民法'의 성씨제도와 창씨개명(조선)·개성명(대만)의 비교 분석」,『법사학연구』22, 2000.

平林久枝,「三信鐵道爭議について」,『在日朝鮮人史研究』1호, 1977.

「朴廣海氏勞働運動について語る(1)~(3)」,『在日朝鮮人史研究』19,20,22호, 1989~1992.

「기괴망측한 新潟縣사건의 진상」,『동명』1호, 1922년 9월 3일자.

M·リングホ-フア(Ringhofer),「相愛會－朝鮮人同化團體の步」,『在日朝鮮人史研究』9, 1981.

**4. 관련 사이트**

구연철의 구술 내용, https://brunch.co.kr/@dolphinhohoho/7

일제강제동원&평화연구회 카페, https://cafe.naver.com/gangje#

# 찾아보기

【ㄴ】

**【ㅈ】**

【ㅊ】

## 정혜경

일제강제동원평화연구회 대표연구위원.

한국정신문화연구원(현 한국학중앙연구원)에서 식민지 시기 재일 조선인사를 주제로 석사와 박사학위를 받았다. 1995년부터 구술사(Oral History)를 시작했고, 1999년부터 기록학(Achival Science) 분야도 공부했다. '국무총리 소속 대일항쟁기 강제동원피해조사 및 국외강제동원희생자 등 지원위원회'에서 11년간 조사과장으로 일하며 수천 명의 피해자들의 경험과 마주했다.

주요 저서로는 『조선민중이 체험한 '징용'』(동북아역사재단, 2021), 『반대를 론하다-'반일종족주의'의 역사부정을 넘어』(공저, 도서출판 선인, 2019), 『아시아태평양전쟁에 동원된 조선의 아이들』(섬앤섬, 2019), 『일제강점기 조선인 강제동원 연표』(도서출판 선인, 2018), 『우리지역의 아시아태평양전쟁 유적 활용-방안과 사례』(도서출판 선인, 2018), 『탐욕의 땅, 미쓰비시사도광산과 조선인 강제동원』(공저, 도서출판 선인, 2021) 등이 있다.